历代名家尺牍

廖可斌 主编

屠长卿尺牍

〔明〕屠隆 著
汪超宏 李玉鑫 编选

上册

浙江古籍出版社

图书在版编目（CIP）数据

屠长卿尺牍 /（明）屠隆著；汪超宏，李玉鑫编选.
-- 杭州：浙江古籍出版社，2024.5
（历代名家尺牍精粹 / 廖可斌主编）
ISBN 978-7-5540-2347-1

Ⅰ.①屠… Ⅱ.①屠… ②汪… ③李… Ⅲ.①屠隆
（1543—1605）— 书信集 Ⅳ.① K825.6

中国版本图书馆 CIP 数据核字（2022）第 150063 号

本书为国家古籍整理出版专项经费资助项目

屠长卿尺牍

廖可斌　主编

〔明〕屠隆　著　汪超宏　李玉鑫　编选

出版发行	浙江古籍出版社
	（杭州市环城北路 177 号　电话：0571-85068292）
网　　址	https://zjgj.zjcbcm.com
责任编辑	伍姬颖
文字编辑	吴宇琦
责任校对	叶静超
封面设计	吴思璐
责任印务	楼浩凯
照　　排	杭州立飞图文制作有限公司
印　　刷	浙江海虹彩色印务有限公司
开　　本	880mm×1230mm　1/32
印　　张	20
彩　　插	3
字　　数	415 千字
版　　次	2024 年 5 月第 1 版
印　　次	2024 年 5 月第 1 次印刷
书　　号	ISBN 978-7-5540-2347-1
定　　价	88.00 元

如发现印装质量问题，影响阅读，请与本社市场营销部联系调换。

屠隆像

屠隆手迹

总　序

生活在今天的人们，特别是年纪较轻的人，已经很难想象写信对古代人的生活有多么重要。爱因斯坦曾说过，现代人与古人相比，只是在交通和通讯技术方面有所进步，在道德、情感、智慧等方面并没有优势。而恰恰是交通和通讯这两个方面的进步，极大地改变了人类的生活和交流方式。现代人相距万里可以朝发夕至，通过电报、电话、电子邮件、短信、微信等传递信息，更是天涯海角只在一瞬间。而古人如果居处相距遥远，往往只能望路兴叹；旅行只能靠双脚和车船骡马，相别动辄经年累月，传递信息的唯一渠道就是写信。无论是军政公文，还是家书友札，都决定着人们的命运，寄托着希望和忧愁，牵动着欢乐和痛苦，因此留下了"鱼雁传书""织锦回文""家书抵万金"等种种典故。打开一封封尘封的古人书信，不啻展开了一幅幅色彩斑斓的古代生活画卷，奏响起一支支幽咽婉转的动人心曲。

一

书信古称"书",起源应该很早。早在上古时期,当人们需要将有关信息告知远在他方的人,而又具备了书写工具(包括文字、刀笔、写字的板片材料等)的时候,最初的书信应该就诞生了。清代学者姚鼐认为,最早的书信,是《尚书·君奭》中记录的周公旦告召公奭的一段话。① 其实这还只是就现存文献而言,原始形态的书信出现应该更早。

但当时人们交往有限,书写条件也有限,交流往往通过直接见面交谈进行,书信还不普及。因此著名文学理论家刘勰认为,书信这种文体真正发达,是在春秋战国时期,"三代(夏商周)政暇,文翰颇疏。春秋聘繁,书介弥盛","及七国献书,诡丽辐辏"。这一时期,无论是诸侯国之间,还是贵族士大夫个人之间,交往更加频繁,书信遂被大量使用。刘勰列举《左传》中所载春秋年间秦国绕朝赠晋国士会以策、郑国子家致书晋国赵宣子、楚国巫臣奔晋后致书楚国重臣子重和子反、郑国

---

① 姚鼐:"书说类者,昔周公之告召公,有《君奭》之篇。"见姚鼐纂《古文辞类纂》,岳麓书社1988年版,"序"第2页。

子产致书晋国执政范宣子等,认为"详观四书,辞若对面"①,可视为书信的典范。而姚鼐《古文辞类纂》所录战国年间的《苏代遗燕昭王书》《鲁仲连遗燕将书》等,更是洋洋洒洒,辞气畅达。

至秦汉之际,书信更加普及,刘勰形容为"汉来笔札,辞气纷纭"②。李斯《谏逐客书》、邹阳《谏吴王书》、邹阳《狱中上梁王书》、枚乘《说吴王书》、司马迁《报任安书》、杨恽《报孙会宗书》、刘歆《移让太常博士书》等,就是其中出类拔萃的名篇。《后汉书》的《班固传》《蔡邕传》《孔融传》等,在记录传主身后留存于世的各种体裁的作品时,都列了"书"这一类,可见当时人已将书信视为一种重要文体。

但在秦汉之际,"书"这种文体的特征还比较模糊,内涵还比较笼统。人们几乎把所有由一个人写给另外的人的文章都称为"书",并将"记"与"书"连称为"书记"。所谓"书记"文体的内涵就更庞杂了。刘勰说:"夫

---

① 《文心雕龙·书记第二十五》,刘勰著、周振甫注《文心雕龙注释》,人民文学出版社1981年版,第277页。

书记广大，衣被事体，笔札杂名，古今多品。"① 他把"谱籍簿录、方术占式、律令法制、符契券疏、关刺解牒、状列辞谚"等，也都归入"书记"一类，认为是"书记所总"，说它们"或事本相通，而文意各异，或全任质素，或杂用文绮，随事立体，贵乎精要"②。

从两汉到魏晋南北朝，随着文学的发展，各种文体进一步分化独立，"书"体文也经历了两次重要的分化。一是士大夫与帝王之间的往来文章，和官府之间的往来书札，原来也都称为"书"。秦汉以后，为了加强君王的权威，立起了规矩，帝王写给臣民的文章，被称为"命、谕告、玺书、批答、诏、敕、册、制诰"等；士大夫写给皇帝的文章被称为"表奏"，它们就都从"书"中分化出去了。到了东汉时期，官府之间的往来书札，也有了单独的名称，被称为"奏记""奉笺"，也从"书"中分化出去了。刘勰云："战国以前，君臣同书，秦汉立仪，始有表奏；王公国内，亦称奏书"；

---

① 《文心雕龙·书记第二十五》，见刘勰著、周振甫注《文心雕龙注释》，人民文学出版社 1981 年版，第 278 页。
② 《文心雕龙·书记第二十五》，见刘勰著、周振甫注《文心雕龙注释》，人民文学出版社 1981 年版，第 281 页。

"迄至后汉，稍有名品，公府奏记，而郡将奉笺"。[①]梁萧统编《文选》，就已将"诏、册"（卷三十五）、"令、教、策"（卷三十六）、"表"（卷三十七、三十八）、"上书"（卷三十九）、"弹事、笺、奏记"（卷四十）与"书"（卷四十一、四十二、四十三）分开了。总体而言，经过这一分化，属于公文的"书"，即所谓"公牍"，就基本上从"书"中独立出去了，"书"主要用来指相对个人化的书信。

但剩下来的"书"体文内容仍然非常复杂，可以论政，可以论学，也可以用于应酬，用于亲人、朋友之间相互问候，彼此之间差异仍然较大。两汉以后，随着纸张的发明使用，书写更为便利，亲人、朋友之间的日常联系越来越多地运用书信。这类书信一般篇幅短小，内容日常生活化，语言活泼轻松，与此前的公牍性书信，以及比较郑重、正式的论政、论学书信不同，成为书信的一个很重要的门类，后人称之为帖、

[①]《文心雕龙·书记第二十五》，见刘勰著、周振甫注《文心雕龙注释》，人民文学出版社1981年版，第278页。明代吴讷《文章辨体序说》亦称："昔臣僚敷奏，朋旧往复，皆总曰书。近世臣僚上言，名为表奏；惟朋旧之间，则曰书而已。"见吴讷、徐师曾《文章辨体序说　文体明辨序说》，人民文学出版社1998年版，第41页。

短笺等，有些近似于现在的便条、字条。[1] 著名书法家王羲之等就留下了大量这类帖、短笺。至此，在相对个人化的书信内部，比较郑重、正式的论政、论学类书信，与比较日常生活化的书信也相对区分开来了，后者就是后来人们所称的狭义的"尺牍"的前身。

"尺牍"之称，起于汉朝。当时朝廷的诏书都写在一尺一寸长的竹木板上，所以称"尺牍"或"尺一牍"，是包括朝廷诏书在内的所有书信的通称。当公文性的"书"被改称为"诏""敕""制"和"奏""疏""表"等而独立出去，个人化的"书"内部又发生分化之后，"尺牍"遂被专门用来指比较日常生活化的书信。它就由所有书信的通称变成比较日常生活化书信的专称。人们用丝帛、纸张写信，也比照"尺牍"的说法，称"尺素""尺缣""尺锦""尺纸"等。既然各种载体的书信都以"尺"称，所以书信又被称为"尺书""尺翰"。

从魏晋南北朝到唐宋，人们越来越多地写这种帖、短笺，即"尺牍"，但它们还不受重视。人们重视的还是那种比较郑重、正式的论政、论学"书"，认为这种"书"才比较有价值。王羲之的众多帖、短笺之所以

---

[1] 见钱锺书《管锥编》，中华书局1979年版，第三册，第1108页。

能流传下来，是因为他的书法为世人所重，这些书信是因书法而传。当时其他人应该也写了不少类似的东西，它们就没有这样幸运了。刘勰《文心雕龙·书记卷二十五》已两次提到"尺牍"（"祢衡代书，亲疏得宜：斯又尺牍之偏才也"[1]；"然才冠鸿笔，多疏尺牍"[2]），语气中显然对"尺牍"颇为轻视。唐宋间文人自编文集，或他人代编文集，如白居易《白氏文集》、欧阳修《居士集》、苏轼《东坡集》《东坡后集》等，都列有"书"类，但只收比较郑重、正式的"书"。

直到南宋年间，人们的观念才开始发生变化。据信编纂于南宋的《东坡外集》中，除有"书"二卷外，还有"小简"（即"尺牍"）十九卷。周必大等人所编《欧阳文忠公集》收"书简"十卷。这种将"书"与"尺牍"分开收录的编纂方式，此后被继承下来。如明代所编《东坡续集》十二卷中，除"书"一卷外，还有"书简"四卷。同样编于明代的《三苏全集·东坡集》八十四卷中，

---

[1] 刘勰著、周振甫注《文心雕龙注释》，人民文学出版社1981年版，第277页。

[2] 刘勰著、周振甫注《文心雕龙注释》，人民文学出版社1981年版，第281页。

除"书"二卷外,还有"尺牍"十二卷。这些"尺牍"都是原来被遗落的,这时才被搜集汇录在一起。这固然是因为欧阳修、苏轼人品高尚、文采出众,尺缣片楮,后世人皆乐于收集而宝藏之,亦因"尺牍"这种文体的价值终于得到认可。人们对"尺牍"的文体特征有了比较清晰的认识,因而将它与比较郑重、正式的论政、论学书信分别开来。狭义的"尺牍"作为一种文体,遂正式登上文坛。① 自此以后,比较郑重、正式的论政、论学"书",一般被视为"古文"之一体;而比较日常生活化、篇幅短小、文风活泼的"尺牍",则被归于"小品文"的范畴,两者并行不悖。

当然,无论是公文性书信与个人化书信之间,还是个人化书信中比较郑重、正式的论政、论学书信与比较日常生活化的"尺牍"之间,界限都不是绝对的。两汉以后,臣僚给皇帝的奏疏,也还有叫"书"的,如王安石著名的《上仁宗皇帝言事书》。有些比较日常生活化的书信,如曹植《与杨德祖书》、陶渊明《与子俨等疏》,内容也未尝不重要。但总体上说,这几类书

---

① 见(日)浅见洋二《文本的"公"与"私"——苏轼尺牍与文集编纂》,《文学遗产》2019年第5期。

信之间的分野是清楚的。

及至明清时期，随着社会生活和人们思想观念的变化，人们的文学观念总体上越来越世俗化，即越来越注重反映普通人日常生活的文体，尺牍遂越来越受青睐。人们在编选文集时，往往将"尺牍"与"书"等量齐观，将之统一编入"书"中，甚至将"尺牍"单行。如明代文学家陆深的文集中，"书"类就兼收比较郑重、正式的论政、论学"书"，和包括家书在内的"尺牍"。后来因为他的"尺牍"很受欢迎，人们又将他的"尺牍"另编为《俨山尺牍》行世。冯梦祯《快雪堂集》六十四卷本收录"尺牍"十三卷，他又将尺牍部分单独刊刻为《快雪堂尺牍》。晚明其他著名文人如屠隆、汤显祖、王思任等，均有尺牍单独刊行。晚明至清初，更出现了选编出版历代名人尺牍总集的风潮，现在可以考知的不下两百种，其中影响较大的有杨慎《赤牍清裁》、王世贞《尺牍清裁》、屠隆《国朝七名公尺牍》、顾起元《盛明七子尺牍》、凌迪知《国朝名公翰藻》、李渔《尺牍初征》、周亮工《尺牍新钞》、汪淇等《尺牍新语》、陈枚《写心集》《写心二集》等。

二

尺牍历来是比较受欢迎的读物,堪称读者的宠儿,用鲁迅先生的话来说:"日记或书信,是向来有些读者的。"[①]人们为什么对尺牍感兴趣?古代尺牍对当代人还有何价值?我想它至少具有如下四个方面的意义:

一是可以帮助我们更准确深入地认识历史的真相。中国素来有重视历史的传统,记载古代历史的文献可谓汗牛充栋。但大部分正经正史记录的都是重大历史事件,描写的都是风云人物在朝堂、疆场上的壮举,属于宏大叙事,固然气势恢宏,但较少触及这些人物的日常生活图景,包括他们与家人、亲友、同僚等之间盘根错节的微妙关系,以及他们复杂幽微的内心活动。而他们所写的书信,则与各种笔记、野史等一起,展现了历史的另外一面。如果说正经正史反映的是这些人物带着面具的表演,那么书信等则在一定程度上反映了他们摘下面具后的真相。如果说前者展现的是台前的景象,那么后者则揭示了幕后的种种细节。看

---

① 鲁迅《孔另境编〈当代文人尺牍钞〉序》,见《鲁迅全集》(六)《且介亭杂文二集》,人民文学出版社1961年版,第330页。

历史，既要把握大局，也要深入细节；既要看到正面，也要看到反面。只有将这些不同的面相拼接在一起，才庶几接近历史的真面目。如我们可以称明代著名文学家汤显祖秉性刚正，不畏权贵，从遂昌知县任上自行辞职归家。但看到他当时与好友刘应秋等人的往来信函，就知道当时朝中人际关系多么复杂，汤显祖为争取出路曾做了多么不懈的努力。又如看到明代文学家王樵给子侄的书信，说到其子王肯堂中进士时，亲友们如何不屑一顾，当得知王肯堂中选翰林院庶吉士后，他们如何马上换了一副嘴脸，由此我们就可以知道当时人对进士、翰林院庶吉士的真实看法，以及当时社会所谓亲友之间关系的真相。从曾国藩写给其弟曾国荃等人的书信中，我们可以得知湘军内部、湘军与淮军之间、湘军淮军与清廷之间，是如何的矛盾重重。而从太平天国忠王李秀成写给英国传教士艾约瑟、杨笃信的书信中，我们又可以看到打着基督教旗号的太平天国与清朝、西方势力三者之间的微妙关系。从书信中获取的这些零碎而生动的细节，可以大大丰富我们对历史真相的认知，让我们对历史的印象由粗线条的轮廓变为鲜活的图景。

二是可以让我们感受古人的心灵世界,让我们加深对人性、人生、人世的理解。历史的车轮不停转动,社会生活嬗变不息,人们的思想观念也在不断变化,但人总还是具有灵性的血肉之躯,总还是要经历生老病死,难免种种喜怒哀乐、爱恨情仇。人类心灵深处的这些东西,千百年来变化其实非常有限。我们阅读古代优秀的文学作品,可以感受到古人的忧乐,与他们展开心灵的对话。在这个过程中,他们的面容神情清晰真切地浮现在我们眼前,让我们真觉得古今人相去不远。相对来说,在各种文体里,书信和日记是较能真实反映人们的内心世界的。周作人曾指出:

日记与尺牍是文学中特别有趣味的东西,因为比别的文章更鲜明的表出作者的个性。诗文小说戏曲都是做给第三者看的,所以艺术虽然更加精炼,也就多有一点做作的痕迹。信札只是写给第二个人,日记则给自己看的(写了日记预备将来石印出书的算作例外),自然是更真实更天然的了。我自己作文觉得都有点做作,因此反动地喜看别人的日记尺牍,感到很多愉快。我不能写日记,更不善写信,自己的真相仿佛在心中隐约觉到,但要写他下来,即使想定是私密的文字,总不免还有做作——这并非故意如此,实在是修养不足的缘故,然而因此也愈觉得别人的日记尺牍之佳妙,可喜亦可贵了。①

有趣的是,鲁迅先生也讨论了书信与其他文体之不同:

作者本来也掩不住自己,无论写的是什么,这个人总还是这个人,不过加了些藻饰,有了些排场,仿佛穿上了制服。写信固然比较的随便,然而做作惯了的,仍不免带些惯性,别人以为他这回是赤条条的上场了罢,他其实还是穿着肉色紧身小衫裤,甚至于用了平常决不应用的奶罩。话虽如此,比起峨冠博带的时候来,这一回可究竟较近于真实。所以从作家的日记或尺牍上,往往能得到比看他的作品更其明晰的意见,也就是他自己的简洁的注释。不过也不能十分当真。有些作者,是连账簿也用心机的,叔本华记账就用梵文,不愿意别人明白。②

---

① 《日记与尺牍》,见周作人《雨天的书》,岳麓书社1987年版,第11页。
② 鲁迅《孔另境编〈当代文人尺牍钞〉序》,见《鲁迅全集》(六)《且介亭杂文二集》,人民文学出版社1961年版,第330—331页。

相比较而言，鲁迅先生更冷静清醒。在短短的一段话中，开头和结尾处两次强调，即使是写书信这类东西，作者也往往免不了"做作"和"用心机"，因此读者"也不能十分当真"。我们应该对此抱有充分的警觉。古代有些人写信给某人谈某事，本来就是准备公之于世的，相当于写公开信，这种文章就和一般文章没有多少差别，只是运用了书信这样一种文体形式而已。有些比较有名的人物，即使是写给朋友和家人的书信，或为名，或为利，或为了名利双收，也是早就打算日后要结集出版的，写的时候不免就有诸多顾忌和矫饰。有些信件收入文集或尺牍集时，还会做许多加工，加上一些漂亮话，尤其是删掉某些敏感内容，这些书信的真实性就要大打折扣了。

但鲁迅先生毕竟也肯定，书信的内容"究竟较近于真实"；通过书信，可以"从不注意处，看出这人——社会的一分子的真实"。[1] 凡是书信，都是写给特定的人看的，如果太不真实，完全是套话假话，那就相当于当面撒谎，不会有任何好效果。何况大部分书信，

---

[1] 鲁迅《孔另境编〈当代文人尺牍钞〉序》，见《鲁迅全集》（六）《且介亭杂文二集》，人民文学出版社1961年版，第330页。

特别是尺牍,一般都是写给亲人,或比较熟悉的朋友,作者的心态往往比较放松。有些在公开场合不能说的真实感受和想法,可以向亲人和朋友一吐为快。说过之后,写信人往往还不忘记嘱咐收信人,所言不足为外人道,甚或要求看后即销毁。如苏轼《答李端叔(之仪)书》云:"自得罪后,不敢作文字。此书虽非文,然信笔书意,不觉累幅,亦不须示人,必喻此意。"[1] 看看苏轼给亲友的诸多书信,我们就知道,在旷达洒脱的外表下面,一代天才心中又有多少悲苦与无奈。著名书画家赵孟頫的妻子管道昇,回娘家后给丈夫写信,叮嘱种种家务事,让他赶快寄柿子,说是丈人要吃,不仅书法清丽潇洒,而且语气亲切有趣,传递出这一对艺术家夫妇相知相惜的温情。至于明末清初抗清志士夏完淳的《狱中上母书》、辛亥革命先烈林觉民的《与妻书》,写信人临难之际,对至亲至爱的人敞开自己的心扉,真可谓饱含血泪,至情至性,感人至深。阅读这些尺牍中的精品绝品,我们会对人性的光辉、人生的悲欢和人世的苍茫有更深的感悟。

---

[1] 张志烈、马德富、周裕锴主编《苏轼全集校注》之《文集》卷四九,河北人民出版社2010年版,第16册,第5345页。

三是可以欣赏古人的文笔之美。书信本是一种应用性很强的文体,把要说的事情说完也就可以了。但我们现在所能看到的中国古代的书信,基本上都是士大夫们写的。中国古代一直存在一个士大夫阶层,这是中国古代长期实行大一统君权专制制度的产物,是中国古代社会结构的一个重要特点。士大夫们都接受过良好的教育,有较好的文学艺术修养,善于将生活艺术化。茶有茶道,花有花道,至于琴棋书画,那就更精妙无穷了。写信也是一件很雅的事情,不仅笔墨砚纸马虎不得,行款格式也有讲究。书信本身则力求写得生动活泼,于尺幅中见巧思。或如语家常,娓娓道来;或夸张调侃,风趣幽默。表关切则务求语气平和,有请托则力戒卑躬屈膝,要尽可能恰如其分,彼此两宜。结构则似信笔所之,而姿态横生。有些精巧鲜活的表达方式,在其他文体中是不可能出现的。所以鲁迅先生说,过去人看尺牍,就是为了看其中的"朝章国故,丽句清词,如何抑扬,怎样请托"[1]。诗词文赋文雅精致,内涵丰富,但要读懂并不容易;小说戏曲比较易懂,

---

[1] 鲁迅《孔另境编〈当代文人尺牍钞〉序》,见《鲁迅全集》(六)《且介亭杂文二集》,人民文学出版社1961年版,第330页。

但篇幅大多偏长。至于众多一本正经的高文典册，内容或许渊深，但除了专门研究者，一般人读起来无不觉得头昏脑胀。相形之下，小巧活泼、饶有情趣的尺牍，就成了阅读起来最轻松、可读性最强的文体。

四是可供当代人借鉴人际交往之道，尤其是语言交流的必要礼仪和技巧，因而具有实用价值。现代人已很少写信，但人际交往特别是语言交流仍然是必不可少的。古人既然写信，纸短情长，就要注意锤炼字句，力求表达清晰优美。对不同的对象，也要用不同的称谓和表达方式，以表示礼貌，务使"尊卑有序，亲疏得宜"①。现在人们发短信、微信，往往脱口而出，随手而发，态度随便，久而久之，语言就越来越单调，甚至粗鄙。长此以往，整个民族的语言水平和礼仪修养都可能下降，这是一件令人担心的事情。有些人不具备古文功底，又要显摆自己的古文，就更糟糕了。例如古代书信用语中的"启"本来是陈述的意思，因此书信可以用"敬启者"开头。现在人们一般用它表示打开信封的意思，有人却在信封上写某某人"敬启"，

---

① 徐师曾《文体明辨序说》，见吴讷、徐师曾《文章辨体序说　文体明辨序说》，人民文学出版社1998年版，第129页。

就是要求别人(包括尊长)恭恭敬敬打开这封信。"聆听"是恭敬听取的意思,所以只能说自己"聆听"。请别人听或读,只能说"垂听""垂察""垂览""垂鉴""赐览""赐鉴"等。现在人汇报完了却常说"谢谢聆听"。试问收信或听汇报的长者看到或听到这样的表达,心中会作何感想?又如"家父""家兄"本用于称自己的家人,有人写信却说对方的"家父""家兄"如何如何;"令郎""令爱"是称对方的儿女,有人却说自己的"令郎""令爱"如何如何;"先严""先慈"是指自己已过世的父母,有人却用来指还活着的父母。凡此种种,让人哭笑不得。再如年长者对晚辈,为表客气,也可称"兄""世兄""仁兄"等,而自称"弟"。有些人不懂这一点,拿着某位名人称其为"兄"而自称"弟"的信函,到处炫耀,洋洋得意,令人齿冷。现代人主要通过电子邮件、短信、微信等联系,这是大势所趋。写这类东西也不必生搬硬套古人尺牍的模式,但读一点古人的尺牍还是有好处的。浸润既久,我们可以多少懂得一些必要的知识,少闹笑话;也可以感受到一些古人相交相处之道,提高自己的修养,言辞之间学会以礼相待,从而构建一种和谐的人际关系。

基于上述认识，我们编选了这套"历代名家尺牍精粹"丛书，分辑出版，首辑拟推出明清尺牍十一家。

丛书的总体定位是一套具有一定学术水准、面向社会大众读者的普及型文学读本。主要收录狭义的尺牍，即比较日常生活化的书信，兼收部分比较有文采、有情趣的论政、论学类书信。选择标准主要着眼于尺牍的文学价值。注释和赏析力图在全面深入了解作者的经历、个性，对相关事件的来龙去脉了然于心的基础上，准确把握每篇尺牍的真实含义，揭示其压在纸背的心情，及其写作上的精巧微妙之处。

丛书旨在提供一套涵盖面广、典型性强、审美价值高的历代尺牍文学选本，有助于广大读者欣赏美文，获得轻松愉悦的审美享受；发抒性灵，陶冶情操；回望祖国传统文化，回味前人的生活方式，增进对中国古代社会和士人精神世界的理解；感受汉字和汉语的深邃魅力，提高书面和口头表达能力。

本丛书的编选撰写和出版肯定存在诸多不足之处，敬希读者批评指正。

廖可斌

前　言

屠隆（1543—1605），字长卿，又字纬真，号赤水，鄞县（今属浙江宁波）人。万历五年（1577）进士，历官颖上、青浦知县，礼部主事等。有《屠长卿集》《由拳集》《白榆集》《栖真馆集》《鸿苞》及传奇《昙花记》《彩毫记》《修文记》等。传见张应文《鸿苞居士传》（《鸿苞》卷首）、杨德周《明故文林郎礼部仪制司主事赤水屠公墓志铭》（《甬上屠氏宗谱》卷二十二《志状上》）、屠本畯《弢光道人传》（《甬上屠氏宗谱》卷二十四《列传上》）、《明史》卷二百八十八《文苑四》等，参见徐朔方先生《屠隆年谱》、汪超宏《〈屠隆年谱〉补正》。[①]

一

作为明代才华横溢、创作旺盛的文人，屠隆有大

[①] 徐朔方《屠隆年谱》，《晚明曲家年谱》第二卷，浙江古籍出版社，1993年。汪超宏《〈屠隆年谱〉补正》，《明清浙籍曲家考》，浙江大学出版社，2009年。

量诗文作品传世。散文中，尺牍占的比重不少。《屠长卿集》文集卷六收55通，《由拳集》卷十三至卷十七收录131通，其中26通又见《屠长卿集》文集卷六。《白榆集》文集卷六至卷十四收185通，《栖真馆集》卷十三至卷十九收149通，《鸿苞》卷二十七、卷三十九、卷四十收21通，拙编《屠隆集》附录辑补13通①，新近又辑得17通，总计有540多通。这当然不是屠隆尺牍的全部，随着文献挖掘的深入，发现越来越多的屠隆尺牍，是显而易见的事。

屠隆对尺牍的作用与价值有清楚的认识，在多篇序中反复阐明尺牍的重要性：

夫不翼而飞、无径而走者，其惟方寸之牍乎？扬芬振藻，宣情吐臆，述事陈理，伤离道故，则此道胜矣。②

尺牍者，古辞命之遗也。畅述理道，宣答情曲，通导彼我，感孚神人，则此物贵矣。古人云隔千里如面谭，

---

① 汪超宏主编《屠隆集》第12册，浙江古籍出版社，2012年，第87—108页。
② 屠隆《〈皇明名公翰藻〉序》，《白榆集》文集卷一，《屠隆集》第3册，第205页。

又云一纸书贤于十部从事,良有以也。①

夫讯启居,通情愫,非尺牍何藉?②

今之翰札,固古词命之流也。世有去故乡,离姻朋,俄而修尺一于雁距,写衷愫于鱼腹,令睹者若促膝。又有遨游湖海,收名山大川之胜,退而纪所得,以贻同好,令睹者若卧游。又有贤人君子,中菶菲而遭摈斥,退而托楮以自剖白,令睹者若冰释。又有若契漆园,悟祇树,言言超俗,语语入玄,令睹者若蝉蜕。盖靡不取具焉。③

屠隆道出了尺牍传递信息、交流情感、陈事说理等主要功能。这说明屠隆不仅有丰富的尺牍作品,还

---

① 屠隆《〈七先生尺牍〉序》,《国朝七名公尺牍》卷首,明万历三十一年(1603)文斐堂刻本,浙江图书馆藏。
② 屠隆《评释〈谋野集〉题辞》,《屠先生评释〈谋野集〉》卷首,明宏远堂熊云滨刻本,国家图书馆藏。
③ 屠隆《序〈里居通用翰墨〉》,《新镌注释里居通用合璧文翰》卷首,《明代通俗日用类书集刊》第13册,西南师范大学出版社,东方出版社,2011年,第411页。

有明晰的尺牍创作观念。他的尺牍内容,大部分围绕这三方面展开。根据屠隆的人生经历,各个时期的尺牍内容,各有侧重。万历五年(1577)中进士之前,屠隆足迹未出两浙,交游对象是本地乡人、官宦和坐馆结交的下层文士,二十二通尺牍叙述乡居交往、坐馆感受、地方事务等。万历五年(1577)中进士后,至被罢官前,尺牍主要交流两任知县、官礼部主事时,所做之事和感受。罢官后,尺牍诉说被诬的冤屈、家居穷困的苦闷,探研佛道之理。

屠隆为人真诚,率性自然,不虚伪,不做作。尺牍是屠隆感情和思想的真实流露。他不仅淋漓尽致地诉说自己的喜怒哀乐,也热情洋溢地赞美友人的功业成就,真心实意地同情友人的不幸遭遇,无微不至地关怀家人和亲友的日常生活。他真诚感谢张时彻、屠大山、刘翾等人的知遇之恩和汤显祖的仗义执言;请求徐阶、龙德孚、滕伯轮等致仕或在任官员减免地方科税,造福于民;乞求王世贞、冯梦祯、邢侗等人伸出援手,资助钱粮;为瞿九思、龙膺、丁此吕等人的遭遇愤恨不平;赞扬颜鲸、赵用贤、邹尔瞻、姜士昌、吕炯等人的气节,这些情感在尺牍中有真实体现。《与沈君典书》二通(《屠长卿集》文集卷六、《由拳集》卷十三)尤能反映屠隆尺牍的善解人意、诚挚待人、感情充沛。沈懋学是屠隆的同年、亲家、同门道友,万历五年(1577)状元,他接受张居正的延致,已遭物议。"夺情"事起,他本来和吴中行、赵用贤约好一起上疏,等到上疏时,又退却了。这种首鼠两端的举动受到士林耻笑。沈懋学内心非常痛苦,只好请告归里,此时距他任翰林院修撰不到一年。《与沈君典书》二通因作于万历六年(1578)春。其一屠隆安慰沈懋学,说他有文武材,不是依靠他人获取功名之人,只要顺时乘势,"公辅可立致",他的心迹,有如皎日,"鬼神所知"。屠隆劝其自爱,有机会还是要出山,报效朝廷。其二说对于沈懋学的请告归里,当时人有三种看法。屠隆认为这三种看法都不符合沈懋学的实情。沈懋学请告归里,既"忧时眷感深",又邑邑无人能语,是情非得已,有其苦衷,只好托之山林,全身远祸了。沈懋学的不得已,屠隆虽然没有明说,但触及到了沈懋学的内心深处。尺牍既理解沈懋学的苦衷,照顾到沈懋学的情面,又有的放矢地进行劝慰,字字句句说到沈懋学心里,很有针对性,使沈懋学备感温暖。

屠隆人生历程和各个阶段的重要事件，在尺牍中有完整细致的描述，为我们研究屠隆生平和创作提供了第一手文献。屠隆未中举前，与宁波总兵李超相识。外甥李先嘉道遇李超，不避车驾，当场笞二十，并移书知府，更予严惩。屠隆两次致书李超，为其求情，并为自己写信给李超引起诸人怀疑辩诬。事见《屠长卿集》文集卷六《与李开府书》《再报李开府书》。

考中进士后，屠隆住京师逆旅嘉树轩，与冯梦祯等友人过从甚密，饮酒赋诗，往来过程见与冯梦祯、沈懋学、王锡爵、欧大任、周弘禴等人书牍。在颍上、青浦知县任上，屠隆修东门河堤、救灾治水、丈量田亩等，与沈懋学、沈明臣、王世贞、王锡爵的书牍，让世人知道，屠隆不仅善文事，也善吏事。与沈明臣由师生情深到反目成仇的过程，屠隆对汤显祖、喻均、赵用贤、王稚登、沈一贯等人详细言及此事，意在说明是非曲直、错不在我。《由拳集》的选订原则和刊刻，是在与冯梦祯往来书牍中，反复商讨确定的。《白榆集》的刊刻，在与汪道昆往来书牍中，可见一些眉目。有传言说屠隆、冯梦祯交恶，屠隆通过与冯梦祯往来书牍，与书余寅、周弘禴、唐嗣宗、王祖嫡、朱廷益等人，申言友情依旧，世人郢书燕说，厘清真相，戳破谣言。何三畏《青浦令赤水屠侯传》(《云间志略》卷四)、钱谦益《列朝诗集小传》丁集上、胡文学编《甬上耆旧诗》卷十九、《明史》卷二百八十八《文苑四》等都记载屠隆下笔千言，顷刻立就，屠隆《答徐孟孺》(《由拳集》卷十六)说自己一二夕作五言古诗六十余首(诗见《由拳集》卷五《感怀诗五十五首，有序》，实存五十六首)。《答徐孟孺》自述印证史料记载，其来有自，所言不虚。

至于影响一生命运的诬告事件，屠隆自然耿耿于怀，不厌其烦地向多人诉说事情真相与原因，捍卫清白，维护名誉，博取同情与理解。《与张大司马肖甫》《寄王元美、元驭两先生》(《白榆集》文卷十一)等书牍告知自己遭诬的原因与经过，倾诉满腔冤屈和愤懑之情。内容大体相同，也略有差异。两书均详细描述西宁侯宋世恩置酒张戏，以兄礼事屠隆，俞显卿闻二人有"通家往来语"，又采摘酒中狂态，诬二人"淫纵"的经过。《寄王元美、元驭两先生》直接点明与俞显卿结怨在任青浦知县期间：俞显卿干谒屠隆，屠隆侮慢之；俞显卿在乡间暴横把持，屠隆以法裁之。俞显卿怀恨在心，伺机报复，终于逮住机会，夸大其词，罗织罪名，又及青浦之政。朝廷以屠隆"诗酒放旷"、俞显卿"挟仇诬陷",均罢官。虽然《神宗实录》卷一百五十四、沈德符《万历野获编》卷二十五"昙花记"条、《明史》卷二百八十八《文苑四》等文献对此事有所记录,但远没有屠隆书牍叙述得详细真切,其愤恨和冤屈倾泻而出,悲痛欲绝,欲哭无泪,极具感染力和说服力。

宗教与明代文学有密不可分的关系,明代文人大多受宗教影响,在作品中表现出浓郁的宗教情怀。屠隆深陷其中,不能自拔。他是宗教的信奉者、传播者、实践者。屠隆有《广桑子》《佛法金汤》等宗教著作,传奇《昙花记》"广陈善恶因果,以明佛理",《彩毫记》"假唐青莲居士,以明仙宗"。[1] 万历八年(1580),屠隆与王锡爵、王世贞、沈懋学等奉昙阳子(王锡爵女焘贞)为师。九月九日,昙阳子卒,屠隆为作《仙师传》,又有《恭送昙阳大师十九首》。屠隆与王世贞、冯梦祯等人往来书牍,切磋道义,又与书王世贞、汪道昆、冯梦祯、虞淳熙、王士性、屠本畯、管志道等人讨论三教合一

---

[1] 屠隆《与管志道书》,管志道《续问辨牍》卷二《答屠仪部赤水丈书》附,《四库全书存目丛书·子部》第88册,齐鲁书社,1995年,第66页。

之理。汪道昆曾回书屠隆,谈其来书内容:"足下五七月书,亹亹数千言,大阐函三为一之教。不佞蓬心未剪,宁讵能相悦而解哉?"①这类书牍,屠隆一方面引经据典,一方面根据自己的修道经验,参以己见,说理透彻,使人易于理解接受。如《与田叔》(《白榆集》文集卷七,又见《翠娱阁评选十六家小品·屠赤水先生小品》卷二)一通,书牍首先说修道心要虚静;其次,说虚静之法,处动而不失安闲,才是真静;再次,说自己苦心修道,时时磨炼,在闹处不在静处调心,阐明修道在心,动静关系,以利常人修道。陆云龙文末评:"以静居动,则动不扰;视静如动,则静不驰。总之,境有动、静两种,心无动、静之殊,凡障破矣。书中直恁分明。"②

针对屠隆的佛道观念和修行之举,谢肇淛提出了尖锐批评:"屠仪部隆苦谈前生之说,一日,集余吴山署中,与黄白仲辩论往复,遂至夜分。然二君皆非真有见解者,不过死生念重,惧来生之堕落,姑妄言以

---

① 汪道昆《书牍·屠纬真》,《太函集》卷一百三,《四库全书存目丛书·集部》第118册,齐鲁书社,1997年,第476页。
② 《屠赤水先生小品》卷二,陆云龙辑《翠娱阁评选十六家小品》,《四库全书存目丛书·集部》第378册,齐鲁书社,1997年,第182页。

欺人耳。然惑之既久,遂至自欺矣。夫前生既不能记忆,后生又不可预期,姑就今生百年之中,能修得到无人非、无鬼责地位,亦足矣。二君定识既浅,爱根甚重,一切贪嗔邪淫妄语等禁,彼皆犯之。今生已不胜罪过矣,何论前后世哉?"[1]既要享受目前世间物欲,又大谈修行求来生之福,这不仅是屠隆的矛盾,也是明代多数文人的通病。谢肇淛的批评,揭露了这些人的虚伪与堕落,可谓一针见血,击中要害,鞭辟入里,振聋发聩,启人思考。

二

《为瞿睿夫讼冤书》(《白榆集》文集卷八、黄宗羲编《明文海》卷二百五)、《与王元美先生书》(《屠长卿集》文集卷六、《由拳集》卷十四)、《与汪伯玉司马》(《白榆集》文集卷十一)、《与汤义仍奉常》(《栖真馆集》卷十六)等,是屠隆长柬代表作。《为瞿睿夫讼冤书》作于万历五年(1577)屠隆中进士后不久。瞿九思(1545—1615,字睿夫),黄梅(今属湖北)人,

---

[1] 谢肇淛《五杂俎》卷十五,《续修四库全书·子部》第1130册,上海古籍出版社,2002年,第651—652页。

因知县张维翰违制苛派，民聚殴之，维翰坐九思倡乱，囚武昌狱三年。万历五年（1577）九思出狱后，被处以流刑，长流塞下，路过京城，上书朝廷。九思子甲与罕，也为书讼父冤。屠隆激于义愤和同情，作此书遍告朝廷内外，代为申冤。加上冯梦祯告知了楚中当事，张居正本来认可九思的才华，瞿九思得以获释归楚。作《为瞿睿夫讼冤书》是屠隆人生的一次壮举，不仅对九思获释起了很大的推动作用，为屠隆赢得了侠肝义胆、仗义执言的美誉，也使京城士绅认识到屠隆文才出乎众人之上，对他刮目相看。黄宗羲引其父黄尊素语评曰："赤水之文，才情舒卷，忽而波澜浩渺，有一段好处，但未经剪裁耳。"[1]

《与王元美先生书》《与汪伯玉司马》是屠隆首次与书王世贞和汪道昆，可以说是向两位文坛大佬递交的"投名状"。前者作于万历六年（1578），后者作于万历十一年（1583）。王世贞仕宦显赫，声高位重，是晚明文坛领袖，"独操柄二十年"[2]。汪道昆诗文与王世贞齐

---

[1]《明文海》卷二百五文末评，《文渊阁四库全书·集部》第1455册，台湾商务印书馆，1983年，第267页。
[2]《明史》卷二百八十七，中华书局，1974年，第7381页。

名,时人称南北两司马。二书在恭维对方时,也不失时机介绍自己的经历、人品、才学,对不同观点,进行有理有据的商榷,让对方认识到自己不是庸碌之辈,达到结交的目的。二人对屠隆来书赞誉有加,认识到屠隆确实不是等闲之人,此后与屠隆的关系越来越密切,直至终老。王世贞评《与王元美先生书》:"累数千言,舌为燥而不忍乙,且畏其尽也。雕龙绘辞,碧鸡宏辨,鞭霆掣雷,搂金拊石,一扫千里,前无留行,即使庄生谈天,季子论人,尤且捧盟盘而让牛耳,况其他哉。"① 汪道昆评屠隆其人与《与汪伯玉司马》:"当世称人文者首浙,称论著者首四明,乃若都命世当名家,则惟足下……郡司理龙君御还新都,猥辱提命,荣施衮琬,亹亹千言,重以阳春,洋洋盈耳。不弃不佞之不类,引手而登之坛坫之间。田安平复七十城,西面而事一卒,盖此类也。否则,公非延陵相者,宁用举肥为哉?"②

《与汤义仍奉常》作于万历十六年(1588)。书牍

---

① 王世贞《书牍·屠长卿》其一,《弇州续稿》卷二百,《文渊阁四库全书·集部》第1284册,台湾商务印书馆,1983年,第823页。
② 汪道昆《书牍·屠长卿》,《太函集》卷一百二,《四库全书存目丛书·集部》第118册,第465—466页。

叙说作文之难，赞扬汤显祖气势雄伟，滔滔不绝，有如大海之波，自己得此道易而浅，有如池塘之水；劝汤显祖与王世贞交往，说明与沈明臣交恶的原因与经过。汤显祖回书，安慰屠隆，世上忘恩负义之人多，还是要宽以待人。①屠隆与汤显祖是兴趣相投，但性格有异的知交。屠隆的倾诉，获得了汤显祖的同情与理解，消除了某些人的误解，对维护自己的声誉有积极作用。

《在京与友人》《归田与友人》《答李惟寅》《答王元驭先生》等，是屠隆短柬代表作。前二通见陆云龙辑《翠娱阁评选十六家小品·屠赤水先生小品》卷二、明末贺复征《文章辨体汇选》卷二百六十五，后二通见《白榆集》文集卷十、《翠娱阁评选十六家小品·屠赤水先生小品》卷二。

屠隆的短柬善于把官场与乡居、京城与江南进行对比，突出自己的人生旨趣。《在京与友人》云：

燕市带面衣，骑黄马，风起飞尘满衢陌。归来下马，

---

① 汤显祖《答屠纬真》，《玉茗堂尺牍》卷一，徐朔方笺校《汤显祖全集》，北京古籍出版社，1999年，第1297页。

两鼻孔黑如烟突。人马屎和沙土,雨过淖泞没鞍膝,百姓竞策蹇驴,与官人肩相摩。大官传呼来,则疾窜避委巷不及,狂奔尽气,流汗至踵。此中况味如此。遥想江村夕阳,渔舟投浦,返照入林,沙明如雪。花下晒网罟,酒家白板青帘,掩映垂柳,老翁挈鱼提瓮出柴门。此时偕三五良朋,散步沙上,绝胜长安骑马冲泥也。①

这里把京城与江村风景及生活状态自然呈现出来,京城的喧嚣、肮脏,江村的优美、宁静,京城的紧张、防备,江村的自然、轻松,像两幅画一样,并列在一起。作者的喜好,于此可见。陆云龙眉批"一幅待漏图不如是","又一幅江南意",文末评:"犹是独善语,然可以冷骛夫热肠。"②切中肯綮,允为知音。

《归田与友人》云:

一出大明门,与长安隔世,夜卧绝不作华清马蹄梦。家有采芝堂,堂后有楼三间,杂植小竹树。卧房厨灶,

---

① 《屠赤水先生小品》卷二,陆云龙辑《翠娱阁评选十六家小品》,《四库全书存目丛书·集部》第378册,第186页。
② 《屠赤水先生小品》卷二,陆云龙辑《翠娱阁评选十六家小品》,《四库全书存目丛书·集部》第378册,第186页。

都在竹间。枕上常听啼鸟声,宅西古桂二章,百数十年物。秋来花发,香满庭中。隙地凿小池,栽红白莲。傍池桃树数株,三月红锦映水,如阿房、迷楼,万美人尽临妆镜。又有芙蓉、蓼花,令秋意瑟。更喜贫甚,道民景态清泠,都无吴越间士大夫家华贵气。①

此书叙写离开京城后的喜悦心情和乡居环境。屠隆被诬罢官,心中自然愤恨难平,官场的污浊,人际关系的复杂,书中未曾提及,只说家中环境优美,花草可人。不留恋京城官场、享受田园恬静之意,不言自明。陆云龙文末评"翠色娟娟烟涤竹,妖香奕奕露凝花"②,突出了书中美景,但未悟出屠隆离开京城官场"樊笼"的轻松和喜悦。尽管离开是被迫的、不情愿的,但结局如此,无法逃避,也只好笑着离开,如释重负。悠游在山水自然中,远比在官场低声下气、看人脸色、担惊受怕,要舒心自在得多。

《答李惟寅》作于万历十二年(1584)。书牍叙说

---

① 《屠赤水先生小品》卷二,陆云龙辑《翠娱阁评选十六家小品》,《四库全书存目丛书·集部》第378册,第187页。
② 《屠赤水先生小品》卷二,陆云龙辑《翠娱阁评选十六家小品》,《四库全书存目丛书·集部》第378册,第187页。

礼部公务不多，有上司负责，"居然云水闲人"，安慰李言恭（字惟寅），不要为凡俗所扰。书中写自己骑马出门，"回飙薄人，吹沙满面"，回想江南清溪碧石，"身穿朝衣，心在烟壑"。形与心异，南北景异，对比鲜明，栩栩如生。陆云龙文末评："仙仙有致，如挈身玉山上行。动中实自有静，动实不能扰静。此事非先生不克知，非先生不能有。"①

《答王元驭先生》也作于万历十二年（1584）。万历十一年（1583），王锡爵（字符驭、元驭，号荆石）在家守制。十二月，服阕，以礼部尚书衔兼文渊阁大学士入内阁。书作于王锡爵入阁前。书牍首先叙说自己性好诗文，每成一作，不胜愉快。有意舍弃不作，但好文之嗜难以根除。其次，叙说自己在京中生活贫困，无人借贷，将腰中银带变卖以维持生计。诗篇百首，不能换取银两，但自己乐观待之。本是夸耀之词和哭穷之文，但写得含蓄不露，恰到好处，令人同情，又令人会心一笑。陆云龙文末评："不为谀词以谄人，不作诞语以傲世。抒写性灵，点染光景，亦何不可？若

---

① 《屠赤水先生小品》卷二，陆云龙辑《翠娱阁评选十六家小品》，《四库全书存目丛书·集部》第378册，第186页。

其强制，亦云多事。"①

屠隆的短柬具有叙事简明、通俗易懂的特点。如《与冯开之小牍八条》其五：

午前自兵部引堂回，正欲邀足下，适天大雨。大水从街衢溢入室中，至深三尺，如泛家浮宅。然弟有据床笫耳，以此不得如约。弟岂真蛟龙邪？何为水中居？足下当采大筏急济我。床上草草。②

又如其八：

不佞南矣，道出涿鹿。旷哉，黄河莽莽，天何高乎，巨野千里。回望宫阙，迥不见故人。此仆销魂时也。气结临风，不能长语。廿九日，隆顿首勒状，无他言。③

---

① 《屠赤水先生小品》卷二，陆云龙辑《翠娱阁评选十六家小品》，《四库全书存目丛书·集部》第378册，第183页。
② 屠隆《与冯开之小牍八条》其五，《由拳集》卷十三，《屠隆集》第2册，第160页。
③ 屠隆《与冯开之小牍八条》其五，《由拳集》卷十三，《屠隆集》第2册，第160页。

前者写由于大雨,困于床上,不能出行,希望冯梦祯赶快来救的窘态。后者写离开京城,赴颖上知县任上的途中,所见沿途风景及离别朋友的感伤。不加修饰,明白如话,简明扼要叙述事实,传达感情。前引《归田与友人》《在京与友人》也是用简洁明了的语言,通过两种环境的对比,喜好与否,一目了然。

屠隆长柬善用典故、比喻、排比等修辞手法,增强说理的气势和感染力。如《为瞿睿夫讼冤书》以汉代缇萦、朱勃、郭亮、寒朗、刘向等为人伸冤雪恨为例,说明他们与被冤者有父师交游关系,而自己为瞿九思鸣冤,完全是激于义愤和公道;以屈原为例,说明如果屈原生在圣明之世,就不会有投江自尽的结局。言外之意,可想而知。《与汪伯玉司马》开宗明义说汪道昆是当今文坛与王世贞齐名的大家,"仲尼不删六籍"等三句,既是用典,也是排比句,说明文化传承的重要。以群雄争斗比喻当时文坛竞相争奇的局面,以"麟凤之为百兽长,沧海之为百谷王"比喻王世贞在文坛的地位,以"将投戈解甲,俛而受军政戏下",比喻自己佩服二人,甘愿拜倒在二人麾下,受其指挥,说得对方心情大悦。《与王元美先生书》中,"昔然明倾心于国侨"六句、"又邹、鲁悦孔、孟之仁义"十三句、"今夫天有扬沙走石"四句,排比与典故并用,有助于淋漓尽致地表达胸中积郁的情感,一吐为快。书中用典贴切而不生涩,看似随意拈出自己所读经、史、子、集各种典籍,实则显示作者饱读诗书,博雅富赡,感动对方,说明自己不是庸碌之辈,值得交往。《与箕仲书》(《屠长卿集》文集卷六)中,"夫理梦治具"等四句排比,说明知县的重要性;"轩辕位居黄屋"等四句排比加上用典,以古圣先贤礼贤下士,克己奉公,虚心求教,谦恭待人,作为自己学习的榜样。颍上周围有老子、庄子、淮南八公、苏轼、欧阳修等遗迹可供游览,如登八公山眺望四方,"如落几席",八公挥手可招。云气起芒、砀诸山,长歌《大风》,"风辄肃肃至矣"。乘月游东门河堤,见水光游鱼,"云物四揭,六合旷朗"。历史人物与现实美景,如在目前,栩栩如生。

屠隆才情纵横,文思喷涌,率性而为,其尺牍不足之处,是气势有余而锤炼不足。黄尊素评《为瞿睿夫讼冤书》"未经剪裁耳,而随逐时尚,持论荒谬,幸其工夫未深,不掩本色"①。钱谦益评屠隆:"乃以文词为乞食之具,志安得不日降,而文安得不日卑?长卿晚作冗长不足观,其病坐此。"②均为中的之言。

三

屠隆尺牍在明代受到读者喜爱、追捧。王世贞对屠隆尺牍赞不绝口:"寻得足下所致开之尺牍诵之,令人口吻习习吐五色气,如夜行鄠杜间,遇蹑剑御风客,亡论为仙为侠,要不作人间人,非足下当之,旗乱辙靡矣。仆中间所最爱者,七月一书,于放逸中出精理,其他叙事,殊藻雅有思。"③"月来不见公竿牍,一见之,觉久咽中作甘露洒,爽不可言。"④"蜗庐抱影,闻履声而避。犹时时为乡里项领及他方竿尺所苦,然至足下一书到,

---

① 黄宗羲《明文海评语汇辑》卷二百五《书六十四》,《南雷诗文集》下,《黄宗羲全集》第 21 册,浙江古籍出版社,2012 年,第 719 页。
② 《明文海》卷二百五文末评,《文渊阁四库全书·集部》第 1455 册,第 267 页。
③ 王世贞《书牍·屠长卿》其六,《弇州续稿》卷二百,《文渊阁四库全书·集部》第 1284 册,第 826 页。
④ 王世贞《书牍·屠长卿》其六,《弇州续稿》卷二百,《文渊阁四库全书·集部》第 1284 册,第 827 页。

辄洒然自快，唯恐其读之遽尽也。"① 江盈科评屠隆"诸尺牍多而千言，约而数语，如石家珊瑚，十尺固自连城，径寸亦自珍玩，无不令人解颐醉心也者。"②

屠隆尺牍在明代被收入各种尺牍选集和文选中。万历九年（1581），凌迪知编《国朝名公翰藻》，卷四十七至四十九收屠隆尺牍96通。天启四年（1624），托名徐渭辑《古今奏雅云笺》成，收屠隆尺牍30多通。崇祯三年（1630），沈佳胤辑《翰海》刊刻，收屠隆尺牍50多通。崇祯五年（1632），陆云龙辑《翠娱阁评选十六家小品》成，其中《屠赤水先生小品》二卷，卷二收屠隆尺牍10通。明末贺复征《文章辨体汇选》卷二百六十五收屠隆尺牍4通。由于屠隆声名远播，明人编选尺牍选集时，有的编者特意请屠隆作序。如凌迪知编成《国朝名公翰藻》，请屠隆作序。屠隆不仅作序（《白榆集》文集卷一《〈皇明名公翰藻〉序》，凌迪知《国朝名公翰藻》卷首题作《〈国朝名公翰藻〉叙》），而且

---

① 王世贞《书牍·屠长卿》其七，《弇州续稿》卷二百，《文渊阁四库全书·集部》第1284册，第827—828页。
② 江盈科《与屠赤水》，《雪涛阁集》卷十二，黄仁生辑校《江盈科集》，岳麓书社，1997年，第586页。

与书凌迪知，说自己集中有近札，望凌迪知收入。① 再与书凌迪知，推荐海内交游名公尺牍，供其选择："仆有海内交游名公尺牍若干首，尝装池成四大帙。中多奇宝佳品，可益群玉之府。明公欲得抡择，当奉去尔。小集二册，奉览不宣。"万历三十一年（1603），项伯达辑成《国朝七名公尺牍》，屠隆作《〈七先生尺牍〉序》（《国朝七名公尺牍》卷首）。国家图书馆藏程德符刻本、熊云滨刻本王稚登《谋野集》，卷首都有屠隆《评释〈谋野集〉题辞》。《新镌注释里居通用合璧文翰》卷首也有屠隆《序〈里居通用翰墨〉》。有的甚至冒屠隆之名，为所编尺牍集招徕读者，以便销售谋利。如项伯达辑《国朝七名公尺牍》八卷，录王世贞、李攀龙、徐中行、汪道昆、宗臣、吴国伦、王世懋等七人尺牍，每卷首署："东海屠隆纬真辑，江东张文颖维光校。"王稚登尺牍集《谋野集》四卷，程德符刻本、熊云滨刻本均题作《屠先生评释〈谋野集〉》，熊云滨本刻本卷首还特别题明"镌屠赤水评释王百谷《谋野集》"。《新镌注释

---

① 屠隆《与凌稚哲》："仆生平尺牍，多散漫不收。今小集中，仅仅存其近札。门下方广搜珊瑚木难、大秦明月，而欲溷以鱼目，何耶？"《白榆集》文集卷七，《屠隆集》第4册，第342页。

里居通用合璧文翰》二卷，上下两栏，上栏为各种字式及名公华句，下栏为各种文翰摘锦，分天文、地理、人物、宫室、器用、花木、鸟兽、饮馔、官制、文史、人事、候病、干借、订约、规劝、干谒、慰问、陶情等。每卷首署："东海赤水屠隆编选，闽海紫岳俞启相校正，建邑书林熊荣吾梓行。"屠隆没有参与这三种尺牍集的编选、评释，由《国朝七名公尺牍》卷首冯梦祯序、屠隆序可知，《〈七先生尺牍〉序》是屠隆所作没有疑问。《屠先生评释〈谋野集〉》《新镌注释里居通用合璧文翰》虽刻于屠隆卒后，但卷首序应该是屠隆生前所作。

本书从《屠长卿集》《由拳集》《白榆集》《栖真馆集》中选录了屠隆有代表性的尺牍100题101篇。所据底本，同拙编《屠隆集》所用底本，即《屠长卿集》以浙江绍兴图书馆藏本为底本，《由拳集》以明万历刻本为底本，《白榆集》以明万历龚尧惠刻本为底本，《栖真馆集》以明万历十八年（1590）吕氏栖真馆刻本为底本。本书由本人选出篇目，李玉鑫注释，再由本人删改、增补注释，撰写点评。所选篇目，参考了拙编《屠隆集》的校点，纠正了其中的个别错漏。为省读者翻检之劳，注释不避复出，点评考证背景，交代人物关系，分析内容，尽可能搜罗来往书牍，以见双方交流真相。本书注重通俗性与学术性结合，不仅可使读者了解屠隆生平经历、人际关系、时代氛围、尺牍特点等，也提供了屠隆研究的新材料、新成果，为进一步全面深入研究屠隆及其文学成就打下了坚实基础。十分感谢浙江大学方一新教授、浙江古籍出版社路伟的热心帮助。本书出版，得到国家古籍整理出版专项经费资助，也得到国家社科基金重点项目《明清散曲稀见文献整理与研究》（19AZW013）的支持，以及中央高校基本科研业务费专项资金资助。

本书是屠隆尺牍首次以注释、点评的形式出版，尽管我们花了很多时间和心血，力求精益求精，但不可避免会有错讹，敬请读者、方家指正。

汪超宏于西湖宝石山下寓所
2023年4月20日完稿，22日改定

目 录

总　序……………………………………………一
前　言……………………………………………一

让柴仲初书………………………………………一
与李之文书………………………………………八
与沈长孺书………………………………………一六
与杨伯翼书………………………………………一八
与张大司马公书…………………………………二一
与余君房书………………………………………二四
与田叔书…………………………………………二八
与刘观察先生书…………………………………三三
与孙太史、冯吉士、沈比部书…………………三七
与沈君典书………………………………………四五
与王元美先生书…………………………………五七
与箕仲书…………………………………………八四
与沈君典书………………………………………九二

寄田叔	一〇〇
寄李之文	一〇七
与沈君典	一一二
奉徐少师	一一九
寄张幼于兄弟	一二六
上张、申二阁师	一三〇
答徐孟孺	一三四
与瞿睿夫	一三六
与嘉则先生	一四二
与甘应溥侍御	一四六
与陆敬承	一五二
与箕仲	一五六
与陈伯符	一六一
与欧桢伯	一六六
与沈肩吾太史	一七二
与李临淮	一七六
与王敬美	一八一
报贺伯暗	一八五
与冯开之	一九一
与李之文	一九九

与沈嘉则二首	二〇三
与周元孚	二一〇
奉刘观察先生	二一四
与顾益卿观察	二二一
与君典约婚书	二二六
再与元美先生	二二九
与田叔	二三二
与管登之	二三五
与孙文融吏部	二四四
与凌稚哲	二四八
与田叔	二五一
为瞿睿夫讼冤书	二五五
与凤洲先生	二七〇
与赵汝师太史	二七三
与吕心文	二七七
与顾观察益卿	二八二
与沈士范	二八四
报张肖甫大司马	二八九
与赵汝师太史	二九二
报龙君善司理	二九九

答李惟寅……三〇四

与沈嘉则书……三〇七

与王太初、田叔二道友……三一一

答王元驭先生……三二〇

与元驭先生……三二三

与姜仲文……三二五

与汪伯玉司马……三三二

与张大司马肖甫……三四二

寄王元美、元驭两先生……三四九

答沈肩吾少宰……三五八

答陆君策、郁孟野、曹重甫……三六〇

与徐司理……三六五

答冯咸甫……三六九

答詹政叔……三七四

与马用昭……三七八

与莫秋水……三八二

答王恒叔……三八五

与黄白仲……三八八

答邹孚如吏部……三九一

与王辰玉……三九六

与陈立甫司理……四〇三

与陈玉叔方伯……四一〇

与君善……四一六

再与子愿……四二〇

与丁右武……四三〇

与龙伯贞……四三八

与刘诚意……四四二

与梅禹金……四四五

与冯开之……四五〇

与龙伯贞……四五七

与虞长孺……四五九

与滕开府……四六五

答喻邦相使君……四七二

与汤义仍奉常……四七八

与颜应雷侍御……四九六

与冯方伯……五〇五

与邹彦吉……五一二

与吕充符……五一八

答方建元……五二三

答李玄白……五二八

与孙以德…………………………………五三五
与赵汝师司成……………………………五四〇
与王百谷…………………………………五四六
与龙伯贞…………………………………五五四
与颜应雷侍御……………………………五六〇
再答冯开之………………………………五六七
答邹孚如…………………………………五七七

让柴仲初书〔一〕

语有之："士有争友，则身不失令名〔二〕。"今者仆将开口，前数足下以罪，愿足下少听之。仆，鄙人也，天性拓落，其于人礼数盖未尝数数然也〔三〕，然不敢以此事足下矣。区区愿为足下忠臣〔四〕，愿足下少听之〔五〕。

昔魏文侯与左右饮酒乐而天雨〔六〕，顾业已与虞人期，即饮酒乐，即天雨，文侯无为爽也。晋文公业与原人有期〔七〕，即失信得原，文公弗为也。夫季布所以有声梁、楚间者，岂非以其不侵然诺为名高哉〔八〕？故信者，士之质也，行之宝也。自国君至匹夫，弗可易矣。仆始谓足下信人也，乃今知足下非信人也。始足下与仆期访仆山中，仆甚迟足下〔九〕。每晨起，辄戒阍人扫门、庖人治具、馆人设榻〔一〇〕，时时谓足下且来。乃一期不来，则为再期，而三，而四五。仆常坐斋中，听户外履声，则谓足下来矣，而足下竟不果来。

仆所居山中，诚落莫〔一一〕。夫遁空谷者，闻跫然之音辄喜〔一二〕，斯恒物之大情也。矧仆与足下交游中〔一三〕，号称相知者哉？仆交诸大夫士，石交不少矣[一四]，顾独拳拳足下若斯[一五]，斯其故可知也。足下自处宜何如者？丈夫处心，有如白日。如其一诺，即万钟若失[一六]，千金可捐[一七]，轻泰山为一掷[一八]，等六尺犹秋毫[一九]，指幽闼于广庭[二〇]，揭冥冥于白昼[二一]，弗可改也。是以聂政抉面于严仲[二二]，荆卿湛族于燕丹[二三]，延陵挂剑于丘墓[二四]，伍相投金于濑水[二五]，岂非贞士之楷模、匹夫之耿介乎[二六]？以此征于足下[二七]，足下何居？足下访我山中，相去三十里耳。计暂往而返，腹犹果然者[二八]，非有跋履山川之劳也。昔人才一想思，千里命驾[二九]，此其视足下何如哉？足下即不惜玉趾[三〇]，无为空约。不者，何辱命焉？而徒令仆朝夕引领西望[三一]，是足下以此弄仆也，仆即何有于足下哉？

仆日闭门下楗[三二]，读三坟、五典、八索、九丘[三三]，则北面古帝王[三四]；读六籍、《语》、《孟》[三五]，则执弟子礼孔、孟；览《左》、《国》，则折节丘明[三六]；三披《史记》、《汉书》[三七]，则长揖太史[三八]。其他诸子，仆日与之晤对一堂，剧谭千载[三九]。仆即坐穷山中，未大落莫也。足下何为挟城市傲我[四〇]？

曩予居大江以北[四一]，仆十至足下之门，足下乃一再渡江，是足下徒能坐邀国士耳〔四二〕。去三十里而遥，即裹足退不敢前，尚奚论千里命驾之雅哉？仆自拥篲役海上〔四三〕，诸君有辱投刺先叩仆之门者〔四四〕，有往而见答者，有徒空言修殷勤而竟不一造其庐者，仆于诸君固不数数然也。乃仆于人则又大异。有见则喜，不见则悄然以悲；有见则喜，不见则不悲；有亦无见亦无不见，亦无喜亦无悲。此其大较也〔四五〕。以此征足下，则其所谓拳拳足下者，其故可知也。足下自处宜何如者？足下尝试思之，汗蔌蔌下矣〔四六〕。

叶元叔于仆犹足下也〔四七〕。畴昔之约〔四八〕，元叔实与焉。幸为我寄声。

仆无状，不能佞足下〔四九〕，刺刺尽所欲言〔五〇〕。幸足下恕我。

（《屠长卿集》文集卷六）

注释

〔一〕让：责备。柴应聪，字仲初，鄞县（今浙江宁波）人。有诗名。有《自怡集》。见胡文学《甬上耆旧诗》卷三十。二人交往至迟在万历三年乙亥（1575）之前（沈明臣《丰对楼诗选》卷十五《夜与屠、柴二生坐明月榭》），万历十六年戊子（1588），柴仲初已经作古（《栖真馆集》卷十七《答潘景升》）。

〔二〕争友：同"诤（zhèng）友"，能用直言相规劝的益友。令名：美名，善名。

〔三〕数数（shuò）然：汲汲，拼命追求的样子。语出《庄子·逍遥游》。

〔四〕区区：我，自称的谦词。

〔五〕少：略微，稍微。

〔六〕"昔魏文侯"五句：魏文侯不因与群臣饮酒甚乐，天又下雨，而改变与虞人打猎的约定。魏文侯，战国时魏国国君。虞人，管理山泽的官。爽，爽约，违背。

〔七〕"晋文公"三句：晋文公在攻打原国时，与属下约定以三天为期。三天后，未攻下原国，撤兵。原国人听说后，认为文公讲信用，降于晋。事见《左传·僖公二十五年》。晋文公，名重耳，春秋时晋国国君。原人，原国的军士。

〔八〕"夫季布"二句：季布是楚地人，汉文帝时，为河东郡守。季布为人仗义，好打抱不平，恪守诚信，声名远播，当时曾有"得黄金百镒，不如得季布一诺"的谚语。事见司马迁《史记·季布栾布列传》。侵，侵凌。然诺，许诺，答应。

〔九〕迟（zhǐ）：想望，希望。

〔一〇〕阍（hūn）人：看门人。庖（páo）人：厨师。馆人：掌管宿舍的人。

〔一一〕落莫：寂寞，冷清。

〔一二〕跫（qióng）然：形容脚步声。

〔一三〕矧（shěn）：况且。

〔一四〕石交：交谊坚固的朋友。

〔一五〕拳拳：诚恳，深切。

〔一六〕钟：容器单位，十斛为一钟。一斛本为十斗，后来改为五斗。

〔一七〕捐：放弃，抛弃。

〔一八〕泰山：在今山东境内。

〔一九〕六尺：成年男子之身躯。

〔二〇〕幽闼（tà）：幽深的小门。

〔二一〕冥冥：幽暗，晦暗。

〔二二〕"聂政"句：聂政是战国时韩国侠客，为报严仲子知遇之恩，仗剑刺杀严仲子仇人韩相侠累，因怕连累姐姐，以剑自毁其面，挖眼、剖腹自杀。事见《史记·刺客列传》。

〔二三〕"荆卿"句：战国末年，燕太子丹善待侠客荆轲。荆轲为回报太子，刺秦王政，不中，被杀。事见《史记·刺客列传》。湛族，灭族。

〔二四〕"延陵"句：延陵季子访问晋国，途径徐国。徐君喜好季子的佩剑，季子许诺出使回来后相赠。季子完成使命，返回徐国时，徐君已经去世。季子把佩剑挂在徐君坟墓上。事见刘向《新序·杂事》篇。

〔二五〕"伍相"句：相传伍子胥逃亡途中饥饿不堪，在濑水遇见浣纱的史贞女，救活子胥。子胥叮嘱贞女，不要将自己行踪告诉别人。贞女抱石自沉。子胥率领吴师伐楚，来到贞女自沉处，将黄金投入水中，以报答贞女恩德。

〔二六〕贞士：志节坚定、操守方正之士。耿介：正直，不同于流俗。

〔二七〕征：验证。

〔二八〕果然：饱足的样子。

〔二九〕千里命驾：形容友情深厚。命驾，命令车夫驾车。指路远的好友造访。语出《晋书·嵇康传》。

〔三〇〕玉趾：白嫩如玉的脚，对人脚步的敬称。

〔三一〕引领：伸直脖子远望，形容盼望殷切。

〔三二〕闭门下楗：闭门谢客。楗，竖插在门闩上，使闩拨不开的木棍。

〔三三〕"读三坟"句：三坟、五典、八索、九丘，上古时期的文献。见《左传·昭公十二年》。

〔三四〕北面：古代君主面朝南坐，臣子朝见君主则面朝北，所以对人称臣为北面而事之。引申为臣服于人、拜人为师等意。

〔三五〕"读六籍"句：六籍，儒家六经，即《诗》《书》《礼》《乐》《易》《春秋》。《语》，《论语》。《孟》，《孟子》。

〔三六〕"览《左》《国》"二句：《左》，《左传》。《国》，《国语》。相传是左丘明所作。折节，屈服于别人。

〔三七〕披：披阅。《史记》：西汉司马迁作。《汉书》：东汉班固作。

〔三八〕长揖：拱手高举，自上而下行礼。太史：司马迁。司马谈为太史令，子迁继之，《史记》中皆称太史公。后世因以太史称司马迁。

〔三九〕剧谭：畅谈。谭，同"谈"。

〔四〇〕挟（xié）：用胳膊夹着。

〔四一〕曩（nǎng）：以往，从前，过去。

〔四二〕国士：一国中才能最优秀的人物。

〔四三〕拥篲（huì）：手拿扫帚，清扫道路。表示对来访者的敬意。

〔四四〕投刺：投递名帖。

〔四五〕大较（jiào）：大略，大体。

〔四六〕藗藗（sù）：液体流动的样子。

〔四七〕叶元叔：叶太叔。叶太叔，字郑朗，后更名亭立，字介子，鄞县（今浙江宁波）人。有《思烟集》、《藏山稿》等。见胡文学《甬上耆旧诗》卷二十一、《鄞志稿》卷十四。

〔四八〕畴昔：以前，往日。

〔四九〕佞：巧言谄媚。

〔五〇〕刺刺：多言，喋喋不休的样子。

点评

柴仲初为屠隆友人。二人曾相约柴氏到屠隆处所一见。约期已至，屠隆洒扫庭除以等柴氏的到来，却未见其人。屠隆遂作此书，以诤友的身份责备对方不守信用，认为"故信者，士之质也，行之宝也。自国君至匹夫，弗可易矣"。此书标题一"让"字即揭示了全文主旨。文中以魏文侯、晋文公、季布、聂政、荆轲等历史人物及《语》、《孟》等儒家典籍，来阐明一诺千金的重要性。书中将自己与柴氏对待友人的态度进行了对比，同时也生动地描述了自己等待对方及未见而失落的心情。文章既有作者对对方的责备，也有对对方的思念。

与李之文书[一]

语云："人之相知，贵相知心[二]。"不佞处乡邦，走江海，交天下士多矣，大都市道纷如[三]，石交零落[四]。浮云苍狗[五]，惝怳难凭[六]。岂惟小夫曲士[七]，即号称一代硕人君子[八]，始以才名取人，推毂见赏[九]，乃不勉之以就万世之业，而徒以富贵相期。或外为相知，内存观望；或始厓剪拂[一〇]，已改初心。不佞畴昔虚名稍稍起[一一]，彼都人士谓驵骎千里无留行矣[一二]，多乐与不佞交，往往怀刺及门[一三]，执贽求见[一四]。倒屣以迓王粲[一五]，虚左而迎侯生[一六]。此时盼睐生光[一七]，采一言，借羽翼，谁不为不佞鲍子哉[一八]？不佞亦感恩衔遇，折节委心[一九]，义贯白虹[二〇]，气干天日[二一]。思湛族以报燕丹[二二]，斩衣以酬智氏[二三]，岂不盛哉？既而斩焉衰绖[二四]，读礼山中[二五]。一再试于有司[二六]，有司敝帚弃之。说剑谈兵，迄无左验[二七]。畴昔之把臂而称相知者〔二八〕,一旦弃不佞如遗迹焉。诗人托意于《谷风》〔二九〕,孝标著论于《绝交》,有旨哉。静言思之,可为于邑〔三〇〕。

不佞深维平生知己〔三一〕,不变者三人。缙绅之望则有张大司马、竹墟司马〔三二〕,骨肉之亲则有之文。之三人者,金石比坚〔三三〕,芝兰同臭〔三四〕。识管仲于累臣〔三五〕,收孟明于囚帅〔三六〕。真可谓岁寒松柏、幽谷阳春。即使大海变为桑田,黄河掬为衣带〔三七〕,逝川西注〔三八〕,白日东沉,岂可移其志哉?之文顷与不佞居,年益老成,见益高时,时能赏予文。不佞每有所缀〔三九〕,文未及成,辄索读之,读之惟恐其易尽也。当其得意,则抃掌狂叫〔四〇〕,击节咨嗟〔四一〕,怀拍拍然也〔四二〕。不佞文岂能当人意至是?之文爱我,过耳。然而庄生之惠施〔四三〕,伯牙之子期〔四四〕,千载而下,当不令两人者独称相知矣。坐是〔四五〕,吾两人者如蠨与驱虚然〔四六〕,步武不可以相去〔四七〕。不佞时有所缀,而之文不及注目,之文不乐也,乃不佞亦不乐也。每坐斋中属稿〔四八〕,会之文不在,即无奇思,无佳句。已而之文适至〔四九〕,即得奇思,得佳句。嗟嗟,此何以哉?

夫物常珍于罕得,而贱于所有余;常喜于偶遭,而厌于所习见。斯恒物之大情也。夫珠玉之贵于瓦砾者，以瓦砾多而珠玉寡也。藉令珠玉多于瓦砾[五〇]，人弗贵之矣。鹓雏之贵于乌鸢者[五一]，以乌鸢常有而鹓雏不常有也。藉令鹓雏常有如乌鸢，人弗贵之矣。故汉武帝读相如赋[五二]，恨不得与此人同时；而班固作《汉书》，傅毅诋之为覆瓿[五三]。达观古今，谅同斯揆矣[五四]。乃之文独何见哉？而耽嗜鄙作，臭味不殊[五五]，譬如喝吸金茎，饥飡玉粒[五六]，足下之好，得无癖乎？

昔杨恽为司马子长之甥[五七]，故其为文豪宕疏爽，有子长风。今不佞于子长无能为役，而之文天姿秀发，是不难为恽也。他日以文章高视东海，是在之文矣，是在之文矣！则不佞之所拳拳于之文者[五八]，又岂独以相知之故哉？

（《屠长卿集》文集卷六）

注释

〔一〕李之文：李先嘉，字之文，鄞县（今浙江宁波）人。诸生，工诗。传见《康熙鄞县志》卷十七。

〔二〕人之相知，贵相知心：朋友相交要知心。语出汉代李陵《答苏武书》。

〔三〕市道：市井及道路之人，普通人。纷如：纷然，杂乱，众多。

〔四〕石交：交谊坚固的朋友。

〔五〕浮云苍狗：比喻世事变幻无常。典出杜甫《可叹》诗："天上浮云似白衣，斯须改变如苍狗。"苍狗，毛色青灰的狗，古代以为不祥之物。

〔六〕惝怳（chǎng huǎng）：恍忽，模糊。

〔七〕小夫：平民百姓中的男性。曲士：乡曲之士，比喻孤陋寡闻的人。

〔八〕硕人：贤德之人。

〔九〕推毂（gǔ）：推车前进。古代帝王任命将帅时的隆重礼遇。引申为荐举，援引。

〔一〇〕廑（qín）：通"勤"，殷勤。剪拂：修整擦拭，比喻推崇赞誉。

〔一一〕畴昔：往昔，从前。稍稍：渐渐。

〔一二〕駃騠（jué tí）：传说中的一种骏马。

〔一三〕怀刺：怀藏名片。

〔一四〕执贽：手持礼品。

〔一五〕"倒屣"句：三国时蔡邕听说王粲来访，倒屣以迎。见《三国志·魏书·王粲传》。倒屣，倒穿着鞋。

〔一六〕"虚左"句：魏公子无忌带着车马，空出左边的座位，亲自到东城门迎接贤士侯嬴。事见《史记·魏公子列传》。

〔一七〕盼睐：顾盼，眷顾，垂青。生光：发出光辉。

〔一八〕鲍子：鲍叔牙，春秋时齐国大夫，曾举荐时为阶下囚的管仲，使之成为齐相。管仲后来辅佐齐桓公成就霸业。

〔一九〕折节：屈服于别人。委心：倾心，随心之自然。

〔二〇〕义贯白虹：大义贯穿白虹。白虹，日月周围的白色晕圈。

〔二一〕干（gān）：触犯，冒犯，冲犯。

〔二二〕"思湛族"句：湛族，灭族。此句言荆轲刺秦王以报答燕太子丹事，见《史记·刺客列传》。

〔二三〕"斩衣"句：此句言晋豫让吞炭，刺赵襄子以报智伯，为赵襄子所获，豫让请以刺其衣，以成报仇之意。赵襄子使人持衣与豫让，豫让拔剑三跃而击之，遂伏剑自杀。事见《史记·刺客列传》。

〔二四〕斩焉：因丧哀痛貌。衰绖（cuī dié）：丧服，居丧。

〔二五〕读礼：古人守丧在家，读有关丧祭的礼书，因称居丧为"读礼"。

〔二六〕有司：主管某部门的官吏，泛指官吏。

〔二七〕左验：证据。

〔二八〕把臂：握持手臂，表示亲密。

〔二九〕"诗人托意"二句：《谷风》，《诗经·邶风》篇名，写弃妇之诗。《绝交》，南朝梁刘孝标《广绝交论》，揭露人情世态之文。

〔三〇〕于邑：亦作"于悒"，忧郁烦闷。

〔三一〕深维：深思。维，想，思考。

〔三二〕缙绅：有官职的或做过官的人。张大司马：张时彻（1500—1577），字维静，号东沙，鄞县（今浙江宁波）人。嘉靖二年（1523）进士，授南京膳部主事，官至南京兵部尚书。有《摄生众妙方》《芝园定集》等。传见沈一贯《喙鸣集》文卷十八《南京兵部尚书东沙张公行状》、王世贞《弇州山人续稿》卷九十四《资德大夫南京兵部尚书参赞机务东沙张公墓志铭》、《雍正宁波府志》卷二十、《乾隆鄞县志》卷十五、《鄞志稿》卷十四。竹墟司马：屠大山（1500—1579），字国望，号竹墟，鄞县（今浙江宁波）人。嘉靖二年（1523）进士。知四川合州，累迁川湖总督。后改任南京兵部侍郎，应天巡抚兼提督军务。与范钦、张时彻并称"东海三司马"。有《司马诗集》。传见余寅《农丈人文集》卷十一《屠公行状》、王世贞《弇州山人续稿》卷九十四《屠公墓志铭》、余有丁《余文敏公集》卷十二《屠公墓表》、汪道昆《太函集》卷十九《少司马公传》、《明史》卷二百五。

〔三三〕金石比坚：像金属和石头那样坚硬，形容极为坚硬或强固。

〔三四〕芝兰：芝、兰为两种香草，比喻人德操、才质的美好。同臭（xiù）：气味相同。臭，香气。气味。

〔三五〕"识管仲"句：见注释〔一八〕。累臣，被囚系的臣子。

〔三六〕孟明：一指百里奚，一指百里奚之子。由文意来看，当指百里奚。百里奚，楚国人，为秦穆公用五张黑羊皮换来的一代名相。

〔三七〕掬（jū）：两手相合捧物。

〔三八〕逝川：一去不返的江河之水。

〔三九〕缀（zhuì）：著作，组织文字以成篇章。

〔四〇〕拊（fǔ）掌：拍手。

〔四一〕击节：打拍子，形容十分赞赏。咨嗟：赞叹，叹息。

〔四二〕拍拍然：形容内心汹涌澎湃，激动高兴的样子。

〔四三〕庄生之惠施：惠施，战国时宋国人。曾任魏国相国，以善辩闻名于世，与庄周交往密切。

〔四四〕伯牙之子期：典出列御寇《列子·汤问》："伯牙善鼓琴，钟子期善听。伯牙鼓琴，志在高山，钟子期曰：'善哉，峨峨兮若泰山。'志在流水，曰：'善哉，洋洋乎若江河。'伯牙所念，钟子期必得之。"

〔四五〕坐：因为，由于。

〔四六〕蟨（jué）：一种兽名。驱虚（jù xū）：又作"驱骕"，兽名，善走，似马，可供乘骑。《吕氏春秋》载："北方有兽，名曰蟨，鼠前而兔后，趋则跲，走则颠，常为蛩蛩驱虚取甘草以与之。蟨有患害也，蛩蛩驱虚必负而走。此以其所能托其所不能。"

〔四七〕步武：很短的距离。六尺为步，半步为武。

〔四八〕属（zhǔ）稿：起草文稿。

〔四九〕已而：不久，继而。

〔五〇〕藉（jiè）令：假使。

〔五一〕鹓（yuān）雏：传说中与鸾凤同类的鸟。乌鸢（yuān）：乌鸦和老鹰。

〔五二〕"故汉武帝"句：司马相如作《子虚赋》，汉武帝看后以为是古人的文章，恨不能与此人同时。

〔五三〕傅毅：字武仲，扶风茂陵（今陕西兴平）人。少博学，与班固同时而齐名。曾官兰台令史。清人辑有《傅兰台集》。诋（dǐ）：诋斥，斥责。覆瓿（bù）：用文稿盖酱缸，比喻毫无价值。

〔五四〕谅：料想。揆（kuí）：道理，准则。

〔五五〕臭（xiù）味：气味。

〔五六〕暍（yē）吸金茎，饥飡玉粒：汉武帝时，建章宫有承露台。据说用铜柱上承露盘中的露水和着玉屑服下，可得仙道。事见《西京杂记》。暍，热，中暑。飡，同"餐"。

〔五七〕"杨恽"三句：杨恽，字子幼，华阴（今属陕西）人。其《报孙会宗书》有司马迁《报任少卿书》之风。司马迁，字子长。杨恽是司马迁外孙，非外甥。屠隆误记。《汉书·杨敞传》载："敞子忠，忠弟恽。恽母，司马迁女也。恽始读外祖《太史公记》，颇为《春秋》，以材能称，好交英俊诸儒。"

〔五八〕拳拳：诚挚恳切的样子。

点评

此书主要表达对李之文的知音妙赏之情，亦即"人之相知，贵相知心"之意。

屠隆喜好交友，所交之人都看重他的声名，对他热情有加。屠隆自己也希望能够功成名就然后报答朋友的恩情。但是，当屠隆多次应举人试失利，之前对他笑脸相迎的人都对他变了脸，不再把臂交游了。

相比这些人，屠隆更加看重李之文能够对自己一以贯之的态度。李之文既是屠隆外甥，也是屠隆文友，他喜爱屠隆的文章，甚至"当其得意，则拊掌狂叫，击节咨嗟，怀拍拍然也"。屠隆对这份知遇之情，十分看重，比作"庄生之惠施，伯牙之子期"。与之文的交往，大大有利于屠隆的创作。

屠隆以司马迁与杨恽的关系，来说明自己与之文的关系，希望之文的文章越写越好，能在本地占有一席之地。

与沈长孺书〔一〕

昨吊太夫人，辱尊大人送之门，失顾为罪。始吊毕，遽问箕仲、长孺两君〔二〕，云陪客他所，即与令长公、次公别柩前，而尊大人亦在别中。别径趋出〔三〕，不知尊大人从后送之也。坐是〔四〕，遂得罪。非敢径去不顾也，然亦疏矣。门者出，传尊君言，甚罪仆，仆不任悚灼〔五〕。尊大人长者，当敬；且又足下大人，又当敬。仆非丧心者，何敢诞慢若此〔六〕？吊太夫人，亦以交欢足下，乃故得罪尊大人，而失足下欢，必不然矣。幸言之大人前，宽之。

(《屠长卿集》文集卷六)

注释

〔一〕沈长孺：沈一中（1544—1614），字长孺，号太若，鄞县（今浙江宁波）人。沈一贯从弟。万历八年（1580）进士，授户部主事，迁礼部郎，历湖广兵备、山东参政、贵州左布政使等。有《梅花园集》。传见薛三省《薛文介公文集》卷四《沈公墓志铭》。

〔二〕箕仲：沈九畴，字箕仲，鄞县（今浙江宁波）人。万历五年（1577）进士，授刑部主事，历员外郎、郎中、江西督学副使，江西、山东参政、四川按察使、陕西右布政使、江西左布政使等。传见《康熙鄞县志》卷十七、《雍正宁波府志》卷二十《人物》。

〔三〕趋：同"趋"。

〔四〕坐是：因此，因此之故。

〔五〕悚（sǒng）灼：惶恐不安。

〔六〕诞（dàn）慢：放肆傲慢。

点评

此书是屠隆因为被人误会向沈一中道歉并说明事情经过。屠隆去吊唁沈一中母亲，结束后与沈一中家人告别，却不知道沈一中父亲在后面送他，由此得罪了老人家。沈家人告知屠隆，沈一中父亲很不高兴。屠隆认为，应当尊敬长者，对于朋友的父亲更加应该尊重。且来吊唁沈一中母亲，也是为了和沈一中保持良好往来，这样却得罪了沈父，不是什么好事情。于是写此书，希望沈父能够原谅自己。

因失礼而主动道歉，可见屠隆为人谨慎，待人真诚，真心愿意与朋友交往，有过则改。

与杨伯翼书〔一〕

日者相与登吴山〔二〕，眺钱唐〔三〕，踟蹰四顾〔四〕，把臂大笑〔五〕，意气轩然盛矣〔六〕。当其时，于一第何有哉〔七〕。已，乃坐数奇〔八〕，彼此皆落羽青冥〔九〕，摧藏江海。仆气勃勃不能平，顾吾两人不第，第何人也？则欲戟手仰骂司命〔一〇〕。已而悔之，谓我奈何欲与造物者争耶〔一一〕？

时足下即挐舟东下〔一二〕，乃仆不肯归，则又遍游东南名山水，览其闳放以自广〔一三〕。今者归而杜门谢客〔一四〕，每洒词翰，大都写其悲愤无聊之惊〔一五〕。此间伧父无足与谈者〔一六〕，顾独念足下天才秀发。尝读《登吴山绝顶》诗，真所谓金鸥擘海〔一七〕，香象渡河〔一八〕，才读一过，辄令人神骨爽爽矣。心赏，心赏。顷寂寥中，想名篇多悲壮之音，不审肯惠以教我否？《渡钱唐作》亦聊用抒抑郁，词旨叫噪，音节促急，不合大方。非敢云诗，奉足下助一大笑耳。拙稿久尘巨目，幸掷之。

（《屠长卿集》文集卷六）

注释

〔一〕杨伯翼：杨承鲲，字伯翼，鄞县（今浙江宁波）人。太学生。御史美益子，嗜学工诗。有《碣石编》。传见钱谦益《列朝诗集小传》丁集下、《康熙鄞县志》卷十七、《鄞志稿》卷十四。杨承鲲《碣石编》卷首屠本畯《碣石编序》："吾友杨伯翼谢世三载，乃辛卯孟冬十二日夜，梦寄三十字于余……时予七十有六，去伯翼仙逝之岁，凡二十九年，而序始成。万历丁巳孟夏望日，友弟屠本畯撰。"此文又见《甬上屠氏家集》文卷三，题作《杨伯翼碣石编叙》，无文末时间与署名。"谢世三载"是辛卯（万历十九年，1591）孟冬，其卒年为万历十七年（1589）。万历丁巳是万历四十五年（1617），距杨伯翼去世二十九年，逆计之，则其卒年亦为万历十七年（1589）。《鄞志稿》卷十四："杨承鲲……年四十而卒。"则其生年为嘉靖二十九年庚戌（1550）。

〔二〕吴山：在今浙江杭州市西湖东南。

〔三〕钱唐：钱塘江，古称浙，全名浙江。一般把浙江富阳段称富春江，浙江下游杭州段称钱塘江。

〔四〕踟蹰（chí chú）：心中犹豫，徘徊不前的样子。

〔五〕把臂：握着手臂，表示亲昵。语出汉袁康《越绝书·记吴王占梦》。

〔六〕轩然：高昂貌。

〔七〕第：科举时代，考试合格列入的等第。此指中试。

〔八〕数奇（jī）：命数不好。数，命运，命数。奇，不偶，不好。古代以偶为吉，奇为凶。

〔九〕青冥：青天。

〔一〇〕戟手：骂人时一手叉腰，一手横指的动作。司命：掌管生命的神。

〔一一〕造物者：创造万物的神。

〔一二〕拏（ná）：牵引。

〔一三〕闳（hóng）放：阔大奔放。

〔一四〕杜门：闭门，关门。

〔一五〕悰（cóng）：心情。

〔一六〕伧（cāng）父：粗俗、鄙贱之人。

〔一七〕金鸱（chī）擘（bāi）海：比喻诗文雄健有力，精深透彻。金鸱，同"金鹅"，金翅鸟，传说中的神鸟。擘，用手把东西分开或折断。

〔一八〕香象渡河：佛教语，身上出香风的象渡河，能探至河水底层。比喻悟道精深彻底，也形容评论文字精辟透彻。

点评

此书作于屠隆初次应试举人落第之后。隆庆元年丁卯（1567），屠隆二十五岁，赴杭州参加乡试。试前，与杨承鲲游杭州山水。落第后,杨承鲲先归,屠隆遍游东南山水后,回鄞,再与书杨承鲲。

屠隆对自己应举前后的心态描写十分逼真。考试前,屠隆意气风发,气宇轩昂,"于一第何有哉",信心十足。结果名落孙山,他又郁郁不能平,认为上天不公,甚至有"戟手仰骂司命"的想法。这一举一动,体现出了屠隆率真耿直的一面。书中也交流了二人诗作内容,阅读感受等。

与张大司马公书〔一〕

嘉平月奉违尊颜〔二〕,瞻恋耿切。都下时时过存孺觉〔三〕,多辱青眼〔四〕。使者从东来,讯知玉体万福,深慰远怀。君房回〔五〕,当修书奉问起居。会方在牛马走中〔六〕,且以不日将遣力东,稽问为罪。

隆不肖,其人诚无所比数,独厘相公剪拂之恩〔七〕,海岳高深,何足以喻?隆不肖,连蹇不得志于有司〔八〕,世人有敝帚弃之耳,而相公独以域外之观视不肖。古称相知心,何以加此?至其平生破法惠顾,又多古人所无,私中之感,宜何如?今者以门下宠灵〔九〕,幸叨一第〔一〇〕。一第何足云,亦聊持此以答门下。然相公之所望见不肖于平日者,堇堇若此已乎〔一一〕?则不肖之所以仰酬门下者，当何穷纪？顾贱性故愚鄙，平居耽志文墨，甚不通世故，又雅不善与时浮湛〔一二〕，今且出涉世，世故如猬毛而出，余小子何知？惟是恐奉职无状，又或以迂疏得过世人，以重负主上，而忝门下〔一三〕。是用朝夕廪廪〔一四〕，长者何以教之？

隆今留滞都下，家有老母，今年七十九矣。河清难俟，人寿几何〔一五〕？违朝夕之奉而远游数千里外，又无橐装可以寄养〔一六〕，隆罪人也。知己前敢吐肝臆，知相公能闵念此矣〔一七〕。家司马能过晤对不〔一八〕？诸不尽缕缕〔一九〕。

（《屠长卿集》文集卷六）

注释

〔一〕张大司马公：张时彻，见《与李之文书》注释〔三二〕。

〔二〕嘉平月：农历十二月。

〔三〕过存：登门拜访。孺觉：张邦伊，字孺觉，鄞县（今浙江宁波）人。张时彻子。以父荫，历官扬州盐运同知、高州知府、陕西苑马寺少卿等。有《京兆诗草》。

〔四〕青眼：表示对人的赏识或喜爱。阮籍对喜爱的人投之以青眼，对不喜欢的人投之以白眼。见《晋书·阮籍传》。

〔五〕君房：余寅，字君房，改字僧杲，号汉城，鄞县

（今浙江宁波）人。万历八年（1580）进士，历官工部主事、陕西督学、参政等。有《农丈人集》。传见《康熙鄞县志》卷十七。

〔六〕牛马走：自谦词，像牛马般奔波劳碌。语出司马迁《报任少卿书》。

〔七〕廑（jǐn）：同"廑"，怀念，挂念。相公：对宰相的敬称，泛指官吏。剪拂：修整擦拭，比喻推崇、赞誉。

〔八〕连蹇：行走艰难，引申为遭遇坎坷。

〔九〕门下：阁下，对人的尊称。宠灵：恩宠光耀，使得到恩宠福泽。

〔一〇〕叨一第：及第的谦词。

〔一一〕堇堇（jǐn）：仅仅，言其极少。

〔一二〕浮湛：随波逐流。

〔一三〕忝：辱，有愧于，常用作谦辞。

〔一四〕廪廪：惊慌，畏惧之貌。

〔一五〕河清难俟，人寿几何：很难等到黄河水清，喻时间太长，难以等待。语出《左传·襄公八年》。

〔一六〕橐（tuó）装：行囊，远行者携带的袋子。

〔一七〕闵念：怜悯，挂念。

〔一八〕家司马：即屠大山。见《与李之文书》注释〔三二〕。晤对：会面交谈。

〔一九〕缕缕：一条一条，连续不断，情意不尽。

点评

　　此书作于万历五年（1577）屠隆中进士后。去年十二月，屠隆告别张时彻，赴京应考。到京城后，又与张时彻子张邦伊来往密切。此书一则报喜，告诉张时彻，自己"幸叨一第"，感谢张时彻长期以来的关怀与支持。在此前屡次乡试落第时，张时彻独具慧眼，以"域外之观"视之，鼓励屠隆不要泄气。现在终于考中，可以稍微"仰酬"知己之恩。一则以惧，担心自己"耽志文墨，不通世故"，无力胜任职责，对不起皇帝和知己的信任。因此，请张时彻指点迷津。书中也表达了未能及时修书问候张时彻和因远游而无力寄养母亲的遗憾。此书情感低调而不张狂，喜悦与担忧俱在，真实反映了屠隆当时的心态。

与余君房书〔一〕

君房足下：

　　昔者先生之马首东也，仆与二三知己送之都门，相眎不能出一语〔二〕，盖颜情殊不欢。岂惟仆与二三知己，即白日亦为足下黯淡无色矣。

　　足下雅好奇服，峻绝而深湛〔三〕，无论六合〔四〕，盖直以千百岁擅长者。一第何有，而令摧颓若尔〔五〕？可谓有天乎？仆居都下，都人士无问识不识，往往为仆言君房无恙，以彼其才，魁天下当有余，而顾不第者何？仆辄为之欷歔慨叹〔六〕。即锁闱而入者〔七〕，亦无问识不识，往往为仆言君房作何状。又复见落落君房者，今不知为谁，异物当前，易愕眙失主〔八〕，余其无落夫夫为天下口实矣〔九〕。余又为之欷歔慨叹。嗟嗟君房，命则云何〔一〇〕？他人一不得志，即泯泯尔〔一一〕，而先生独令天下窃窃然口之不置。且天下不中艳诸得志之士〔一二〕，或置喙焉〔一三〕，而独劳苦一不得志者〔一四〕，夫此其效可睹也。夫士博一第〔一五〕，与博天下识不识之人之劳苦，斯二者孰贤哉？足下盖可用此自慰矣。然此皆他人为足下云尔，足下何所不可？谓有所不可，足下不胡卢我乎〔一六〕？

仆居都下无状，且无能为，而又且无可为。晨起，策骑马出走〔一七〕，往候诸公间。诸公间即往候门者，率不入，驰去。即不往候，又得过。诘朝〔一八〕，辄复然。日莫倦归〔一九〕，有亟命枕席卧尔。给事大司马省中〔二〇〕，殊无所事事。与诸君杂坐一室中，候大司马升堂〔二一〕，出揖。揖罢，复入坐室中。长日无以为欢，诸君则嘈嘈孟浪媟语尔〔二二〕。旅进旅退〔二三〕，如是而已。此何以闻于足下？

主上慎选文学侍从之臣，不佞隆不得与。不得与，箕仲且然[二四]，何论不佞？不佞居海以东，时闻人言君房、箕仲两君。今居长安[二五]，岂不多贤？乃人言亦未有出君房、箕仲两君者。难之乎，其为才矣。

足下东还，作何状？秋、冬间得就一官，东寻足下湖上，为十日饮，良足愉快。而徒日仆仆牛马走中[二六]，山灵笑人哉。田叔书来[二七]，甚督过仆，仆寔不佞以勤田叔[二八]，幸为我谢之人。

（《屠长卿集》文集卷六）

注释

〔一〕余君房：余寅，见《与张大司马公书》注释〔五〕。

〔二〕眎（shì）：同"视"。

〔三〕峻绝：严厉，坚决。深湛（zhàn）：同"深耽"，沉溺其中。

〔四〕六合：上下四方，后泛指天下或宇宙。

〔五〕摧颓：摧残，衰败。若尔：如此。

〔六〕欷歔（xī xū）：亦作"唏嘘"，哭泣后不由自主地急促呼吸。感慨，叹息。

〔七〕锁闱而入：考中进士或举人。锁闱，考场，试院。

〔八〕愕眙（è yí）：惊视。

〔九〕夫夫（fú fū）：这个男子。

〔一〇〕命：命运。

〔一一〕泯泯（mǐn）：消失。

〔一二〕中艳：羡慕。

〔一三〕置喙（huì）：插嘴，参预议论。

〔一四〕劳苦：慰劳。

〔一五〕博一第：考中及第。

〔一六〕胡卢：笑的样子。

〔一七〕第：仅仅，只不过。

〔一八〕诘朝（jié zhāo）：次日早晨。

〔一九〕日莫：太阳落山之时。莫，通"暮"。

〔二〇〕给事：办事，供职。大司马省：春秋战国时大司马掌兵事。后用大司马省代指兵部。

〔二一〕大司马：兵部尚书的古称。

〔二二〕孟浪：大而无当，不着边际之言。媟（xiè）语：轻薄或淫秽的言词。

〔二三〕旅：共同。

〔二四〕箕仲：沈九畴，见《与沈长孺书》注释〔二〕。

〔二五〕长安：汉、唐等朝代定都长安（今陕西西安），后世遂用长安代指京城。这里指北京。

〔二六〕仆仆：形容旅途劳顿。牛马走：自谦之辞，见《与张大司马公书》注释〔六〕。

〔二七〕田叔：屠本畯。屠本畯（1542—1622），字田叔，号汉陂、幽叟、憨先生，鄞县（今浙江宁波）人。屠大山（国望）子。以父荫任太常寺典簿，历官礼部郎中、两淮运司同知、福建盐运同知、辰州知府等。万历二十九年（1601），罢官归家，居乡二十余年。有《茗笈》、《海味索隐》、《闽中海错疏》、杂剧《崔氏春秋补传》、《饮中八仙记》等。传见《甬上屠氏宗谱》卷二十三王稚登《屠田叔先生圹表》、王嗣奭《汉陂先生状》、周应宾《汉陂屠公生圹志》）。

〔二八〕寔：同"实"。不佞：不才，不善用花言巧语讨好人。勤：殷勤，忧心。

点评

此书作于万历五年（1577）屠隆中进士后，在兵部观政（见习）期间。本年，余寅落第东归，屠隆与众人送别，心情沉重，天地无色。余寅回鄞后，屠隆写此书，继续安慰余寅，言京中识与不识、中进士者识与不识，都非常同情余寅的遭遇。余寅虽未中，但有这么多人关注，亦可"用此自慰"。屠隆还向余寅交代兵部观政的经历。每日无所事事，除了候兵部尚书升堂行礼，就是闲聊。聊的内容不是空话，就是淫邪之词，"长日无以为欢"。对于刚走上仕途的屠隆来说，既新鲜，又无聊。

与田叔书〔一〕

章君来〔二〕，得足下尺一〔三〕，奉大教，具见款款之忠〔四〕。不佞自谓廓落无他肠〔五〕,抱朴直以游于世,譬如不系之舟〔六〕,泛泛泽中〔七〕,任其所之〔八〕。多故当前,未尝一经意想,无论善败,漫而为之。何者为善,何者为败?之善而善矣,之败而败矣。日中所为,至莫有命枕席〔九〕,沉沉卧尔。诘朝复然〔一〇〕。苟无甚大利害,即有甚大利害,时或都忘之矣。思虑为劳,多愁则苦。盖心无思,而且也不任于思;无愁,而且也不任于愁。不佞之心之混混沌沌〔一一〕,犹若未尝剖判矣〔一二〕。惟不乐行其心之所不忍,以是为自适〔一三〕。不佞数奉教于君子,其罔敢二三其德〔一四〕,以取大戾〔一五〕,足下所知也。惟不能小廉曲谨〔一六〕,以沽乡曲之誉〔一七〕。计生平所操务,将畴为足以取名〔一八〕,畴为足以败名,又都忘之矣。又雅不善与时浮湛〔一九〕,憎喜自如,转喉触忌,黑白太明,臧否太别。当其得意,口津津有味其言,即直钩在前,曲钩在后,仆亦恶睹其然。方言脱于口,而其中已忘,人方结念,若镌在金石〔二〇〕,而仆固已舍然久矣。乃今涉世不为不深,世务纷如蝟毛〔二一〕,多所蛰戾〔二二〕,蹷而复奋〔二三〕,将遂议改玉〔二四〕,而疏略成性〔二五〕,迄不能惩热羹而吹齑〔二六〕。嗟嗟,夫人之心,拓落无城府一至此〔二七〕,可谓至愚极陋,世奈何求多于愚人哉？居都下，勉为周慎〔二八〕，作闭关人〔二九〕，盖画地而守之，三缄其口矣〔三〇〕。所通闻问，惟我二三知己，不敢令门者妄通一人，以是城守〔三一〕，庶几免乎〔三二〕。惟田叔以为何如？余实不佞以勤田叔药石之言〔三三〕，敢蔑大惠〔三四〕？

（《屠长卿集》文集卷六）

注释

〔一〕田叔：屠本畯，见《与余君房书》注释〔二七〕。

〔二〕章君：不详。

〔三〕尺一：尺牍，书信。

〔四〕款款：诚恳，忠实。

〔五〕廓落：豁达，宽弘。

〔六〕不系之舟：没有绳系的船。语出《庄子·列御寇》。

〔七〕泛泛：浮动、荡漾之貌。

〔八〕所之：所往。

〔九〕莫：同"暮"。

〔一〇〕诘朝：见《与君房书》注释〔一八〕。

〔一一〕混混沌沌：迷糊不清貌。

〔一二〕剖判：开辟，分开。

〔一三〕自适：悠然闲适而自得其乐。

〔一四〕罔（wǎng）：无，没有。二三其德：心意不专，反复无常。

〔一五〕大戾：大罪。

〔一六〕小廉曲谨：细微的廉洁谨慎，指注意小节而不识大体。

〔一七〕乡曲：乡里。

〔一八〕畴：谁。《尔雅·释诂》："畴，谁也。"

〔一九〕雅：平素，平常。浮湛：沉浮。

〔二〇〕镌（juān）：刻。

〔二一〕蝟毛：形容众多。蝟，同"猬"。

〔二二〕謷（zhōu）戾：乖戾。

〔二三〕蹶（jué）：跌倒，比喻失败或挫折。

〔二四〕改玉：改步改玉，改变步数，改换玉饰。死者身份改变，安葬礼数也应变更。典出《左传·定公五年》。

〔二五〕疏略：粗疏简略，疏忽，忽略。

〔二六〕惩热羹而吹齑（jī）：曾被热汤烫过的人，心存警戒，吃冷食时也要用口吹一下。比喻曾吃过大亏而心怀戒惧，遇事过分小心。惩，警戒。热羹，肉、菜煮成的热汤。齑，切碎的冷食肉菜或姜、蒜、韭菜等。典出屈原《九章·惜诵》。

〔二七〕拓落：放荡旷达。城府：比喻人心机多而难测。

〔二八〕周慎：周密谨慎。

〔二九〕闭关：僧人独居一处，静修佛法，不与人交往，到期限后才外出。后泛指不与人交往。

〔三〇〕三缄（jiān）其口：嘴上贴了三道封条，形容说话极为谨慎，不轻易开口。缄，封闭。

〔三一〕城守：据城而守。

〔三二〕庶几：大概。免：免于罪过。

〔三三〕不佞：见《与余君房书》注释〔二八〕。勤：见《与余君房书》注释〔二八〕。药石之言：比喻劝人改过的话。药石，治病的药物和砭石，泛指药物。

〔三四〕蔑：灭，弃。

点评

此书作于万历五年（1577）屠隆中进士后，至授官之前。屠本畯是屠大山子，屠隆族孙，二人年龄相当，关系密切。屠本畯先有来书，书中以"药石之言"规劝屠隆。屠隆乃有回书。

回书中，屠隆说明了自己的性格和人生态度。屠隆为人真诚，不虚言，不做作，廓落朴质，疏略成性，没有城府，心直口快，不随波逐流，"憎喜自如，哜喉触忌，黑白太明，臧否太别"，自然容易得罪人，不招人喜欢。但屠隆不愿意委曲求全，"不乐行其心之所不忍"。他认为这是一种"自适"的人生态度。这种"自适"显然和京城官场之风格格不入。为了避免祸从口出，屠隆只好"三缄其口"，尽量少与官场之人打交道，来往者只有二三知己。这是对屠本畯来书款款之教的回应。屠隆主张诗歌适者为美（《屠长卿集》卷首《屠长卿集自叙》），也是这种"自适"人生态度的体现。

与刘观察先生书〔一〕

令郎公子西还,某正在百冗〔二〕,祗候不晤〔三〕。临行,辱使人来约,车骑且见过。某在敝止拱候良久〔四〕。会众谒相公阁下〔五〕,匆匆驰出。旋归,门者报令郎已见过,不遇去,即驰出都门矣。只尺不得一面〔六〕,至今耿耿。入夏来,风尘鞅掌〔七〕,兼之山川辽远,久缺问候,殊歉私中。西望云天,心悬剑外,恭惟老师起居无恙〔八〕。尊公老先生而下,亮受多福〔九〕,深慰远怀。

某藉宠灵〔一〇〕,获厕仕籍〔一一〕。嘘拂陶镕〔一二〕,恩庥为大〔一三〕。缅怀畴昔〔一四〕,义刻心脾。何以报之?真同罔极〔一五〕。不肖某譾陋〔一六〕,生平事雕虫薄技〔一七〕,玩弄柔翰〔一八〕,日与墨卿为伍〔一九〕,世故纷错〔二〇〕,百不一谙〔二一〕,顺时俯仰,尤素性所拙。今在世路,恒以抵牾是思〔二二〕。蚤夜廪廪〔二三〕,如棹舟滟滪〔二四〕,驱车九折〔二五〕,中心怅怅〔二六〕,罔知攸济〔二七〕。居京师,闭关自守〔二八〕,不敢通宾客、广交游为名高,惟时时辱同调诸公款门〔二九〕。又不能不应为文字往来。给事大司马省中〔三〇〕，无所事事，日旅进旅退而已〔三一〕。选期今某居第四十人，二选、三选不可知。若某居二选，当作县。居三选，作推〔三二〕。若二选选三十五人，某居三选为第五人，即可望内僚。是皆不可知。都城知己诸公多怜某好文，不得作文字官，又知某性故疏愚，短于吏事，不能为州县，时时把臂相劳苦〔三三〕，冀留中不出，为得所处。然无能为不肖地，不肖亦靡敢有所自托矣。人生不有命乎？何能自苦为也？夙受大君子知顾之深，何以教督不肖某？不肖某不胜大愿。

老师计何日入京？跂望，跂望〔三四〕。人便，敬以竿牍〔三五〕，祗候兴居〔三六〕，不尽缕缕〔三七〕。

（《屠长卿集》文集卷六）

注释

〔一〕刘观察：刘翾，字符翰，内江（今属四川）人。嘉靖四十一年（1562）进士。令渭南，多异政。召入为御史，敢言极谏。后兵备浙江，以讨倭有功，晋大参。与张居正议相左，居正嗾其党劾之归。有《西台疏草》等。传见《民国内江县志》卷三《列传》。

〔二〕百冗：许多繁杂的事情。

〔三〕祗（zhī）候：恭候。

〔四〕敝止：谦称自己栖止之所。

〔五〕相公：宰相的尊称。

〔六〕只尺：同"咫尺"，形容距离很近。

〔七〕鞅掌：纷扰烦忙。语出《诗经·小雅·北山》。

〔八〕无恙：无灾祸，无疾病。

〔九〕亮：同"谅"，料想。

〔一〇〕藉：凭借。宠灵：恩宠光耀，使得到恩宠福泽。

〔一一〕仄：仄身，置身。仕籍：记载官吏名籍的簿册。

〔一二〕嘘拂：吹嘘揄扬。陶镕：陶铸熔炼，比喻培育、造就。

〔一三〕恩庥（xiū）：恩泽。

〔一四〕畴昔：往昔，以前。

〔一五〕罔极：父母恩德无穷。语出《诗经·小雅·蓼莪》。

〔一六〕谫（jiǎn）陋：浅陋。

〔一七〕雕虫：比喻从事不足道的小技艺，常指写作诗文辞赋。

〔一八〕柔翰：毛笔。

〔一九〕墨卿：墨的戏称。

〔二〇〕世故：世俗人情。纷错：纷繁杂乱。

〔二一〕谙（ān）：熟悉，熟知。

〔二二〕抵牾（wǔ）：矛盾，冒犯。惧（jù）：同"惧"。

〔二三〕蚤：同"早"。凛凛：惊慌貌，危惧貌。

〔二四〕棹（zhào）舟：划船。滟滪（yàn yù）：滟滪堆，长江瞿塘口的险滩。在今重庆市奉节县东。

〔二五〕九折：九折阪，四川邛崃的险路。典出《汉书·王尊传》。

〔二六〕伥伥（chāng）：无所适从貌。

〔二七〕罔（wǎng）：无，没有。攸济：渡水。指做事的方法。攸，行水。

〔二八〕闭关：见《与田叔书》注释〔二九〕。

〔二九〕款门：敲门。

〔三〇〕给事：见《与余君房书》注释〔二〇〕。大司马省：见《与余君房书》注释〔二〇〕。

〔三一〕旅：共同。

〔三二〕推：推官，明代为各府之佐贰官，掌理刑名，赞计典。

〔三三〕把臂：握持手臂，表示亲密。劳苦：慰劳。

〔三四〕跂（qí）望：抬起脚后跟远望，引申为期待、盼望。

〔三五〕笭牍：书札。

〔三六〕兴居：起居，日常生活。

〔三七〕缕缕：一条一条，连续不断，情意不尽。

点评

此书作于万历五年（1577）屠隆中进士后，至授官之前。刘翾对屠隆有知遇之恩。万历元年（1573）至四年（1576），刘翾在宁波任巡海观察。二人在此期间交往频繁。万历元年（1573），屠隆作《溟海波恬赋》，刘翾大加赞誉，广泛游扬。从此，屠隆声名鹊起。刘翾既在物质上资助屠隆，又在精神上给予鼓励，对出身贫寒、在科举场上苦苦跋涉的屠隆来说，无异于雪中送炭。刘翾的"国士之知"，令屠隆终身难忘，成为他日后美好的回忆（详情见汪超宏《屠隆与刘翾》，《明清浙籍曲家考》，浙江大学出版社，2009年，第13—16页）。屠隆中进士，自然要与恩人分享喜悦，报告近况。

此书首先解释在京中未能与刘翾子相见和及时问候老师起居的原因。其次，感谢老师的提携、照拂之恩，此恩有如父母再造之恩，难以回报。再次，汇报在京中的近况。除了与少数知交往来、在兵部观政外，就是等候选官。对于选官结果如何，屠隆忐忑不安。一般情况下，科举考试还可以根据自己的实力，正常发挥，以文章入试官法眼，一跃龙门。而选官完全不能操之在我，任由有司主宰。当然，有权势者可以上下其手，会钻营者也可以请托他人，谋取好职位。屠隆不能"顺时俯仰"，只能根据选官的名次，推测自己的结果。京城好友认为屠隆能文，应留在朝中任官，尽其所长，屠隆感到无能为力，只能听天由命。此书袒露了屠隆对刘翾的感恩之心和在选官之际的复杂心情，是屠隆彼时彼地心态的真实反映。

与孙太史、冯吉士、沈比部书〔一〕

抵任两月，奉职亡状，惟勉强勤思治理，不敢即安〔二〕。恁官以贿败〔三〕，一钱不敢入私囊；恁窳惰失职[四],朝夕兀兀[五],至尽废笔研[六];思图圄积冤[七],除重犯,不敢滥囚一夫。又日问狱囚饥寒冤苦状,而燠休之[八]。有盗遣徒道亡,县囚其妇几二载,饥病委顿[九],冬月单衣敝尽者,某廉得其状[一〇],给与衣食。亡徒感泣,自缚来归。盖二年逃,不得,自来归义,而刑之不可,则为请于当道,得末减[一一]。

先是,民贫,苦吏苛,又苦征敛,急则皆亡去。某先抚字而后催科[一二],又尽去铢锱[一三],非正额,秋毫无取。又审稽户口、田亩实数。丁死亡尽者、产归他人者、地瘠薄者,富横隐漏者[一四],悉犁正之[一五]。民稍稍来归[一六],告复业者,今且委积车下[一七],日以百什计矣。思闾阎隐痛不得上闻[一八],每出,停车按辔[一九],听受人言。黄稚满车前后。数人对簿,务令人各尽言,无说迺已[二〇]。已,则即刑,而有言亦辍,令听之,听之而无说,迺已。神解未至,务沉深而尽下情,庶几无冤[二一]。思讼烦长刁风,务在息争讼而讲解,即大事弗问,讲解纵舍者什之八九,丽法者多一二[二二],万万不得已尔。其罹法而可以理谕者[二三],不敢尽法也。

有母告儿子不孝欧母者[二四],召一二乡父老会问。

某反复谕以天性至情,语至移晷[二五],薄责儿子。儿子号救母,母前相持泣。某泣,乡父老亦泣。堂上下无弗泣者。而后令乡父老领之去,日教督之,今以孝闻。山西贾人持帛货县中[二六],县逋商货二百金[二七]。以十余家讼县,至某前,十余人都无券,皆如贾人言,亡一人欺某者。某感其义,悉放免,无所拘絷[二八],听其偿贾人,且谓贾:"此曹无庸絷[二九],亡不偿若。所不偿若者,予则代偿。"果出而尽偿贾,亡一负者。所出入人,出者称谢,入者亦称谢。某不知所出,心殊自喜。

惟终不能事上官作绕指柔[三〇],平日又如揭日月而行。世人皆好烦苛,而某尚宽大;世人皆以敛先入者为贤,而独后催科。诸所谓民便者,多不探上喜怒而径移文。上所罪有绝可怜者,某多白免之。有卖儿子赎罪者,某立释之,而后以闻。其所谓以德化民近迂阔,又似矫俗为名高;其不贿,又近好名;不能婾阿取媚上官[三一],又似诞谩[三二];其勇于兴革,又似见所长。

先是,各州县皆卑颍上[三三],颍上齐民多不关白本县[三四],而赴愬他州县[三五]。他州县亦不关白本县,而径絷我民人去。前官屈体诡随[三六],踽踽自保[三七],至奸伪朋兴,乘机窃弄,鱼肉元元[三八],扰我四境。某悉取而法之。邻封不谓某持法纪[三九]，而以为好上人[四〇]。先是，监司人至县[四一]，捉吏堂上，械击诤詈[四二]，庭辱县官。某在事，一切呵止门外，不得入，入公文。督府舍人过[四三]，入据御史台[四四]，南面欧卒。某召而庭责之，其人谢过，良久乃已。由此言之，下民即德某[四五]，某无以托于世路矣。虽然，某何求哉！

嗟嗟，江淮以北，荒土千里，人烟消疏[四六]，流移满眼，妇子不保。监司云列，文移星驰[四七]，簿书山积[四八]。征令急于绞绳，法吏猛于彪虎[四九]，榷输析于秋毫[五〇]，供应疾于涌泉。言及拊循[五一]，众皆目笑，共以为妖，奈何官为？故人知我，敢布腹心。子当云何，因风寄我。

河工告成矣。不费官钱一文，而万金之役成不旬日，黔首欢然[五二]，父老咸谓非明府营[五三]，三十年不成。自古役以民力，又以民财，而无怨声者为难。某德薄，无以致此。此适徼天幸，亦或其民醇之效欤？

谢生者，颍上人，雅有文行，以贡上京师[五四]，幸借颜色。不佞所以治颍上，谢生或能道一二矣。会言天下大计[五五]，不及相思。

(《屠长卿集》文集卷六)

注释

〔一〕孙太史：孙继皋（1550—1610），字以德，号柏潭，无锡（今属江苏）人。万历二年（1574）进士第一，除修撰，累迁少詹事，拜礼部侍郎，改吏部，摄铨事。卒赠礼部尚书。有《宗伯集》、《柏潭集》等。传见叶向高《苍霞续草》卷十《柏潭孙公墓志铭》。太史，明、清两朝，修史之事由翰林院负责，又称翰林为太史。冯吉士：即冯梦祯。冯梦祯（1546—1605），字开之，号具区，别署真实居士，秀水（今浙江嘉兴）人。万历五年（1577）进士，历官编修、南京国子监司业、祭酒。有《快雪堂集》六十四卷、《快雪堂漫录》一卷、《历代贡举志》等。传详钱谦益《初学集》卷五十一《南京国子监祭酒冯公墓志铭》。吉士，明、清时庶吉士的简称。沈比部：即沈九畴，见《与沈长孺书》注释〔二〕。比部，明、清时对刑部及其司官的习称。

〔二〕即安：安歇，休息。

〔三〕愳：同"惧"。

〔四〕窳（yǔ）惰：懒惰。

〔五〕兀兀：劳苦不息的样子。

〔六〕研：同"砚"。

〔七〕囹圄（líng yǔ）：监狱。

〔八〕燠（yù）休：优恤，抚慰。

〔九〕委顿：颓丧，困顿。

〔一〇〕廉得：察考，访查。

〔一一〕末减：从轻论罪或减刑。

〔一二〕抚字：安抚，体恤。催科：催收税租。

〔一三〕铢锱（zhū zī）：微小的事物。

〔一四〕横：强横。

〔一五〕犁正：改正，更正。

〔一六〕稍稍：渐渐。

〔一七〕委积：聚集，充塞。

〔一八〕闾（lǘ）阎：原指里巷内外的门，后泛指门户、人家。

〔一九〕按辔：拉紧马缰，使马缓行或停下来。

〔二○〕迺：同"乃"。

〔二一〕庶几：大概，差不多。

〔二二〕丽法：实施法律。

〔二三〕罹（lí）法：触犯法律。

〔二四〕欧：通"殴"，殴打。

〔二五〕移晷（guǐ）：日影移动，过了一段时间。

〔二六〕货：贩卖。

〔二七〕逋（bū）：拖欠。

〔二八〕拘絷（zhí）：押系，束缚。

〔二九〕此曹：此等，此辈。

〔三○〕绕指柔：语出刘琨《重赠卢谌》："何意百炼钢，化为绕指柔。"经过百炼的钢，竟然变成可以绕指的柔软之物。此处比喻奉承长官。

〔三一〕婠阿（ān ē）：依违阿曲。

〔三二〕诞谩（màn）：荒诞虚妄。

〔三三〕颍上：今属安徽，明代属凤阳府颍州所辖。

〔三四〕齐民：平民。关白：报告。

〔三五〕愬（sù）：同"诉"。

〔三六〕诡随：不顾是非而妄随人意。

〔三七〕踘踏（jú jí）：畏缩恐惧的样子。踘，弯腰。踏，后脚接前脚地小步走。

〔三八〕元元：百姓。

〔三九〕邻封：本为相邻的封地，后泛指邻县、邻地。

〔四〇〕上人：凌驾于人之上。

〔四一〕监司：监察地方属吏的司、道诸官。

〔四二〕誶詈（suì lì）：辱骂。

〔四三〕督府：军府，幕府。舍人：仆从，差役。

〔四四〕御史台：御史所居官署称御史府，又称宪台，负责纠察、弹劾官员，肃正纲纪。

〔四五〕德：感谢，感激。

〔四六〕消疏：冷落，衰微。

〔四七〕文移：文书，公文。

〔四八〕簿书：文书簿册。

〔四九〕彪虎：猛虎。

〔五〇〕榷（què）输：榷，征收，征税。输，送出，捐献。

〔五一〕拊循：安慰，抚慰。

〔五二〕黔首：百姓。

〔五三〕明府：明府君，汉人对太守的尊称。唐以后多用以称知县，明、清时沿用。

〔五四〕贡：选贡，成为贡生。

〔五五〕大计：明、清两代考核外官的制度，每三年举行一次。

点评

此书作于万历六年（1578）春。经过长达半年多的苦苦等待，去年九月，屠隆终于等来朝廷的一纸任命，被授予颍上（今属安徽）知县。接到任命后，屠隆离京返鄞。十一月四日，与母亲、妻子同赴颍上。十一月二十六日，莅任。在抵任两个多月后，屠隆与书孙继皋、冯梦祯、沈九畴等友人。

屠隆在书中向友人介绍了自己初任知县的治绩和心情。在两个多月的短暂时间中，屠隆做了不少利民之举。在审理官司上，他详细了解是非曲直，让双方各尽其言，尽量少用刑，或不用刑，判决公正。在征收赋税上，屠隆体恤百姓苦难，"先抚字而后催科"，审查户口、田亩，按实征收，减轻百姓负担。先前逃离颍上者，纷纷来归。屠隆在颍上知县任上，一个重要举措，是修筑东门河堤。颍水流经颍上县城东门，经常造成水患。屠隆带头捐俸五十金，士绅、百姓纷纷响应，捐钱捐物。屠隆白天与百姓同劳作，晚上也不回家。百姓见知县亲自挑土运石，个个争先恐后。经过五十多天的奋战，终于修成了一道长五十丈、宽五丈、高五丈五尺的大堤，解决了颍上百姓的心腹大患。这是屠隆引以为傲，也是给他带来美誉的一件大事，他不仅在此书中叙及，在《与沈君典诸子》《与沈嘉则二首》、《与沈箕仲》、《与张长公诸君》等书中，均有提及。《东门河堤成四首》，是他堤成后抒发感受之作。他还有《修颍上县东门河堤碑记》，叙述修堤经过，与同时人梅鼎祚《颍上县东门河堤告成记》、迟可远《颍上令屠公去思碑记》相印证，证明屠隆所言不虚。颍上百姓由衷感谢这位知县为民做实事的行为，以歌谣颂之，还在堤上建绿波亭，以志功德。二十年后，屠隆出游颍上，颍上父老倾城出迎，屠隆作《重过颍上，题任文学怀德书斋》二首，表达故地重游的喜悦和对颍上百姓的感谢。在书中，屠隆透露了自己所作所为与官场常态的矛盾。世所好者，以满足私利、上司爱好为先，而自己则以便民为先，不愿违背良心取媚上官。这种个性，注定他在官场混不下去。事实也是如此。书中有的细节描写，十分逼真感人。如写母告儿子不孝，屠隆"反复谕以天性至情"，以至母子相拥而泣，作为审案者的屠隆亦泣，"乡父老亦泣，堂上下无弗泣者"。这种场景，是屠隆实践儒家仁政爱民观念的真实写照。

与沈君典书〔一〕

都门把臂〔二〕，睠焉伤离。严霜载零〔三〕，玄云四驰〔四〕。天寒以风〔五〕，白日为速。仆也壮士，能无破颜？子惠好我，为我抆涕〔六〕。事在昨日，焱易岁乎〔七〕。思畴昔作吏〔八〕，行李戒途〔九〕，子与箕仲、元孚、以德、开之二三兄弟〔一〇〕，劳我良苦，款留拳拳〔一一〕。中夜彷徨〔一二〕，相视永叹〔一三〕。北斗阑干〔一四〕，战友之情，可谓笃至〔一五〕。仆不能从命也。

子历天路，我行畏途。九月去国〔一六〕，十月渡淮，仲冬始奉老母涉颍。簿书山积〔一七〕，吏事川涌。折腰而趋公府，低眉以见上官。扶伏道左，望尘遥拜。屏息车下〔一八〕，不敢出声。泥沙在衣，风尘掬面，丈夫之气摧颓尽矣〔一九〕。且欲行宽大，则牵于深文〔二〇〕；议息肩〔二一〕，则苦于督责。强项者为傲吏〔二二〕，绕指者为通人〔二三〕，逢迎者为忠厚，砥志者为沽名，尚鸷悍者为干敏〔二四〕，行古道者为迂阔。俯仰高厚，常苦踢跼〔二五〕。平居邑邑〔二六〕，黯乎不欢，临风念子，中心若结。谓足下奋翼霄汉，优游清华〔二七〕，方且立交戟之下〔二八〕，侍承明之庐〔二九〕，奏凌云之赋〔三〇〕，扈甘泉之驾〔三一〕，仙仙乎虎观石渠〔三二〕，俨焉天上，而乃二月以告闻矣〔三三〕。

夫宠灵恩泽〔三四〕，人情所籍〔三五〕，足下当鹊起之穫〔三六〕，遭龙变之会〔三七〕，顺风而呼，乘时振响，逍遥岁月，公辅可立致也〔三八〕。何为得意自苦，居宠不乐？闭门下楗〔三九〕，有如穷愁，怀贾生之忧〔四〇〕，抱刘向之愤[四一]，脱屣富贵，荣华秋毫。语云："高台悲风，烈士悲心。"足下不能脂韦突梯[四二]，坐取尊官，上光九族，下媚妻子，此如曒日[四三]，鬼神所知矣。方足下不得志时，固尝走九边[四四]，临大漠，握将帅，观壁垒，履黄沙之上，卧霜月之下。归而招置宾客[四五]，结纳豪杰，家散千金，日食万钱，意气于世无双。及袖然举首[四六]，晋登华秩[四七]，顾反嗛嗛温厚[四八]，折节下人[四九]，怜瞿子于困穷[五〇]，拔屠生于稠伍[五一]。一言稍合，辄布腹心，洞观始终，高朗粹白[五二]，何者非雄豪丈夫之致哉？即彼荣华，视于何有？而能依阿取怜[五三]，坐猎高贵？曩仆固知足下必有今日矣[五四]。若神龙可縶[五五]，安名为神？足下今状元及第，名在清班[五六]，朝而烟霄，莫而林壑[五七]，明星有烂[五八]，卿云在天[五九]，四方诵义，士林动色，用匡皇国[六〇]，光我同袍[六一]，岂不雄快？何必旦夕公辅，阘茸通显[六二]，然后为得意邪？

故人相知，以贺不以唁[六三]。仆今辱在下走[六四]，事多牵制，殊不快心。而犹蹭蹬一官[六五]，眷恋五斗[六六]，由足下言之，奚翅腐鼠之与鹓雏哉[六七]？足下今归且高卧，落敬亭之云，醉呼李白[六八]；诵澄江之句，长揖玄晖[六九]。仆且又视足下于天上矣。仆愿足下益自爱。方今圣明在上，云龙既遘〔七〇〕，鱼水自投，无令泉石情深，烟霞成癖，何必巢、许〔七一〕，即如姬、孔〔七二〕，不可谓非人豪。谢家青山〔七三〕，终非卿家物也。东望故人，大江间之。再拜使者，神与书往。

(《屠长卿集》文集卷六)

注释

〔一〕沈君典：沈懋学（1539—1582），字君典，号少林、百云山樵，宣城（今属安徽）人。万历五年（1577）举进士第一，授修撰，引疾归，卒。追谥文节。有《郊居遗稿》。传见汤宾尹《睡庵文稿》卷十八《沈君典先生墓志铭》、王世贞《弇州续稿》卷一百二十五《沈君典先生墓表》、屠隆《白榆集》文集卷十九《沈太史传》。

〔二〕把臂：握持手臂，表示亲密。

〔三〕载：开始。

〔四〕玄云：黑云，浓云。

〔五〕以：且。

〔六〕抆（wěn）：擦，拭。

〔七〕焱（yàn）：光华，光焰。

〔八〕畴昔：往昔，以前。

〔九〕戒途：出发，准备上路。

〔一〇〕箕仲、元孚、以德、开之：箕仲，沈九畴，见《与沈长孺书》注释〔二〕。元孚，周弘禴（1545—1610），字元孚，麻城（今属湖北）人。万历二年（1574）进士，授户部主事，降无为同知，迁顺天通判。上疏指斥朝贵，谪代州判官。寻为尚宝丞，大兴水利，以将材荐哱承恩等。坐谪投劾归。传见《明史列传》卷八十三、《明史》卷二百三十四。以德，孙继皋，见《与孙太史、冯吉士、沈比部书》注释〔一〕。开之，冯梦祯，见《与孙太史、冯吉士、沈比部书》注释〔一〕。

〔一一〕款留：殷勤留客。拳拳：诚恳、深切的样子。

〔一二〕中夜：夜里。

〔一三〕永叹：长叹。

〔一四〕北斗：星座名，共有七星，因在北方，聚成斗形，称为北斗。阑干：纵横错落的样子。

〔一五〕笃至：非常深厚。

〔一六〕国：指都城，即北京。

〔一七〕簿书：文书簿册。

〔一八〕屏（bǐng）息：抑制住呼吸，形容注意力集中或恐惧。

〔一九〕摧颓：摧折，衰败，困顿，失意。

〔二○〕深文：严苛的法律条文。

〔二一〕息肩：解除肩上的重担。典出《左传·襄公二年》。

〔二二〕强项：刚强不屈。见《后汉书·杨震传》。

〔二三〕绕指：见《与孙太史、冯吉士、沈比部书》注释〔三○〕。

〔二四〕鸷（zhì）悍：凶猛强悍，不近人情。

〔二五〕踽踽：见《与孙太史、冯吉士、沈比部书》注释〔三七〕。

〔二六〕邑邑：忧愁不乐的样子。

〔二七〕清华：清高显贵的官职。

〔二八〕交戟：两戟相交。古时王者出行，有交戟在后。此处指常追随皇帝。

〔二九〕承明之庐：汉代有承明殿。此处代指皇居。

〔三〇〕凌云之赋：汉司马相如有《大人赋》，汉武帝阅览之后，以为"飘飘有凌云之气，似游天地之间意"。事见《史记·司马相如列传》。

〔三一〕甘泉之驾：西汉扬雄曾随汉成帝游览甘泉宫，事后作《甘泉赋》。

〔三二〕虎观：东汉白虎观。汉章帝时，曾召集诸儒，在白虎观中讲求经义。石渠：西汉石渠阁，是当时的藏书楼。

〔三三〕告：予告，休假。

〔三四〕宠灵：恩宠光耀，使得到恩宠福泽。恩泽：恩惠。

〔三五〕籍：隶属。

〔三六〕鹊起之穐：鹊起，如同鹊鸟一般飞起。比喻乘时崛起，声名远播。穐，同"秋"。之秋，之时。

〔三七〕龙变之会：与鹊起意同，比喻乘时兴起。

〔三八〕公辅：三公、四辅，均为天子之佐，借指宰相一类的大臣。

〔三九〕闭门下楗：见《让柴仲初书》注释〔三二〕。

〔四〇〕贾生：西汉贾谊（前200—前168），洛阳（今属河南）人。十八岁，即有才名。二十余岁，被文帝召为博士，升太中大夫。二十三岁时，遭群臣忌恨，贬为长沙王太傅。后召回长安，为梁怀王太傅。怀王坠马死，贾谊深自歉疚，抑郁而亡。年仅三十三岁。

〔四一〕刘向：刘向（前77—前6），原名更生，字子政，后改名向，沛郡丰邑（今江苏徐州）人。汉宣帝时，授谏大夫、给事中。汉元帝即位，授宗正卿。因反对宦官弘恭、石显，坐罪下狱，免为庶人。汉成帝即位后，出任光禄大夫，官至中垒校尉。有《新序》、《说苑》等。传见《汉书》卷三十六。

〔四二〕脂韦突梯：委屈顺俗。典出《楚辞·渔父》。

〔四三〕曒日：明亮的太阳。

〔四四〕"固尝走九边"六句：屠隆《沈太史传》、王世贞《沈君典先生墓表》、汤宾尹《沈君典先生墓志铭》亦载沈懋学在中举后，初试进士不第，匹马游历塞外事。

〔四五〕"归而招置宾客"五句：屠隆《沈太史传》、王世贞《沈君典先生墓表》、汤宾尹《沈君典先生墓志铭》亦载沈懋学从塞外归后，散家财、招宾客之事。

〔四六〕袖然举首：人的才能超出同辈。袖然，出众的样子。举，推举。首，第一。

〔四七〕晋：进，升。华秩：显位，高阶。

〔四八〕嗛嗛（xián）：谦逊貌。

〔四九〕折节：降低自己身份。

〔五〇〕怜瞿子于困穷：瞿子，瞿九思（1545—1615），字睿夫，号慕川，黄梅（今属湖北）人。万历元年（1573）举人，二年（1574），知县张维翰违制苛派，民聚殴之，维翰坐九思倡乱。巡按御史向程劾维翰激变，吏部尚书张瀚言御史议非是，囚武昌狱三年。万历五年（1577）出狱后，处以流刑，长流塞下。路过京城，上书朝廷。子甲，年十三，为书数千言，历抵公卿，讼父冤。甲弟罕，亦伏阙书求宥。屠隆作《讼瞿生书》遍告朝廷内外，代为诉冤，冯梦祯亦白于楚中当事，而张居正故才九思，乃获释归。万历三十七年（1609），以抚按疏荐，授翰林待诏，力辞不受。有《乐章》、《万历武功录》等。传见《明史》卷二百八十八。沈懋学救瞿九思，目前没有发现其他文献记载。屠隆《讼瞿生书》，《白榆集》文集卷八、《明文海》卷二百五作《为瞿睿夫讼冤书》。屠隆与瞿九思父子交往的诗，还有《屠长卿集》诗集卷七《赠瞿九思》、卷九《赠瞿睿夫还楚》，《由拳集》卷五《感怀诗五十六首，有序》之三十二《瞿孝廉睿夫》、卷六《瞿童子诗》，《白榆集》诗集卷二《寄瞿生甲》等。

〔五一〕拔屠生于稠伍：屠生，屠隆自称。稠伍，众人。屠隆回忆与沈懋学相识经过时说，万历五年（1577），屠隆赴京应试，经过中都（今安徽凤阳），夜宿逆旅，梦见与宋张九成（号无垢）相遇左掖门（宫城正门左边的小门），携手同谒拜皇帝。殿试揭晓，沈懋学第一。出相见左掖门，恍然如梦中所见。"而君典故过听人言，一见倾注，亦不知其神气之所以合，若亦有数然者。"见《白榆集》文集卷十九《沈太史传》。

〔五二〕高朗：豁达开朗。粹白：洁白。

〔五三〕依阿：曲从附顺。

〔五四〕曩（nǎng）：以往，从前，过去。

〔五五〕絷（zhí）：捆，束缚。

〔五六〕清班：清贵的官班。多指文学侍从一类臣子。

〔五七〕莫：同"暮"。

〔五八〕明星有烂：启明星在闪光。语出《诗经·郑风·女曰鸡鸣》。

〔五九〕卿云：即庆云，一种彩云，古人视为祥瑞之兆。

〔六〇〕匡：匡正，匡扶。

〔六一〕同袍：同年，朋友。

〔六二〕阘茸（tà róng）：猥亵微贱，资质驽钝愚劣。通显：官位高，名声大。

〔六三〕唁（yàn）：吊丧，安慰。

〔六四〕下走：走卒，供奔走役使的人。自称的谦词。

〔六五〕蹭蹬（cèng dèng）：困顿，倒霉，挫折。

〔六六〕五斗：五斗米，微薄的官俸。《晋书·隐逸传·陶潜》："郡遣督邮至县，吏白应束带见之，潜叹曰：'吾不能为五斗米折腰，拳拳事乡里小人邪。'义熙二年，解印去县。"

〔六七〕翅：同"啻"，只。腐鼠之与鹓雏：腐鼠，腐烂的死鼠，比喻毫无价值的东西。鹓雏，见《与李之文书》注释〔五一〕。腐鼠与鹓雏相比，以喻区别极其明显。李商隐《安定城楼》诗有"不知腐鼠成滋味，猜意鹓雏竟未休"二句。

〔六八〕"落敬亭之云"二句：李白《独坐敬亭山》诗中有句云"众鸟高飞尽，孤云独去闲"。敬亭山，在今安徽宣城北郊。

〔六九〕"诵澄江之句"二句：玄晖是南朝齐诗人谢朓的字。谢朓《晚登三山还望京邑》中有句云"余霞散成绮，澄江静如练"。

〔七〇〕遘（gòu）：相遇，碰上。

〔七一〕巢、许：巢父和许由的并称。二人都是上古隐逸之士。

〔七二〕姬、孔：周公旦和孔子的并称。

〔七三〕谢家青山：当涂青山，又名林青山，在今安徽当涂县城东南。谢朓任宣城太守时，曾筑室于山南。唐天宝十二载（753），敕改谢公山。后人又称谢家山、谢家青山。

点评

此书作于万历六年（1578）春。沈懋学是屠隆同年、亲家、同门道友。两人同是万历五年（1577）进士，沈懋学是状元，屠隆是第三甲二百四十一名。万历八年（1580）四月，屠隆长子金枢出生。闰四月，沈懋学来游青浦，与订儿女婚约。同年，两人同奉昙阳子（王锡爵女焘贞）为师。万历二十四年（1596）冬，金枢娶沈懋学女天孙（字七襄）。屠隆女瑶瑟（字湘灵），嫁士人黄振古，时时归宁。屠隆妻杨枝（字柔卿），亦谙文墨。一门唱和，乃一时之盛事美谈。

万历五年（1577）九月，张居正父张文明病逝江陵（今属湖北），朝廷有夺情之议，翰林编修吴中行、检讨赵用贤等人斥张居正贪权不孝，廷杖、贬斥诸人，沈懋学也上疏劝张居正回乡守制，为人所格，不入，引疾归。屠隆得知沈懋学请告归里，是万历六年（1578）二月，三月，沈懋学还在回乡路上（《由拳集》卷十四《与冯开之》："三月晦日，沈君典舟抵淮扬，曾遣问行李。书来款款，天下多情人也。"）。书作于二月屠隆闻知沈懋学请告归里后。

此书首先回忆诸位友人送别的情景，感谢兄弟之情。其次，介绍在颖上任官的作为与感受。除了要批阅堆积如山的文书簿册、处理源源不断的各种吏事外，最让屠隆不适应的，是与上官打交道，"折腰而趋公府，低眉以见上官。扶伏道左，望尘遥拜。屏息车下，不敢出声"。加上县官不能只坐在衙门理事，还必须深入民间，"泥沙在衣，风尘掬面"，是免不了的。尤其令他苦恼的，是官场没有原则，是非不分。勤劳王事者，不得好评；溜须拍马者，大行其道。这种低眉折腰、是非不分的官场规矩和风尘仆仆、不得清闲的工作强度，与屠隆自由率真的个性格格不入，与他未出仕时想像的为官模样大不相同。但他现在还不能逾越规矩，只能隐忍不发，向朋友发发牢骚。在官场时间稍长后，就会做出令卫道者们不舒服的事情。这是必然的结果。这种做官苦、做官无趣的感受，在袁宏道与友人书信中，也反复出现（袁宏道《袁宏道集》卷五《王以明》、《沈广乘》、《丘长孺》等）。再次，对沈懋学的遭遇表示同情，对沈懋学内心的痛苦进行安慰。万历五年（1577）会试，张居正令人延致汤显祖、沈懋学等名士为其次子嗣修高中张目，汤显祖拒绝，沈懋学则接受了张居正的笼络。当年进士公榜，他是状元，张嗣修是榜眼。对张居正的知遇之恩，沈懋学感激涕零："窃尝谓张江陵公足担当天下事，而江陵以才怜不佞，又以子同年，故甚相敬爱。敢不以忠孝相期，忍负知己？"（沈懋学《郊居遗稿》卷十《复丁海赐》）夺情议发，沈懋学内心非常矛盾，可以说是天人交战："不言则虑在国家，欲言则恐招尤悔，而彷徨过计，抑郁深愁，竟成心病。"（《郊居遗稿》卷七《上陆五台大司寇公》）他怕触怒居正，只好多次贻书嗣修、工部尚书李幼滋，进行道德劝说，让二人转达张居正，回乡守制，不要弃纲常而落人口实，又怕遭士林耻笑。本来，他接受张居正的延致，已遭物议。现在在夺情这一大是大非的问题上，他必须有所动作，表明立场，挽回尊严。他先是和吴中行、赵用贤约好一起上疏，等到上疏时，又退却了，说二人上疏后，有危险，他再上疏救之。（《郊居遗稿》卷六《答李于美明府》："不佞因约曰：'若处诸君过当，必上疏救之。'"）二人受廷杖，沈懋学作《拟救建言诸臣令大学士张居正奔丧疏》（《郊居遗稿》卷四）准备上疏，为人所持，不果进。虽然沈懋学疏未上，但疏中内容已经传开，张居正耳闻，十分生气。沈懋学只好引疾辞归。客观而言，沈懋学不依赖张居正，也能考中进士，也能做高官，但他性格懦弱，首鼠两端，使得他不能像汤显祖那样，立场坚定、毅然决然，保持气节。受到张居正赏识，不仅没给他带来好处，相反成为他一生的污点。《四库全书总目》卷一百七十九《郊居遗稿提要》就说："今集中有《拟救建言诸臣令大学士张居正奔丧疏》一篇，盖即其时未上之稿。然非拟疏之难，上疏之难也。既未上矣，存之何为乎？"屠隆理解沈懋学的遭遇与心理，真诚安慰,说他有文武材,只要顺时乘势,"公辅可立致"。不是依靠他人获取功名之人,不会委屈顺俗,他的心迹,有如皦日,"鬼神所知"。他的所作所为,都是雄豪丈夫之举。最后,屠隆表达羡慕沈懋学高卧湖山生活之意,劝其自爱,有机会还是要出山,报效朝廷。由于屠隆与沈懋学是知心之友,对沈懋学的劝慰,很有针对性,字字句句,触及到了沈懋学的内心深处。

在两人关系上,虽同为进士,但毕竟沈懋学是状元,在京城翰林院任职,屠隆在僻远地方任知县,书中突显沈懋学的地位崇高,把自己放在下方,尊敬对方。先说"子历天路,我行畏途",再说沈懋学任清高显贵之职,屠隆是"辱在下走",即使沈懋学辞官归乡,高卧敬亭,屠隆依然"视足下于天上矣"。沈懋学接到此书,当感动不已,有"知我者,屠长卿也"之叹。

书中记录沈懋学生平行事,是屠隆在二人交往中所得,真实客观,成为后来沈懋学传记、墓志铭等文的材料来源。如此书中沈懋学走九边、招宾客的叙述,屠隆《沈太史传》、王世贞《沈君典先生墓表》、汤宾尹《沈君典先生墓志铭》等文直接移植,表现沈懋学文武全才,有侠义之气,塑造沈懋学性格多样丰富,有很强的感染力。

与王元美先生书〔一〕

隆发未燥时〔二〕,即知有吴会王元美先生〔三〕。蹉跎三十年[四],犬马之齿长矣[五],日手大篇、耳荣名,梦寐玄圃[六],终属隔尘。言念喆人[七],临风怅结。

隆海以东竖儒耳[八],行能无所比数,而好古有之。每读古人文章,则驰神往喆,恨不得与此人同时。时过其故里,经其坟墓,考其陈迹。或故物从古人之遗,或片语出人间之秘,辄展然大喜[九],且披且诧,想见其人。神怡悦乎回翔寥廓之外[一〇],而驰骛太上之前[一一]。此何也?又如先朝李梦阳先生[一二],近世李攀龙先生[一三],业已恨余生之晚,不得奏薄技、挟囊鞬[一四],以一当两公[一五],徒负高山之怀,抱下泉之戚矣[一六]。隆赋材故卑,抗志颇远[一七],不能建标艺坛,而往往愿北面大雅[一八],匪云同志,亦其性然矣。昔然明倾心于国侨[一九],宁越委身于晏子[二〇],荀爽御车于李君[二一],廷尉结袜于王生[二二],君山叹息于子云[二三],中郎折节于王粲[二四]。精之所向,九原可以执鞭[二五];神之所潜,虎贲可以陨涕[二六]。诚以缁衣之好笃[二七],好爵之情縻也[二八]。

嗟乎,往者不可作矣。不图隆乃得与元美先生同时,又吴越相去近也。世无先生,何羡异代?世有先生,何羡异代?而乃空怀佳人,竟违良晤。河清难俟[二九],

日月易徂〔三〇〕。隆支离涉世，已见二毛〔三一〕，而先生亦垂老倦游，将图五岳〔三二〕，恐一朝长毕〔三三〕，卒负平生，令往者诸公笑我泉下。同天壤者，承睫不见〔三四〕，慕古何为乎？且隆束发为诸生〔三五〕，厌薄制义〔三六〕，中艳古雅〔三七〕。读《广成》、《素问》〔三八〕，则霄霓欲仙〔三九〕；览《竹书》、《元苞》〔四〇〕，则形骸遂往。近探禹穴〔四一〕，抽秘金书〔四二〕；遥望岱宗〔四三〕，覃思玉简〔四四〕。又邹、鲁悦孔、孟之仁义〔四五〕，濠梁慕庄、老之玄虚〔四六〕，之罘诵李斯之古文〔四七〕，湘、汉怀屈、贾之词赋〔四八〕，龙门仰太史之跌宕〔四九〕，成都爱相如之丽藻〔五〇〕，大梁艳邹、枚之浮华〔五一〕，淮南羡八公之鸿烈〔五二〕，幽、蓟喜邹衍之谈天〔五三〕，青、齐惊淳于之炙輠〔五四〕，稷下服田巴之雄辨〔五五〕，灵光睹文考之俊才〔五六〕，天台高兴公之逸韵〔五七〕。诸图书秘记，古文奇字，颇尝泛其洪波，收其巨丽，可谓穷老不厌，专精靡他。顾生也贫贱，僻处东海，青山拄屋〔五八〕，寒潮在门；波臣窃窥〔五九〕，鼋鼍相吊〔六〇〕。客无大雅，座鲜高言；识氏夏虫〔六一〕，见同河伯〔六二〕。偭然自夸〔六三〕，高步阔视，谓于世无双。譬如夜郎王之倔强于南徼〔六四〕，扶余国之自雄于海中〔六五〕，亦可笑矣。既而自拔幽囚，稍窥玄朗[六六]，奋然决起，欲出而与海内豪杰论文谈艺，而天刑不解[六七]，人事多违。始困诸生，既束官守。玄冬蹑雪[六八]，仓皇涉淮，不屈首苦簿书，则折腰趋公府[六九]。促訾呬嚘[七〇]，扶伏婉娈[七一]，丈夫工为蛾眉[七二]，百炼化为绕指[七三]，玄髯倏为朝霜[七四]。雅志都丧，俗情转深；吏事日婴[七五]，旧业尽废。终弃大雅，寤寐永叹[七六]。命之不淑[七七]，安用生为？每望吴会，云亭亭起如车盖[七八]，耿耿余怀，恨不得即解印绶[七九]，从先生散步长洲之苑尔[八〇]。去年获晤敬美先生于都门[八一]，托颉颃之羽[八二]，结绸缪之欢[八三]，不啻幸矣[八四]！吴下旧称机、云[八五]，今云二美[八六]。昔见次公[八七]，稍酬平日，然乃令人转思大美[八八]，何也？

近世七子[八九]，硿隐有声[九〇]，并驱方轨，横行中原。苟有遭之，人马辟易数十里矣[九一]。然愚窃谓先生最胜，譬诸七雄，当为秦楚。先生富材劲力，雷动飙驰，包络千古，吸荡六合[九二]，固也赤帜往哲[九三]，宁独白眉数子乎[九四]？即如李于鳞雄深奇古，非不惊动一世，标异将来。诗无论，论其文，信奇矣。先生推毂济南亦至[九五]，而愚以为无当先生，何也？今夫天有扬沙走石，则有和风惠日；今夫地有危峰峭壁，则有平原旷野；今夫江海有浊浪崩云，则有平波展镜；今夫人物有戈矛叱咤，则有俎豆晏笑〔九六〕。斯物之固然也。藉使天一于扬沙走石〔九七〕，地一于危峰峭壁，江海一于浊浪崩云，人物一于戈矛叱咤，好奇不太过乎？将习见者厌矣。文章大观，奇正离合，瑰丽尔雅，险壮温夷，何所不有？尝试取先民鸿制大作读之，《书》如《盘庚》〔九八〕，《礼》如《檀弓》〔九九〕，《周礼》如《考工记》〔一〇〇〕，亦云奇古近险矣，而不过偶一为之。其平旷莹彻，揭日月而临大道者固多。他如《穆天子传》、《左》、《国》、《庄》、《骚》、秦碑、《吕览》诸篇〔一〇一〕，虽云魁垒多奇〔一〇二〕，而其中平易者，亦往往不少。惟扬子云好奇，言言艰棘〔一〇三〕，后世而下，论者为何？平生辛苦〔一〇四〕，虫鱼自况〔一〇五〕，出奇间道〔一〇六〕，终属偏师〔一〇七〕。固未闻独模后人，尽掩前哲也。先生尝谓李王孙奇过则凡〔一〇八〕，老过则穉〔一〇九〕。嗟嗟，独王孙哉？于鳞之奇，驱骋周、汉，固非子云所敢望，然言言若此，终堕好奇。譬如终南悬崖〔一一〇〕，奇矣，然使终日而在目，则厌，不如日月之光也。江上裂石，奇矣，然使终日而在耳，则厌，不如云觚之奏也〔一一一〕。信如于鳞标异，凌厉千古，吞掩前后，则六籍之粹白〔一二〕，汉诏诰之温厚〔一三〕，贾长沙之浩荡〔一四〕，司马子长之疏朗〔一五〕，长卿之词藻〔一六〕，王子渊之才俊〔一七〕，六朝之语丽〔一八〕，不尽废乎？即天又奚以龢风惠日为也？故愚窃不自量，谓于鳞虽奇，而无当先生。

先生何所不有也。有于鳞，有献吉，又兼有往哲，而又自有元美，广大变化，斯其所以极玄也。读《艺苑卮言》〔一九〕，辨博哉，如涉太湖、云梦焉〔一二〇〕。读《弇州山人集》〔一二一〕，魁瑰巨丽，和畅雄俊哉，如泛大海焉，又如观玄造焉〔一二二〕。其为文，包罗《左》、《国》，吐纳《庄》、《骚》，出入扬、马〔一二三〕，鞭棰褒、雄〔一二四〕；其为诗，炼格汉、魏，借材六朝，同工沈、宋〔一二五〕，登坛李、杜〔一二六〕。诚天府之高华，人文之鸿巨，作者之极盛矣。观止矣。

然小子隆又窃有疑焉：隽永之中〔一二七〕，不嫌杂俎〔一二八〕；闳丽之极〔一二九〕，间出粗豪。又撰著太多，篇章太富，宇宙群品，题咏靡遗，古今万状，蒐罗略尽〔一三〇〕，无乃伤于杂乎？岂玄造之中，本无所不有邪？窃意无所不有，亦心有所无矣。游目群玉之巅，失足阆风之上〔一三一〕，精眩魂摇，迷不知所适。何时抠衣登堂〔一三二〕，面受大教也？

隆自知小技不合大方，区区之心，欲自进门下，亦无盐之所以见齐王也〔一三三〕。然先生广心远识，延揽四方豪俊，惟恐失之，岂可使门下不知有东海屠生哉？吾乡沈嘉则先生声律雄大〔一三四〕，与龙伯争长〔一三五〕。东海鄙，数千年无大雅，其他琐尾者〔一三六〕，又不足道。赖嘉则出，一浣之耳。先生以为何如？同年沈懋学者〔一三七〕，其人英雄，善谈艺、谈兵、谈堪舆家言〔一三八〕，体貌不甚伟，能运铁矛，手戟百夫〔一三九〕。畴昔尝散千金，走九边，观戍垒，结交豪杰将帅。藻思超逸，落笔万言，虽不甚深古，而雄快可喜。又慷慨忠义，重然诺，笃交游，多情称丈夫哉。先生不可不识其人。冯梦祯者〔一四〇〕，素心人，好古博雅，尤深玄理。每遭事，意气有之，不则瞑目趺坐竟日若枯槁〔一四一〕。观其人，亦自不凡。京师今多奇士，此两生者，尤与隆交欢，敬而爱之，敢以闻于门下。

先生高才为尊官，下邑小吏，不当辄以尺一通，又不当辄夯口狂言〔一四二〕，罪僇是恩〔一四三〕。然隆私度，扶伏州郡长吏车下，至屏息不敢出声，而扬眉先生之前，斯其故可知也。先生岂以高才尊官傲天下者哉？谨以所为鄙言,请教门下。生平撰造,隆不自知,先生云何,即为定品。南风有便,幸惠德音。

(《屠长卿集》文集卷六)

注释

〔一〕王元美:王世贞(1526—1590),字元美,号凤洲,别号弇州山人,太仓(今属江苏)人。嘉靖二十六年(1547)进士,官至刑部尚书。"后七子"之一,独主文坛二十年。有《弇州山人四部稿》一百七十四卷、《续稿》二百七卷、《弇山堂别集》一百卷等。传详《国朝献征录》卷四十五王锡爵《王公神道碑》、《明史》卷二百八十七。

〔二〕发未燥时:指孩童之时,年幼。发,胎发。燥,干。

〔三〕吴会:东汉分会稽郡为吴郡(今江苏苏州)、会稽(今浙江绍兴)二郡,并称吴会。后泛称两郡故地为吴会。王世贞是太仓人,太仓古属苏州。

〔四〕蹉跎(cuō tuó):虚度光阴。

〔五〕犬马之齿:自己的年龄。齿,年轮。

〔六〕悬圃:即玄圃,传说中昆仑山神仙居处,其中多美玉。后形容精华荟萃。

〔七〕喆人:哲人,有聪明智慧的人。喆,同"哲"。

〔八〕竖儒:僮竖无知之人。自谦之词。

〔九〕展然:舒展的样子。

〔一〇〕惝怳:见《与李之文书》注释〔六〕。

〔一一〕驰骛（wù）：奔驰。太上：最上，最高。

〔一二〕李梦阳：李梦阳（1473—1530），字献吉，号空同，河南扶沟人，生于安化（今属甘肃）。弘治七年（1494）进士，历官户部主事、江西提学副使。明代"前七子"领袖人物。提倡"文必秦汉，诗必盛唐"。有《空同集》等。

〔一三〕李攀龙：李攀龙（1514—1570），字于鳞，号沧溟，历城（今属山东）人。嘉靖二十三年（1544）进士，历官刑部主事、浙江布政司左参政、河南按察使等。明代"后七子"领袖人物。主导文坛二十余年。有《沧溟集》等。

〔一四〕櫜鞬（gāo jiān）：装弓箭的器具。

〔一五〕当（dāng）：面对。

〔一六〕下泉：犹言黄泉。

〔一七〕抗志：高尚的志向。

〔一八〕北面：见《让柴仲初书》注释〔三四〕。

〔一九〕"然明倾心"句：然明是春秋时期郑国贤人。国侨，即子产，郑国执政。子产不毁乡校，然明听说后，对子产很是钦佩。

〔二〇〕"宁越委身"句：宁越，战国时赵国中牟人，因苦耕稼之劳，勤学十五年，为周威公之师。晏子，春秋时齐相晏婴。二人不同时，无宁越委身晏子事。当为屠隆误记。

〔二一〕"荀爽御车"句：李君，后汉李膺。李膺名声远播，但不好交友。名士荀爽曾去探访李膺，并为他驾车，回去后高兴地说："我今天为李君驾车了。"事见《后汉书·李膺传》。

〔二二〕"廷尉结袜"句：西汉文帝时，有博学老人王生。一次在朝会上，王生的鞋散开了，便叫廷尉张释之为他系鞋。事见《史记·张释之冯唐列传》。后用"结袜"表示对人的敬佩之情。

〔二三〕"君山叹息"句：君山，东汉桓谭。子云，西汉扬雄。王充《论衡·超奇》记载，王公向桓君山问起扬子云，桓君山说："自从汉朝兴起以来，还没有过这样的人物。"

〔二四〕"中郎折节"句：中郎，蔡邕。蔡邕曾任左中郎将。蔡邕是汉末大儒，海内闻名。王粲在长安时，蔡邕反而"倒屣迎之"，认为王粲之才在己之上。事见《三国志·魏书·王粲传》。

〔二五〕九原：九州大地。

〔二六〕虎贲（bēn）：勇士。

〔二七〕缁衣：黑衣。古代卿士听朝的正服。

〔二八〕好爵之情縻：爵，古代青铜制作的酒具，引申为爵位、官爵。縻，本义为拴牛的绳子，引申为牵系、拴住，意为自修己德、自求多福，好运自来。语出《易经·中孚卦》。

〔二九〕河清难俟：见《与张大司马公书》注释〔一五〕。

〔三〇〕徂（cú）：过去，消逝。

〔三一〕二毛：鬓发有黑白两种颜色。指年老的人。

〔三二〕五岳：中岳嵩山、东岳泰山、西岳华山、南岳衡山、北岳恒山，合称"五岳"。

〔三三〕长毕：死亡，逝世。

〔三四〕承睫：接着睫毛，形容近在眼前。

〔三五〕束发：男孩成童时束发为髻，因以代指成童之年。通常年十五岁始称成童。诸生：秀才。

〔三六〕厌薄：厌恶，鄙视。制义：八股文的别称。

〔三七〕中艳：羡慕。

〔三八〕广成：广成子，传说中的仙人，黄帝曾问道广成子。传称著有《广成子》一书。素问：又称《黄帝内经素问》，是《黄帝内经》的一部分，作者不详，成书年代不晚于东汉。

〔三九〕霄霁（diào）：虚无寂寞。

〔四〇〕竹书：《竹书纪年》，战国时魏国编写的一部编年体史书，出自汲郡（今河南汲县西南）魏襄王墓。本名《纪年》，因用竹简书写而成，后人称为《竹书纪年》。元苞：亦名《玄苞》，北周时成都人卫元嵩仿扬雄《太玄经》作，对后代以术数言易者颇有影响。

〔四一〕禹穴：会稽宛委山，相传大禹得黄帝所藏金简书之处。

〔四二〕金书：用金简刻写或金泥书写的文字。

〔四三〕岱宗：古人以泰山为五岳之首，诸山所宗，故称。

〔四四〕覃（tán）思：深思。玉简：珍籍。

〔四五〕"邹、鲁"句：孔子是春秋时鲁国人，讲求"仁"；孟子是战国时邹国人，讲求"义"。

〔四六〕"濠梁"句：濠梁，濠水之石梁，在今安徽凤阳县境内。庄子与惠施游此观鱼,辨鱼之乐。见《庄子·秋水》篇。老,老子,先秦哲学家,著有《老子》(又名《道德经》)一书。玄虚,道家玄妙虚无的道理。

〔四七〕"之罘"句:秦始皇统一天下之后,东巡至之罘山(在今山东烟台境内),命令李斯刻石于之罘山上。事见《史记·秦始皇本纪》。之罘,以作"芝罘"为多。

〔四八〕"湘、汉"句:湘、汉,湘水和汉水。湘水在今湖南境内,汉水在今湖北境内。屈,屈原。贾,贾谊。屈原曾在湘、汉一带活动,贾谊被贬为长沙王太傅,作有《吊屈原赋》《鵩鸟赋》。

〔四九〕"龙门"句:龙门,在今陕西龙门,司马迁故乡。太史,指司马迁。司马迁在武帝朝任太史一职。跌宕,富于变化,有顿挫波折。

〔五〇〕"成都"句:司马相如是西汉蜀郡成都人。丽藻:词藻华丽。

〔五一〕"大梁"句:大梁,在今河南开封西北。西汉梁王刘武在此筑苑囿,称梁园。邹、枚,邹阳和枚乘,西汉著名文学家,常在梁园中往来。

〔五二〕"淮南"句:淮南,淮南王刘安封地,都寿春(今属安徽)。刘安召集门客著书,名《淮南子》,又称《淮南鸿烈》。八公,指为淮南王所赏识的八位饱学之士,左吴、李尚、苏飞、田由、毛被、雷被、伍被、晋昌,被封为八公。鸿,大。烈,明。

〔五三〕"幽、蓟"句:幽、蓟,幽州、蓟州的合称,这里指燕国。邹衍,战国末期齐国人,倡导五行说,当时人号"谈天衍"。燕昭王筑黄金台,邹衍遂投奔燕国。

〔五四〕"青、齐"句:青、齐,青州、齐州的合称,在今山东境内。淳于,淳于髡,齐国人,幽默多辩,为当时人所敬佩。见《史记·滑稽列传》。炙輠(gǔ),本作"炙輠过","过"为"輠"的假借字。輠,古时车上盛贮油膏的器具。輠烘热后流油,润滑车轴。比喻语言流畅风趣。

〔五五〕"稷下"句:稷下,战国时齐国稷下学宫,是当时学术中心。田巴,战国时齐国辩士,曾在稷下学宫辩义。

〔五六〕"灵光"句:灵光,灵光殿,西汉鲁共王宫殿。文考,东汉文学家王延寿字。王延寿曾作《鲁灵光殿赋》。

〔五七〕"天台"句:天台,天台山,在今浙江境内。兴公,东晋文学家孙绰字。孙绰曾作《游天台山赋》。

〔五八〕拄(zhǔ):靠,支撑。

〔五九〕波臣:泛指水族。语出《庄子·外物》。

〔六○〕鼋鼍(yuán tuó):鼋,大鳖。鼍,扬子鳄。

〔六一〕识氐夏虫:识,见识。氐,通"低",低下,低于。夏虫,典出《庄子·逍遥游》"夏虫不可以语冰"。用来比喻见识浅薄。

〔六二〕见同河伯:河伯,水神。见《庄子·秋水》。与"夏虫"同比喻见识浅薄。

〔六三〕伣(xiàn)然:壮勇、威武的样子。奓(zhà),打开,壮胆。

〔六四〕"夜郎王"句：夜郎王，汉代西南小国夜郎国国君，问汉使者，夜郎国与汉，孰大。是谓夜大自大之典。出自《史记·西南夷列传》。徼（jiào），边界。

〔六五〕"扶余国"句：扶余国，秦汉至南北朝时东北地区的少数民族国家。

〔六六〕玄朗：高明，旷达。

〔六七〕天刑：上天的法则，天降的刑罚。

〔六八〕玄冬：冬天，冬季。

〔六九〕趍：同"趋"。

〔七〇〕促訾（zǐ）：阿谀奉承，以言求媚。咿嚘（yī yōu）：叹息、呻吟或吟咏声。

〔七一〕婉娈（luán）：柔顺，柔媚。

〔七二〕蛾眉：美人秀眉，喻指美女。

〔七三〕"百炼"句：见《与孙太史、冯吉士、沈比部书》注释〔三〇〕。屠隆用来比喻在官场沉浮日久，使原本刚烈的性格，渐渐转变成平和，与世俗相融。

〔七四〕"玄鬓（bìn）"句：玄鬓，黑头发。朝霜，比喻白头发。

〔七五〕婴：缠绕，遭受。

〔七六〕寤寐（wù mèi）：表示无时无刻。寤，睡醒。寐，就寝。

〔七七〕不淑：不善，不良，不幸。

〔七八〕亭亭：高耸的样子。

〔七九〕印绶（shòu）：印信和系在印信上的丝带。

〔八〇〕长洲之苑：在今江苏苏州西南、太湖以北。春秋时为吴王阖闾游猎之处。长洲，县名，今属江苏苏州。

〔八一〕敬美：王世贞弟王世懋。王世懋（1536—1588），字敬美，号麟洲，太仓（今属江苏）人。时称少美。嘉靖三十八年（1559）进士，历官南礼部主事、江西参议，陕西、福建提学副使，太常寺少卿等。有《王奉常集》等。传详王世贞《弇州续稿》卷一百四十《亡弟中顺大夫太常寺少卿敬美行状》、汪道昆《太函集》卷六十七《王次公墓碑》、《明史》卷二百八十七、钱谦益《列朝诗集小传》。

〔八二〕颉颃（xié háng）：鸟上下飞，引申为不相上下。

〔八三〕绸缪（móu）：情意深厚。

〔八四〕不啻（chì）：不只，不止，不亚于，无异于。

〔八五〕吴下：泛指吴地。机、云：西晋文学家陆机、陆云兄弟。

〔八六〕二美：指元美（王世贞）和敬美（王世懋）。

〔八七〕次公：以长次排行称人兄弟，兄为长公，弟为次公。此指王世懋。

〔八八〕大美：元美王世贞。王世懋，时称少美。

〔八九〕近世七子：明代文坛后七子，李攀龙、王世贞、谢榛、宗臣、梁有誉、徐中行、吴国伦七人。他们和以李梦阳、何景明为首的前七子文学主张基本相同，都提倡文学复古，强调"文必秦汉，诗必盛唐"。

〔九〇〕砰（pēng）隐：形容声音宏大。

〔九一〕辟（bì）易：退避，避开。辟，同"避"。

〔九二〕六合：见《与余君房书》注释〔四〕。

〔九三〕赤帜：红旗，比喻榜样、典范，领袖人物或领袖地位等。

〔九四〕白眉：眉中有白毛，比喻兄弟或侪辈中的杰出者。

〔九五〕推毂（gǔ）：见《与李之文书》注释〔九〕。济南：李攀龙。李攀龙是济南（今属山东）人，以其家乡代指其人，称"济南"。

〔九六〕俎（zǔ）豆：祭祀、宴客用的器具。晏笑：平静柔和的笑容。

〔九七〕藉（jiè）：假设，假使。

〔九八〕《书》如《盘庚》：《盘庚》是《尚书》中之一篇，原分上、中、下三篇，是商王盘庚迁都时对臣民的三次训话。

〔九九〕《礼》如《檀弓》：《檀弓》是《礼记》中的一篇，分上、下两部分，主要记载礼仪制度、孔子及其弟子有关礼制的言行等。

〔一〇〇〕《周礼》如《考工记》：《考工记》是《周礼》中的一篇，又称《周礼·冬官·考工记》，主要记述有关百工之事。

〔一〇一〕"他如《穆天子传》"句：《穆天子传》，又名《周王游行记》，晋人从战国时魏王墓中发现的先秦古书（《汲冢书》）之一，作者不详。共五篇，主要记述周穆王游行四海的故事。《左》,《左传》。《国》,《国语》。二者相传为左丘明作。《庄》,《庄子》,庄子及其弟子作。《骚》,《离骚》,屈原作。秦碑,秦始皇立《泰山刻石》《琅邪刻石》《之罘刻石》等,相传为李斯作。《吕览》,《吕氏春秋》,吕不韦门客作。

〔一〇二〕魁垒:奇特貌。

〔一〇三〕言言艰棘:字字深奥晦涩。

〔一〇四〕平生辛苦:典出《汉书》卷八十七《扬雄传》:"刘歆亦尝观之,谓雄曰:'空自苦,今学者有禄利,然尚不能明《易》,又如《玄》何?吾恐后人用覆酱瓿也。'雄笑而不应。"

〔一〇五〕虫鱼自况:典出扬雄《法言·吾子》:"或问:'吾子少而好赋?'曰:'然,童子雕虫篆刻。'俄而曰:'壮夫不为也。'"

〔一〇六〕间道:偏僻的小路。

〔一〇七〕偏师:非主力部队。

〔一〇八〕李王孙:《新唐书》记载,李白为兴圣皇帝李暠九世孙,与李唐诸王同宗。或指李贺。李贺(790—816),字长吉,唐宗室后裔。其《金铜仙人辞汉歌》序中自称"唐诸王孙李长吉"。

〔一〇九〕稚(zhì),同"稚"。

〔一一〇〕终南:终南山,在今陕西西安市长安区南。

〔一一一〕云龢(hé):琴、瑟、琵琶等弦乐器的统称。龢,同"和"。

〔一一二〕六籍:指《诗》、《书》、《礼》、《乐》、《易》、《春秋》六种儒家典籍。粹白:纯白,纯粹。

〔一一三〕诏诰:古代帝王、皇太后或皇后发布的命令、文告。

〔一一四〕贾长沙:汉贾谊曾为长沙王太傅,故世称"贾长沙"。

〔一一五〕司马子长:汉司马迁,字子长。

〔一一六〕长卿:汉司马相如,字长卿。

〔一一七〕王子渊:王褒,字子渊,资中(今属四川)人。与扬雄齐名,世称渊、云。

〔一一八〕六朝:三国时东吴、东晋和南北朝宋、齐、梁、陈,相继建都于建康(今江苏南京),史称六朝。

〔一一九〕《艺苑卮言》:王世贞著,其中八卷论诗和文,附录四卷论词曲书画等。

〔一二〇〕太湖:在今江苏南部、浙江北部。云梦:云梦泽,上古九泽之一,在今湖北境内,泽已不存。

〔一二一〕《弇州山人集》:王世贞诗文集,名《弇州山人四部稿》,一百七十四卷。

〔一二二〕玄造:造化,大自然,天意。

〔一二三〕扬、马:扬雄、司马相如。二人均蜀郡人。

〔一二四〕鞭棰(chuí):鞭打,征服。褒、雄:王褒、扬雄。

〔一二五〕沈、宋:初唐诗人沈佺期和宋之问。

〔一二六〕李、杜：盛唐诗人李白和杜甫。

〔一二七〕隽（juàn）永：意味深长。

〔一二八〕杂俎（zǔ）：杂录，意谓如菜杂陈于俎。

〔一二九〕闳（hóng）丽：宏伟壮丽。

〔一三〇〕蒐（sōu）罗：搜集。蒐，同"搜"。

〔一三一〕阆（láng）风：山名，位于昆仑山山巅，相传为仙人所居。

〔一三二〕抠（kōu）衣：提起衣服前襟。古人迎趋时的动作，表示恭敬。

〔一三三〕"亦无盐"句：无盐，无盐女，名钟离春，传说中的丑女，极有贤德。后成为齐宣王王后。以其为无盐邑（今属山东）人，故名。

〔一三四〕沈嘉则：沈明臣（1518—1596），字嘉则，又字句章，号天放翁，鄞县栎社（今浙江宁波）人。自署栎社长。诸生，为胡宗宪记室，有诗名。有《越草》、《丰对楼诗选》、《吴越游稿》等。传见屠隆《由拳集》卷十九《沈嘉则先生传》《康熙鄞县志》卷十七。声律：语言文字声韵格律。此指文学创作。

〔一三五〕龙伯：传说中龙伯国巨人。

〔一三六〕琐（suǒ）尾：琐碎，零碎。

〔一三七〕沈懋学：见《与沈君典书》注释〔一〕。

〔一三八〕堪舆家：勘察风水的人。

〔一三九〕馘（guó）：古代打仗时，割取敌人左耳以记功。

〔一四〇〕冯梦祯：见《与孙太史、冯吉士、沈比部书》

注释〔一〕。

〔一四一〕瞑（míng）目：闭眼。趺（fū）坐：盘腿端坐。枯槁：干枯，憔悴。

〔一四二〕奓（zhà）口：张口。

〔一四三〕僇（lù）：羞辱，耻辱。同"戮"。

点评

此书约作于万历六年（1578）《屠长卿集》刊行前的三四月间。本年三月二十二日，屠隆作《屠长卿集自叙》（《屠长卿集》卷首《屠长卿集自叙》末署："万历六年戊寅春三月廿二日。"《由拳集》卷十二，题作《旧集自叙》，未署时间）。四月，颍上诸生刻《屠长卿集》。屠隆将《屠长卿集》随信附寄沈明臣、冯梦祯、沈懋学、陆可教、沈九畴、唐邦佐、曾乾亨、余寅、杨承鲲、家乡故人等。《寄海上故人》："新刻一种，请教大雅。居颍半岁，始得寄讯左右，冗可知也。"（《由拳集》卷十五）"居颍半岁"，去年十一月二十六日，屠隆莅任颍上，至本年四月，恰好半年。屠隆《与沈嘉则二首》其一谈到三月三十日东门河堤成，《屠长卿集》还没刻成（《由拳集》卷十四《与沈嘉则二首》其一："始于王正四日，终于三月晦日，而告成事……小集为文学诸生索刊，刊成寄先生。"），其二说七月收到沈嘉则七月来书、诗四首、《通志》一册，屠隆回书，附寄《屠长卿集》。（《由拳集》卷十四《与沈嘉则二首》其二："得七月帖子、诗四章、《通志》一册……拙稿为诸生强刻之县斋，寄上。先生云何，无逃品藻矣。"）七月前后，有调屠隆他地任官的传言（《由拳集》卷十五《与冯开之四首》其一）。《与王元美先生书》亦附寄《屠长卿集》，因此，此书约作于万历六年（1578）三、四月之间。

王世贞是晚明文坛领袖，声高位重，四方士子多仰其名，奔走门下，求其提携。《明史》卷二百八十七说："世贞始与李攀龙狎主文盟，攀龙殁，独操柄二十年。才最高，地望最显，声华意气笼盖海内。一时士大夫及山人、词客、衲子、羽流，莫不奔走门下。片言褒赏，声价骤起。"在东南海隅鄞县声名大噪、在京城已有一定知名度的屠隆，迫切需要走上更大的舞台，与文坛大佬互动，去年已在京城与王世贞弟世懋会面后，今年直接与书王世贞，就是顺理成章的事了。

此书首先表达自己对王世贞的仰慕之情，介绍自己的爱好、能力，说明自己不是庸碌无才之辈。屠隆说，自己年少时就知道王世贞大名，年岁稍长，日夜阅读大作，吸取精华。自己读古人文章，时常瞻故里，考遗迹，品其精粹，"恨不得与古人同时"。李梦阳、李攀龙谢世，无缘相见，现在与世贞同时，吴、越相近，再也不能错过机会，"世无先生，何羡异代？世有先生，何羡异代？"现在虽然有职在身，恨不得马上辞官，来到先生身边，同游于长洲之苑。自己志向高远，"中艳古雅"，饱读诗书，其他"图书秘记，古文奇字"，也广泛涉猎，"穷老不厌，专精靡他"。在家乡一带，有一定的名气，但毕竟交游有限，识同河伯，迫切希望能同大雅之士谈文论艺。这种向往之情，有如然明之于子产、宁越之于晏子、荀爽之于李膺、张释之之于王生、桓谭之于扬雄、蔡邕之于王粲。

其次，评价"七子"与王世贞作品，阐明自己的文学观点。

屠隆先描述"后七子"声势浩大,"砰隐有声,并驾方轨,横行中原",持不同观点者,在这股势力面前,只能退避三舍。"后七子"中,李攀龙与王世贞先后主盟文坛二十余年。屠隆认为,李攀龙雄奇标异,风格单一,不如王世贞"包络千古,吸荡六合"。王世贞更具领袖气质,"赤帜往哲","白眉数子"。其风格与内容无所不包,吸众人之长而又有自己特点,"有于麟,有献吉,又兼有往哲,而又自有元美,广大变化,斯其所以极玄也"。具体到作品,《艺苑卮言》"辨博",《弇州山人集》"魁瑰巨丽,和畅雄俊"。诗、文都能吸纳前代优点,形成自己的风格。其不足是"撰著太多,篇章太富","伤于杂"。在批评李攀龙之弊时,以天地、山川变化、人物秉性不同为喻,反对在文学创作中,只允许一种风格存在,主张风格多样化。古代典籍也是"魁垒多奇"与"平易"并存。"奇正离合,瑰丽尔雅,险壮温夷",才是"文章大观"。一味拟古、模古,只会像扬雄一样,字字晦涩,"虫鱼自况",创新不多,在文学创作领域,获得的肯定不大。

再次,向王世贞推荐自己的三位朋友沈明臣、沈懋学、冯梦祯。沈明臣是家乡友人,亦师亦友的故交,沈懋学、冯梦祯是同年,在京师应试时结交的新知。对三人的介绍,各有侧重。沈明臣在文学创作上,"声律雄大",可与"龙伯争长",一洗东海"数千年无大雅"之耻。沈懋学文武双全,散千金,走九遍,落笔万言,重然诺,笃交游,是"多情"丈夫。冯梦祯是"素心人","尤深玄理",有时瞑目跌坐竟日。后两人是与自己"交欢"的"奇士","敬而爱之",特推荐于门下。

最后，请王世贞品评《屠长卿集》，"先生云何，即为定品"。

王世贞官职、社会地位、文学影响等都高于屠隆，且比屠隆年长十七岁，屠隆向这位文坛前辈自荐时，必须把握分寸，拿捏到位，做到真诚而坦率，既尊崇对方，又要不卑不亢。书中对王世贞赞誉备至，不讳言其不足，介绍自己不张扬，又突出亮点。运用然明之于子产等六个典故，说明自己精诚所向，让对方了解自己的赤诚之心，达到交往的目的。

此书骈散结合，博雅富赡，气势充沛，情感真挚。排比句的运用，如"昔然明倾心于国侨"六句，"又邹、鲁悦孔、孟之仁义"十三句，"今夫天有扬沙走石"四句，有助于淋漓尽致地表达胸中积郁的情感，一吐为快。多用典故，贴切而不生涩，看似随意拈出自己所读经、史、子、集各种典籍，实则显示作者饱读诗书，知识丰富，也增强了书牍的文学感染力。

收到屠隆此书后，王世贞立马回书，对屠隆书中内容，一一作了回应。回书收在王世贞《弇州续稿》卷二百《书牍·屠长卿》。原文如下：

> 始家弟归自都下，津津道所新知，尽豪贤文士也，而独称屠长卿者，尤瑰奇不伦。既沈嘉则一言之，而此间有曹生，亦于行卷一再见长卿诗而言之。仆自念且老矣，幸尚得当生，安能缩地成倾盖之故。
>
> 而亡何，使者至矣。启椷读之，累数千言。舌为燥而不忍乙，且畏其尽也。雕龙绘辞，碧鸡宏辨，鞭霆掣雷，掀金揿石，一扫千里，前无留行，即使庄生谈天，季子论人，尤

且捧盟盘而让牛耳，况其他哉。足下虽雅言二李先生，而其许不佞独至，念不佞独切甚。谓不佞辞有于鳞、有献吉、有往哲，而又自有元美，广大变化，所以极玄。斯言也，岂不佞所敢当然？不敢以不佞故，而掩足下之鉴也。"文章大观，奇正离合，瑰丽尔雅，险壮温夷，何所不有？"此数言者，执事所独造，精理之言也。"平生辛苦，虫鱼自况，出奇间道，终属偏师。"子云十六字狱案也，然其为《太玄》《法言》则然，诸赋及谏单于入朝疏，不尽尔也。于鳞居恒谓"富有之谓大业"、"日新之谓盛德"、"拟议以成其变化"，为文章之极则，余则以"日新"之与"变化"，皆所以融其"富有"、"拟议"者也，间欲与于鳞及之，至吻瑟缩而止，不意得绝响于足下也。至足下稍有疑于仆，夫足下岂惟仆疑也，将仆子箴也。夫仆之病，在好尽意而工，引事尽意而工，事则不能无入出于格。以故，诗有堕元、白或晚季近代者，文有堕六朝或唐、宋者。仆亦自晓之，偶不能割爱，因而灾木，行当有所删削也。

嘉则雄于文，与张大司马之宏博，稍加以深沉，不惮绳剪，其传后何疑。沈、冯二君，非足下精言之，即仆知之，亦豪举耳。沈君归，尤大气色，太史异世，尚思为之执鞭，况乃今日哉。

佳集诗语秀逸，有天造之致，的然大历以前人，文尤瑰奇横逸，诸子、两都，而持论破觚胜之。第足下之年，与结撰日升川至。今以姓氏称集，似小未宜也。或寓别号，或斋名称稿，何如？扇头一诗，不足当旗鼓。第区区莫助之爱，倘不以人废也。方因客，数就草数起，而使促报甚迫。不一。

从开头至"安能缩地成倾盖之故",说明屠隆写信自荐前,王世贞已从王世懋、沈明臣、"曹生"等人处耳闻屠隆名,读过屠隆诗,也有同屠隆"倾盖"之交的愿望。

从"而无何"至"行当有所删削也",是对屠隆评价的回应,有首肯,有辩驳。其中,从"启椷读之"至"况其他哉",是说接到屠隆来书后,迫不及待,一气读完后的感受。赞扬屠隆文词博大恢弘,不同凡响,像王褒《碧鸡颂》一样,雄辩过人,如同风驰电掣,雷霆万钧,又像敲击金属乐器、石磬,声震四野,一扫千里,毫无阻挡,即使庄子谈天,季札论人,也会稍逊气色。虽有夸张,也道出了屠隆来书词采飞扬,情感与才气喷薄欲出的特点。接着,对屠隆"独许不佞"表明态度,抄录屠隆来书之言,"谓不佞辞有于鳞、有献吉、有往哲,而又自有元美,广大变化,所以极玄",王世贞虽有客套,还是认为屠隆评价是客观准确的,符合自己的创作实际,"不敢以不佞故,而掩足下之鉴也"。对屠隆认为"文章大观,奇正离合,瑰丽尔雅,险壮温夷,何所不有",王世贞同意此观点,认为"此数言"是屠隆"独造",是"精理之言"。对屠隆评扬雄"平生辛苦,虫鱼自况,出奇间道,终属偏师",王世贞认为是"子云十六字狱案",这一评价对《太玄》《法言》可以,对其他赋和《谏勿许单于朝》疏,"不尽尔也"。这是对屠隆观点,部分同意,部分不同意。从"于麟居恒谓"至"不意得绝响于足下也",是王世贞谈自己与李攀龙的分歧,得到屠隆赞同而欣喜。"拟议以成其变化",出自《周易·系辞》。前、后七子引入文学领域,意在说明文学创作模拟与创新的关系。复古派围绕"拟议"与"变化",内部有争论。李梦阳、李攀龙侧重模拟,何景明、王世贞侧重变化。屠隆批评李攀龙好奇"太过",赞扬王世贞"广大变化",因而王世贞叹为知音。从"至足下稍有疑于仆"至"行当有所删削也",是对屠隆批评的回应与解释。对屠隆指出的问题,王世贞承认确实存在,感谢屠隆的箴言。接着,说明自己的弊病,"在好尽意而工,引事尽意而工,事则不能无入出于格",因此,诗有元、白体或晚季近代体,文有六朝体或唐、宋体。王世贞也自知其病,因不能割爱,因而刻印,后当有所删削。既有接受,也有辩解,表明对屠隆意见的尊重和自己的宽容态度。

从"嘉则雄于文"至"况乃今日哉",是对屠隆推荐三位友人的评价。王世贞与沈明臣此前就已有交往,沈明臣"雄于文",与张时彻之"宏博",稍加深沉,大力修改,一定流传后世。沈懋学、冯梦祯二人"豪举",尤其沈懋学之归,"气色"尤大,异世之人,尚思为之执鞭,何况今日之人,更是佩服之至。

从"佳集诗语秀逸"至结束,是对《屠长卿集》的赞誉与建议。王世贞赞扬《屠长卿集》"诗语秀逸,有天造之致,的然大历以前人","文尤瑰奇横逸",有先秦诸子、班固《两都赋》之风,持论公允平实。不足是"以姓氏称集,似小未宜",王世贞建议用别号,或斋名称集为好。

几年后,对这次书牍往来,王世贞还印象深刻,记忆犹新。《青浦屠侯去思记》说:"当长卿之治颖上,而以书自通余,累数千言,遂定交。"(王世贞《弇州续稿》卷五十七)此后,两人交往十分密切。王世贞《弇州续稿》卷二百有与屠隆书牍二十一通,屠隆

《由拳集》、《白榆集》、《栖真馆集》有与世贞书牍二十二通。两人唱和之作也不少，《由拳集》卷七《赠王元美廷尉》、卷九《春日，宴王元美先生弇州山堂分得青、岑二字》、卷十《杂诗二十首》，《白榆集》诗卷四《弇州园池上泛月》、卷六《元美先生偶出过清溪，余挐舟相见城下，竟夕，嗒然别去。明旦，以二诗见诒，率尔寄答》，《栖真馆集》卷三《寄大司寇弇州先生歌》，王世贞《弇州续稿》卷五《寄答屠长卿》、卷十《屠青浦朝天歌》、卷十五《屠青浦长卿以诗采真，聊尔倚和》、卷二十《嘉则、长卿复以五言绝句二十首博和，有如乐府者，有如咏史者，漫为倚答，当更许我事，不许我情也……》、卷二十三《沈嘉则、屠长卿相约为古乐府杂题廿绝句索和……》、卷二十四《寄屠长卿》、卷一百六十《屠长卿诗后》等，均为二人往来之作。王世贞为屠隆父作墓志铭（《弇州续稿》卷九十三《屠丹溪公墓志铭》），为屠隆进京上计作去思记（《弇州续稿》卷五十七《青浦屠侯去思记》）。万历十一年（1583），王世贞作《末五子篇》，将屠隆列入末五子（另四人是赵用贤、李维祯、魏允中、胡应麟，《弇州续稿》卷三），屠隆则认为王世贞是自己平生少数石友之一（《与王百谷》："不佞生平石友如先生者不三数人。毛羽摧颓以来，眼前白衣大半化为苍狗。岁寒青松，吴中独元美与先生在尔。"《栖真馆集》卷十八）万历十八年（1590）十一月二十七日，王世贞卒，十九年（1591）春，屠隆亲往太仓吊丧。直到晚年，屠隆对王世贞作品与地位的评价，依然和《与王元美先生书》相差无几，如"于鳞诗丽而精，其失也狭。元美诗富而大，其失也杂。若以元美之赡博，加之于鳞之雄俊，何可当也？""于鳞才高而不大，元美才大而少精。于鳞所乏深情远韵，元美所乏玄言名理。""元美大家，于鳞为大家不足。"(《鸿苞》卷十七《论诗文》)对其为人与品德，评价更高，认为王世贞"殊长者"，但"言掩其德"。《鸿苞》卷十一《王元美先生》云："元美作《艺苑卮言》，鞭挞千古，剖击当代，笔挟秋霜，舌掉电光。天下士大夫读其文章，想其风采，远听遥度，必以为轻俊薄夫，而不知其为人殊长者。识无所不综，而量无所不包，宽仁爱人，盛德之声满里闾，而或不尽闻于薄海内外，是言掩其德也。"对王世贞的知遇之恩，屠隆一直铭感在心。他是一个知恩图报、真诚正直的人。

与箕仲书〔一〕

足下得闲曹〔二〕，适矣。乃仆为令，亦不恶也。仆曩不解事〔三〕，从人言苦令。夫令奚苦矣？夫理棼治剧〔四〕，非令不效；振刷调剂〔五〕，非令不行；精明果断，非令不见；宽仁惠和，非令不宣。士朝弛负担，莫列荐绅〔六〕，绾符佩印〔七〕，展布四体〔八〕，丈夫何不可哉？又世之所为难色者，徒以令磬折诸公间〔九〕。丈夫抱艺，幸遭遇一时，与甲乙之科〔一〇〕，不能猎上第，登清华〔一一〕，轩然高蹈〔一二〕，策名振藻〔一三〕，而沾沾儿女子〔一四〕，向人工眉妩〔一五〕，取怜当世，辱在泥涂〔一六〕，非夫也。嗟嗟,不然哉。士苦修名不立[一七],夫罄折奚苦矣?轩辕位居黄屋[一八],号为至尊,而膝行前广成子。周公身都将相[一九],吐哺以劳天下士。正考父一命而伛[二〇],再命而偻,三命循墙而走。鲁之贤者[二一],年七十犹恭也。士苦修名不立,夫罄折奚苦矣!

仆为小吏,淮、泗之上[二二],朝夕兀兀[二三],扶伏奔走将迎,下以和柔万灵[二四],而上取怜尊官长者。内存狷介[二五],外饰膏沐[二六],望见其眉妩者。何物长卿,绰约若尔[二七]。漫骂则受之,呼牛马则应之,唾则干之[二八],发于余窍则承之。彼怒而卑辞,和颜退而置之矣;诮让而谢过[二九],背而胡卢之矣[三〇]。故朝夕兀兀,则无窳其业也[三一];扶伏奔走将迎,则无虞其患也;为眉妩取怜,则无逢其怒也;逆而顺之,则无滑其和也[三二]。罄折奚苦矣?此非所谓祁方毁行[三三],而以絷楹也[三四]。余盖以为玩世者也。夫玩世之乐[三五],为娱大矣。所居淮泗,北折而苦县,则伯阳产焉[三六];南折而濠梁,庄生之所家也[三七]。东西去百里而近,为颍、寿[三八]。颍,古颍川,欧文忠、苏长公宦其地[三九],有西湖潆潆十里可泛也[四〇]。寿,古淮南八公山在焉[四一],冯高而眺之[四二],如落几席[四三],八公可挥手招也。又云气时时起芒、砀诸山〔四四〕，长歌《大风》〔四五〕，风辄肃肃至矣〔四六〕。

城下新堤初成，度支可万金〔四七〕，帑有一钱乎〔四八〕？亡之，则秋毫民力也。秋毫民力，而民不怨者何？仆无他材能，终日百拜而劝之，用其愚也。愚所以诚也。堤成，乘月临流望焉，水光凝碧，游鱼上下，云物四揭〔四九〕，六合旷朗〔五〇〕，爽然快哉。恨不得命沙棠取卮酒〔五一〕，呼沈郎而夜泛也。

仆不佞，为令乐如此，令苦余而余不苦令，令如我何？足下无挟白云司骄我〔五二〕。虽然，余窃有大惧焉，世俗情深，风雅道丧；声誉日增，人品日减，则令之故也。曩固与开之言之矣〔五三〕。余不苦令，令亦何乐也？余终黄鹄举矣〔五四〕。嗟乎沈郎，努力云霄〔五五〕。上报人主，下光友朋。竹帛之事〔五六〕，足下图之。

（《屠长卿集》文集卷六）

注释

〔一〕箕仲：见《与沈长孺书》注释〔二〕。

〔二〕闲曹：闲散官职，清闲的官府。

〔三〕曩（nǎng）：昔日，从前。

〔四〕理棼：处理头绪繁多的事情。典出《左传·隐公四年》。理，治理。棼，纷乱。治剧：处理繁重难办的事务。语出《汉书·酷吏传·尹赏》。

〔五〕振刷：奋起图新。

〔六〕荐绅：高级官吏的装束，有官职或做过官的人。

〔七〕绾（wǎn）符：掌握兵符。

〔八〕展布：施展才能、抱负。

〔九〕磬（qìng）折：谦恭貌，卑躬屈膝，受屈辱。磬，通"罄"，乐器名，呈弯曲状。典出西汉董仲舒《春秋繁露·五行相生》。

〔一〇〕甲乙之科：唐、宋举进士分甲、乙两科。明、清时期，通称进士为甲科，举人为乙科。

〔一一〕清华：清高显贵的官职。

〔一二〕轩然：高举貌，欢笑貌。高蹈：崛起，超脱，特出。

〔一三〕策名："策名委质"的省称，指因仕宦而献身于朝廷之事。振藻：显扬文采。

〔一四〕沾沾：自矜貌，自得貌。执着，拘执。

〔一五〕眉妩：同"眉怃"，眉样妩媚可爱。西汉京兆尹张敞为妻子画眉，长安人说他"眉怃"。

〔一六〕泥涂：污泥，泥泞的道路，比喻卑下的地位，困苦的境地。

〔一七〕修名不立：不能获得好的名声。修名，好的名声。

〔一八〕"轩辕位居黄屋"三句：轩辕，黄帝。《史记·五帝本纪》："黄帝者，少典之子，姓公孙，名曰轩辕。"黄屋，帝王所居宫室，代指帝王权位。广成子，传说中的仙人。葛洪《神仙传》："广成子者，古之仙人也。居崆峒之山石室之中。黄帝闻而造焉。"

〔一九〕"周公身都将相"二句：周公，周文王之子，周武王之弟，在武王死后辅佐周成王。吐哺，吐出嘴里食物。典出西汉韩婴《韩诗外传》："吾一沐三握发，一饭三吐哺，犹恐失天下之士。"后用以形容求贤若渴。

〔二〇〕"正考父一命而伛"三句：正考父，春秋时期宋国人，孔子七世祖。正考父曾为鼎铭曰："一命而偻，再命而伛，三命而俯。循墙而走，亦莫余敢侮。饘于是，粥于是，以糊余口。"事见《左传·昭公七年》。偻（lǚ）：脊背弯曲。伛（yǔ）：驼背，弯腰，表示恭敬。饘（zhān）：浓稠的粥。

〔二一〕"鲁之贤者"二句：鲁国机氾，行年七十，对人十分恭谦礼貌，鲁国国君说："你年纪很大了，可以不必这么恭谦了。"机氾回答："君子因恭谦成就名誉，小人学习恭谦来避免犯法……我已经七十岁了，还经常担心灾祸降临，怎么能够不保持谦恭呢？"事见刘向《说苑·敬慎》。

〔二二〕淮、泗：临淮、泗州，明代属凤阳府。

〔二三〕兀兀：劳苦不息的样子。

〔二四〕万灵：万民。

〔二五〕狷（juàn）介：性情正直，不同流合污。

〔二六〕膏沐：古代妇女润发的油脂，此指修饰、装饰。

〔二七〕绰（chuò）约：柔弱貌。

〔二八〕唾则干之：被人吐唾沫在脸上，不去擦干，而使其自干。形容极度容忍。典出《新唐书·娄师德传》。

〔二九〕诮（qiào）让：责问。谢过：承认错误，道歉。

〔三〇〕胡卢：笑的样子。一说喉间发出的笑声。

〔三一〕瘉（yǔ）：坏，败坏，腐败。

〔三二〕无滑其和：不扰乱中和之道。

〔三三〕邧（yuán）方：消磨棱角。邧，通"刓"（wán），打磨。

〔三四〕絜楹（jié yíng）：圆滑谄谀，善于揣度人之所好。

〔三五〕玩世：游乐于人间。

〔三六〕"北折"二句：苦县，今河南鹿邑县，老子诞生地。伯阳，老子字。

〔三七〕"南折"二句：濠梁，庄子与惠子辩论之地。《庄子·秋水》："庄子与惠子游于濠梁之上。"

〔三八〕颍、寿：颍州、寿州，明代属凤阳府。

〔三九〕欧文忠、苏长公：宋欧阳修，卒谥文忠。苏长公，苏轼。苏轼为苏洵长子，因称苏长公。二人曾官颍州。

〔四〇〕西湖，在颍州城西。漭泱（mǎng yǎng）：广大貌。

〔四一〕八公山：在今安徽淮南市西。相传汉淮南王刘安曾与八位门客登此山，故名。八人为苏非、李尚、左吴、田由、雷被、毛被、伍被、晋昌，称八公。

〔四二〕冯：同"凭"，凭借，依靠。

〔四三〕几席：凭依、坐卧的器具。

〔四四〕云气：天子气。《史记·高祖本纪》载秦始皇见东南有天子气，东游以压之。刘邦因亡匿于芒、砀山泽岩石之间。吕后望云气而得之。芒、砀：芒山、砀山，明代属徐州府。

〔四五〕《大风》：汉高祖刘邦所作歌名。刘邦击败英布，顺道回沛县，召故人饮酒，击筑自歌《大风歌》。

〔四六〕肃肃：风吹声。

〔四七〕度支：财赋统计和支调。

〔四八〕帑（tǎng）：古代收藏钱财的府库，也指钱财。

〔四九〕揭：高举。

〔五〇〕六合：见《与余君房书》注释〔四〕。旷朗：开阔明亮。

〔五一〕沙棠：沙棠舟，用沙棠木造的船。语本晋王嘉《拾遗记·前汉下》。后多以"沙棠舟"指游船。

〔五二〕白云司：刑部的别称。相传黄帝以云命官，秋官为白云。刑部属秋官，故称。亦指刑官。

〔五三〕开之：冯梦祯字。

〔五四〕黄鹄（hú）举：远走高飞，奋志高翔。典出韩婴《韩诗外传》卷一"田饶事鲁哀公而不见察"。

〔五五〕云霄：天际，高空，喻指高位。

〔五六〕竹帛之事：指名垂史册的功绩。竹帛，竹简和绢，古时用来写字，借指典籍、史籍。

点评

此书牍作于万历六年（1578）春，东门河堤筑成后。沈九畴（字箕仲）既是屠隆鄞县同乡，又是同年，万历五年（1577）中进士后，授刑部主事。本来，沈懋学等友人劝屠隆谋任京兆博士，或京中其他文职。(《由拳集》卷十三《与沈君典三首》其一："始足下劝仆弃去吏事，作京兆博士，仆不从。")因为世人"以内馆为高华，以外吏为流俗，以词赋为雅道，以吏事为风尘，以入直为贤达，以视篆为鞅掌，厌薄外补"(《由拳集》卷十四《上汪宗伯》)，屠隆此时"文名满长安，诸君以得足下单言片纸为荣"(《鸿苞》卷四十七《拙宦》)，只要酝藉时日，终成大器。一个小小的县令，不足以尽其才。(沈懋学《郊居遗稿》卷八《报屠长卿》："足下意气词华，高示寰寓，仆与开之二三兄弟每以疏旷跌宕为足下忧。足下宜入词林，酝藉一二十年，终成远器。于令奔走，蒲伏烦劳，才弗宜也。")有人为屠隆"摈之小吏"而"太息"。(《由拳集》卷十四《上汪宗伯》："劳苦屠生，谓隆不得馆职，而摈之小吏，以为太息。")但屠隆认为，能当知县也不错，也能发挥自己的才干，为民谋利。书牍主要说明知县的作用，自己在颍上任知县的所作所为。屠隆说，知县的作用很大，处理繁杂县务，兴利除弊，宽仁惠民，非令不可。有人认为作令苦，在诸公间卑躬屈膝，有失士人气节。屠隆认为，士人担心的是"修名不立"，只要能立"修名"，个人受点委屈不算什么。他举轩辕黄帝、周公、正考父、鲁贤机汜等人为例，他们居高位，有高名，享高龄，但依然虚心求教，礼贤下士，克己奉公，谦恭待人，这些都是屠隆学习的榜样。

接着谈到在颖上知县任上，屠隆朝夕劳累，俯伏奔走，取怜长官，忍受唾骂，弯腰赔笑，这不是丧失气节，圆滑谄谀，而是为了不误县政，忍辱负重。最后，屠隆说为令之乐，"令苦余而余不苦令"，希望由此一飞冲天。书牍还介绍了颖上的地理环境和周围的历史人物。由颖北折可达老子出生之地，南折可达庄子与惠施辩论的濠梁之地。东西去百里为颖州、寿州。欧阳修、苏轼曾在颖州任官，寿州有汉淮南八公山。东门河堤的筑成，是屠隆任颖上知县的一大政绩，屠隆与友人多篇书牍都有告知这一得意之作，本书牍也不例外。虽然是书牍，本篇描写栩栩如生，如登八公山眺望四方，"如落几席"，八公挥手可招。云气起芒、砀诸山，长歌《大风》，"风辄肃肃至矣"。乘月游东门河堤，见水光游鱼，"云物四揭，六合旷朗"，如在目前。用典和排比句式的运用，增强了说理的力度和气势。

与沈君典书〔一〕

君典沈太史年丈先生足下〔二〕：

足下今归矣，何不乐矣？身轻如蝉翼，而名重于九鼎〔三〕。足下以彼其才，令小贬损，不数年可鸿渐台司〔四〕。不然，岁食大官，纡徐清华〔五〕，无所不可。岂其十年流落，从数千里蹑屩担簦走京师〔六〕，上书见称为子大夫[七],留直金马[八]。居京师,甫一岁[九],而飘飘然告归,岂人情哉?海内寥廓之士,谓沈郎心慕云壑,志轻圭组[一〇]。譬如高鸿,不受罻罗[一一],终绝四海也。玄晖、李白携手同车矣[一二]。夸毗之子又谓足下英雄妙机权[一三],包络寰宇,鼓弄豪隽。既已得清华之班,又跃然远举为名高,雷动六合也[一四]。最下者,呫嗫沈状元宠灵天子[一五],被恩泽,不乘时猎登要路津[一六],上报国恩,下光九族,以为交游荣施[一七],独何苦朝见天子,莫戒行李[一八],见弹求炙鸮[一九],未卵而求时夜也。斯三者,咸远于名实矣,何足以知沈郎?

沈郎居交戟之下[二〇],为天子补衮职[二一],入直扈从[二二],奏诗赋,扬大雅,此岂不亦华阳洞天、阆风、县圃哉[二三]?何必寻青山仙游,即子房功成[二四],掉臂而后从赤松子尔[二五]。沈郎言何太早也?夫足下以一归为名高,有如不归。沈郎之名宁卑乎?鸿士巨儒,遭时扬声,上可夔、龙[二六],下犹不失岁星、金卯[二七]。即策名[二八],宁出山林枯槁下哉,而汲汲以引决为名高也[二九]。乘时登要路津,勉作功名,宁独世人,足下愿之矣。忧时眷感深哉,独邑邑谁语[三〇],不得已而托独往之迹,庙堂不可,聊之而山林,斯足下之操也。

故曰：三者咸远于名实矣。推斯以谭足下，今虽归青山，暂与渔父伍〔三一〕，不乐也。虽然，何不乐也？足下仙品者也，进而婆娑乎〔三二〕，即玉堂金马〔三三〕，甘泉、长杨〔三四〕，亦洞天也。退而婆娑乎，即天台、金庭〔三五〕，丹山赤水〔三六〕，亦洞天也。何不乐也？

计归来乎？山中，陵阳白龙〔三七〕，琴高赪鲤〔三八〕，挥手而招。足下散发狂歌，声出天地之外也。独尔故人苦为令，然尔故人亦有以自遣，不以其所苦，而易其所乐。所居淮、泗〔三九〕，筏铿、伯阳、蒙周、八公咸在焉〔四〇〕，时时梦寐神游，即簿书旁午〔四一〕，中奚而不洒洒也〔四二〕？昔人大隐多在下吏，仆勾漏令也〔四三〕。丹砂不日且就〔四四〕，就且遗子数丸也。

河上碑文辱见许，今业已劙碑〔四五〕，幸即示去人。老伯母、尊嫂夫人而下万福乎？家母安好如昨，无劳故人。仆自制碑文一首，并《河工告成申文》一首，附览。楚天吴树，无限相思，倪能过我颍上乎〔四六〕，日夜迟之〔四七〕。隆白。

（《屠长卿集》文集卷六）

注释

〔一〕沈君典：沈懋学，见前《与沈君典书》注释〔一〕。

〔二〕年丈：年兄。科举考试同榜登科者相互尊称。

〔三〕九鼎：相传大禹建立夏朝后，用天下九牧所贡之铜铸成九鼎，象征九州。夏、商、周三代奉为象征国家政权的传国之宝。后用以比喻分量重。

〔四〕鸿渐：鸿鹄飞翔从低到高，循序渐进。比喻仕宦升迁。台司：三公等宰辅大臣。典出《易经·渐卦》。

〔五〕纡（yū）徐：从容宽舒貌。

〔六〕蹑屩（niè juē）担簦（dēng）：屩，同"跻"，草鞋。簦，竹笠。脚穿草鞋，身背竹笠。形容长途跋涉。

〔七〕子大（dài）夫：古代国君对大夫、士或臣下的美称。也用作一般官员之间的敬称。

〔八〕金马：金马门，汉代宫门名，学士待诏之处。

〔九〕甫（fǔ）：刚刚，才。

〔一〇〕圭（guī）组：印绶。借指官爵。

〔一一〕罻（wèi）罗：捕鸟之网。

〔一二〕玄晖：谢朓，是李白仰慕的诗人。李白有诗云"蓬莱文章建安骨，中间小谢又清发"。

〔一三〕夸毗（pí）：以谄谀、卑屈取媚于人。

〔一四〕六合：见《与余君房书》注释〔四〕。

〔一五〕咄（duō）嗟：叹息，呵叱。宠灵：恩宠光耀，使得到恩宠福泽。

〔一六〕要路津：重要的道路和渡口。比喻显要的职位。

〔一七〕荣施：誉人施惠之辞。

〔一八〕戒：准备。

〔一九〕"见弹求炙鸱（chī）"二句：弹，弹丸。炙，烤肉。鸱，鸱鸮（xiāo），猫头鹰。卵，鸡蛋。时夜、司夜，指鸡鸣叫。二句言看到弹丸，就想吃到美味的烤鸮肉。见到鸡蛋，就希求蛋化为鸡。司晨报晓，比喻算计过早。语出《庄子·齐物论》。

〔二〇〕交戟：见前《与沈君典书》注释〔二八〕。

〔二一〕补衮职：谓辅助帝王。衮职，帝王之务。

〔二二〕入直：亦作"入值"，官员入宫值班供职。扈从：随侍皇帝出巡。

〔二三〕华阳洞天：道教十大洞天之第八洞天，在今江苏境内茅山。阆风：位于昆仑山山巅，相传为仙人所居。县圃：悬圃。县，同"悬"。悬圃，同玄圃，传说中昆仑山神仙居处，其中多美玉。

〔二四〕子房功成：子房，汉初谋士留侯张良字。张良辅佐刘邦建立汉朝后，功成身退，专心黄老之学。事见《史记·留侯世家》。

〔二五〕掉臂而后从赤松子：掉，摇。掉臂，摇手，摆手，与人作别的动作。赤松子，传说中的神仙。《史记·留侯世家》载张良助刘邦建立汉朝后，"愿弃人间事，欲从赤松子游耳"。

〔二六〕夔、龙：舜二臣名。夔为乐官，龙为谏官。见《尚书·舜典》。此处喻指辅弼良臣。

〔二七〕岁星，木星。传说汉武帝侍臣东方朔为岁星转世，后因以岁星代指东方朔，并用作咏皇帝侍臣的典故。见旧题东汉郭宪《东方朔传》。金卯：金卯之子，指刘向。"刘"字可析为"卯、金、刀"，简称"金、卯"。晋王嘉《拾遗记》卷六载，刘向于成帝之末，校书天禄阁，专精覃思，夜有老人着黄衣，植青藜杖，登阁而进。刘向请问姓名，云："我是太乙之精，天帝闻金卯之子有博学者，下而观焉。"

〔二八〕策名："策名委质"的省称，指因仕宦而献身于朝廷之事。

〔二九〕汲汲：急切的样子，急切追求。引决：裁决，自杀。

〔三〇〕邑邑：忧郁不乐貌。

〔三一〕渔父：渔翁。屈原有《渔父》一篇。东汉张衡有《归田赋》，其中有一句曰："谅天道之微昧，追渔父以同嬉。"

〔三二〕婆娑：盘旋舞蹈的样子。

〔三三〕玉堂：汉宫殿名，后泛指宫殿。

〔三四〕甘泉、长杨：汉二宫名。甘泉宫故址在今陕西淳化县境内，长杨宫故址在今陕西周至县境内。

〔三五〕天台、金庭：天台，天台山，在今浙江天台县北。金庭，金庭山，在今浙江嵊县境内，道教三十六小洞天之一。

〔三六〕丹山赤水：即四明山，在今浙江宁波、绍兴境内，道教三十六小洞天之一。

〔三七〕陵阳白龙：陵阳，陵阳子明，道教中神话人物，后乘龙为仙。见刘向《列仙传·陵阳子明》。

〔三八〕琴高赪（chēng）鲤：先秦传说中人物，善于鼓琴，后乘鲤归仙。见刘向《列仙传·琴高》。赪，红色。

〔三九〕淮、泗：临淮、泗州，明代属凤阳府。

〔四〇〕籛铿（jiǎn kēng）、伯阳、蒙周、八公：籛铿，彭祖名。彭祖，姓籛名铿，封于彭，又称彭铿。以其长寿，列为神仙。见晋葛洪《神仙传》。伯阳，老子。老子，姓李名耳，字伯阳。蒙周，庄周。庄周，战国时宋国蒙人，故称蒙周。八公，见《与箕仲书》注释〔四一〕。

〔四一〕旁午：纵横交错，比喻事物繁杂。

〔四二〕洒洒：连绵不绝、历历分明的样子。

〔四三〕勾漏令：勾漏，山名，在今广西北流县东北。道教第二十二洞天。晋葛洪曾求为勾漏令以炼丹。见《晋书·葛洪传》。

〔四四〕丹砂：炼丹原料之一，也有药用价值。

〔四五〕劖（chán）：凿。

〔四六〕儻：同"倘"。

〔四七〕迟：等待。

点评

万历六年（1578）二月，沈懋学请告归里。此书牍作于万历六年（1578）春，沈懋学告假归里，东门河堤筑成后。书牍除文末问候沈懋学家人、报告近况外，主要谈沈懋学不得已请告归里的苦衷。沈懋学是万历五年（1577）状元，官翰林院修撰，不到一年，即请告归里。对于这一举动，当时有三种看法。一是"海内寥廓之士"，认为沈懋学是谢朓、李白一类的人，不愿受官职束缚，心慕山水，愿意遨游四海以终。一是"夸毗之子"（谄媚之人),认为沈懋学有勇有谋,既位列朝中清华显贵,又"跃然远举"以避祸,名震宇内。"最下者"认为沈懋学受朝廷宠灵恩泽,不思乘时获取高位,上报国恩,下光九族,急于请告,如同看到弹丸,就想得到鸟的炙肉,看到鸡蛋,就想蛋变成鸡,司晨报晓,算计过早。屠隆认为,这三种看法都不符合沈懋学的实情。屠隆并不赞同沈懋学太早请告归里。沈懋学在朝为官,献诗奏赋,有如在仙界华阳洞天、阆风悬圃。张良也是在功成之后,从仙人赤松子游。沈懋学请告归里,确实太早。以请告归里"为名高,有如不归"。名士巨儒,上可任辅弼重臣,下可做东方朔、刘向一类的文臣,既然出仕,何必枯槁山林,以自裁的方式获取高名?乘时获取高位,有所进取,不仅是世人,也是沈懋学的愿望。但现在不得已请告归里,有其苦衷,既"忧时眷感深",又邑邑无人能语,只好托之山林,全身远祸了。沈懋学的不得已,屠隆虽然没有明说,联系沈懋学与张居正及朝中清流的关系,可想而知。

文末说沈懋学答应作筑东门河堤记,但沈懋学未作,由梅鼎祚代作。梅鼎祚《颖上县东门河堤告成记》,收入《鹿裘石室集》文卷十六。沈懋学《郊居遗稿》十卷,未收梅鼎祚代作。屠隆说"自制碑文一首,并《河工告成申文》一首","自制碑文"即《修颖上县东门河堤碑记》,收入《由拳集》卷十八。《河工告成申文》未收入《由拳集》,可能已佚。屠隆另有《东门歌》,收入《屠长卿集》卷三。《东门河堤成四首》,收入《由拳集》卷九。

寄田叔〔一〕

田叔足下：

田叔书来，举诋诃先达文以为罪〔二〕。甚善，思深哉！沉痛而有味，婉曲而尽物情，真长者之言。吾过矣，吾过矣。然此非自今日，当少年时，读乃公文〔三〕，夆口弹射〔四〕，盖知乃公乡人，不知其尊官，亦不知其子孙谁何也〔五〕。足下谓不当弹射官人，恐其子孙有甘心于不佞者。不佞不任主臣〔六〕，顾不佞亦何心于取罪乃公与其子孙哉〔七〕？口中雌黄〔八〕，偶及于此。此稿为诸生强刻，忘削去。业已为足下所瑕摘〔九〕，足下爱我，不以美疢而以药石〔一〇〕。甚善，甚善。刻成，寄长安诸君。发一日矣，而家僮持足下书来，即翻然起，趾及于堂皇之外〔一一〕，令二隶驰骑追还，削此而后发也。不佞赋于昔人无能为役，而欲诋诃先达，少不解事如此。所谓笑古人之未工，忘己事之为拙，斯扬、马之所掩口也〔一二〕。然不佞此事可谓疏狂，未可谓凉德〔一三〕。夫妒物品而爽衡量，掩前美而崇己观，是薄夫之趋也。不佞第有不当于心，偶逗于口，固非易置苍素[一四]，妄为瑕瑜也。品骘人文[一五]，从古不废，亦非扬恶翘过以伤厚道者也[一六]。魏文、陈思、刘勰、钟嵘、沈约、张说、殷璠尝品藻诸子[一七]，近世王元美亦弹射时流[一八]，罕所忌讳。昔者仲尼褒贬二百四十二年之人物[一九]，假令评骘尽为浮薄[二〇]，则仲尼岂非恂恂长者哉[二一]？

足下又谓不当辄名乃公[二二]，古之身都将相、贤豪先生，曷尝不名？公旦、召虎[二三]，当两公之世不讳也，而仲尼亦往往名王之卿士。鲁仲连先生[二四]，至今以为美谈。李唐去古稍远，李、杜两公亦相称名不讳也[二五]。仆尝致书王廷尉[二六]，称李梦阳先生、李攀龙先生，称同年兄弟曰沈懋学、冯梦祯。沈郎作碑[二七]，亦曰"此明颖上令屠隆筑东门堤也"。近见海内二三君子以古道相砥[二八]，率名往来，不以为异。审如来谕，则挪揄嫚骂[二九]，当亡已时。今足下徒以为不当名，尊官又吾乡先达，后世之睢盱可虞也[三〇]。藉令仆名布衣贤豪、县令亭长[三一]，或远在四海九州之外，或上世将相大臣，则足下亦不复云云矣。足下所谓讳温室树者[三二]，仆亦安敢自托于市井豪，使气骂座以为侠节[三三]？顾气浊而志芳，言嫚而行洁[三四]，内去城府[三五]，外撤町畦[三六]，转喉触忌，可谓太拙。足下罪仆深矣。浅中矜率，取讥风雅，则仆为宵人〔三七〕。然不肖亦有以自庆，平生未尝妒一肖蛸之属〔三八〕，独疏尔。

今居官亡他材能，计所长，独信亡一念一事不可与神明语尔。志行可质于神明，而不谅于同袍〔三九〕，则命也，仆又何言？不佞不幸有凉德，重辱吾子〔四〇〕。今不崇朝谢过矣〔四一〕，不知此后诸可得稍从末减乎〔四二〕？愿足下亡废后命，拙集稍附近作，请正大雅。

（《由拳集》卷十五）

注释

〔一〕田叔：屠本畯，见《与余君房书》注释〔二七〕。

〔二〕诋诃（dǐ hē）：诋毁，呵责，指责。

〔三〕乃公：代指那人。

〔四〕奓（zhà）口：张口。弹射：以语讥评。

〔五〕谁何：哪个，谁人。

〔六〕不任主臣：不胜惶恐。

〔七〕取罪：得罪。

〔八〕口中雌黄：信口胡说。

〔九〕瑕摘（tī）：指出缺点。

〔一〇〕美疢（chèn）：溺爱，姑息。疢，病。

〔一一〕堂皇：厅堂，殿堂。

〔一二〕扬、马：指扬雄和司马相如。

〔一三〕凉德：少德，薄德，缺少仁义。

〔一四〕苍素：黑白。

〔一五〕品骘（zhì）：品评。

〔一六〕翘过：举发别人过失。

〔一七〕"魏文、陈思"句：魏文，魏文帝曹丕，有《典论·论文》《与吴质书》等。陈思，陈思王曹植，有《与杨德祖书》等。沈约有《谢灵运传论》等。唐张说曾和徐坚一起品评集贤院诸学士文章。南朝梁刘勰有《文心雕龙》，钟嵘有《诗品》，殷璠有《河岳英灵集》等。

〔一八〕王元美：王世贞，见《与王元美先生书》注释〔一〕。

〔一九〕仲尼褒贬二百四十二年之人物：仲尼，孔子字。司马迁《报任安书》："孔子知言之不用，道之不行也，是非二百四十二年之中，以为天下仪表。"是非，褒贬。

〔二〇〕浮薄：轻薄，不朴实。

〔二一〕恂恂（xún）：恭谨温和的样子。

〔二二〕名：称名，直呼姓名。

〔二三〕公旦、召虎：公旦，周公姬旦，周武王之弟。召虎，召穆公姬虎，周宣王时重臣。

〔二四〕鲁仲连：战国末齐国人，谋士。有"鲁仲连义不帝秦"的美谈。

〔二五〕李、杜两公：唐代诗人李白、杜甫。

〔二六〕"仆尝致书王廷尉"三句：见《与王元美先生书》。

王廷尉，王世贞。廷尉，官名，秦置，为九卿之一，掌刑狱。王世贞曾官刑部主事、尚书，因称。

〔二七〕沈郎作碑：屠隆筑东门河堤成，请沈懋学作记，沈懋学未作，梅鼎祚代作。梅鼎祚《颍上县东门河堤告成记》，见《鹿裘石室集》文卷十六。沈懋学《郊居遗稿》十卷，未收梅鼎祚代作。

〔二八〕砥（dǐ）：激励，鼓励。

〔二九〕揶揄（yé yú）：戏弄，侮辱。嫚（màn）骂：辱骂，乱骂。

〔三〇〕睚眦（yá zì）：仇恨，愤怒。虞：担忧。

〔三一〕亭长：秦、汉时，每十里一亭，亭有长，掌捕盗贼等事。

〔三二〕温室树：宫廷中的花木，借指宫禁中的事。典出《汉书·孔光传》。

〔三三〕使气骂座：汉灌夫为人刚直不阿，好使酒。一日，与魏其侯窦婴共赴丞相田蚡宴。灌夫怒蚡傲慢无礼，借行酒之机，指临汝侯灌贤骂之，其意实在蚡。蚡乃劾夫骂座不敬。事见《史记·魏其武安侯列传》。

〔三四〕嫚：轻视，侮辱。

〔三五〕城府：比喻人心机多而难测。

〔三六〕町畦（tǐng qí）：田界，界限，比喻规矩、约束、仪节。

〔三七〕宵人：小人，坏人。

〔三八〕肖：像，相似。蟯（náo）：蟯虫。

〔三九〕谅：宽恕，信实。同袍：朋友。

〔四〇〕吾子：对对方的尊称，您。

〔四一〕崇朝：终朝。从天亮到早饭时，喻时间短暂，犹言一个早晨。亦指整天。崇，通"终"。

〔四二〕末减：从轻论罪或减刑。

点评

此书作于万历六年（1578）夏，《屠长卿集》刊行后。书牍所谈内容，与屠隆《闵贞赋》一文有关。隆庆五年辛未（1571），曾任内阁首辅翟銮（1477—1546）孙翟思荣卒，其妻张氏绝粒而死。屠隆从京师来客口中得知消息，"闻而悲之"，赞赏张氏节操，作《翟节妇赞，有序》（《屠长卿集》诗集卷三、《由拳集》卷二）。其后，读"杨司空"《闵贞赋》有感，作《闵贞赋》（《屠长卿集》诗集卷一、《由拳集》卷一）。"杨司空"是杨守阯（1436—1512），字维立，号碧川，鄞县（今浙江宁波）人。成化十四年（1478）进士，历官翰林院编修、侍读学士、南京吏部右侍郎等。有《碧川文选》。《闵贞赋》见《碧川文选》卷八（又见黄宗羲编《明文海》卷二十一、《御定历代赋汇外集》卷六）。杨守阯所咏烈妇为江都（今江苏扬州）人万廷璋妻曹氏。廷璋殁，曹氏年十九，遗腹生一女，誓不改嫁，年八十二而卒。事见《乾隆江都县志》卷二十九《列女》。屠本畯阅读屠隆《闵贞赋》后，来书指出该文"诋诃先达"，"不当弹射官人"，其子孙或许有不利于屠隆之举。屠隆接书后，立即派人追回已寄出一日的《屠长卿集》，删除《闵贞赋》后，再寄送京城友人。此书首先感谢屠本畯的爱己之心，说明《闵贞赋》是少年之作，当时只知作者是乡人，不知其官职和子孙。少不更事，是疏狂而非薄德。其次，说明品评人文，自古有之。曹丕、曹植、刘勰、钟嵘、沈约、张说、殷璠等人品评诸子，王世贞评价时人，孔子褒贬二百四十二年之人物，都没问题。如果以品评人物为轻薄，那么，孔子还能称为恂恂长者吗？再次，对直呼其名的辩解。屠本畯责怪屠隆不应该直呼杨守阯大名，屠隆说古代将相贤豪，都直呼其名，周公姬旦、召穆公姬虎，他们在世时，不讳其名，孔子也直呼周王卿士之名，战国时鲁仲连，至今以为美谈。唐时李白、杜甫，相互称名不讳。屠隆本人致书王世贞，称李梦阳、李攀龙先生，称同年沈懋学、冯梦祯，沈懋学作《颍上县东门河堤告成记》（实由梅鼎祚代作），也直呼屠隆之名。当世"率名往来，不以为异"，只是因为杨守阯为"乡先达"，担心引起不必要的麻烦。如果是直呼布衣贤豪、低级官员，或远方之人，或上世将相大臣，屠本畯就不会如此担心了。

收入《屠长卿集》诗集卷一、《由拳集》卷一的《闵贞赋》，没有"夌口弹射"、"诋诃先达"的内容，也没有直呼其名，而称之为"杨司空"。《闵贞赋，有序》云："翟节妇之死，余既为之赞，乃心高节妇不已。既读杨司空《闵贞赋》感焉，可谓异世同慨，遂有此作。顾富材劲力，既乏汉声；亮节繁音，复惭六代。聊以写余心之忡忡矣。"赋的正文是赞美张氏节操。那些"夌口弹射"、"诋诃先达"的话，改称"杨司空"，应该是屠隆接受屠本畯的建议，进行了删改。因此，现存《闵贞赋》，是修改后的面貌。屠隆在给张时彻长子张邦仁（字孺谷）的书中，也谈到这一事件："仆少不解事，作《闵贞赋》误及某公。田叔书来，督过甚急，仆已应时削去。猥不自度，妄有所弹射，仆则过矣。田叔罪仆良是，而瑕谪太深，然不废忠告之义，仆敢不敬承？"（《由拳集》卷十五《寄张长公》）

《闵贞赋》"误及某公"之"某公"，是杨守阯，非翟鸾。《翟节妇赞》、《闵贞赋》均是赞扬翟鸾孙妇张氏节操，未涉及翟鸾所作所为。论者谓《闵贞赋》评涉及翟鸾，"欲以女子贞烈反视男子之无操守，实讥翟鸾"，乃想当然之词，且以《闵贞赋》中"男子之无刚肠久矣"为据，误。此句乃《翟节妇赞》序中之语，非《闵贞赋》语。论者又谓《屠长卿集》未收《闵贞赋》，亦误，该文见《屠长卿集》诗集卷一，又见《由拳集》卷一。除《屠长卿集》中"尔其为容也"后有"其为情也"四字，《由拳集》无外，余全同。

寄李之文[一]

尊君生辰，白云在天，海月甚丽。诸子宾客奉觞为欢[二]，独远人漂泊淮、泗[三]，是夕把酒东望，为汝大人长歌白云之谣[四]，因风而寄曼声也[五]。珠履数中[六]，少此人乎？足下念之矣。

句章先生时时过从不[七]？仆往来四方，交游多矣，故自不乏贤豪人，要如沈先生才致风流，高霞孤映[八]，朗照人群，甚不易遘〔九〕，不可以当世而失此人。百遍相过，无云数也。故人如吴愚谷、金塘生、吾家八郎〔一〇〕，尚时时把酒言笑如故乎？

颍上令廉，无橐金以助贫交〔一一〕。吴愚谷书来，困甚。吴生一寒如此哉。乃颍上令寒，犹吴生也。自到官来，不敢私民间尺布一钱，所得岁俸米，堇足为老母备晨炊〔一二〕，而往来交游馈遗，犹然取给焉。家中有一金买薪水，兼市笋鱼〔一三〕，跪而进诸家大人，扬扬称富矣〔一四〕。虽一金，时时有缺乏，则与细君相顾而笑为欢乐〔一五〕。为吏贫如此哉？

仆本海上布衣，遭时致身为一官。岁得常俸，奉老母及妻孥〔一六〕，于某足矣。尚敢有过望妄想，以败官箴〔一七〕，以为同袍诸故人羞哉〔一八〕？且自揣知骨相不得富贵，为吏信贫，视之奔走糊口四方时，则差胜矣〔一九〕。是仆之所为，知分也。为我谢故人〔二〇〕，无笑屠生拙哉。仆宁贫不富，宁拙不巧，仆亦欲稍从时人雅尚，无奈天地百神，常恍在耳目，即欲稍从时为雅尚，辄不敢。以天之道，足下之宠灵〔二一〕，幸稍得民和，无大得罪此邦父老子弟，则其效可睹也。足下以为何如？幸不惜远教。

闻之芳已弃去学士业〔二二〕，操舟从范蠡、计然五湖间[二三]。耻作老博士,头戴平顶巾[二四],倚杖婆娑,即商贾游可哉。第无多上胡姬酒楼[二五],不独黄金易尽,白日亦易阑也。之华上舍已入京不[二六]?入京可过我颍上。官况如此,且无言索债也,来当治千日酒醉之尔[二七]。

林生为我书《明月》诸篇远寄[二八],深感雅情,幸一谢之。吏事正冗,裁书不次。

(《由拳集》卷十五)

注释

〔一〕李之文:见《与李之文书》注释〔一〕。

〔二〕奉觞(shāng):举杯敬酒。

〔三〕淮、泗:临淮、泗州,明代属凤阳府。

〔四〕白云之谣:典出《穆天子传》,说明道路悠远,难以克至。

〔五〕曼(màn)声:拉长声音,舒缓的长声。

〔六〕珠履:珠饰之履,有谋略的门客。

〔七〕句章先生:沈明臣,见《与王元美先生书》注释〔一三四〕。

〔八〕高霞孤映:此处指人高标独举。语出南朝孔稚圭《北山移文》。

〔九〕遘(gòu):相遇,碰上。

〔一〇〕吴愚谷、金塘生、吾家八郎：三人生平不详。

〔一一〕橐（tuó）金：囊中之金。橐，口袋。

〔一二〕堇（jǐn）：假借为"仅"。

〔一三〕市：买。

〔一四〕扬扬：得意貌。

〔一五〕细君：妻子。

〔一六〕妻孥（nú）：妻子和儿女的合称。

〔一七〕官箴：为官之戒条。箴，戒。

〔一八〕同袍：朋友。

〔一九〕差：勉强。

〔二〇〕谢：道歉。

〔二一〕宠灵：恩宠光耀，使得到恩宠福泽。

〔二二〕之芳：与下文"之华"，为之文兄、弟。之文父李东川有子三人。《由拳集》卷十二《寿李翁六十序》："余姻李翁束发游京师……李翁三丈夫子，中子之文，彬彬雅儒生，而孟、季则豪举，有父风。"《栖真馆集》卷十一《寿东川李君七十序》："道民有姊，适东川李君。李君起穷巷，埒素封……今年为君七十，八月中秋日，乃其悬弧之晨。君有三子，甚都。长先春，以訾为郎，性敦愿，务本实。次先嘉，诸生，朗散有文。次先扬，韶美具物外之趣。三子诸游好醵酒征文为君寿，而谓道民宜有言。"

〔二三〕范蠡：范蠡（前536—前448），字少伯，号陶朱公，淅川（今属河南）人。曾扶助越王勾践复国，后隐去。经商成巨富。著《范蠡》，已佚。计然：辛研（生卒年不详），字文子，濮上（今属河南）人。因精通计算，故称计然。尝仕越，越用其五策而争霸中原。范蠡师之，殖产巨万。五湖：太湖。一说是太湖附近的菱湖、游湖、莫湖、贡湖、胥湖等五湖。

〔二四〕平顶巾：男子所戴一种头巾，形状为顶部平坦，后背部披巾。

〔二五〕胡姬：原指北方或西方的外族少女，后泛指酒店中卖酒的女子。

〔二六〕上舍：明、清时对监生的别称，也用作对一般读书人的尊称。

〔二七〕千日酒：典出晋张华《博物志》："狄希，中山人也，能造千日酒，饮之千日醉。"

〔二八〕林生：林芝（生卒年不详），字仙客，号半士，鄞县（今浙江宁波）人。工书，诸体皆能，尤善行楷。郡中碑碣，多其手笔。传见《康熙鄞县志》卷二十。

点评

此书作于万历六年（1578）中秋，李先嘉（字之文）父李东川六十寿辰后。屠隆兄弟六人：佃、侯、俅、俛、仍、隆。屠隆最幼。据《甬上屠氏宗谱》，屠隆有姊二，长适同邑范钧，次适同邑陈继道。李东川是屠隆堂姐夫，有子三人，二子李先嘉（之文）与屠隆交往密切。屠隆曾为堂姐作传。(《屠长卿集》文集卷四《李孺人传》："李孺人姓屠氏，世居甬东之江北。适郡中李东川君……孺人不幸婴危疾，疾且劳悴，竟以殒其身，卒年春秋四十有六……

孺人，余女兄，故余知之为悉。诸子属余为传传不朽，故为叙其行事之大都如此。")作此书之前，屠隆为李东川作六十寿序(《由拳集》卷十二《寿李翁六十序》："余姻李翁束发游京师……李翁三丈夫子，中子之文，彬彬雅儒生，而孟、季则豪举，有父风……万历戊寅中秋日，乃翁六十生辰，属不佞居淮、泗，不得与宾客奉觞之列，乃遥申此章，为翁寿。")，十年后，又作七十寿序(见注释〔二一〕)。

此书首先祝贺李东川六十寿诞，想像寿筵热闹气氛，以不能亲赴寿筵为憾，只能同日把酒东望，长歌白云之谣，表达相思祝贺之意。其次，问候家乡故人，尤其关照李先嘉，要与沈明臣交往，不能当面错过。因为沈明臣"才致风流，高霞孤映，朗照人群"，这样的才士甚不易得。再次说明自己为官廉节，无余钱资助贫寒故友。最后，叮嘱李先嘉兄先春(字之芳)努力经商，不要沉迷酒色，弟先扬(字之华)入京过颍上，当治酒招待。可见作为舅舅的屠隆，对外甥的教诲与关心。

与沈君典〔一〕

声问不及数月矣，念足下不去口。客岁冬十二月〔二〕，奉青浦之命〔三〕，扶侍老母渡江南。两岁之间，奔走南北无虚日。薄命之人，犬马固当。

青浦故一村落尔，民无土著，群四方无赖居其间。又土瘠而善逋官钱〔四〕，当事者以其善逋，大县征令之所不及也，而置县，又割华、上瘠土稍附益之〔五〕，岁额增至十数万。今视城中数百家，皆华、上贵官大家别业〔六〕，流民僦居〔七〕，诸氏族莫可究诘〔八〕。吏胥俱有罪亡人〔九〕，与居民表里为奸，如含沙之虫〔一〇〕，强者乘巨舰出没吴淞间为椎埋〔一一〕。自置县至今不佞某，令凡三易尔，前令无他狼藉〔一二〕，率以群下窃弄败。自前令败，民益蔑视令长，弁髦之矣〔一三〕，最号难治。渡江千里来，未抵县，言青浦难治者满耳矣。督府公移书主爵者，特为青浦择令长，而谬推不佞某〔一四〕。嗟嗟，是何异庖人之不治庖〔一五〕，而代以尸祝也。

某自冬十二月抵官，百务蝟毛〔一六〕，勉强振刷〔一七〕，尤苦催科〔一八〕。民无赖者挟官钱从博徒倡家饮〔一九〕，而募人受捶楚〔二〇〕。贫者卖麻枲丝粟不得〔二一〕，即思鬻妻帑田庐〔二二〕，不可，有挈家逃尔。先是，催征者颇虐〔二三〕，用鞭棰，民愈恐，逃去。某以官宽之，谕以温言，风以至情〔二四〕，父老子弟欢然乐输也。诸所覆茹燠休〔二五〕，一如居颖上时。独约束猾胥奸氓〔二六〕，隶奉三尺维谨〔二七〕，此与颖上稍异矣。又苦三吴孔道〔二八〕，冠盖旁午〔二九〕，奔走将迎，日不暇给。某又以文辞窃海内虚声，吴会文人才士〔三〇〕，亡不延颈愿交。堕弃民事，而与诸公日聚首，空文游谈，招尤诲妒〔三一〕，则吾不敢，令门者一切谢不见。即为吏鄙，士应且憎，俯仰周旋，难不难乎？子惠闾阎〔三二〕，清刷公府〔三三〕，呴哺孤穷〔三四〕，摧扑豪猾。不入苞苴于庭〔三五〕，而开门延士；不谄事贵人，而折节布衣贤者；不以肮脏取罪，不以依阿乞怜〔三六〕；不昭昭而挟日月，不汶汶而负泥涂〔三七〕。斯中庸之操，贤智者所托也。某愿学未能，足下何以教之？

某每思浮辞侈说，玄素所绌〔三八〕，将尽火竹素〔三九〕，不复与雕虫角技〔四〇〕，独守纯白，玩心玄虚，岂不亦旷士幽赏哉？奈遇词人，无当技痒，今居烦剧，种种劳人，一日十二辰尝苦不足，即文字之缘可知矣。仆学植既荒〔四一〕，官复濩落〔四二〕，相如、次公之业〔四三〕，两失之矣，奈何能为知己生色也？

足下薄金马之荣而眷丘中之乐〔四四〕，义重南山〔四五〕，名高北斗〔四六〕，海内才杰，咸愿执鞭〔四七〕，甚盛。吴会山川佳胜，人物娟秀，足下恐不可不一游，九峰、三泖〔四八〕，望子久矣。

冗中敬遣一介行李，奉讯太夫人百福，倘惠然过我，则有山中竹杖、湖上兰舟〔四九〕。翘首天云,因风神往。

(《由拳集》卷十五)

注释

〔一〕沈君典:沈懋学,见《与沈君典书》注释〔一〕。

〔二〕客岁:去年。

〔三〕青浦:今属上海。

〔四〕逋(bū):拖欠,拖延。

〔五〕华、上:华亭县,上海县。二县是青浦县的邻县。

〔六〕别业:别墅。

〔七〕僦(jiù):租赁。

〔八〕究诘(jié):深究追问,责问原委。

〔九〕吏胥:地方官府中掌管簿书案牍的小吏。

〔一〇〕含沙之虫:传说一种叫蜮(yù)的动物,在水中含沙喷射人的影子,使人生病。代指奸邪坏人。

〔一一〕吴淞:吴淞江,又称吴江、松江等,进入今上海市区,俗称苏州河,汇入黄浦江。椎埋:劫杀人并埋之。后泛指杀人。

〔一二〕狼藉(jí):行为不检,名声不好。

〔一三〕弁髦(biàn máo):鄙视。

〔一四〕谬推:错误推荐,自谦语。

〔一五〕"是何异"二句:与厨师不下厨,让主持祭祀的人去代替厨师,有何差异。语出《庄子·逍遥游》。庖人,厨师。

尸祝，祭祀时对神主掌祝的人，主祭人。

〔一六〕蝟毛：见《与田叔书》注释〔二一〕。

〔一七〕振刷：见《与箕仲书》注释〔五〕。

〔一八〕催科：见《与孙太史、冯吉士、沈比部书》注释〔一二〕。

〔一九〕博徒：赌徒。

〔二〇〕捶（chuí）楚：杖击，鞭打。

〔二一〕麻枲（xǐ）：麻。

〔二二〕鬻（yù）：卖。妻帑：妻子儿女。帑：同"孥"。

〔二三〕虐：暴虐残忍，不近人情。

〔二四〕风：同"讽"，劝讽。

〔二五〕覆茹：覆，覆盖，遮蔽。茹，吃。燠（yù）休：抚慰病痛者的声音，引申为优恤、抚慰。

〔二六〕猾胥：刁猾的小吏。奸氓：奸民。氓，民。

〔二七〕三尺：法律。古时把法律条文写在三尺长的竹简上，故称法律为"三尺法"，简称"三尺"。

〔二八〕三吴：吴郡、吴兴郡和会稽郡，合称三吴。孔道：大道，交通要道。

〔二九〕冠盖：官吏的帽子和车盖，借指官吏。旁午：交错，纷繁，四面八方。

〔三〇〕吴会：见《与王元美先生书》注释〔三〕。

〔三一〕招尤：招致他人怪罪或怨恨。诲妒：诱发妒忌之心。

〔三二〕子惠：慈爱，施以仁惠。闾阎：见《与孙太史、冯吉士、沈比部书》注释〔一八〕。

〔三三〕清刷：刷清，澄清。

〔三四〕呴哺（xǔ bǔ）：喂养，照顾。

〔三五〕苞苴（jū）：礼物，也指贿赂。

〔三六〕依阿：依违阿顺，曲意逢迎。

〔三七〕汶汶：玷污。泥涂：见《与箕仲书》注释〔一六〕。

〔三八〕玄素：黑白，淳朴。绌（chù）：同"黜"，罢免，革除。

〔三九〕竹素：竹帛，见《与箕仲书》注释〔五六〕。

〔四〇〕雕虫：见《与刘观察先生书》注释〔一七〕。角技：比赛技艺。

〔四一〕学植：同"学殖"，学业，学问。

〔四二〕濩（huò）落：空廓无用，沦落失意。

〔四三〕相如、次公之业：指文学和仕途上的成就。相如，司马相如。次公，西汉盖宽饶。饶字次公，为官廉正不阿，刺举无回避，为人所称道。

〔四四〕金马：见《与沈君典书》注释〔八〕。

〔四五〕南山：终南山，见《与王元美先生书》注释〔一一〇〕。

〔四六〕北斗：见《与沈君典书》注释〔一四〕。

〔四七〕执鞭：持鞭驾车。表示景仰追随。语出《论语·述而》："富而可求也，虽执鞭之士，吾亦为之。"

〔四八〕九峰：在今上海松江境内的佘山、天马山、横山、小昆山、凤凰山、厍公山、辰山、薛山和机山等九座山峰。三泖：湖名，上泖、中泖、下泖的合称。在今上海青浦、松江、金山一带。

〔四九〕兰舟：木兰木制的船。后为船的雅称。

点评

此书作于万历七年（1579）春，屠隆调任青浦知县后。去年十二月，屠隆抵任青浦知县。青浦本是一小村落，嘉靖二十一年（1542）四月，析华亭西北二乡、上海西三乡，置青浦县。三十二年（1553），废。万历元年（1573），复置。屠隆是第三任青浦知县。屠隆上任后，请求将华亭县集贤乡、上海县新江乡划归青浦，才使青浦方圆达二百二十四里，与华亭、上海鼎立，成为松江府三县之一。屠隆未上任时,青浦难治之声不绝于耳（"最号难治……未抵县，言青浦难治者满耳矣"）。此书首先说明青浦难治在置县短，土瘠赋税重，无赖罪民多，违法乱纪层出不穷，前令行为不端，贪赃枉法，不受百姓爱戴，致使县官没有威信。其次，说自己到任后，根据实际情况，不用强迫手段催征赋税，而是以"温言"、"至情"劝谕，百姓"欢然乐输"；约束吏胥奸民，施仁百姓，不收贿赂，折节布衣，不谄事贵人；不因好文而耽误公事。再次，说自己不能兼顾吏事与文事的烦恼。最后，邀请沈懋学来游青浦，期待与之相见。

奉徐少师〔一〕

隆窃读传记，览观古昔巨儒大人，建立鸿业〔二〕，翊赞綦隆〔三〕，光昭史策。此其人必高朗粹白，浑博深沉，智虑包乎四海而持之以谦冲〔四〕，遇事疾于风雷而出之以慎重。其所展布〔五〕，大都非小材浅智所能窥。自夔、龙、宰、衡而下〔六〕，老成器局莫如韩魏公〔七〕，识者以为间气〔八〕。其他疏爽俊快之杰，古今不少，而事业成就不无瑕疵，利害相半，得失相参，后世往往有遗议焉。士大夫屈指我朝贤相，必以先生称首。隆自龆龀授书〔九〕，辄知向慕华亭相公盛德大业〔一〇〕。洎叨下吏云间，获一再望见颜色，私计名臣元老涉世且久，更事既多，天下之务，何者不了了胸中。况云间又先生桑梓之地〔一一〕，闻见既真，计虑尤审，而隆小子幸得以通家之好〔一二〕，受知门下，所愿虚心请教之日久矣。

青浦土瘠赋重，流移相望，当道为地方慎选有司，误及不肖。不肖遘兹艰虞〔一三〕，夙夜祗慄〔一四〕。隆窃闻医家治病，急则治其标〔一五〕。今青浦之病亟矣〔一六〕，施为要领，将从何先？隆闻先是衙役窃弄，政出多门，而故令又往往寄耳目于匪人，以致败事。隆今严戢各役[一七]，奉三尺惟谨[一八]，门以内从严，门以外从宽。诸听断惟情惟理，绝不敢咨访近习[一九]，以滋他弊[二〇]，似矣。然左右禁严，耳目尽废，形影块然[二一]。门外万里，即地方利弊，闾阎隐痛，皆莫能知。欲密访于左右，恐未得是非之实，而适足以启奸萌。试显问于众人，则或避恩怨之嫌，而莫肯以实对。此其难者一也。

先是，催科太严，捶楚过滥，总经催人等至枵腹而完官[二二]，裹创而催办，民甚称苦，逃亡接踵。今不肖隆以官宽之，下颇感激，黾勉完纳[二三]，似矣。然朝廷岁额必不可缓，徒以官受累，无补于民。夫与其始宽而随误，以贻后日燃眉之急，不如先严而责完，以与百姓息肩之期[二四]。且钱粮不完，或系贫民拖欠，或系奸豪负赖，或系经收侵欺，一概从宽。宽贫民犹不失拊循[二五]，纵侵负，则几蔑国法。此其难者二也。

本县因田地瘠薄，岁苦重差，以致人户逃绝者众。因人户逃绝，以致田地愈荒者多。先是，召募开垦之令，非不日悬，但缘乡野小民领种告帖者到县不即时[二六]，给发有守候之苦，有科索之费，而官府未闻留意存恤。则恐领种荒田，未见其利而先受其害，是以小民疑畏不来。今不肖访知弊端，另为立法，小民始乐于开垦。一月之内，领帖者已不下三百余家。但贫民开垦荒田，必资工本，有田而无工本，将焉用之？即给帖，犹勿给矣。将议赈恤〔二七〕，则官帑既不可擅动〔二八〕，申请又未必见从。此其难者三也。

今为计不得已，捐不肖俸资及无碍官银，共得百两。立法给散贫民，为开垦工本，而俸钱无多，小惠未遍〔二九〕，则出示劝谕富民大家于民间自相赈助，以富济贫，损有余补不足。尚义量力，不拘多寡。而本县则为之悬立赏格，或免其罪责，或免其杂差〔三〇〕。重则或奖以牌扁，或荣以衣冠，以相风劝〔三一〕，似矣。然自古恤民之政未闻有此，计出不得已，恐终非政体。其可行与否？伏愿门下教之。

荒田人户既已逃绝，而重额尚存，往往遗累里排赔纳〔三二〕，万万不堪。不肖业已遵奉抚院明文〔三三〕，亲历四乡，沿丘履亩〔三四〕，踏勘荒田〔三五〕，颇为得实。中间委多抛荒，一望野草，井闾堙灭〔三六〕，人烟消疏，诚可哀悯。若不设法调停，地方日就雕落〔三七〕，将来愈不可支。已经册造总数，申请议处。议者谓求减额粮，又谓求作改折。愚意窃谓议改折则恐小利，无补于民。议减额则恐定额难以顿减[三八]。此一节，烦望门下将青浦痌瘝苦情[三九]，为抚台一言之[四〇]，即片言九鼎[四一]，为地方造福不小矣。其他大小事宜，多所未尽。

隆不肖稍知自爱，不敢为恶。然天下事，亦大难矣。不惟恶不敢为，即为善恐涉于近名；不惟害民不敢为，即兴利恐未免有害。义理难穷，事体难安。群疑难释[四二]，众口难调。窃不自量，夙夜思维，欲为敝邑小补，而以一书生初出涉世，更事不多，识见未定，乖剌种种[四三]，祗深芒负[四四]。仰惟相公朝廷柱石，乡邦元老，治道模楷，后学指南，伏冀惠赐大教。隆在下风，敬端拱以听[四五]，不任瞻仰惶悚之至[四六]。

（《由拳集》卷十五）

注释

〔一〕徐少师：徐阶（1503—1583），字子升，号少湖，一号存斋，华亭（今属上海）人。嘉靖二年（1523）进士，累官至礼部尚书、内阁大学士等。后为高拱所扼，致仕归。卒谥文贞。有《世经堂集》、《少湖文集》等。传见《明史》卷二百十三。因嘉靖皇帝加徐阶太子太师，进少师，故称徐少师。

〔二〕鸿业：大业，伟业。

〔三〕翊（yì）赞：帮助，辅佐。綦（qí）：很，非常。

〔四〕谦冲：谦虚冲退，不自满。

〔五〕展布：施展才能、抱负。

〔六〕夔、龙：相传是舜的二臣，夔为乐官，龙为谏官。宰、衡：宰，周公旦。周公曾任太宰。衡，伊尹。阿衡，商代师保之官，伊尹曾任此官，因称伊尹阿衡。

〔七〕韩魏公：韩琦（1008—1075），字稚圭，安阳（今属河南）人。天圣五年（1027）进士，为相十余载，辅佐三朝。封魏国公。卒谥忠献。有《安阳集》。传见《宋史》卷三百十二。

〔八〕间气：英雄豪杰上应星象，禀天地特殊之气，间世而出，称"间气"。

〔九〕龆齓（tiáo chèn）：童年。

〔一〇〕向慕：倾慕。

〔一一〕云间：松江府的别称，今上海松江一带。桑梓之地：故乡。

〔一二〕通家之好：累世相友好。

〔一三〕遘（gòu）：相遇，碰上。

〔一四〕祗惧（zhī jù）：敬惧谨慎。

〔一五〕标：枝节，表面。

〔一六〕亟（jí）：急切。

〔一七〕戢（jí）：止，停止。

〔一八〕三尺：见《与沈君典》注释〔二七〕。

〔一九〕咨访近习：咨询访问身边的人、熟悉的人。

〔二〇〕滋：滋生。

〔二一〕块然：孤独，形单影只。

〔二二〕枵（xiāo）腹：空腹，饥饿。

〔二三〕黾（mǐn）勉：勉励，努力。

〔二四〕息肩：让肩得到休息。比喻卸除责任或免除劳役。

〔二五〕拊循：见《与孙太史、冯吉士、沈比部书》注释〔五一〕。

〔二六〕即时：及时。

〔二七〕赈（zhèn）恤：赈济抚恤。

〔二八〕官帑（tǎng）：官府财产。

〔二九〕小惠未遍：小的恩惠未能普遍给予。语出《左传·庄公十年》："小惠未遍，民弗从也。"

〔三〇〕杂差（chāi）：杂役差遣。

〔三一〕风：同"讽"。

〔三二〕里排：明代赋役法，以一百十户为一里，推丁粮多者十户为长。余百户为十甲，甲凡十人。每年轮流由里长一人、甲首一人，催征租税。凡十年一周，曰排年。某一年轮值充当的里长，称"里排"。

〔三三〕抚院：明制，各省巡抚例兼都察院右副都御史或右佥都御史衔，又称抚院。

〔三四〕履亩：实地观察，丈量田亩。

〔三五〕踏勘：实地查看。

〔三六〕井闬（hàn）：里门，乡里。堙（yīn）灭：埋没，毁灭。

〔三七〕雕落：同"凋落"。

〔三八〕顿减：突然减少。

〔三九〕瘤瘵（zhōu zhài）：同"凋（diāo）瘵"，衰败，困乏。

〔四〇〕抚台：巡抚。

〔四一〕九鼎：见《与沈君典书》注释〔三〕。

〔四二〕释：解，除。

〔四三〕乖剌（là）：违逆，不和谐。

〔四四〕祇（zhǐ）：同"只"。芒负：芒刺背负。

〔四五〕端拱：正身拱手，恭敬有礼、庄重不苟的样子。

〔四六〕不任：不胜。瞻仰：恭敬地看。惶悚（sǒng）：惶恐而心中害怕。

点评

此书作于万历七年（1579），屠隆青浦知县任上。徐阶（1503—1583）是松江华亭（今属上海）人。嘉靖四十一年（1562），严嵩下台，徐阶成为内阁首辅。隆庆二年（1568）九月，致仕归里，从此乡居，直至万历十一年（1583）闰二月二十六日去世。徐阶在朝位高权重，乡居声名显赫，攀附之人不绝。作为青浦知县，邻县有这么一位致仕高官，自然不能免俗，主动与之结交，希望对本地政事、个人仕途有所帮助。作此书前,屠隆与徐阶有过会面。书牍首先表达对徐阶"盛德大业"的仰慕之情,赞扬"我朝贤相,必以先生称首",顺势恭维徐阶见多识广,天下大事,了然于胸,地方事务,也一清二楚。虚心请教名臣元老,如何治理"青浦之病"。其次,说明自己任职时的三种两难情况,一是了解地方利弊,密访左右不能得其真,明问众人又不肯以实对。二是催征赋税严苛与宽松的矛盾,催科太严,百姓苦不堪言,一概从宽,则赋税不完,于法不容。三是资助贫民开垦荒田,缺乏资金,官银不能擅动,向上申请又未必能有,影响贫民开垦荒田的积极性。再次,汇报自己克服困难所做的工作。屠隆捐俸及无碍官银,给散贫民,为开垦荒田工本。劝谕富民大家自相赈助,以富济贫。悬立赏格,或免其罪责杂差,或奖以衣冠牌匾。亲历四乡,履亩(丈量田亩)踏勘,造册上报,或减粮额,或改折(以其他物品或银两替代原定应交物品的缴纳办法)。请徐阶将青浦凋敝之情言之抚台,减轻百姓痛苦,造福地方。最后,屠隆再次表明自己只知向善兴利,但也怕适得其反,众口难调,衷心希望徐阶给予帮助和教诲。

约作此书同时,屠隆作诗《奉酬徐少师》,见《由拳集》卷九。

寄张幼于兄弟〔一〕

不佞往居海上,辄向慕君家兄弟明秀尔雅〔二〕。越在东鄙[三]，不一观大国之风，良用缺然[四]。丙子岁北征[五]，倚棹阊闾城下[六]，王百谷先生俨然造不佞[七]。时不佞谢病，百谷强起之，揽衣初，殊头岑岑[八]，既听王先生玄言清远，如披松下风，肌骨为爽，病良已。自是定交，独以不得一当君家兄弟为恨。属谒范府公[九]，府公出足下所为见怀之作，意甚[一〇]。仆为令，不能先高贤而使贤者先令，令可知矣。周公瑕名满海内[一一]，仆亦未能一修寒暄之常，仆之孟浪乃尔[一二]！不佞鄙无足辱诸公友籍，然执鞭贤豪[一三]，区区之心，良有之。敬布之门下，惟先生崇詧[一四]。

伯起先生文雅淹贯[一五]，侠气亮节，使人兴专诸、要离之思[一六]。一栖两雄，鱼肠水犀[一七]，当不死乎？闻伯起所作《如姬窃符》新声[一八]，雄丽快人，不知可得一部寓目不？

坐困职事，不能扫门怀刺[一九]，辄以荒札通致其款款[二〇]。外小诗奉怀二足下，虫吟凤啸[二一]，滋为鄙矣。

（《由拳集》卷十六）

注释

〔一〕张幼于兄弟：张凤翼、张燕翼、张献翼三兄弟。张凤翼（1527—1613），字伯起，号灵墟，别署泠然居士。长洲（今属江苏苏州）人。嘉靖四十三年（1564）举人。与弟献翼、燕翼并为才子，时号"三张"。有传奇《红拂记》、《祝发记》、《窃符记》、《灌园记》、《㷌廖记》、《虎符记》等六种，诗文集《处实堂集》等。张燕翼（？—1575），字叔贻，嘉靖四十三年（1564）举人。善书画。早卒。张献翼（1534—1604），字幼于，后改名敉，国子监生。为人放诞不羁，言行诡异。有《纨绮集》、《文起堂集》、传奇《蕉扇记》等。

〔二〕向慕：倾慕。

〔三〕鄙：边远的地方。

〔四〕缺然：有所不足，缺失。

〔五〕丙子岁：万历四年（1576）。

〔六〕阖闾城：苏州之别称。吴王元年（前514），命大夫伍子胥筑城，称阖闾城。

〔七〕王百谷：王稚登（1535—1612），字百谷（亦作伯谷），先世江阴（今属江苏）人，移居长洲（今属江苏）。嘉靖末入太学，以布衣终。有《王百谷集》、《弈史》、《丹青志》、《吴社编》等。俨然：庄重严肃貌。

〔八〕岑岑：胀痛之貌。

〔九〕范府公：不详。

〔一〇〕憘（xǐ）：喜悦。后作"喜"。

〔一一〕周公瑕：周天球（1514—1595），字公瑕，号幼海，长洲（今属江苏）人。诸生。喜藏书，善书画，有诗名。文徵明弟子，张凤翼亲家。

〔一二〕孟浪：鲁莽，轻率。

〔一三〕执鞭：举鞭为人驾车，表示景仰追随。

〔一四〕崇：重视。督：同"察"。

〔一五〕淹贯：深通广晓。

〔一六〕专诸、要离：二人均春秋时吴国刺客。

〔一七〕鱼肠水犀：鱼肠，鱼肠剑。专诸刺杀吴王僚所用宝剑。水犀，用水犀皮做的铠甲。

〔一八〕《如姬窃符》：张凤翼传奇《窃符记》别称。剧写战国时，秦军进攻赵国，赵向魏国求救，魏虽出兵而观望不前。魏公子信陵君力主救赵，得侯嬴指点，求魏王妃如姬窃得兵符，遂领魏军大破秦军，解赵国之困。

〔一九〕怀刺：怀藏名片，准备谒见。

〔二〇〕款款：诚恳，忠实。

〔二一〕虫吟凤啸：虫吟，屠隆对自己文章的谦称。凤啸，屠隆对张氏兄弟文章的美称，对张氏兄弟的赞扬和钦佩。

点评

此书作于万历七年（1579）。"张幼于兄弟"是长洲（今属江苏苏州）人张凤翼、张燕翼、张献翼，三人并有文名，时号"三张"。张燕翼已于万历三年（1575）卒，此"张幼于兄弟"指张凤翼、张献翼。书牍叙仰慕张凤翼、张献翼兄弟之心与未能及时结交的遗憾，表达寓目张凤翼传奇《窃符记》的愿望。文中回忆万历四年（1576）与王稚登在苏州见面，相谈甚欢，以至于头疼立愈。情感真挚，形象生动。

书牍云"小诗奉怀二足下",即《答寄张幼于》、《寄张伯起》二诗,见《由拳集》卷九。张凤翼有《屠长卿明府以诗见投,走笔次韵,附答》,见《处实堂集》卷三。

上张、申二阁师[一]

隆材质疏庸,荷蒙恩师门下特达之知[二],真宰炉锤[三],恩及贱品,铭之肺腑。往岁旅食京华[四],杜门养拙[五],不敢以燕见仰溷棨戟清严[六],时时从稠众中望见台光[七],阶墀之下[八],如披青冥[九],卿云有烂[一〇],慰浣可言[一一]。洎从小吏奔走泗上[一二],量移云间[一三],漂转吴、楚[一四],逡巡岁月[一五],数从南天瞻望北斗[一六],常思修尺一之书[一七],敬候恩师相公百福。顾念贱臣下吏,恐不当辄用寒暄常语滥渎清听[一八]。翘首霄汉,邈若河山矣。

恭惟恩师翊赞鸿化[一九],均调四海,大业郅隆[二〇],并登三五[二一]。甚盛,甚盛。隆为令,奉职无状,境内水潦为灾,元元瘠瘵[二二],朝夕忧勤,罔以佐百姓之一二。司牧多阙[二三],罪何可文[二四]?

兹当县丞某上计[二五],敬裁短笺,附布其款款之愚[二六]，神驰阙下[二七]，睠怀台光[二八]，隆不任瞻仰悚灼之至[二九]。

（《由拳集》卷十六）

注释

〔一〕张、申二阁师：张四维、申时行。张四维（1526—1585），字子维，号凤磐，蒲州（今属山西）人。嘉靖三十二年（1553）进士，授翰林编修，历官翰林学士、吏部侍郎、礼部尚书兼东阁大学士，加太子太保进文渊阁大学士、加少保进武英殿大学士，吏部尚书、中极殿大学士等。卒谥文毅。有《条麓堂集》。传见《明史》卷二百十九。申时行（1535—1614），字汝默，号瑶泉，晚号休休居士，长洲（今属江苏）人。嘉靖四十一年（1562）状元，授修撰，后历官礼部尚书、文渊阁大学士，再进太子少傅兼太子太傅、吏部尚书、建极殿大学士。有《赐闲堂集》等。传见《明史》卷二百十八。张四维、申时行为万历五年（1577）会试主考官。《明实录·神宗实录》卷五十九："（万历五年二月）乙丑，命大学士张四维、申时行为会试主考官。"阁师，明、清时对内阁大学士的尊称。

〔二〕特达：特殊的恩遇。

〔三〕真宰：主宰。炉锤：锤炼。

〔四〕京华：京城。

〔五〕杜门：关门，闭门。

〔六〕燕见：帝王退朝闲居时召见或接见臣子。后泛指公余会见。溷（hùn）：肮脏，混浊，玷污。棨戟（qī jǐ）：有缯衣或油漆的木戟。官吏所用仪仗，出行时作为前导，后亦列于门庭。

〔七〕台光：与人相会的敬辞。

〔八〕阶墀（chí）：台阶。

〔九〕青冥：青天，苍天，仙境。

〔一〇〕卿云：庆云，一种彩云，古人视为祥瑞。

〔一一〕慰浣：宽慰，快慰。

〔一二〕泗上：泗州，今属安徽，此处代指颍上。

〔一三〕量移：官吏因罪远谪，遇赦酌情调迁近处任职。后泛指迁职。云间：松江府的别称，今上海松江一带。明代青浦县属松江府。

〔一四〕吴、楚：青浦县属古吴国，颍上县属古楚国。

〔一五〕逡（qūn）巡：徘徊不进，滞留，拖延。

〔一六〕北斗：见《与沈君典书》注释〔一四〕。

〔一七〕尺一：见《与田叔书》注释〔三〕。

〔一八〕滥渎（dú）：滥，过度，烦琐。渎，通"黩"，贪求，玷污。

〔一九〕翊（yì）赞：辅助，辅佐。鸿化：宏大的教化，歌颂帝王的套语。

〔二〇〕郅（zhì）隆：昌盛，兴隆。

〔二一〕三五：三，三公。周代以太师、太傅、太保为三公，明代也以太师、太傅、太保为三公。《明史·职官志》："太师、太傅、太保为三公，正一品。"五，五官。殷、周时分掌政事的五个高级官职。《礼记·曲礼下》："天子之五官，曰司徒、司马、司空、司士、司寇，典司五众。"

〔二二〕元元：百姓。瘸瘵（zhōu zhài）：见《奉徐少师》注释〔三九〕。

〔二三〕司牧：官吏，管理，统治。阙：同"缺"。

〔二四〕文：文饰，掩饰。

〔二五〕上计：古代中央年终考核地方官员成绩的方法。《明史》卷七十一《选举三》："自弘治时，定外官三年一朝觐，以辰、戌、丑、未岁。察典随之，谓之外察……明初行之，相沿不废，谓之大计。"

〔二六〕款款：诚恳，忠实。

〔二七〕阙下：宫阙之下。借指京城，帝王所居的宫廷。

〔二八〕睠：同"眷"。

〔二九〕悚灼：惊恐。

点评

此书作于万历七年（1579）末。明年庚辰（1580），是大计之年，地方官员例当于大计之年前一年末上京，因青浦水灾，屠隆不在计吏之列，不必入京（王世懋《王奉常集》卷三十七《与屠长卿》："而家兄书旋至，云今江南治亡逾长卿者……海若不仁，祸我南国，独门下为民请命甚力。今幸留不入觐，此残民之福也。明春，事竣南辕，即冗剧，亦当求一面教。"），因请上计某县丞，带书致张四维（1526—1585）、申时行（1535—1614）二位阁师。

由于张四维、申时行是万历五年（1577）会试主考官，书牍首先感谢座师的知遇之恩，其次，回忆在京时，与众人拜见座师的情景，说明自己身为小吏，奔走颍上、青浦，常思修书问候，恐辱清听。告知境内水灾，百姓艰难，朝夕忧勤，以佐一二。最后，再次表达思念对方的拳拳之心。书牍主要叙写感谢、仰慕、思念、祝福之情，顺带简单说一下自己的近况，行文谨慎小心，缺少深入交流。这与双方地位悬殊，屠隆与张四维、申时行不是很熟有关。

答徐孟孺〔一〕

足下出门，诸邑佐俱报罢官。兀然一身〔二〕，万事咸肩之〔三〕。俯仰天地之间，太无聊赖。宦情日以萧疏，如秋天云。以故身在百冗〔四〕，而心益以闲。清夜篝灯，朗朗兀坐〔五〕，怀人念旧，濡毫信纸〔六〕，得诗六十余首。诗成，寂寥无可与语者，急欲寄足下一赏音。而平头奴适至〔七〕，良快。仆诗姑无论其工拙，五言古诗以一二夕得六十余首，仆亦太挑挞矣哉〔八〕。求足下直言挪揄之〔九〕，勿有所讳惎〔一〇〕。吴生久闻其名〔一一〕，来书小伤于拙。何也，岂刻成当不尔耶？

（《由拳集》卷十六）

注释

〔一〕徐孟孺：徐益孙，字孟孺，又字长孺，号与偕，华亭（今属上海）人。太学生。传见何三畏《新刻漱六斋全集》卷二十三《徐孟孺传》、何三畏《云间志略》卷二十二。

〔二〕兀然：突兀的样子。

〔三〕肩：承担。

〔四〕百冗：许多繁杂的事情。

〔五〕兀坐：危坐，端坐。

〔六〕濡（rú）毫：濡笔，蘸笔书写。

〔七〕平头奴：不戴冠巾的奴仆。

〔八〕挑挞（tà）：疏放不羁。

〔九〕揶揄（yé yú）：同"挪揄"，戏弄，嘲笑。此处有批评之意。

〔一〇〕惎（jì）：教导。

〔一一〕吴生：不详。

点评

此书作于万历七年（1579）。徐益孙，字孟孺、长孺，华亭（今属上海）人。太学生。家境贫寒，科举不顺。对屠隆执弟子礼。屠隆十分同情他的遭遇，经济上时有资助。(《白榆集》文卷八《与徐长孺》七通其五："敬割俸钱三十铢，奉太夫人为甘毳之需。")也很赏识他的才华，不仅向名流推荐扬誉，还请他为《由拳集》作序（徐益孙《由拳集叙》，见《由拳集》卷首），对其《由拳集叙》，大加赞赏："佳叙大是潘、陆门风。骨力风调，称其为才子矣。"(《白榆集》文卷八《与徐长孺》七通其二）每有所作，皆请徐益孙欣赏点评。如《欢赋》（见《由拳集》卷一）写成后，就请徐益孙指教。(《白榆集》文卷八《与徐长孺》七通其二："《欢赋》请教。"）此书牍所言将六十余首"怀人念旧"诗，迫不及待寄徐益孙，请其赏鉴修改，足见屠隆对徐益孙的信任与肯定。书中说是六十余首"怀人念旧"诗，今存五十六首，见《由拳集》卷五《感怀诗五十五首，有序》。《由拳集》卷五题作《感怀诗五十五首》，实际是五十六首。应该是将《感怀诗》收入《由拳集》时，有所删削。钱谦益《列朝诗集小传》丁集上、胡文学编《甬上耆旧诗》卷十九、《明史》卷二百八十八《文苑四》等都记载屠隆"分拈二题，各赋百韵。咄嗟之间，二章并就"，这一记载来源于《栖真馆集》卷三《栖真馆限韵诗二首，有序》。此书牍说六十余首五言古诗是"一二夕"所作，是屠隆才华横溢、率笔立就的又一例证。

与瞿睿夫〔一〕

去岁居颖，得足下及贤郎书〔二〕，语意高古，情寄沉郁。虞卿信穷愁〔三〕，何其言之工也！足下束发读书〔四〕，有如徹天之灵〔五〕，蚤致云霄，立天子丹陛之下〔六〕。即摛藻如春华〔七〕，亦词人遭遇之常尔，安能叹咤万夫，惊动六合如今日哉〔八〕？今夫大海峰峦秀特，一望浩浩〔九〕，平波安流，乌睹奇观？逮长风下击，洪波涌起，日月跳而不止，然后见其险绝也。屈大夫即才气瑰丽〔一〇〕，非烦冤，胡有《离骚》？韩之孽公子不遭孤愤〔一一〕，其文辞欲齿于苏、张诸君〔一二〕，何可得？平居视司马子长一瞽史〔一三〕，及其下于蚕室〔一四〕，烂然文采，遂与五岳四渎比寿〔一五〕，而日月齐光也。

仆尝试与足下一抵掌而谭〔一六〕，从古贤人才子，童牙逢时〔一七〕，白首富贵，终身不见穷愁之事者何人？生无一日欢，死有万世名，盖古今同病矣。仆年三十五得一第，三十八为小吏，足下谓仆遇乎，不遇乎？乃三十年以前，人世之所谓艰难困苦，无一不备尝之矣，而仆未尝一日作攒眉态〔一八〕。从此三十八年而往，世间之荣枯忧喜，何复能入仆之眉睫，又况胃其肝臆哉〔一九〕？仆方婴世网〔二〇〕，不当作超然语，苟世人肯掣槛䉁而纵麋鹿〔二一〕，则深山之上，长林之下，此乐可以忘死。吾闻英雄不为将相，则为神仙，免其将相而令就神仙之业，亦人生大快，何不可耶？

故仆窃以为，屈平、子长诸公不以此时观性命之理〔二二〕，极逍遥之乐，而含毫秃颖〔二三〕，苦垂空文，急而托于世，是去人祸而复自投天刑也〔二四〕。仆以为非计。子房、四皓均为汉杰〔二五〕，良也慕封侯之业，而四公卒抗商山之操〔二六〕。今足下以罪罢公车，则有商山之芝可茹也〔二七〕。足下勿复为穷愁，恐为四公笑。古人畏富贵之逼人，而甘心于清泠之渊〔二八〕，如足下以绝意富贵为穷愁，即贤不肖，何止九万里哉！世人见仆终日钦钦澡行勤事〔二九〕，作吏良苦，谓仆故修名者，且以此求闻于世，梯通显为，可谓皮相寥廓之士〔三〇〕。仆不能以官为瓠〔三一〕，亦以此为逍遥者也。身为不才吏，日崇秽德而求逍遥〔三二〕，岂不远哉？愿足下自广，后五年而寻仆嵩阳、匡庐之间〔三三〕，元孚亦可与共此者〔三四〕。臭味苟同〔三五〕，烟霞不远。

（《由拳集》卷十六）

点评

〔一〕瞿睿夫：瞿九思，见《与沈君典书》注释〔五〇〕。

〔二〕贤郎：对他人儿子的美称。此指瞿九思子瞿甲。瞿甲，见《与沈君典书》注释〔五〇〕。

〔三〕"虞卿信穷愁"二句：虞卿，战国时赵国邯郸人，有谋略。因游说赵孝成王，封为上卿。后为救魏相魏齐，弃赵之相印，逃亡至魏，困于大梁，穷愁著书。有《虞氏春秋》。《史记·平原君虞卿列传》:"太史公曰:……虞卿料事揣情,为赵画策,何其工也。及不忍魏齐,卒困于大梁,庸夫且知其不可,况贤人乎?然虞卿非穷愁,亦不能著书以自见于后世云。"

〔四〕束发:见《与王元美先生书》注释〔三五〕。

〔五〕徼天之灵:求天赐福。

〔六〕丹陛:宫殿的台阶,借称朝廷或皇帝。

〔七〕摛(chī)藻:铺陈辞藻,施展文才。

〔八〕六合:见《与余君房书》注释〔四〕。

〔九〕浩浩:水势磅礴。

〔一〇〕"屈大夫即才气瑰丽"三句:屈大夫,屈原曾任三闾大夫等职。《史记·屈原贾生列传》:"屈平疾王听之不聪也,谗谄之蔽明也,邪曲之害公也,方正之不容也,故忧愁幽思,而作《离骚》。"

〔一一〕"韩之孽公子"句:韩之孽公子,指战国末韩非。《史记·老子韩非列传》:"韩非者,韩之诸公子也。喜刑名法术之学,而其归本于黄老。非为人口吃,不能道说,而善著书……非见韩之削弱,数以书谏韩王,韩王不能用……故作《孤愤》、《五蠹》、《内外储》、《说林》、《说难》十余万言。"

〔一二〕齿:排列。苏、张:战国时纵横家苏秦、张仪并称。二人善言辞,均曾说韩王。《战国策》之《韩策》,有二人说韩王辞。

〔一三〕司马子长:司马迁,字子长。瞽(gǔ)史:乐官(瞽)与史官的合称。此处偏指史官。

〔一四〕蚕室：受宫刑者所居之室。

〔一五〕四渎：古代以长江、黄河、淮河、济水为四渎。

〔一六〕抵（zhǐ）掌而谭：交谈甚欢。见《战国策·秦策》。抵掌，击掌，表示欢乐高兴。

〔一七〕童牙：幼小。

〔一八〕攒眉：皱眉。

〔一九〕罥（juàn）：挂。臆：胸。

〔二〇〕婴：缠绕。

〔二一〕掣：抽，拔。槛穽（jǐng）：捕捉野兽的陷阱，引申为人世的牢笼，陷阱。穽，同"阱"。

〔二二〕性命之理：天性天命之学说。

〔二三〕含毫秃颖：动笔作文。毫，细而尖的毛。颖，禾的末端。均代指毛笔。

〔二四〕天刑：上天的法则，天降的刑罚。

〔二五〕子房：见《与沈君典书》注释〔二四〕。四皓：商山四皓，东园公唐秉、夏黄公崔广、甪里先生周术和绮里季吴实四人。秦末隐于商山（在今陕西商县境内），因年高，须眉皓白，称商山四皓。

〔二六〕抗：匹敌，对等。

〔二七〕茹：吃，食用。

〔二八〕清泠（líng）：清凉寒冷。

〔二九〕钦钦：谨慎戒惧的样子。澡行：品行纯真。勤事：尽心尽力于职事。

〔三〇〕皮相：只看表面，不深入。

〔三一〕以官为瓠（hù）：以官职为无用之物。瓠，一种大瓜。典出《庄子·逍遥游》："惠子谓庄子曰：'魏王贻我大瓠之种，我树之成，而实五石……非不呺然大也，吾为其无用而掊之。'"

〔三二〕秽德：污秽之行，肮脏恶劣的行为。

〔三三〕嵩阳、匡庐：嵩阳，嵩山，在今河南境内。匡庐，庐山，在今江西境内。

〔三四〕元孚：见《与沈君典书》注释〔一〇〕。

〔三五〕臭（xiù）味：气味。比喻同类的人或事物。

点评

此书作于万历七年（1579）。万历二年（1574），黄梅（今属湖北）人瞿九思因知县张维翰违制苛派，民聚殴之，维翰坐九思倡乱，囚武昌狱三年。万历五年（1577）出狱后，被处以流刑，长流塞下。路过京城，上书朝廷。子甲，年十三，为书数千言，历抵公卿，讼父冤。甲弟罕，亦伏阙书求宥。屠隆作《讼瞿生书》（《白榆集》文集卷八、《明文海》卷二百五作《为瞿睿夫讼冤书》）遍告朝廷内外，代为诉冤，冯梦祯亦告知了楚中当事，张居正本来认可九思的才华，九思乃获释归楚。后又至京，留滞京城西郊窦德庄，一面开馆授徒，一面继续申诉冤屈。九思真正获得昭雪时间应在万历十年（1582）六月张居正卒前。此书是对万历六年（1578）九思及其子甲来书的回书。书牍首先肯定来书"语意高古，情寄沉郁"，其次，说文士凭才华获取高官厚禄，是"遭遇之常"，九思蒙冤受屈，名闻天下，"叹咤万夫,惊动六合"。屈原、韩非、司马迁等,均因逆境而发愤著书,与山川同寿,日月齐光。再次,说没有不穷愁之人,屠隆以自己为例,三十八岁之前,备尝艰难困苦,但没有愁眉苦脸。此后,世间荣枯忧喜,不会放在心上。最后,安慰九思虽以罪罢公车,但可像商山四公一样,隐而不出,自己身为小吏,五年后会追寻九思脚步,隐居嵩山、庐山等地。文中以大海波涛平缓比喻人生顺境,"长风下击,洪波涌起,日月跳而不止",比喻人生险境,新颖生动,给人深刻印象。

与嘉则先生〔一〕

岁杪无便羽〔二〕,无从一寄讯,念先生不去怀中。老母东归,承先生时过存〔三〕,具见长者高义。二月十九日,家兄始奉老母抵署中。得先生手札,如睹先生之面矣。村居多暇,谁与周旋?新篇几何?渴欲一洗尘心,幸不悋见寄〔四〕。

花朝,开之两度见过〔五〕,居斋中俱数日,剧谈高啸,欢如常时。恨不得先生在座,吾两人相念如出一口矣。此时西湖春事正盛,湖上楼船,堤边士女,六桥杨柳,夹岸桃花,良可游。适开之正在归途,先生以此时出门,计三月初旬可值于湖上。开之高旷轶尘〔六〕,精通内典〔七〕,

笃于友义[八]，深于人情，虽玄朗出世[九]，而用情特厚。知先生深，至日夕与不肖私语，可谓倾向大贤，属在肺腑。论交得此，真自可人。先生西湖之兴小阑[一〇]，不识能便买青溪之棹不[一一]？

开之出门岑寂[一二]，退食偶暇[一三]，撰得《嘉则先生传》一首[一四]。传先生固多名笔，乃隆不肖敢自谓知先生于行辈中为最深，握笔者余小子何敢多让。文字即未精工，其言先生大略若是。敬奉去，惟高明自择焉。中间插写胡司马及先生行实一二[一五]，颇得英雄本色，差少法度耳。开之固欲为我翻刻小集，不得已付之，先生传亦已付去，外临别时有七言律一首送行李，不及录稿。之武林，幸持原稿付梓人，新旧集再乞先生一刊定焉。

献岁又复苦阴雨连绵[一六]，今月廿三告城隍神，是日乃霁[一七]。微天之幸[一八]，二麦有望矣[一九]。来书言明州灾异可畏[二〇]，滥竽一命[二一]，自多苦心。先生饮水山栖，亦复有世道隐忧。夫嫠犹不恤其纬而忧家国[二二]，况先生哉？

孺谷、田叔、郑朗、仲初诸君时时握手不[二三]？心绪多端，临书属百冗，不尽所欲言。

（《由拳集》卷十六）

注释

〔一〕嘉则先生：沈明臣，见《王元美先生书》注释〔一三四〕。

〔二〕岁杪（miǎo）：年底。

〔三〕过存：登门拜访。

〔四〕恡：同"吝"。

〔五〕花朝：旧俗以二月十五日为百花生日，称此日为花朝节。一说二月十二日为花朝节。开之：冯梦祯，见《与孙太史、冯吉士、沈比部书》注释〔一〕。

〔六〕轶（yì）尘：超尘出俗。

〔七〕内典：佛经。

〔八〕笃：深。

〔九〕玄朗：高明，旷达。出世：超脱于世俗之外，隐居。

〔一〇〕阑：残，尽。

〔一一〕青溪：青浦境内河湖，也作青浦代称。《由拳集》卷十二《青溪集序》："青溪者何？青浦也。"

〔一二〕岑寂：寂寞，孤独冷清。

〔一三〕退食：退朝就食于家或公余休息。

〔一四〕《嘉则先生传》：见《由拳集》卷十九《沈嘉则先生传》。

〔一五〕胡司马：胡宗宪（1512—1565），字汝钦，一字汝贞，号梅林，绩溪（今属安徽）人。嘉靖十七年（1538）进士，累官至兵部尚书。有《筹海图编》、《海防图录》、《三巡奏议》

等。司马,兵部尚书的别称。

〔一六〕献岁:新的一年,岁首正月。

〔一七〕霁(jì):风雨停止,天放晴。

〔一八〕徼天之幸:碰上好运气。徼,同"侥"。

〔一九〕二麦:大麦和小麦。

〔二〇〕明州:今浙江宁波的古称。

〔二一〕滥竽一命:此处是自谦之语,比喻没有真才实学而占据一定的职位。

〔二二〕"夫嫠(lí)犹"句:寡妇不怕织得少,而惧亡国之祸。比喻忧国忘家。典出《左传·昭公二十四年》。嫠,寡妇。恤,忧虑。纬,织布用的纬纱。

〔二三〕孺谷、田叔、郑朗、仲初:孺谷,张邦仁,字孺谷,鄞县(今属浙江宁波)人。张时彻子。由明经授绍武知县,以不能事上官,罢归。小传见《甬上耆旧诗》卷二十七。田叔,屠本畯,见《与余君房书》注释〔二七〕。郑朗,叶太叔,见《让柴仲初书》注释〔四八〕。仲初,柴应聪,见《让柴仲初书》注释〔一〕。

点评

此书作于万历八年(1580)二月末。沈明臣是嘉靖、隆庆、万历年间三大布衣诗人之一(钱谦益《列朝诗集小传》丁集中:"万历间,山人、布衣豪于诗者,吴门王伯谷、松陵王承父及嘉则三人为最。"《明史》卷二百八十八:"嘉、隆、万历间,布衣、山人以诗名者十数,俞允文、王叔承、沈明臣辈,尤为世所称。"),于屠隆是亦师亦友的关系。两人经历了由师生情深到反目成仇的过程，交恶时间大致在万历十三年至十四年（1587—1586）之间。详情见汪超宏《屠隆与沈明臣》（《明清浙籍曲家考》，浙江大学出版社，2009年，第17—28页）。此书是对沈明臣来书的回书。书牍首先感谢老母家居时沈明臣的时时问候，告知老母已于二月十九日抵青浦署中。得到明臣手札，如睹其面。询问明臣近况。其次，告知二月花朝冯梦祯两次来访，约明臣与冯梦祯在西湖会面，冯梦祯也盼望与明臣交往。再次，告知完成《嘉则先生传》，对其中"插写胡司马及先生行实一二，颇得英雄本色"，比较满意。冯梦祯欲刻《由拳集》，请明臣校定新旧集。最后，告知阴雨连绵，二十三日城隍庙祈晴，明臣虽乡居，也忧虑地方灾情。文中描绘西湖"春事正盛"，寥寥几笔，令人神往。

屠隆所作《沈嘉则先生传》，收入《由拳集》卷十九。

与甘应溥侍御〔一〕

往岁居京师，幸得以同袍之义数奉颜色〔二〕。接绪论〔三〕，则见以为足下倜傥之士〔四〕，闳廓多闻〔五〕，即亦徒得足下之面，而未得足下之心。今而知足下高朗粹白，皭然垢纷之外〔六〕。阘茸剪庸之徒固唾去不论〔七〕，虽世号称伉爽有气者〔八〕，尚未必能历足下之藩垣〔九〕。

凡士大夫之气扬而光外耀者，其器犹浅矣〔一〇〕。至人懿德〔一一〕，譬犹沧海焉。上含元气〔一二〕，下为百谷王〔一三〕。尾闾泄之不为涸〔一四〕，川渎归之不为盈〔一五〕。是所谓上善也。足下之器似之。交游中得士如足下，可为吾徒增一恒、岱〔一六〕。

然不佞窃有疑于足下之言，云"足下苦为令，仆苦为吉士"〔一七〕。此非足下之言。令亦何苦，吉士亦何苦？大丈夫可黔娄〔一八〕，可公侯，何论其他！足下拔俗之标，逸群之骨，了了于此久矣〔一九〕。此两言，当为仆发，然仆亦有以自广。自为令以来，入困簿书〔二〇〕，出遭官长骂詈〔二一〕，良足以称苦。而仆未尝一日作愁眉，人以誉闻不为喜，以毁闻不为怒。颇勤职事，实懒将迎〔二二〕，升沉之事，一一委命主者。而足下云云，岂亦所谓故人知君，君不知故人邪？

簿书小暇，亦惟是二三故人，冯开之、沈嘉则时时相闻问〔二三〕。而此中有士曰莫廷韩、徐长孺、彭钦之，皆藻雅冲亮〔二四〕，可与言。仆虽处泥涂〔二五〕，不闷也。偶意兴所到，吐一二里言〔二六〕，伊吾北窗下〔二七〕，自取快意而止。而议者有谓空文无当，无补于殿最之毫末〔二八〕，所知遂举以相戒。嗟嗟，令贱子日夜工雕虫之技〔二九〕，而置民事都不问，以废职业而买虚声，则吾岂敢？仆不过偷取一时之暇，或夜悬灯而手一编，以解烦散郁。及吐一二言自为适，固非沉酣其中者也。居官而至以读书修艺文为戒，亦可悲矣。夫官之秽德足以败官者何限〔三○〕，而独文章哉？屠隆东海男子，进不得志，则有长竿可投，何为哫訾自苦〔三一〕？

足下冠惠文冠〔三二〕，立柱下〔三三〕，为贵近臣，贱吏琐尾〔三四〕，不当复为此言进。然足下之恬愉〔三五〕，非心有其尊官者，是以仆辄夅口无忌。不然者，局蹐屏气〔三六〕，嚗不敢前矣。琐琐略陈〔三七〕，伏惟澄照。

（《由拳集》卷十六）

注释

〔一〕甘应溥侍御：甘雨（？—1613），字子开，号应溥，永新（今属江西）人。万历五年（1577）进士，选庶吉士，历南京礼部郎中，出为广西佥宪，改贵州副使，官终湖广参政。有《古今韵分注撮要》《白鹭洲书院志》《翠竹集》《青莲集》等。传见《同治永新县志》卷十六《人物志·列传》。侍御，御史之官。

〔二〕同袍：同年。

〔三〕绪论：言论，谈论。

〔四〕倜傥（tì tǎng）：卓异，特别，洒脱不受约束。

〔五〕闳（hóng）廓：博大，广大。

〔六〕皭（jiào）然：洁白的样子。垢纷：同"垢氛"，肮脏污浊的气氛。

〔七〕阘茸：见《与沈君典书》注释〔六二〕。剪庸：浅薄平庸。剪，同"谫"，浅薄。

〔八〕伉（kàng）爽：刚直豪爽。

〔九〕藩垣：藩篱和垣墙，泛指屏障。

〔一〇〕器：器度。

〔一一〕至人：超凡脱俗，达到无我境界的人。懿德：美德。

〔一二〕元气：天地未分前的混沌之气。

〔一三〕百谷王：江海。百谷之水必趋江海，故称。语出《老子》。

〔一四〕尾闾：传说中泄海水之处。典出《庄子·秋水》。

〔一五〕川渎：泛指河流。

〔一六〕恒、岱：北岳恒山，在今山西境内。东岳泰山，在今山东境内。泰山，又名岱山、岱宗。

〔一七〕吉士：庶吉士的简称。明、清时，选进士文学优等及善书者，进翰林院为庶吉士。三年后考试，成绩优良者分别授以编修、检讨等职，其余则为给事中、御史，或出为州县官，谓之"散馆"。

〔一八〕黔娄：战国时齐国贤士，终身不为官。

〔一九〕了了：清楚通达。

〔二〇〕簿书：见《与孙太史、冯吉士、沈比部书》注释〔四八〕。

〔二一〕骂詈（lì）：斥骂。

〔二二〕将（jiàng）迎：送往迎来，逢迎，迎合。

〔二三〕冯开之、沈嘉则：冯开之，见《与孙太史、冯吉士、沈比部书》注释〔一〕。沈嘉则，沈明臣，见《与王元美先生书》注释〔一三四〕。

〔二四〕莫廷韩：莫是龙（？—1587），字云卿，更字廷韩，号秋水，又号后明，华亭（今属上海）人。能诗，善书画。以贡生终。有《石秀斋集》《画说》等。传见《石秀斋集》卷首张所敬撰《莫廷韩小传》、何三畏《新刻漱六斋全集》卷二十三《莫廷韩传》、何三畏《云间志略》卷十九、《光绪青浦县志》卷十九《人物三》。徐长孺：徐益孙，见《答徐孟孺》注释〔一〕。彭钦之：彭汝让，字钦之，华亭（今属上海）人。诸生。入国子监，中万历元年（1573）副榜。为隆、万诗文社十八子之一，有《北征》、《南游》、《击筑》诸稿。传见何三畏《云间志略》卷二十一、《嘉庆松江府志》卷五十四《古今人传六》、《光绪青浦县志》卷十九《人物三》。

〔二五〕泥涂：见《与箕仲书》注释〔一六〕。

〔二六〕里言：乡里流行的话，俚俗的话。

〔二七〕伊吾：读书声。

〔二八〕殿最：评级，考核。

〔二九〕雕虫：见《与刘观察先生书》注释〔一七〕。

〔三〇〕秽德：见《与瞿睿夫》注释〔三二〕。

〔三一〕哫哫（zú）：窃窃私语。

〔三二〕惠文冠：冠名，相传为赵惠文王创制，故称。

〔三三〕柱下：柱下史。周、秦置柱下史，后以为御史的代称。因其常侍立殿柱之下，故名。

〔三四〕琐尾：颠沛流离，处境艰难。猥琐。

〔三五〕恬愉：安适，快乐。

〔三六〕局蹐：同"踢蹐"，见《与孙太史、冯吉士、沈比部书》注释〔三七〕。

〔三七〕琐琐：鄙陋，平庸。

点评

永新（今属江西）人甘雨是屠隆同年进士，选庶吉士。邹元标建言被杖谪，甘雨千方百计救助，"坐忤权贵人，自翰林出为御史。复不容，出宪闽。致仕归。久之，起浙金宪。复以忤权谪，又久之，再副闽臬"（《崇祯闽书》卷四十八）。此书作于甘雨任御史期间，具体时间是万历八年（1580）。书牍首先回忆与甘雨交往之初，"徒得足下之面，而未得足下之心"，现在才知甘雨"高朗粹白"，是上善之人。其次，说自己并不以任知县为苦，勤于职事，忍辱负重，不阿谀逢迎，不计较升沉。甘雨所言"足下苦为令，仆苦为吉士"，是不了解自己心迹之言。再次，是说公余与诸位朋友交往，读书作文，没因文事而废吏事。最后，说作为朋友，不因地位高低而忌口不言，相反要畅所欲言，以显真心。甘雨回书，答谢屠隆书币之赠，说自己"读扇头所诒诗，雄浑沉郁，逼真晋魏。六七言近体，靡不绝尘"，认同屠隆没因文事而废吏事的说法,并引用屠隆书中语,"即如长卿所云,偷一时之暇,手一编,吐一言以解烦散郁,此自长卿跨越时流万万者"(凌迪知《国朝名公翰藻》卷四十六甘雨《与屠长卿》)。一来一往,赞同对方的为人,化解误会,坦诚交流,是益友、诤友相交之道。

与陆敬承[一]

不佞往居都门,辱二三兄弟谬爱[二],日夕过从,挑镫促席[三],每恨短晷[四]。或一朝不把手,辄有山河阔绝之思。而足下顾独回车息影,不为通者半岁,偶遭于路,掉臂去如市人[五]。仆素愦愦[六],不訾深中[七],便谓二三兄弟中,厌薄不佞者无如足下[八],而不知足下之钟情特厚也。不佞惛瞀亡识[九],固诚足自哂[一〇],而足下之真诚简朴,了无机事,谓非羲皇以前人[一一],可乎?向闻足下之言云:"仆雅爱子,不啻渴饥[一二]。而天性疏懒,偶不及怀一刺为通[一三]。及至相见同侪中[一四],又偶不及作寒暄数语,去后未始不悔,悔复已已。"偶而相疏,亦偶而相厚,人情有如此,岂非太上之遗哉[一五]?自是或累月不一会,会辄欢然也。嗟嗟,仆自信平生疏而任真[一六],了与世俗异,而机事犹未忘尽。机事都尽，未有若足下者也。酒德同于伯伦[一七]，玄同超于蒙庄[一八]，所营者特犹有文章，所多者官爵尔。

长苦世人深，不深，则以为浅夫，不可与任事[一九]。天下事岂必深者所了？深也而其器易满，不失为浅。豁达疏朗之士，但不为机穽[二〇]，临事当机，安知其不沉雄？即浅亦有深也。方寸溪谷[二一]，对面九疑[二二]，一跌不收，立得奇祸，亦深者之过也。提肝挈胆，洞见底里，为人所易，必为人所宽，亦浅者之效也。

足下真仆之师，富贵不可以巧取，巧取而得者，其命固得之也。命得之也，巧亦来，不巧亦来。不然，造物能破坏之矣。天下巧者岂少哉？人谓仆拙，乃仆犹恨其巧，以仆方般、倕则诚拙[二三]，若比之抱瓮灌园丈人[二四]，则仆之机事亦多矣。仆而诚拙，仙佛不远，今之苦尘壒中者[二五]，徒以未大拙也。足下近真人矣，何以教我，指我迷方？开之冲淡[二六]，可与足下共修净土[二七]。近访仆署中，尽遗氛溷[二八]，作世外语[二九]，如饮冰矣。此时恨不得与足下印正焉。

（《由拳集》卷十六）

注释

〔一〕陆敬承:陆可教,字敬承,兰溪(今属浙江)人。万历五年(1577)进士,以编修掌诰敕,累官右宗伯。有《陆礼部文集》。传见《光绪兰溪县志》卷五《文学》。

〔二〕谬爱:错爱。

〔三〕促席:坐席相互靠近。表示交谈甚欢,关系亲密。

〔四〕短晷(guǐ):指白日不长或时间短少。晷,日影。

〔五〕掉臂:见《与沈君典书》注释〔二五〕。

〔六〕愦愦:昏庸糊涂。

〔七〕詧:同"察"。

〔八〕厌薄:厌恶,鄙视。

〔九〕惛瞀(hūn mào):糊涂不明事理貌。

〔一〇〕自哂(shěn):自嘲。

〔一一〕羲皇:伏羲氏,传说中人类的始祖。

〔一二〕不啻(chì):不亚于,无异于。

〔一三〕刺:名刺,名片。

〔一四〕同侪(chái):指在年龄、地位等方面相近的同辈。

〔一五〕太上:圣人。

〔一六〕任真:任性率真。

〔一七〕酒德同于伯伦:伯伦,魏晋名士刘伶字。刘伶作《酒德颂》。

〔一八〕玄同超于蒙庄:玄同,冥默中与道混同为一。语出老子《道德经》第五十六章。蒙庄,庄周。

〔一九〕任事：担当事务。

〔二〇〕机穽：设有机关的捕兽陷阱，比喻险境或坑人的圈套。

〔二一〕方寸：谓人心思深如溪谷。方寸，心。

〔二二〕对面九疑：谓人有疑戒之心，对面亦不信任。宋范浚有诗云："嗟今轻薄子，对面生九疑。"

〔二三〕般、倕：鲁班和舜臣倕的合称。二人并是能工巧匠。

〔二四〕抱瓮灌园：比喻安于拙陋的淳朴生活。典出《庄子·天地》。

〔二五〕尘壒（ài）：飞扬的灰土，比喻尘世、尘俗。

〔二六〕开之：冯梦祯，见《与孙太史、冯吉士、沈比部书》注释〔一〕。

〔二七〕净土：佛所居住无尘世污染的清净世界。

〔二八〕氛溷（hùn）：尘秽，污秽。

〔二九〕世外：尘世之外，世俗之外。

点评

此书作于万历八年（1580）。兰溪（今属浙江）人陆可教（字敬承）是屠隆同年进士，万历五年（1577）在京城时，二人就有往来。书牍首先回忆二人交往旧事，陆可教不像其他人，与屠隆朝夕过从，而是"回车息影，不为通者半岁"，偶然相遇于路，掉臂而去，如同市人。屠隆以为陆可教厌薄自己，实不知陆可教于己"钟情特厚"。其次，说世人城府深浅之得失利弊。深者复杂，

"方寸溪谷,对面九疑",容易招致祸患。浅者简单,"提肝挈胆,洞见底里",容易获得理解。再次,说巧与拙的关系。世人皆说屠隆拙,屠隆认为与巧匠鲁班(公输般)与舜臣倕相比,"诚拙",但与抱瓮灌园之人相比,"仆之机事亦多矣"。在尘俗中,应该大拙,才能离仙佛不远。最后,告知冯梦祯近访青浦署中,作世外语,两人可同修净土,共探佛教教义。

与箕仲〔一〕

足下居西曹闲适〔二〕,乃以笔札之役颇闻劳神,良工苦心,知者亦不希矣〔三〕。世有赏音〔四〕,何妨奏流水〔五〕?闻一篇每出,长安纸价为贵也〔六〕。昔钱、郎之居京师〔七〕,未必如此,聊足为吾曹吐气〔八〕。若弟之濩落〔九〕,当复何言?

数奉教贤者,择地而蹈〔一〇〕,不敢逾法度尺寸。至觍骸取怜〔一一〕,涊忍以买名誉〔一二〕,实鄙贱所未能。直以肮脏无端而得罪大人长者,有死不敢为。若苦细民而媚贵人〔一三〕,屈正法而树私德,诚鄙心不忍也。悉力周旋〔一四〕,使人人得所欲而去,以无失名誉,即仆亦愿之。然人心不足,多口亦大难调矣。所贵相知心,幸以格外见亮[一五]，若朝听一爱者之口，便可伯夷[一六]，暮听一憎者之口，立为盗跖[一七]，仆尚何赖乎？矢而自信[一八]，终不敢为秽德以负知者[一九]。昔人有言："宁为刑罚所加，毋为陈君所短。"[二〇]仆念此矣，所以不求知世人，而求知足下。如以多口交誉为贤，则阿大夫何以烹[二一]？如必以毁言日至者为贤，则龚、黄诸公声施后世矣[二二]。此何可为据？

仆居此中，无治状可称，弟不但操行，即一颦笑亦不敢苟，而哓哓者犹向肩吾不休[二三]，仆何敢知其人？即知之，何敢恨也？善乎，冯开之之言曰[二四]："用君之心，行君之事，安君之命。"仆虽不肖，敢忘此言？然仆实有一事，不敢为知己隐。平生好弄笔墨，今为簿书吏，固尝决意焚楮研[二五]，专志治簿书，庶几得职[二六]。而偶遭文人，不堪技痒，又好折节时贤，旁观不誉[二七]，或以为近名。百日墨守，一朝而失之，片组出人间，便足诲妒[二八]。明知其如此，而不能割也。譬如甘酒耆音者[二九]，虽复受戒父兄，时或当前，故病旋发，使仆尽捐笔墨，一意簿书，便觉太无聊赖，亦不能知有官人之乐矣。然以此故，长恐为世人口实，而勤苦恒倍于他人，黔首之事以身任之[三〇]，即至猥琐劳瘁[三一]，不敢辞，足下所知也。薄命之人，进退维谷[三二]，假使仆雅无文艺之好，而别有凉德[三三]，人将舍我乎？语云："顺风而呼。"[三四]仆今呼逆风矣，何施而不难也。

沧海之曲，可以投竿，仆不当攒眉而向故人[三五]。穷愁之言，不觉觇缕[三六]，恐足下厌听。

（《由拳集》卷十六）

注释

〔一〕箕仲：见《与沈长孺书》注释〔二〕。

〔二〕西曹：兵部或刑部的别称。沈九畴曾任职刑部。

〔三〕希：少，通"稀"。

〔四〕赏音：知音。

〔五〕奏流水：见《与李之文书》注释〔四四〕。

〔六〕"长安"句：西晋左思《三都赋》既成，士人争相传抄，导致洛阳纸价飞涨。事见《晋书·左思传》。长安，代指京城。

〔七〕钱、郎：唐代诗人钱起和郎士元。钱起（722—780），字仲文，吴兴（今属浙江）人。天宝十载（751）进士，历官秘书省校书郎、蓝田县尉、司勋员外郎、考功郎中、翰林学士等。"大历十才子"之一。郎士元（727—780），字君胄，中山（今属河北）人。天宝十五载（756）进士，历官拾遗、补阙、校书、郢州刺史等。二人诗名甚盛,世称钱、郎。元辛文房《唐才子传·郎士元》:"与员外郎钱起齐名,时朝廷自丞相以下出牧奉使,无两君诗文祖钱,人以为愧。其珍重如此。"

〔八〕吾曹:我们,我辈。

〔九〕濩落:见《与沈君典》注释〔四二〕。

〔一〇〕蹈:踩踏,行。

〔一一〕骩骳(wěi bèi):曲折委婉,屈曲。曲意逢迎。

〔一二〕淟涊(tiǎn niǎn):卑微,污浊,软弱。

〔一三〕细氓:市井小民。

〔一四〕悉力:尽力。

〔一五〕见亮:同"见谅",请对方原谅自己。

〔一六〕伯夷:商末孤竹国君之长子,与弟叔齐耻食周粟,饿死于首阳山(在今山西永济县南)。

〔一七〕盗跖:传说中的大盗。

〔一八〕矢:誓。

〔一九〕秽德:污秽之行,肮脏恶劣的行为。

〔二〇〕陈君:陈寔(104—187),字仲弓,许县(今属河南)人。历任县吏、都亭佐、督邮、郡西门亭长、功曹、闻喜长、太丘长等。陈寔为政,处事公正,修德清静,百姓安宁。见《后汉书·陈寔传》。

〔二一〕阿大夫何以烹:阿大夫,齐威王时齐国阿城大夫。《史记·田敬仲完世家》:"召阿大夫,语曰:'自子之守阿,誉言日闻。然使使视阿,田野不辟,民贫苦。昔日赵攻甄,子弗能救。卫取薛陵，子弗知。是子以币厚吾左右以求誉也。'是日，烹阿大夫，及左右尝誉者，皆并烹之。"

〔二二〕龚、黄：龚遂、黄霸。龚遂，字少卿，南平阳（今属山东）人。宣帝时，为渤海太守，时值饥荒，开仓济贫，劝民农桑，境内大治。见《汉书·循吏传》。黄霸，字次公，阳夏（今属河南）人。为政宽和，力行教化。曾为颍川太守，甚有政绩。后官至丞相，封建成侯。见《汉书·循吏传》。

〔二三〕哓哓（xiāo）：吵嚷，唠叨。肩吾：沈一贯（1531—1615），字肩吾，号龙江、蛟门，鄞（今浙江宁波）人。隆庆二年（1568）进士，万历间累官至户部尚书、武英殿大学士。卒谥文恭。有《易学》、《庄子通》、《敬事草》、《吴越游稿》、《喙鸣诗文集》，编有《经世宏辞》、《弇州稿选》。传见《明史》卷二百十八、《康熙鄞县志》卷十七。

〔二四〕冯开之：见《与孙太史、冯吉士、沈比部书》注释〔一〕。

〔二五〕楮（chǔ）研：同"楮砚"，纸砚。

〔二六〕庶几：表示希望的语气词，或许可以。得职：称职。

〔二七〕詧：同"察"。

〔二八〕诲妒：诱发妒忌之心。

〔二九〕耆：通"嗜"。

〔三〇〕黔首：平民，老百姓。

〔三一〕猥琐：琐细，繁杂琐碎，卑贱微末。劳瘁：因辛劳过度而致身体衰弱。

〔三二〕进退维谷：处境艰难，进退两难。

〔三三〕凉德：薄德，少德。

〔三四〕顺风而呼：比喻凭借外力，有较好效果。语出《荀子·劝学》。

〔三五〕攒（cuán）眉：皱眉，不愉快。

〔三六〕猡（luó）缕：详细述说，言语啰嗦。

点评

此书作于万历八年（1580）。书牍首先祝贺沈九畴诗文每一篇出，洛阳纸贵，"为吾曹吐气"。其次，说自己为官，遵守法度，不得罪大人长者，也不让百姓为难。但人心不足，众口难调，所贵知心，希望沈九畴兼听则明，不偏听偏信。再次，说自己奉公守法，但有人向沈一贯（肩吾）进谗言，说自己坏话。自己雅好文艺，遭人诲妒，但并没有因与文人交往，写作诗文，影响县政。谣言不利，使自己进退维谷，有如逆风而行，无事不难。最后，请沈九畴谅解自己的愁眉之态，穷愁之言。

与陈伯符〔一〕

不见伯符三年矣。江上秋风，都门夜月，联镳结轸〔二〕，大堤曲巷〔三〕，烧灯把盏，细语雄词。顾盼生云烟，俯仰无天地。此欢若可长久，侯王何贵哉？旬日之间，星流霞散，伯符折而东，仆折而西，如断蓬一离本根，随长风飘转，天涯相失，茫茫何之？每念琼树枝[四]，心断何言？

足下骑瘦马长安，称失意矣。然有才如安仁[五]，年少而风流，又明粹温夷[六]，穆乎老成，秉心内朗，应机外员[七]，东序天球[八]，的然国宝。即坐冷青毡[九]，作三辅师表[一〇]，言为春华，行为秋实，持论折角[一一]，说诗解颐[一二]，良亦适。又何如老广文白首龙钟[一三]，而犹婆娑此官哉？夫贾生非不抱长材[一四]，习知古今治乱，称开美士[一五]，第才识英朗，器局未定，不无跌宕喜事之习[一六]，所以窘步[一七]。足下之材具，不减太傅[一八]。读足下五策，坐失治安，又青年而有黄发之心矣[一九]。前途虽远，何所不到？

仆面孔犹昔尔，三十年以前，奔走饥寒。三十年以后，劳苦簿书。践历艰难，备尝世味者，无如不肖，而知不加达，行不加良，人物伎俩，居然故吾，何以见足下？今得艰邑[二〇]，烦苦万状，足下所知也。劳苦甘之，此则在我者。其有不在我者，独奈之何？以为私利，则甘置身不肖，而名行尽丧，私利安可为也？以为仁义，则或指为近名，而反以得罪，仁义安可为也？仆虽至不肖，终不敢自处秽德[二一]，以辱九族而负交游。至是非毁誉、显晦升沉，悬解久矣[二二]。

足下勉之，光此令德，青云伊始，慎作功名。仆当先至四明、天姥上[二三]，扫一石以待足下。开之诸君良可与语[二四]，俟足下了庙堂之策[二五]，永结烟萝之缘[二六]。裁书叙心，足下亮我[二七]。

（《由拳集》卷十七）

注释

[一] 陈伯符：陈泰来（1559—?），字伯符（一作苻），一字上交，平湖人（今属浙江）。万历五年（1577）进士，历官顺天教授、国子博士、礼部主事、员外郎，以疏救赵南星，谪饶平典史卒。有《员峤集》。传见《明史列传》卷八十五《明史》卷二百三十一。

[二] 联镳（biāo）结轸（zhěn）：并驾齐驱。镳，马勒。轸，车箱底部的横木。

[三] 大堤：堤名，在今湖北襄阳境内。后代指繁华之地或寻欢场所。曲巷：偏僻的小巷，代指妓院。

[四] 琼树枝：瑶林琼树，传说中仙界的玉花树。比喻品行高洁、风神秀逸的人。

[五] 安仁：潘岳（249—300），字安仁，中牟（今属河南）人。才貌俱佳，善诗赋，诗与陆机并称。

〔六〕明粹：明晰精粹。温夷：平和，平安。

〔七〕应机：顺应时机，随机应变。员：通"圆"。

〔八〕东序：夏时的大学。后世又为朝廷收藏图书秘宝之所。天球：美玉名。

〔九〕青毡（zhān）：青色的毛毯。后代指清寒贫困的生活。

〔一〇〕三辅：西汉治理京畿地区三个职官的合称，亦指其所辖地区。后泛称京城附近地区为三辅。

〔一一〕折角：汉元帝时，少府五鹿充宗治《梁丘易》，以贵幸善辩，诸儒莫敢与之辩论。有人推荐朱云，朱云昂首论难，驳得充宗无言以对。诸儒为之语曰："五鹿岳岳，朱云折其角。"事见《汉书·朱云传》。后以"折角"喻指雄辩。

〔一二〕解颐：开颜欢笑。典出《汉书·匡衡传》："匡说《诗》，解人颐。"

〔一三〕老广文：指唐郑虔。郑虔（691—759），字趋庭，荥阳（今属河南）人。工诗书画，以诗书画合卷献玄宗，玄宗题赞"郑虔三绝"，授郑虔国子监广文馆博士。人称郑广文。广文，唐天宝九载（750）设广文馆，设博士、助教等职。明、清时，称教官为广文。

〔一四〕贾生：见《与沈君典书》注释〔四〇〕。

〔一五〕开美：气度豁达。

〔一六〕跌宕：富于变化，有顿挫波折。

〔一七〕窘步：步履维艰。

〔一八〕太傅：贾谊。

〔一九〕黄发：头发变黄，指年老，亦指老人。

〔二〇〕艰邑：难以治理的州县。

〔二一〕秽德：污秽之行，肮脏恶劣的行为。

〔二二〕悬解：解除束缚，了悟。

〔二三〕四明、天姥：四明山、天姥山。四明山在今浙江绍兴、宁波境内，天姥山在今浙江绍兴新昌境内。

〔二四〕开之：冯梦祯，见《与孙太史、冯吉士、沈比部书》注释〔一〕。

〔二五〕庙堂：朝廷。

〔二六〕烟萝：草树茂密，烟聚萝缠。借指幽居或修真之处。

〔二七〕亮：通"谅"，谅解，原谅。

点评

此书作于万历八年（1580）。平湖（今属浙江）人陈泰来是屠隆同年进士。陈泰来中进士，年仅十九岁，可谓少年得意，但仕途不顺，官职也不高，历官顺天教授、国子博士、礼部主事、员外郎，以疏救赵南星，谪饶平典史卒。书牍首先回忆万历五年（1577）在京城时，二人往来的欢快情景，随后各奔东西。其次，夸奖陈泰来，才如潘岳，"的然国宝"。安慰陈泰来，顺天教授虽然贫寒，是京城师表，亦可适心适志。再次，说自己备尝艰难，在青浦任职，烦苦万状，甘心劳苦，以不辱九族，负交游。最后，勉励陈泰来，发扬美德，建大功业，日后共同隐居。

与欧桢伯〔一〕

仆居东海时，则雅闻南海有欧仑山先生。其人明智而敦庞〔二〕，博学有高才，文章如司马迁〔三〕，声诗如王维、李颀〔四〕，戢翼卑栖〔五〕，恬于势利〔六〕，又如扬子云〔七〕。仆私心慕焉，然贱性疏，好诗文而不肯精，好折节贤人名士而不能纳交。所至杜门下楗〔八〕，手一编隐几〔九〕，颓然自放，起而仰视庭中飞云，便以为适。

少年结屋旷野，大江横于门前。春雨秋潦，长风卷树，灵潮走沙，洪波浸灶下者浃旬〔一〇〕。仆乘孤槎往来〔一一〕，驾鹅群飞〔一二〕，雁鹜相呼〔一三〕，人迹罕至。此时少且亡赖，直思骑金鳌背上出海门〔一四〕，一至龙伯国而还〔一五〕，以故野性益习，疏懒日甚。偶不自坚，漫从诸公游都下，譬如海鸟一旦去平沙岛屿之间，而游于上国，彷徨自失矣。以故居都下，亦闭门下楗。居半岁，无一人知者。会友人伍君客死〔一六〕，仆哀而为文哭之，为沈君典、冯开之诸君见而奇之〔一七〕，问为何人作，或以仆对，相约联骑过我〔一八〕。三及门，仆犹坚卧不起。诸君排闼寻我卧内〔一九〕，仆不得已，强起拥布被，据匡床而与之谈〔二〇〕。谈有顷，乃呼童子取衣冠。诸君信可人，自是日取酒扫榻而延此二三相知〔二一〕。二三相知稍习不佞〔二二〕，顾益喜，无日不见过。旅舍有茂树一章，相与偃息其下〔二三〕，或张灯至丙夜不罢去〔二四〕，而门外之客日益疏。二三相知偶然而合，诸公亦偶然而疏，非敢为肮脏也〔二五〕。

以先生之才之德，仆向神交三十年。及至长安，而落落如途人者〔二六〕。此岂人情哉？又有贤贵大人怀刺先于仆〔二七〕，出仆之文章，读而赏之再三，爱好笃至，而命仆无及门。仆即无及门，座主先生至感恩知己者也〔二八〕，堇堇从稠众谒见政府〔二九〕，而未尝一及私第，至今使座主先生尚不识仆面孔。仆之疏懒率真，诚为有罪，然实非敢为肮脏也。嵩栖野宿之人〔三〇〕，偶徼时幸，骤而蹑草履，婆娑长安，耳目尽易，心魂陧杌〔三一〕，安得周旋俯仰如素官？举止山野，则其固然，苟非深察，鲜不为罪。今屈首为一令〔三二〕，世故渐涉，周旋颇熟，而真性亦渐以漓矣〔三三〕。倏忽之凿混沌〔三四〕，将为若德，适害之尔。仆曩居长安，亡所恨，恨不蚤自结交先生，亦不知先生之拳拳于不佞若是。

友人冯开之来，言先生，亦言李宛平〔三五〕。宛平奇杰士，注念仆良不浅。仆心感之，不及以姓名通。盖不佞平生大都不敢先人，今处疏贱，益以局促，先生为我谢宛平公。

友人来，得先生诗一、笺一、杂刻数种，穷儿暴富矣。敬美罢官归[三六]，山林生色，近读其匡庐、京口诸名山游记[三七]，固知其有今日。天放二龙乎[三八]？属北鸿有便，布此区区，案牍劻勷[三九]，率尔不次。

(《由拳集》卷十七)

注释

〔一〕欧桢伯：欧大任（1516—1595），字桢伯，号仑山，顺德（今属广东）人。博涉经史，工古文辞诗赋，然科举不顺，八次乡试不中。嘉靖四十二年（1563），四十七岁时以岁贡生资格，试于大廷，一鸣惊人，历官国子博士、大理寺评事、南京工部郎中等。有《虞部集》。传见《明史》卷二百八十七。

〔二〕敦庞：敦厚朴实。

〔三〕司马迁：司马迁，字子长，西汉夏阳（今属陕西）人。著有《史记》。

〔四〕王维：王维（701—761），字摩诘，蒲州（今属山西）人。唐代诗人，有《王右丞集》。李颀（690—751），颍阳（今属河南）人。唐代诗人，有《李颀集》。

〔五〕戢：收敛。

〔六〕恬（tián）：安静，淡然。

〔七〕扬子云：西汉扬雄，字子云。

〔八〕杜门：闭门。下楗（jiàn）：锁门。楗，门栓。

〔九〕隐几：靠着几案。

〔一〇〕浃旬：一旬，十天。

〔一一〕槎（chá）：木筏。

〔一二〕鴐（jiā）鹅：鸿雁。

〔一三〕鹜（wù）：鸭。

〔一四〕金鳌：神话中金色巨龟。

〔一五〕龙伯国：传说中的大人国。《列子·汤问》篇有龙伯国人钓鳌的传说。

〔一六〕伍君：伍惟忠，字效之，号荩吾，安福（今属福建）人。万历五年（1577）进士，同年四月卒。传见沈懋学《郊居遗稿》卷十《明刑部观政进士伍荩吾先生墓志铭》。屠隆作《祭同年伍进士文》，见《由拳集》卷二十。

〔一七〕沈君典：沈懋学，见《与沈君典书》注释〔一〕。冯开之：见《与孙太史、冯吉士、沈比部书》注释〔一〕。

〔一八〕过：拜访。

〔一九〕排闼（tà）：推门，撞开门。闼，小门。

〔二〇〕匡床：安适的床。一说方正的床。

〔二一〕延：邀请。

〔二二〕习：熟习。

〔二三〕偃息：休息，止息。

〔二四〕丙夜：三更时分。

〔二五〕肮脏：不屈不厄。

〔二六〕落落：零落，孤高，与人难合。

〔二七〕怀刺：怀藏名片，准备谒见。

〔二八〕座主：明、清时，举人、进士称其本科主考官或总裁官为座主。

〔二九〕堇堇（jǐn）：仅仅，极少。政府：宰相处理政务的处所。代指首辅。

〔三〇〕嵓：同"岩"。

〔三一〕隉杌（niè wù）：即"杌隉"，心情不安。

〔三二〕屈首：低头。

〔三三〕漓（lí）：浅薄。

〔三四〕倏忽之凿混沌：语出《庄子·应帝王》："南海之帝为倏，北海之帝为忽，中央之帝为浑沌。倏与忽时相与遇于浑沌之地，浑沌待之甚善。倏与忽谋报浑沌之德，曰：'人皆有七窍，以视、听、食、息，此独无有，尝试凿之。'日凿一窍，七日而浑沌死。"意为好意却办成了坏事。

〔三五〕李宛平：李荫，字于美，号岇客，内乡（今属河南）人。嘉靖四十三年（1564）举人，授临海教谕。万历六年（1578），任宛平知县。后迁户部主事。

〔三六〕敬美：王世懋，见《与王元美先生书》注释〔八一〕。

〔三七〕匡庐:庐山,在今江西境内。京口:在今江苏镇江。

〔三八〕二龙:誉称同时著名的二人,一般多指兄弟。此指王世贞、王世懋兄弟。

〔三九〕勷勷(ráng):急促不安。

点评

此书作于万历八年(1580)。顺德(今属广东)人欧大任是屠隆"神交三十年"的前辈文人。万历五年(1577)中秋,二人曾在会稽(今属浙江)人陶允宜(字茂中、懋中,万历二年(1574)进士,官刑部主事)宅中相见,与众人赏月赋诗。屠隆有诗《中秋,同黎惟敬诸君集陶茂中宅,得朝字》(《由拳集》卷九),欧大任有诗《中秋,同黎惟敬、王敬美、梅客生、沈箕仲、屠长卿、周元孚、唐惟良、沈叔成集陶懋中宅对月》(《欧虞部集·雍馆集》卷四),但没有深入交谈。(凌迪知《国朝名公瀚藻》卷四十六欧大任《与屠长卿》:"仆始闻足下于沈生也,不得觏见。既而秋中之夕,同饮同玩月于陶生所,竟未交一语而去。")欧大任耳闻屠隆"闳博渊洽,学既无所不通,而最有深潭之思",又得屠隆颍上知县任上所赠《屠长卿集》(凌迪知《国朝名公瀚藻》卷四十六欧大任《与屠长卿》:"又得颍上所著书,读之,一何似两司马语也。"),得知屠隆由颍上移任青浦,抚民如一(凌迪知《国朝名公瀚藻》卷四十六欧大任《与屠长卿》:"当事者廉得异才,自颍移青浦。两邑异尚,拊循如一。"),与书屠隆(欧大任《与屠长卿》,凌迪知《国朝名公瀚藻》卷四十六),并赋赠诗一首、杂刻数种,屠隆因此回书欧大任。书牍首先表明久闻欧大任文名籍甚,博学多才,不求名利,久有向慕之心，因性疏懒而未能结交。其次，说自己从小身处海边，到京城应考，闭门谢客，因作祭同年伍惟忠文（《由拳集》卷二十《祭同年伍进士文》），为同年沈懋学、冯梦祯所识，始与众人往来。再次，说在京虽与欧大任有过接触，但由于疏懒率真，致使二人如同路人。不能在京城结交欧大任，也不知欧大任对自己的拳拳之心，这是在京城的唯一遗憾。复次，请欧大任代谢宛平知县李荫。最后，说明收到欧大任信笺、赠诗和杂刻数种，顺便说到王世懋罢官和自己读其游记的情况。文中写屠隆身处海边和在京城与友人相处的经过，形象生动，是研究屠隆生平经历的鲜活材料。

与沈肩吾太史〔一〕

贱子鄙，性复跅弛〔二〕，行能不足比数〔三〕，雅无乡曲之誉〔四〕，乡父兄长者骎子弟畜之〔五〕。贱子亦甘寂历，退处江壖〔六〕，蓬蒿满户矣。犹以雕虫薄技谬录于二三知己〔七〕，间有大人之游。家贫无藏书，罕所涉览，偶从士大夫借一策寓目焉，尝鼎一脔而已〔八〕。学又无师承，所撰结师心独出，罔诠正觉〔九〕，徒耽耽作野狐禅〔一〇〕。偶为大宗门所发〔一一〕，不堪抚掌〔一二〕。属有天幸，往往得承颜色于当世之贤者，不我麾去〔一三〕。如君家山人〔一四〕，居然臭味同也〔一五〕，而贱子亦请以北面之礼见〔一六〕。箕仲、长孺盛许气义〔一七〕，比肩而论交贱子，不肖诚不自知其得幸于诸君子若是。

乃足下之文章行义，卓绝今古，即令绵旷千载，辽邈万里，犹将神交精驰，趯趯决起而从之〔一八〕。而况大贤近接宇下，不得一当，恐一旦先狗马〔一九〕，以为长恨。则以足下官京师，侍金华〔二〇〕，而贱子方困泥涂〔二一〕，无从自进，私心往矣。比足下东归，即对家田叔首问长卿无恙〔二二〕。及贱子丙子北上〔二三〕，足下又俨然损惠珠玉〔二四〕，烂焉色泽，盖似深有意于不肖者。一作小吏，日苦嚣尘〔二五〕，久不得一吐胸中积愫〔二六〕，缺然为恨〔二七〕。足下人物权衡，天朝瑚琏〔二八〕，而不肖鄙庸下品，诚无足当长者盼睐〔二九〕，顾其志可念尔。待罪鄙邑亦惟是，日夕兢兢〔三〇〕，择地而蹈〔三一〕，罔敢逾法度尺寸。敝邑父老子弟颇安其拙，乃闻有向长者横作口语。此必不肖有凉德于彼〔三二〕，偶不自知。不然者，何以至此？伏蕲足下哀其惷愚而教植之〔三三〕，幸甚。

（《由拳集》卷十七）

注释

〔一〕沈肩吾：沈一贯，见《与箕仲》注释〔二三〕。太史：明、清时，修史之事由翰林院负责，因称翰林为太史。沈一贯曾任翰林院编修，故称之太史。

〔二〕跅（tuò）弛：作风放荡而不守规矩。

〔三〕行（xìng）能：品行能力。

〔四〕乡曲：乡里，穷乡僻壤。

〔五〕騃（ái）：不慧。

〔六〕江壖（ruán）：江边地。

〔七〕雕虫：见《与刘观察先生书》注释〔一七〕。

〔八〕尝鼎一脔（luán）：尝鼎里一片肉，就知道鼎里的肉味。脔，切成块的肉。

〔九〕诠（quán）：说明，解释。正觉：佛教术语，梵语意译，又作正解、等觉，意即真正之觉悟。

〔一〇〕野狐禅：比喻似是而非之禅，后泛指歪门邪道。

〔一一〕宗门：佛教语，禅宗自称，称其他各宗为教门。

〔一二〕拊（fǔ）掌：拍手，鼓掌。

〔一三〕麾：同"挥"。

〔一四〕君家山人：指沈明臣，见《与王元美先生书》注释〔一三四〕。

〔一五〕臭（xiù）味：气味。比喻同类的人或事物。

〔一六〕北面之礼：学生对老师之礼。

〔一七〕箕仲：沈九畴，见《与沈长孺书》注释〔二〕。长孺：沈一中，见《与沈长孺书》注释〔一〕。

〔一八〕趯趯（yuè）：跳跃，跳动貌。

〔一九〕先狗马：自己早死。

〔二〇〕金华：金华殿。汉长安城中长乐宫和未央宫，皆有金华殿。

〔二一〕泥涂：见《与箕仲书》注释〔一六〕。

〔二二〕田叔：屠本畯，见《与余君房书》注释〔二七〕。

〔二三〕丙子：万历丙子，万历四年（1576）。

〔二四〕俨然：庄重严肃貌。损惠：谢人馈送礼物的敬辞。意谓对方降抑身份而加惠于己。

〔二五〕嚣尘：喧闹扬尘。喻指纷扰的尘世。

〔二六〕积愫（sù）：多年来的情愫。

〔二七〕缺然：有所不足，缺失。

〔二八〕瑚琏：宗庙里盛黍稷的祭器，比喻治国的才能。语出《论语·公冶长》。

〔二九〕盼睐：顾盼，眷顾，垂青。

〔三〇〕兢兢（jīng）：小心谨慎。

〔三一〕蹈：踩，踏。

〔三二〕凉德：薄德，少德。

〔三三〕蕲：通"祈"，祈求。惷（chǔn）愚：愚蠢，蠢笨。教植：教育，培养。

点评

此书作于万历八年（1580）。屠隆同乡鄞县（今浙江宁波）人沈一贯，隆庆二年（1568）进士，选庶吉士，授检讨，历官翰林院编修、侍读等。明、清时，修史之事由翰林院负责，因称翰林为太史。万历二年甲戌（1574）十一月，沈一贯母卒（沈一贯《喙鸣文集》

卷十九《先妣》)，屠隆作文祭奠(《屠长卿集》文集卷五《祭沈太夫人》)，又代人作祭文(《屠长卿集》文集卷五《祭沈太夫人，代作》)。万历四年(1576)腊月，屠隆赴京应试进士，沈一贯赠以财物，有诗送别(沈一贯《喙鸣文集》卷六《送屠长卿公车》)。书牍首先说明自己以文才受人肯定，得交当世贤者，与沈明臣、沈九畴、沈一中等关系密切。其次，说自己很早就仰慕沈一贯，有心与之交往，但无从自进。及沈一贯回乡，对屠本畯首问屠隆消息。赴京应试，又赠以财物。再次，说自己任青浦知县，兢兢业业，但有人向沈一贯"横作口语"，望沈一贯明察鉴别，不要误信谣言。沈一贯回书，说"往者剧县能吏，率不时迁"，同情屠隆"淹终三年，佳绩播闻，未有后命，成功之难也如是"，劝屠隆"益勤明德"(凌迪知《国朝名公瀚藻》卷四十三沈一贯《与屠长卿》)。并有诗二首寄屠隆，赞扬屠隆青浦治绩，表明接到屠隆书牍后的相思之情。其一有句云："谁言州县独劳人，青浦缄题物色新。"其二有句云："斜风一道相思字，直以此心遥对君。"(沈一贯《喙鸣文集》卷十二《酬屠长卿二首》)

与李临淮[一]

君侯青海龙种[二]，昆丘凤毛[三]，束发论交[四]，名无跬而走九域[五]，天下艳慕[六]，英雄延颈[七]。某不佞往者固尝于交游处窥见一斑，私中良切，顾安敢望执牛耳之盟[八]，庶几古人执鞭之义[九]。而远方布衣韦带[一〇]，名字不闻于上都，亡从自进。

及以公车之役旅食长安[一一]，幸得以薄技见收于二三君子，又幸得以友人之推毂交于下执事也[一二]。仆平生椎鄙[一三]，亡他嗜好，独如五色蠹鱼好食神仙字[一四]，又好折节交时贤。而性复疏，不能欯欯取名、圜转滑稽以游于大人[一五]，苟非从寥廓相视，鲜不对面而失之。如仆之获交于下执事相欢，盖殊有数，非偶而已也。朱第倾觞[一六]，琳宫飞盖[一七]，二三友人，狂呼大噱[一八]，北斗下挂[一九]，星河倒流，千载奇踪，真宰所忌[二〇]，把袂不数[二一]，转盼河山。而仆乃为邑小吏，支离尘溷[二二]，蹢躅路旁[二三]，望长安诸贵人，如闻阊阖群仙矣[二四]。顾犹念君侯逸群之骨，不当漫以世俗相期，敬作数语，展讯故人。仆今者叩阊阖矣，则实以故人，非以君侯也。

胡元瑞[二五]，不佞同袍友[二六]，雅与君侯善。今居长安，把臂定如故。漂转以来，久绝音耗，幸为不佞致此情。

（《由拳集》卷十七）

注释

〔一〕李临淮：李言恭（1542—1599），字惟寅，号青莲居士，盱眙（今属江苏）人。明开国功臣李文忠八世孙。万历三年（1575）袭封临淮侯，守备南京。好学诗，折节寒素。有《贝叶斋稿》、《青莲阁集》等。见王世懋《王奉常集》卷五《赠李惟寅袭封临淮侯序》、《青莲阁集》卷首陈文烛《青莲阁诗序》。

〔二〕青海：青海湖，在今青海省境内。龙种：骏马，喻俊杰。帝王的子孙。

〔三〕昆丘凤毛：传说昆仑山上有凤凰。昆丘，昆仑山，横贯今新疆、西藏、青海境内。凤毛，喻人风度华美、才华杰出。

〔四〕束发：见《与王元美先生书》注释〔三五〕。

〔五〕九域：九州。

〔六〕艳慕：爱慕，羡慕。

〔七〕延颈：伸长脖子，表示仰慕，渴望。

〔八〕执牛耳：盟主，比喻在某一方面居于权威或领导地位。

〔九〕庶几：大概，或许。执鞭：持鞭驾车。表示卑贱的差役，自谦之辞。

〔一〇〕布衣韦带：布做的衣服，韦皮做的带子。贫民服装。借指没有做官的读书人或贫贱之士。韦，熟牛皮。

〔一一〕公车：举人应试。

〔一二〕下执事：对对方的尊称。推毂（gǔ）：举荐援引。

〔一三〕椎鄙：朴钝粗俗。

〔一四〕"独如五色"句：喜好读书，写文章。蠹鱼，虫名，又称衣鱼。蛀蚀书籍、衣服。

〔一五〕圜（huán）转：旋转，圆滑。滑稽：形容圆转顺俗的态度。

〔一六〕朱第：漆成红色的宅第。倾觞：畅饮。

〔一七〕琳宫：殿堂。飞盖：驱车，驰车。

〔一八〕噱（jué）：大笑。

〔一九〕北斗：见《与沈君典书》注释〔一四〕。拄（zhǔ）：支撑。

〔二〇〕真宰：宇宙的主宰。

〔二一〕把袂：握袖，表示亲热。

〔二二〕尘溷（hùn）：尘俗，污秽。

〔二三〕蹢躅（zhí zhú）：徘徊不前的样子。

〔二四〕阊阖：传说中的天门。

〔二五〕胡元瑞：胡应麟（1551—1602），字元瑞、符瑞，号少室山人，更号石羊生，兰溪（今属浙江）人。万历四年（1576）举人。有《少室山房集》、《少室山房笔丛》、《诗薮》等。传详《少室山房集》卷首王世贞《石羊生传》、《少室山房集》卷八十九《石羊生小传》。《石羊生传》在《弇州续稿》卷六十八作《胡元瑞传》。

〔二六〕同袍：同年。

点评

　　此书作于万历八年（1580）。万历五年（1577），屠隆与李言恭在京城往来密切，《由拳集》卷九《燕李临淮第》、卷十一《同冯开之访李临淮，马上口占》，李言恭《贝叶斋稿》卷三《秋日，屠长卿、冯开之过集小斋》等是二人宴饮聚会所作之诗。同年九月，屠隆离京赴任颍上知县，李言恭与沈懋学、冯梦祯等友人送别，屠隆有《李惟寅携酒显灵宫，同沈箕仲、沈君典、冯开之与余言别赋此》（《由拳集》卷九），李言恭有《送屠长卿令颍上》（《贝叶斋稿》卷三）。万历九年（1581），李言恭来书，请屠隆为其《贝叶斋稿》作序（凌迪知《国朝名公翰藻》卷四十六李言恭《与屠长卿》）。当年夏，屠隆作《贝叶斋稿序》（《白榆集》文集卷一，李言恭《贝叶斋稿》卷首屠隆《贝叶斋稿叙》末署："万历九年辛巳夏，东海友人屠隆顿首撰。"）并作读《贝叶斋稿》诗寄之（《白榆集》诗集卷五《读李惟寅贝叶稿却寄》）。书牍首先夸赞李言恭出身贵胄，才华杰出，名闻天下，曾在交游处与李言恭有一面之缘，但因布衣贫寒，无从自进深交。其次，回忆万历五年（1577）与李言恭在京城往来的欢快情景，说自己身为小吏，望京城贵人，如天上仙人。问候李言恭，是以故交而非君侯之身份。再次，请李言恭代问候友人胡应麟（字元瑞）。书中叙屠隆与李言恭等人在京中畅饮往来，不拘礼法，"狂呼大噱"，栩栩如生。万历九年（1581），李言恭来书，除请屠隆为《贝叶斋稿》作序外，也说十分怀念京城交游之乐，屠隆青浦县治美誉达于京城，预言他升迁指日可待："别来岁序不知其几，更忆畴昔之追游，茫然已落梦境矣。虽吾曹义气初不在形迹间,终岂若促膝抵掌、昕夕相依之为快也。……足下宰治大邑,召杜之颂,达于京国。知台省之擢,当在指日。故人如不佞,能不跃然羽旋。附此鸣悃,惟加餐自玉。宰社幸甚,吾道幸甚。"(凌迪知《国朝名公翰藻》卷四十六李言恭《与屠长卿》)

与王敬美〔一〕

往读先生游名山诸记,胸中何磊块哉〔二〕。耽幽揽胜,语语烟霞,知先生雅抱尚平之癖〔三〕。无何〔四〕,闻先生疏乞身〔五〕,季鹰、贺监〔六〕,千载同声矣。久之不得的耗〔七〕,想疏入不报也。朝廷固惜贤达,恐未得遂卧山中。季鹰黑发归五湖〔八〕,"使我有身后名,不若生前一杯酒"〔九〕,良足称达士。而贺监白首始从天子乞鉴湖〔一〇〕,亦无不可。百代而下,岂以贺老不若张公哉?尽了四方之志,然后永结五岳之缘〔一一〕,"夜抱九仙骨,朝披一品衣"〔一二〕,如李邺侯〔一三〕,要亦不失为逍遥,先生第稍迟之。贱子游道既疏,世味亦浅,放筏虽后于先生,而及岸或反先之未可知,终当杖策追先生于云山烟水之间〔一四〕。长公颖异〔一五〕,当是兰台、石室中人〔一六〕。先生高才旷度,岂应凡骨?他日联翩雁序,并驰清都〔一七〕，为区中一大快事。贱子无状，诚妒之矣。

轩车东，不得一面，私心良恨。昔赵咨道经营阳〔一八〕，令曹暠，不为留，暠至亭次，望尘不及，谓人曰："赵君过界不见，必为天下笑。"即弃印绶，追至东海谒之。而不肖坐恋五斗〔一九〕，空望车尘，海内必且姗笑某不比于人〔二〇〕，以袖障面自恶也〔二一〕。先生宁有意乎？

奉去竹箋一握〔二二〕，乞先生为书近作数首，庶几哉出入怀袖〔二三〕，日披清风。肯为不肖撰一言更幸，非所敢望也。日求长公佳篇，业已见诺，烦先生一怂恿之〔二四〕。只尺娄东〔二五〕，精爽飞越。

（《由拳集》卷十七）

注释

〔一〕王敬美：王世懋，见《与王元美先生书》注释〔八一〕。

〔二〕磊块：雄伟，奇伟。

〔三〕尚平：亦作向平。东汉向长，字子平，隐居不仕，子女婚嫁既毕，遂漫游五岳名山，后不知所终。见《后汉书·逸民传》。

〔四〕无何：不久。

〔五〕乞身：请求辞职。

〔六〕季鹰、贺监：季鹰，西晋名士张翰字。张翰因为想念故乡莼菜和鲈鱼,弃官回乡。贺监,贺知章。贺知章曾任秘书监,故称。贺知章八十六岁才告老还乡,故下文称其"白首始从天子乞鉴湖"。

〔七〕的耗:确切消息。

〔八〕五湖:指隐居之所。

〔九〕"使我有身后名"两句:张翰语,见《世说新语·任诞》。

〔一〇〕鉴湖:在今浙江绍兴城西南。

〔一一〕五岳:见《与王元美先生书》注释〔三二〕。

〔一二〕"夜抱九仙骨"两句:语出唐代李亨《赐梨李泌与诸王联句》。

〔一三〕李邺侯:李泌(722—789),字长源,京兆(今陕西西安)人。历仕玄宗、肃宗、代宗、德宗四朝。德宗时,官至宰相,封邺县侯。因称李邺侯。曾多次隐居,栖身嵩山、衡山等名山。

〔一四〕杖策:拄杖。

〔一五〕长公:指王世懋兄王世贞。颖异:聪慧过人,颖拔奇异。

〔一六〕兰台、石室:宫廷藏书处。

〔一七〕清都:传说中天帝所居之处,也指帝王所居之京城。

〔一八〕"昔赵咨"至"追至东海谒之":赵咨,字文楚,东郡燕(今河南延津)人。桓帝时,举至孝有道,历官敦煌太守、东海相。为官清廉,有声誉。营阳,应作"荥阳",今属河南。

印绶，印信和系在印信上的丝带。《后汉书·赵咨传》："举高第，累迁敦煌太守，以病免还……复拜东海相，之官，道经荥阳。令敦煌曹暠，咨之故孝廉也。迎路谒候，咨不为留。暠送至亭次，望尘不及，谓主簿曰：'赵君名重，今过界不见，必为天下笑。'即弃印绶，追至东海。谒咨毕，辞归家。其为时人所贵若此。"

〔一九〕五斗：见《与沈君典书》注释〔六六〕。

〔二〇〕姗（shān）笑：讥笑，嘲笑。

〔二一〕恧（nù）：惭愧，羞愧。

〔二二〕箑（shà）：扇子。

〔二三〕庶几：大概，或许。

〔二四〕怂恿：劝说，鼓动。

〔二五〕只尺：同"咫尺"。娄东：太仓（今属江苏）位于娄水之东，故称。

点评

此书作于万历八年（1580）。王世贞弟王世懋（1536—1588，字敬美，号麟洲），时称少美。屠隆与王世懋结交，在万历五年（1577），"都门把臂，为欢须臾。一夕分携，千古永叹。"（《由拳集》卷十六《与王敬美》）"曩岁得逢清尘燕市，秉烛深夜，谈天雕龙，尽披玉屑，便自谓不虚此生。"（《由拳集》卷十六《答王敬美》）王世懋离京，有诗送别（《由拳集》卷九《携尊与沈箕仲诸君饯别王敬美》）。万历九年（1581）九月，屠隆为王世懋《关洛纪游稿》作序。（《白榆集》文卷一《关洛纪游稿序》，王世懋《关洛纪游稿》卷首屠隆《关洛纪游稿叙》："万历九年九月晦日。"）王瑞国编《瑯琊凤麟两公年谱合编》:"(万历八年)正月,在京考察……事竣而以病卧邸中,上疏请告……寻知其疾瘳,欲调为山东学道……公力辞不就,不得已,乃出。"与此书牍中所言"闻先生疏乞身……久之不得的耗,想疏入不报也","轩车东,不得一面"合。书牍首先说自己阅读王世懋名山游记后的感受,其次,说闻知王世懋因病请告而不准的消息,以张翰、贺知章、李泌的经历,认为王世懋辞官漫游尚早,待与兄王世贞并驰京城,功成名就后,再辞官不迟,自己也会追随王世懋左右,遨游于云山烟水之间。再次,以王世懋赴任山东,不能在路途一见为恨。以东汉曹暠谒赵咨不及,弃印绶,追至东海,谒毕辞归,说明自己不能辞官追谒的惭愧之情。最后,请王世懋题写扇面,也请王世懋催促王世贞,早日完成承诺之作。

报贺伯暗[一]

昔人有言:"时无英雄,使孺子成名。"[二]今天下不乏英雄,而足下谓仆名满人耳,仆即胡敢为名高?不佞无卧龙之姿[三],而有麋鹿之性[四]。少栖海曲,沉寥无人[五],洸洋自放[六]。读书粗了大义,发为辞章,好作寥廓语,而才不逮情[七],气常浮格。立马横槊意气有之[八],而不讲于黄石之略[九],徒野战尔[一〇]。纵衡江、淮间〔一〕，或可得志，何足当足下节制之师〔一二〕？而足下谬见推毂〔一三〕，倘非衷言乎？

不佞未尝识足下面孔，亦未获尽发武库之藏〔一四〕。往从冯先生所读尺一〔一五〕，便见文藻跌宕〔一六〕，胸怀磊块〔一七〕，尝鼎一脔〔一八〕，大略可睹矣。丰城神物可远望而知〔一九〕，而况亲捧瑶华〔二〇〕；单辞只语足觇明月〔二一〕，又何必淋漓盈楮〔二二〕，若斯之富哉？曩一读华缄〔二三〕，香三日不去口，因风遥遡，遂投长笺。三年不奉足下报音，仆心良未已也。昔嗣宗就孙登苏门〔二四〕，与语种种，登竟日不答。夫以嗣宗之贤，尚无一足当孙先生而启其玉齿，发其玄论，即仆可知矣。乃者遂俨然荷足下謦欬之音〔二五〕，小吏发械，虹霓之光上烛于九天〔二六〕，五岳忽隐起纸上，气何浩磊也。中间高自矜许〔二七〕，言不过实，众人所惊，仆乃以为愉快。不佞之才远逊足下，而闲情远韵颇谓近之，仆真足下之友也，愿以冯生为介绍，交于足下矣。

夫荣名亦幻，富贵何论，达哉张季鹰〔二八〕，"但取生前一杯酒，不用身后名"，杜征南沉碑或亦未达〔二九〕。余登圣贤王侯蓬颗之上〔三〇〕，未尝不泫然心悲也〔三一〕。大丈夫苟不用身后名，即文章亦敝帚，庞公、尚平庶几吾师乎〔三二〕？他日不佞与开之方且共修玄素之业〔三三〕，足下才气胸怀，定然此辈中人，愿无以世资故抱此悁忿〔三四〕，坐雕素心〔三五〕。

使者还，率尔寄答，其诸情事，非相见不可悉。不腆敝邑〔三六〕，冀借宠灵〔三七〕。不备。

（《由拳集》卷十七）

注释

〔一〕贺伯暗：贺灿然，字伯暗，号道星，秀水（今属浙江嘉兴）人。万历二十三年（1595）进士，历官行人、吏部员外郎等。有《五欲轩稿》《六欲轩初稿》等。小传见《崇祯嘉兴县志》卷十一。

〔二〕时无英雄，使孺子成名：语本《晋书·阮籍传》："尝登广武，观楚汉战处，叹曰：'时无英雄，使竖子成名。'"

〔三〕卧龙：指诸葛亮。《三国志·蜀书·诸葛亮传》称"诸葛孔明者，卧龙也"。

〔四〕麋鹿之性：宋代朱敦儒曾被召做官，他无意为官，便推辞道"麋鹿之性，自乐闲旷，爵禄非所愿也"。见《宋史》本传。

〔五〕泬（jué）寥：清朗空旷貌。

〔六〕洸（guāng）洋：水无际涯之貌。

〔七〕逮：及，赶得上。

〔八〕立马：驻马。横槊（shuò）：横着长矛。

〔九〕黄石：黄石公，秦末授张良《太公兵法》之圯上老人。见《史记·留侯世家》。

〔一〇〕野战：不按常法作战。

〔一一〕纵衡：奔驰无阻。衡，通"横"。江、淮：长江、淮河一带。

〔一二〕节制之师：纪律严明的军队。

〔一三〕推毂：见《与李之文书》注释〔九〕。

〔一四〕武库：储藏兵器的仓库，后用以形容人学识广博。

〔一五〕冯先生：冯梦祯，见《与孙太史、冯吉士、沈比部书》注释〔一〕。

〔一六〕文藻：文采辞藻。跌宕：见《与陈伯符》注释〔一六〕。

〔一七〕磊块：俊伟，奇特。郁积在胸中的不平之气。

〔一八〕尝鼎一脔：见《与沈肩吾太史》注释〔八〕。

〔一九〕丰城神物：丰城剑。晋雷焕为丰城令，见有精光冲于斗牛之间。发丰城狱，果得宝剑两把。

〔二〇〕瑶华：对人诗文的美称。

〔二一〕觇（chān）：看。

〔二二〕楮（chǔ）：纸。

〔二三〕华缄：对他人信笺的美称。缄，通"缄"。

〔二四〕"昔嗣宗"三句：嗣宗，阮籍字。孙登，西晋隐士、学者。苏门，孙登隐居之地。《晋书·阮籍传》记载，"籍尝于苏门山遇孙登,与商略终古及栖神导气之术",孙登"皆不应"。

〔二五〕謦欬(qǐng kài):咳嗽声。

〔二六〕烛:照,明。

〔二七〕矜(jīn)许:夸耀而自负。

〔二八〕张季鹰:见《与王敬美》注释〔六〕。

〔二九〕杜征南沉碑:西晋杜预为征南将军,曾沉碑于水中,以为百年后河水枯竭,碑又重现人间。

〔三〇〕蓬颗:长满草的土块。此指坟墓。

〔三一〕泫(xuàn)然:原指水流动的样子,此指流泪貌。

〔三二〕庞公:东汉庞德公,襄阳(今属湖北)人。躬耕于襄阳岘山之南,曾拒绝刘表之礼请。后携妻子隐居鹿门山,采药以终。见晋皇甫谧《高士传》卷下。尚平:见《与王敬美》注释〔三〕。

〔三三〕玄素之业:道家所谓的房中术。玄、素,玄女和素女。玄女有《玄女经》,素女有《素女经》,传说她们以房中术授黄帝。

〔三四〕悁(yuān)忿:怨怒。

〔三五〕雕:同"凋"。

〔三六〕不腆(tiǎn)敝邑:表示自己管辖之地财赋不丰厚。语出《左传·僖公三十二年》。腆,厚。

〔三七〕宠灵:宠福。

点评

　　此书作于万历八年（1580）。秀水（今属浙江嘉兴）人贺灿然（字伯暗），在浙应秋闱七试不售，万历二十一年（1593）以选贡入太学，二十二年（1594）在顺天中式举人，二十三年（1595）中进士，历官行人、吏部员外郎等（《崇祯嘉兴县志》卷十一）。屠隆中进士后，从冯梦祯处闻贺灿然名，赴颍上任前，主动与书贺灿然（《屠长卿集》文集卷六《与贺伯暗书》），时贺灿然还是诸生。（贺灿然《五欲轩稿·吊屠长卿先生三十韵》："忆昔相如射策年，题书遥寄五湖边。"诗注："长卿初第，时余方浮湛诸生间，尝题书千余言见寄。"）与贺灿然约在具区（太湖）相会（《屠长卿集》文集卷六《与贺伯暗书》："屠生亦行，且以小吏走四方矣。仆有四方之役，当得便道南，将寻足下具区之上，与足下为十日饮，酹酒波臣，仰天大噱，亦一快事，幸足下无凿坯逃我。"），这次相会未果，屠隆也没有收到贺灿然的回书。屠隆任青浦知县后，又与书贺灿然，随寄《屠长卿集》。贺灿然回书，说明交往经过，谈读《屠长卿集》感受和自己近况："足下与不佞未尝交生平之欢，其人之修短黑白，未相觏也。乃辱足下千里寄声，琳琅千余言，若谬有取不佞也者……足下方名满海内，贺生者，菰芦中鄙人。足下辱贶而与之，则幸矣，幸矣。乃不佞竟阙然，久不报。初，足下令颍上，未由致尺一。已，足下移青浦……四明屠先生者，不佞未尝奉眉目，然得其概于冯生……客有从云间来，则盛称屠先生为令状甚善……及览睹《长卿集》，其为诗若文，似从天来，目摄千古，恍洋自骋，而又不诡于作者……贺生于举子业非所好，特欲阶此效尺寸，亦刻意工之……竟不得薄售主司，今且以学究糊口于四方……不佞今且三十余……敢为足下吐其衷愫，幸足下有以教不佞。"（凌迪知《国朝名公瀚藻》卷五十一贺灿然《与屠长卿》）此书牍便是对贺灿然回书的回复。书牍首先针对贺灿然说屠隆"名满海内"，表明自己"胡敢为名高"，没有诸葛亮之才智，文章"才不逮情"，有意气而无韬略。其次，说明与贺灿然书牍往来经过，阅读贺灿然书牍的感受。由冯梦祯处读到贺灿然书牍，"文藻跌宕，胸怀磊块"。屠隆主动与书贺灿然，三年未获贺灿然回书，颇感失望。以孙登冷落阮籍之典，自我安慰。现接回书，惊喜异常，认同贺灿然书中"高自矜许，言不过实"。屠隆在与冯梦祯书中，也提到"伯暗俨然损书，才致雄放，高自矜许"（《由拳集》卷十七《与冯开之》）。再次，说富贵荣名虚幻无常，愿与庞公、向平等为伍，隐居不仕，也愿与冯梦祯、贺灿然一起，共修玄素之业。

与冯开之〔一〕

足下坐占西湖，领略风月，渌水奏曲〔二〕，桃花佐觞，此造物者私足下。不佞神往名区，形留垢溷〔三〕，怃焉自秽矣。足下无赖好弄人〔四〕，复盛言西湖诧我〔五〕，使我邑邑不怡〔六〕，丑此印绶〔七〕，如絷绦旋〔八〕。宇宙亦寥廓矣，湖山之间若可容乃公〔九〕，止须片石，不相假而令乃公为处裈之虱邪〔一〇〕？昔人有言，州县之职，徒劳人尔。此非为怼〔一一〕，诚以为无聊也。仆不敢慕王公，又安敢薄州县？第以此故，妨我啸歌，不能无少芥蒂〔一二〕。然苦乏饘粥之资〔一三〕，又无辟谷之术〔一四〕，区区以五斗困一大人先生〔一五〕，低眉而愧范莱芜诸公矣〔一六〕。

足下近况佳，适闻嫂氏玉体且康，出与故人贤者，拍浮酒舡〔一七〕，入与细君〔一八〕，焚名香而弹宝瑟，即蓬莱仙人，欲得其处，尘嚣之士〔一九〕，艳慕何言〔二〇〕？君典昨有书来〔二一〕，拟于今月过访足下湖上，然后偕卿泛青溪之棹〔二二〕。而造物者妒之，会有长女之殇，业已中止，为之惆怅心断。嘉则先生亦未渡江〔二三〕，此中久不得其近耗〔二四〕。君房中第〔二五〕，亦吾曹一喜〔二六〕。往君房言即不出，出则不敢负人，不佞且望之矣。此君终可人。伯暗俨然损书〔二七〕，才致雄放，高自矜许，当遂豫吾此流〔二八〕，非孟浪者〔二九〕。不佞将把袂论交〔三〇〕，且又足下之友也。

新刻都雅可观，第仆意欲直称"由拳集"，其上不必冠以"屠长卿"三字。更商之足下，所删十之三四为不佞藏拙〔三一〕，甚善，所删去篇目幸一一示来。脱有一二文字可去，而其人其事有当存者，尚欲为足下请之。亡则遂已之，不敢自庇护也〔三二〕。近作可多存不？黔娄之家〔三三〕，鲜有奇宝，足下恐第亦姑就其人存之。若仆则宋人之自宝燕石〔三四〕，良可发一笑。溃痈决瘤〔三五〕，岂能自割？须他人操刀，惟足下留意焉，更望稍秘此事。

承命作《欢赋》〔三六〕，古人作赋，动以一二纪〔三七〕，不佞一夕而作此，其何能工？然沉着不足，飘爽有余，方之江、鲍〔三八〕，亦是宗门〔三九〕。足下读之，怀当为拍拍然矣。古乐府嗣作若干〔四〇〕，只用旧题，出以新意，不袭前人一语。尝见作乐府者，好递相剿袭〔四一〕。《陌上桑》云"使君自有妇，罗敷自有夫"〔四二〕，此古今绝唱，而傅玄改为"使君自有妇，贱妾有鄙夫"〔四三〕，可谓点金成铁手。近世李于鳞拟乐府〔四四〕，全袭旧语，有一篇之中更三四字，遂掩为己物，仆不敢以为然。感怀诗必不忍弃去，今增唐惟良、曹子念二首〔四五〕，置之杨公亮后〔四六〕。徐、彭二子叙都作六朝语〔四七〕，徐当为前叙，彭为后叙。二子既作六朝，足下当为《史》、《汉》〔四八〕。嘉则恐不可无一言，王百谷于不佞有知己之雅〔四九〕，恐亦不能忘情。仆往所自制，可刻之集中，题当云何，足下定之，不欲弃去也。

仆近者玄虚日进[五〇]，世情转空，誓降三尸[五一]，终期五岳，甚不欲抱淫欲之心，积幽冥之过[五二]，以自堕弃。嗜好既寡，伎薄且销[五三]，损之又损，以求真境，惟文字之魔尚未能伏。足下清真[五四]，大得湖山之助，近更当精进，幸有以教我。雕虫之技，恐终非至人所贵，淫思滑精，为患亦不小。倘两者都不就，文字不藏于名山，姓名不登于石室，侵寻岁月[五五]，堇同朝菌[五六]，仆之进退，安所据乎？使吾两人同处一室，可以朝夕相砥[五七]，共商去就。今复乖违若此[五八]，言之抱痛，愿各努力，勿负初心。相见何时，足下命之。

（《由拳集》卷十七）

注释

〔一〕冯开之：见《与孙太史、冯吉士、沈比部书》注释〔一〕。

〔二〕渌（lù）水：传说中的古曲名。《文选·马融》："中取度于《白雪》、《渌水》。"李周翰注："《白雪》、《渌水》，雅曲名。"

〔三〕垢涊：污秽。

〔四〕无赖：无奈，顽皮。

〔五〕诧（chà）：夸耀，惊讶。

〔六〕邑邑（yì）：忧郁不乐貌。

〔七〕丑：可恶，可耻。印绶：印信和系在印信上的丝带。

〔八〕挚（zhí）：拴，捆。绦（tāo）旋：系鸟的绳和环，比喻钳制、束缚。

〔九〕乃公：对人自称的傲慢语。

〔一〇〕处裈（kūn）之虱：虱子躲在裤缝里。比喻身处浊世，局促难安。语出《晋书·阮籍传》。裈，有裆的裤子。

〔一一〕憝（duì）：怨恨。

〔一二〕芥蒂：细小的事物。引申为心中不满或不悦。

〔一三〕饘（zhān）粥：稀饭。

〔一四〕辟（bì）谷：不吃五谷杂粮，而以药食等其他之物充腹，或在一定时间内断食，是古人常用的一种养生方式。辟，同"避"。

〔一五〕"以五斗"句：五斗，见《与沈君典书》注释〔六六〕。大人先生，有身份地位的人。

〔一六〕范莱芜：范冉，字史云，陈留（今属河南）人。桓帝时，为莱芜长。后以党锢之祸逃命于梁、沛之间，穷居自若，言貌无改。闾里歌之曰："甑中生尘范史云，釜中生鱼范莱芜。"传见《后汉书》卷八十一。

〔一七〕舩：同"船"。

〔一八〕细君：妻子。

〔一九〕尘嚣：世间的纷扰、喧嚣。

〔二〇〕艳慕：爱慕，羡慕。

〔二一〕君典：沈懋学，见《与沈君典书》注释〔一〕。

〔二二〕青溪：见《与嘉则先生》注释〔一一〕。

〔二三〕嘉则：沈明臣，见《与王元美先生书》注释〔一三四〕。

〔二四〕近耗：近来消息。

〔二五〕君房：余寅，见《与张大司马公书》注释〔五〕。

〔二六〕吾曹：我辈。

〔二七〕伯暗：贺灿然，见《报贺伯暗》注释〔一〕。损书：对人书札的敬辞。言其不惜贬损名位以就下之意。

〔二八〕豫：参与。

〔二九〕孟浪：鲁莽，轻率。

〔三〇〕把袂：握袖，表示亲热。

〔三一〕藏拙：掩藏拙劣，不以示人，自谦之辞。

〔三二〕庇（bì）护：包庇，袒护。

〔三三〕黔娄：战国时齐国贤士，家贫。后成为贫士的代称。

〔三四〕宋人之自宝燕石：燕石，燕山所产的一种类似玉的石头。后以之喻不足珍贵之物。典出《后汉书·应劭传》："昔郑人以干鼠为璞，鬻之于周。宋愚夫亦宝燕石，缇缊十重。夫睹之者掩口卢胡而笑，斯文之族，无乃类旃。"

〔三五〕溃痈：溃烂出脓的疮。决：溃破。

〔三六〕《欢赋》：见《由拳集》卷一。

〔三七〕纪：古人以十二年为一纪。

〔三八〕江、鲍：南朝辞赋大家江淹和鲍照。

〔三九〕宗门：借用佛教中禅宗的自称，禅宗自认教外别传，此处意即对照江、鲍二人的赋，此赋可算教外别传。是一种自谦之辞。

〔四〇〕嗣：继续。

〔四一〕剿（chāo）袭：因袭照搬，剽窃他人作品。

〔四二〕《陌上桑》：汉乐府诗名。

〔四三〕傅玄：傅玄，字休奕，泥阳（今属甘肃）人，西晋文学家。"使君自有妇"二句出自傅玄《燕歌行》一诗。

〔四四〕李于鳞：李攀龙，见《与王元美先生书》注释〔一三〕。

〔四五〕唐惟良：唐邦佐，字惟良，号中廓，兰溪（今属浙江）人。隆庆二年戊辰（1568）进士，授泰和令，以病不赴。已而改如皋，政声卓著。未满岁，调仪真。擢刑部主事，谪判两淮盐政。移赣州府判，知河南光州。后罢归。有《唐比部集》。传见《光绪兰溪县志》卷五《列传》。曹子念：曹昌先，字子念，更字以新，太仓（今属江苏）人。王世贞甥。

〔四六〕杨公亮：杨德政，字公亮，鄞县（今浙江宁波）人。万历五年（1577）进士，改庶吉士，除编修。历官福建参议、山东参政、福建按察使等。有《梦露轩稿》。

〔四七〕彭、徐二子叙：彭汝让、徐益孙所作《由拳集》序。徐益孙《由拳集叙》在《由拳集》卷首，彭汝让《由拳集叙后》在《由拳集》卷末。

〔四八〕《史》、《汉》：《史记》、《汉书》。

〔四九〕王百谷：王稚登，见《寄张幼于兄弟》注释〔七〕。

〔五〇〕玄虚：道家玄妙虚无的道理。

〔五一〕三尸：三尸神。道教认为人体有上、中、下三个丹田，各有一神驻跸其内，称三尸。尸，神主。

〔五二〕幽冥：阴间，地府。过：错误，失误。

〔五三〕忮（zhì）薄：嫉妒，不厚道。

〔五四〕清真：纯真朴素。

〔五五〕侵寻：渐进，渐次发展。

〔五六〕堇：同"仅"。朝菌：语出《庄子·逍遥游》"朝菌不知晦朔"，比喻生命短暂。

〔五七〕砥：砥砺，勉励，磨炼。

〔五八〕乖违：错乱反常，失误。

点评

此书作于万历八年（1580）。书牍首先表明十分羡慕冯梦祯游赏西湖之乐，自己因为任职在身，不能同游为憾。其次，叙说沈懋学、沈明臣、余寅、贺灿然等友人近况。再次，与冯梦祯商议《由拳集》的选编原则。屠隆认为，集名《由拳集》，不冠"屠长卿"三字。这是因为《屠长卿集》刊刻后，王世贞等人认为直接称《屠长卿集》不妥，屠隆接受建议而作此改变。冯梦祯编《由拳集》，删去《屠长卿集》十分之三四作品。冯梦祯认为："丙子以前，间出声俊，尚多措大面目。至北上诸作，始雄爽可喜。自后才情傅合，纵横变化，如饵九转丹砂，骑日月，凌倒景而上，遂与凡景隔矣。遂欲为足下作忠臣，有所删去，大都诸生时作，泊张司马诸公代草耳。足下乃比于裂骈割疣,即存此,不害足下千古。"(凌迪知《国朝名公瀚藻》卷四十六冯梦祯《与屠长卿》)屠隆认为,所删十分之三四作品中,其人其事可存者、近作、《欢赋》、新作乐府、感怀诗等尽量收入,感怀诗增加怀唐邦佐、曹昌先二首。序言除彭汝让、徐益孙二序外,还请沈明臣、王稚登、冯梦祯作序。今存《由拳集》,有彭汝让、徐益孙、沈明臣序,无王稚登、冯梦祯序,二人集中也没有收入相关序文。此部分涉及到诗文创新的问题,对当时复古之风进行了抨击。他说古今人作乐府,"好递相剿袭"。傅玄改《陌上桑》,是"点金成铁"。李攀龙(于鳞)拟乐府,"全袭旧语,有一篇之中更三四字,遂掩为己物"。屠隆对此很不以为然,他的若干新作乐府,"只用旧题,出以新意,不袭前人一语"。这是屠隆对复古之风的直接否定,是其诗文创新观念的体现。最后,叙说自己沉迷道家学说,世情日淡,惟好文之心未完全断绝。愿与冯梦祯朝夕相砥,勿负初心。

与李之文〔一〕

日来劳苦不可言,以天之灵〔二〕,足下之福庇〔三〕,幸善饭不病尔〔四〕。公等天之骄子,而仆为天之戮民〔五〕,敢少怏怏乎〔六〕?所可喜者,四月初四日亥刻,室人举一子〔七〕。弥月之先一日〔八〕,沈君典、冯开之及嘉则同日来作汤饼客〔九〕，各出金钱洗儿〔一〇〕。两长庚星〔一一〕，一少微星〔一二〕，全日照耀此儿〔一三〕。而沈郎手摩其顶，大诧曰："此儿风骨秀异，不出二十，即飞扬九州。他日文章不数阿爷〔一四〕，科名不数沈郎矣。"开之按玉历〔一五〕，复云支干大吉。盖沈郎善相人术〔一六〕，冯生善日者言〔一七〕。问小字于沈先生，先生字之曰阿云，云间生儿也〔一八〕。阿爷无赖〔一九〕，乌能生佳儿充间〔二〇〕？过承长者粉饰，但得善伊吾阿爷小诗〔二一〕，跳地作虎子足矣〔二二〕。才望富贵，所不敢冀，足下得无笑其言乎？家母健甚，山妻免身后亦健〔二三〕，仆以一清贫换平安二字，无厘故人〔二四〕。

诸郎君析产居，尊公当遂安闲，此举良是。足下文誉日起，读来札，殊尔雅，操笔之业，可不移桑阴而知。慰浣〔二五〕，慰浣。柴方伯遂不禄〔二六〕，使人痛悼。闻讣即遣祭吊，生平大义，颇尽奠文中，想当入目。迩来治水禳田〔二七〕，泥没至膝，积劳殊苦，毛发为枯。犹记二三同心投长竿河曲，双柑斗酒〔二八〕，起听黄鹂声，不知隔几世矣，能不惘然？

(《由拳集》卷十七)

注释

〔一〕李之文：李先嘉，见《与李之文书》注释〔一〕。

〔二〕灵：福。

〔三〕福庇：赐福保护。

〔四〕善饭：健饭，加餐。典出《史记·廉颇蔺相如列传》。

〔五〕戮民：受天惩罚的人、罪人。

〔六〕怏怏：不高兴，不满意的样子。

〔七〕举：生产。

〔八〕弥月：满月。

〔九〕沈君典：沈懋学，见《与沈君典书》注释〔一〕。冯开之：见《与孙太史、冯吉士、沈比部书》注释〔一〕。嘉则：沈明臣，见《与王元美先生书》注释〔一三四〕。汤饼：汤饼会，寿辰及小孩出生第三天或满月、周岁时，举行的庆贺宴会。因备有象征长寿的汤面，故名。

〔一〇〕洗儿：婴儿出生三天或满月，亲朋集会庆贺，给婴儿洗身。

〔一一〕长庚星：金星，黎明前在东方天空出现，叫启明星，或太白星。黄昏在西方天空出现，叫长庚星，或昏星。象征智慧和才能。

〔一二〕少微星：星名，喻指处士、隐士。《史记》卷二十七《天官书》："廷藩西有隋星五，曰少微，士大夫。"唐司马贞《史记索隐》："《春秋合诚图》云'少微，处士位'，又《天官占》云'少微，一名处士星'也。"

〔一三〕仝：古"同"字。

〔一四〕阿爷：父亲。

〔一五〕玉历：历书。

〔一六〕相人术：根据人形貌，测断祸福的相面之术。

〔一七〕日者：占候卜筮的人。

〔一八〕云间：见《上张、申二阁师》注释〔一三〕。

〔一九〕无赖：没有出息，无所依赖。

〔二〇〕充闾：光大门庭。

〔二一〕伊吾：读书声。

〔二二〕虎子：小虎，乳虎，比喻勇健的男孩。

〔二三〕山妻：隐士之妻，后多用为自称其妻的谦词。

〔二四〕厪（jǐn）：同"廑"，怀念，挂念。

〔二五〕慰浣：宽慰，快慰。

〔二六〕柴方伯：柴淶，字季东，鄞县（今浙江宁波）人。嘉靖三十五年（1556）进士，官江西左布政使、福建监军副使。有《柴方伯诗略》。《由拳集》卷二十有《祭柴方伯季东文》。方伯，明、清时，布政使称方伯。不禄：去世。

〔二七〕禳（ráng）田：祭神祈求灾异不作，庄稼丰收。

〔二八〕双柑斗酒：二蜜柑和一斗酒，游春时携带的酒食。后泛指游春。唐冯贽《云仙杂记》卷二引《高隐外书》："戴颙春携双柑斗酒，人问何之，曰：'往听黄鹂声。此俗耳针砭，诗肠鼓吹，汝知之乎？'"

点评

此书作于万历八年（1580）。本年四月四日，屠隆长子金枢（字西升）出生。闰四月初三，沈懋学、冯梦祯与沈明臣同至青浦，各出锦褓、金钏及洗儿钱,为汤饼会,吃满月酒。明臣取字曰阿云。此次相聚,屠隆与沈懋学还有儿女婚姻之约。书牍首先向李先嘉报生子之喜以及沈懋学、冯梦祯与沈明臣来青浦庆贺的情况。字里行间,透露出掩饰不住的高兴。其次,得知李先嘉兄弟析产分居,其来书雅正,甚感欣慰。柴涞去世,遣人祭悼,有奠文述其生平大义。最后,叙说治水襄田之苦,回忆与李先嘉等人游春饮宴之乐,十分怅惘。

与沈嘉则二首〔一〕

先生别后,治水襄田〔二〕,遂无虚日。治水使者弭节邑中〔三〕,百务肩于一身〔四〕。先是,使者下治水令,隆以灾伤之后不可以兴大役为言,不得请。无何〔五〕,玺书下〔六〕,不复可争。部使者方临,而治水官诸事不备,隆恐得罪上官,两日而集数千人,河工遂起。三日而部使者亲临阅视,得免于后言。斯亦勤矣。旬日来工且就绪,会大雨〔七〕,河水涨溢,工难卒完,而田禾复患潦伤〔八〕,幸赖春间之圩岸毕修〔九〕,不至如去岁尽没。乃万人羁于河工〔一〇〕,众心惶骇。隆又思河工既难遂完,农事又复尽废,三十日冒雨夜驰往工所,先散大众,而后白状御史台〔一〕,田野欢动〔一二〕。隆方私念,一行而解万姓于危难,自差可快意。隆不肖捄灾恤苦〔一三〕,近遂以成癖。日求稍积功行,以当天心,而艰虞踵至,忧劳万状。世之专犯忌讳者,多徼天幸,此非不肖所能知矣。隆反复念昔人言,修正尚未蒙福,为邪欲以何求?勉强为善,以安义命,断不敢自堕落,重负长者。

闻先生馆于汝和宅〔一四〕,作客有此贤主人,差不恶。不肖因日溷劳薪〔一五〕,久失修候,平生自负谓何,而沉沦鄙贱如此。惟稍得当世贤豪心,以为私慰。君典遂买一吴姬〔一六〕,自诧妙丽。开之同住吴门〔一七〕,沈郎挟吴姬归宣城,冯生暂往江阴,约望前过斋头〔一八〕,此时先生不可不来作佳晤。此两君书来,复申昏姻之约〔一九〕,甚至指皦日以为正,殊可喜。

小集敬徼惠大雅〔二〇〕,汝和昆季幸致倾向,田叔尚未见枉〔二一〕。罗浮砚一枚〔二二〕,天池茶一瓶〔二三〕,辰砂、雄黄各一缄奉上〔二四〕。

读《由拳集序》〔二五〕,奇气咄咄来逼人〔二六〕,真举龙文宝鼎手〔二七〕,快甚!顾余小子虚薄〔二八〕,无足当先生扬诩尔〔二九〕。

天道淫雨〔三〇〕，不肖徒跣〔三一〕，且拜且行〔三二〕，泥没至膝。驱龙禁阳侯〔三三〕，为力良苦，不意今春圩塘遂以收功〔三四〕，河水高于田间一二尺许，而不入田。不肖复驾小舠巡行阡陌〔三五〕，龙骨遍野〔三六〕，车轧轧声闻于四郊〔三七〕，禾苗大生色。父老咸言仗使君力〔三八〕，今年不为灾，而天道更放晴，岁可望矣。非但不为灾，水落土膏滋润，且可冀倍获。去岁漰没者无论，其不漰没者则倍获，此其验也。夜来明月作半圭色〔三九〕，河汉左界，白云微点。不肖叩头中庭，起徐步，甚为此中父老喜。知先生急欲闻，故备述之。

开之昨宿斋头，质明驾快舫暂过华亭〔四〇〕，一日夕返县斋，尚作数日留。家田叔径抵吴门〔四一〕，客王百谷斋中〔四二〕，未相闻，故不及奉报。今业从娄江过斋头〔四三〕，一二日间且至，正欲驰一急足促先生来〔四四〕，而使者适至。遂遣小吏与俱行，奉邀行李，先生幸速觅一轻舟见过。

固也知汝和、汝修昆季贤主人〔四五〕，至则如归，乃使司马作客百里内良久〔四六〕，临卬令愧欲死，唯先生速图之。

（《由拳集》卷十七）

注释

〔一〕沈嘉则：沈明臣，见《与王元美先生书》注释〔一三四〕。

〔二〕禳田：见《与李之文》注释〔二七〕。

〔三〕治水使者：此指巡按御史林应训。林应训，字子启，怀安（今属福建）人。隆庆五年（1571）进士，万历五年至八年（1577—1580），主持治理太湖水道。弭节：驻节，停车。

〔四〕肩：承担。

〔五〕无何：不久。

〔六〕玺书：皇帝的诏书。

〔七〕会：逢。

〔八〕渰：同"淹"。

〔九〕圩（wéi）岸：圩堤，圩地，圩埂。

〔一〇〕羁（jī）：羁留。

〔一一〕白状：自诉，上奏。御史台：明代都察院的别称。

〔一二〕欢动：喜悦激动。

〔一三〕捄：同"救"。

〔一四〕汝和：顾从义（1523—1588），字汝和，号砚山，一作研山，上海人。顾定芳子。嘉靖二十九年（1550），诏选天下端行善书者，以第五名中选，授中书舍人。隆庆初，以修国史有功，擢大理寺评事。精于鉴别书画及碑，工书法，善绘画。构玉泓馆，手摹宋本《淳化帖》。有《阁帖释文考异》、《研山山人诗稿》、《荆溪唱和集》、《使滇南集》等。传见何三畏《天启云间志略》卷十五《顾廷评研山公传》。《顾廷评研山公传》:"方公之归也,与伯兄光禄汝由、仲兄鸿胪汝修,家自为社,相从杖屦,饮酒赋诗。"

〔一五〕溷:同"混",搀杂在一起,混杂,混迹。劳薪:辛苦劳作。原指木轮车车脚吃力大,使用数年后,析以为烧柴,故云。典出《世说新语·术解》。

〔一六〕君典:沈懋学,见《与沈君典书》注释〔一〕。下文"沈郎",亦指沈懋学。

〔一七〕开之:冯梦祯,见《与孙太史、冯吉士、沈比部书》注释〔一〕。下文"冯生",亦指冯梦祯。

〔一八〕斋头:书斋。

〔一九〕昏:同"婚"。

〔二〇〕徼惠:请求加惠,求取恩赐。

〔二一〕田叔:屠本畯,见《与余君房书》注释〔二七〕。

〔二二〕罗浮砚:永嘉(今浙江温州)罗浮山石所制砚。

〔二三〕天池茶:苏州名茶。

〔二四〕辰砂:中药名,也是炼丹的原料。雄黄:中药名。缄:捆东西的绳索,此处意为包、束、袋等意。

〔二五〕《由拳集序》:沈明臣作《由拳集叙》见《由拳集》卷首。

〔二六〕咄咄(duō):形容气势很盛。

〔二七〕龙文:龙形纹饰。文,同"纹"。宝鼎:贵重之鼎。鼎,炊具,也是宗庙里祭祀用的礼器,象征贵重、盛大。

〔二八〕虚薄：空虚，肤浅。

〔二九〕扬诩（xǔ）：称扬，赞许。

〔三〇〕淫雨：历久不止之雨。

〔三一〕徒跣（xiǎn）：光着脚。跣，脚。

〔三二〕且拜且行：拜见他人时弯腰鞠躬。形容在泥水中行走时趑趄不稳之貌。

〔三三〕阳侯：传说中的波涛之神，借指波涛。

〔三四〕圩塘：堤岸，堤防。

〔三五〕舠（dāo）：小船。阡陌：田间小路。

〔三六〕龙骨：大型动物的尸骨。

〔三七〕轧轧（yà）：象声词，车轮运转发出的连续声响。

〔三八〕使君：汉代称呼刺史为使君，汉以后用作对州郡长官的尊称。

〔三九〕半圭色：月亮半圆时月光。半圭，半圆。圭，上圆下方的玉器。

〔四〇〕质明：天刚亮的时候。质，正。华亭：今属上海。

〔四一〕吴门：苏州的代称。

〔四二〕王百谷：王稚登，见《寄张幼于兄弟》注释〔七〕。

〔四三〕娄江：在今江苏苏州境内，代指太仓。

〔四四〕急足：急行送信之人。

〔四五〕汝修：顾从德（1518—1587）字汝修，上海人。顾定芳子。喜蓄书，藏书室名云阁。喜搜集古印，著有《印薮》。

〔四六〕"司马作客"二句：司马相如宦游不遂，临邛县令王吉礼遇之。见《史记·司马相如列传》。

点评

二书作于万历八年（1580）。屠隆青浦知县任上，沈明臣来游青浦，可考的至少有三次。一次是在万历七年（1579）秋，另两次是在万历八年（1580）夏。万历八年的来游，一在闰四月，一在五月。闰四月，屠隆为长子金枢做汤饼会，沈明臣、沈懋学、冯梦祯等各出锦褓、金钏及洗儿钱。详情见汪超宏《屠隆与沈明臣》（《明清浙籍曲家考》，浙江大学出版社，2009年，第21—22页）。第一通书牍作于此次汤饼会后，书中"先生别后"、"复申昏（婚）姻之约"可证。第二通作于本年五月沈明臣作《由拳集序》后。（《由拳集》卷首沈明臣《由拳集叙》："明万历八年岁庚辰五月，甬句东沈明臣嘉则父撰。"）第一通书牍首先叙说与沈明臣别后，治水禳田，奔波操劳，忙碌辛苦。既要不违背上司的命令，又要照顾老百姓的生活，左右为难。屠隆在河工不能马上完成，农事又将尽废的情况下，冒雨夜驰工地，遣散河工，再上奏上司，说明理由，"田野欢动"，很好地解决了筑堤与农忙的矛盾。救灾恤苦，是屠隆任官的首要目的，以"一行而解百姓于危难"为快。其次，叙说沈明臣、沈懋学、冯梦祯等人近况，约沈明臣、冯梦祯再游青浦。最后，请沈明臣为《由拳集》作序，附赠砚、茶、中药等物。第二通书牍首先感谢沈明臣为《由拳集》作序，叙说读沈明臣《由拳集序》的感受："奇气咄咄来逼人，真举龙文宝鼎手，快甚！"其次，叙说治水禳田，很有效果，巡行田野，庄稼长势喜人。百姓感谢屠隆苦民所苦、为民办实事的作风。最后，叙说冯梦祯、屠本畯等人近况，邀沈明臣再游青浦。

与周元孚〔一〕

一别足下，岂惟相见难，即寓书亦难〔二〕。寓书楚中，则足下入长安，比寓书长安，则足下又南。茫茫震旦〔三〕，亦大沉寥〔四〕。何故人之难寻也？首夏，开之至自钱塘〔五〕，君典至自宛陵〔六〕。其他二三同声〔七〕，咸不期而来集。伤离合欢，握手相劳。颇极绸缪之义〔八〕，写宛笃之情〔九〕。乃独不见足下，临食而叹，彷徨以悲。

仆生平疏朗通脱，寡所嗜好，独有金石契分〔一〇〕，属在深中，不能自遣。年来谬挂世网，子焉离索〔一一〕。垢溷满于阶序〔一二〕，烦嚣结于肺肠〔一三〕。伐木之怀〔一四〕，益以成癖。尝妄意仕路险艰，世味浅薄，诚得退遁荒野，栖于幽绝。云房山馆，前有茂树，后有长流。上鸣黄鹂，下泳素鲤。佳晨载临〔一五〕，淑气始畅〔一六〕。良朋聚首，时而隐囊纱帽，时而竹杖皮冠。心绝浊世之尘，口吐幽人之语。浦咏则泠风共度，岩啸则空谷响答。以此卒岁〔一七〕，复何羡人间之浮荣哉？仆偶以薄艺收虚声当世，本无器具足采。至经济大业〔一八〕，尤生平所短。谢幼舆自谓一丘一壑[一九],差可当之。足下天授英姿,身兼数器。气压恒、岱,才拟干将。持以用世树立,必有可观。而近亦颇抱且语之嗟。才大用小,往往托兴郊园。夫从古贤豪,功名非可力致,时至则取之。故商山之轨[二〇],足并汉杰;鹿门之声[二一],不减隆中[二二]。足下故用世长才,要不得违时独驾。若进不策名麒麟[二三],退犹可投情麋鹿。使仆得手拍足下之肩,共探鸿宝于枕中[二四],拾瑶草于海上。即天地可遗,而况区区幻泡过影哉?

仆居此中,取则龙蛇,不敢以秽德自点[二五],为世人所摘。亦不屑作诣子面孔[二六],为俗眼所怜。仅而远于利害,便可抽身。髣髴五岳三山[二七],近垂眉睫矣。足下努力自爱。良晤何期,我心怅结。开之颓然自放,终当是烟霞中人。君典过吴门,买一小姬归,沾沾自喜。然纵衡用世,情未去怀中也。而君典谓仆为文字交,谓足下为经济交。其然乎?足下居郊园,傥能杖策访我吴会[二八],一尽要言,销三年积抱,亦天壤间一快事。

(《白榆集》文集卷六)

注释

〔一〕周元孚:周弘禴,见《与沈君典书》注释〔一〇〕。

〔二〕寓书:寄信。

〔三〕震旦:古代印度人称中国。

〔四〕泬(jué)寥:空旷寂寞。

〔五〕开之:冯梦祯,见《与孙太史、冯吉士、沈比部书》注释〔一〕。钱塘:今浙江杭州。

〔六〕君典:沈懋学,见《与沈君典书》注释〔一〕。宛陵:宣城(今属安徽)。

〔七〕同声:志趣相同者。

〔八〕绸缪(móu):情意殷切。

〔九〕宛笃:婉曲而诚挚。

〔一〇〕契分:交谊,情分。

〔一一〕孑(jié):单独,孤单。离索:离群索居。

〔一二〕阶序:殿堂。

〔一三〕烦嚣:嘈杂扰人之事物。

〔一四〕伐木之怀:求友之心。《诗经·小雅·伐木》:"嘤其鸣矣,求其友声。相彼鸟矣,犹求友声。"

〔一五〕载:乃,于是。

〔一六〕淑气:温和之气。

〔一七〕卒岁:终岁。

〔一八〕经济:经世济民,治国才干。

〔一九〕"谢幼舆"句:谢鲲,字幼舆。晋明帝问谢鲲与庾亮相比如何，谢鲲认为，"一丘一壑，自谓过之"。后以"一丘一壑"作为纵情山水的代称。事见《世说新语·品藻》。

〔二〇〕商山：见《与瞿睿夫》注释〔二六〕。

〔二一〕鹿门：指汉代庞德公。襄阳（今属湖北）人，隐于鹿门山（在今湖北襄阳城东），极富声望，采药而终。

〔二二〕隆中：山名，在今湖北襄阳境内。东汉末，诸葛亮隐居于此。因借指诸葛亮。

〔二三〕策名："策名委质"的省称，指因仕宦而献身于朝廷之事。麒麟：麒麟阁，汉代阁名，在未央宫中。汉宣帝时，图绘霍光等十一功臣像于阁上，以表扬其功绩。后以画像于麒麟阁表示卓越功勋和最高荣誉。

〔二四〕鸿宝：道教修仙炼丹之书，后泛指珍贵书籍。

〔二五〕秽德：见《与瞿睿夫》注释〔三二〕。点：点染，污染。

〔二六〕谄（chǎn）子：谄媚之人。

〔二七〕髣髴：同"仿佛"。三山：蓬莱、瀛州、方丈是传说中海上三座仙山。

〔二八〕傥（tǎng）：同"倘"。吴会：见《与王元美先生书》注释〔三〕。

点评

此书作于万历八年（1580）。麻城（今属湖北）人周弘禴（1545—1610，字元孚），万历二年（1574）进士，授户部主事。屠隆与周弘禴结交，在万历五年（1577），"追维长安把臂，斗酒相劳，清谈名理,婆娑嘉树。微宠灵于足下,自谓范张可作、管鲍不死"(《由拳集》卷十六《与周元孚》)。《由拳集》卷六有《酬周元孚民部》、卷九有《秋夜集周元孚宅,得辉字》等诗。万历八年(1580)夏五月,周弘禴至吴门,屠隆闻讯,与书周弘禴,相约一会,未果:"追忆往时在由拳,足下扁舟野服过娄江,与太原、琅琊两君子作平原十日欢。不谷以长诗逆之河上,乃隔吴关只尺,一苇不航,临河而返。"(《栖真馆集》卷十三《与周元孚》)屠隆《闻周元孚至自楚却寄》云:"一官不称意,烟涛弄明月……五月下巴陵,扁舟向吴越。吴越有故人,平生肝胆亲……逢人访吴会,斜日眺金焦……"(《白榆集》诗卷一)又有《周元孚至吴门,负约不至,以诗憾之二首》记其事(《白榆集》诗卷四)。此书即是邀约相会之作。书牍首先感叹与周弘禴相见难,寓书也难。告知首夏冯梦祯、沈懋学曾来会,独不见周弘禴,黯然神伤。其次,叙说自己重视友情,看淡宦情,乐意纵情山水。周弘禴有治世长才,不为所用,愿与之共享山水修道之乐。最后,叙说自己处世为官原则,告知冯梦祯、沈懋学近况,希望能尽快与周弘禴相会,"销三年积抱,亦天壤间一快事"。文中"云房山馆"至"空谷响答"一段,想象隐居的美好生活,山清水秀,心绝尘事,口咏美景,令人神往。

奉刘观察先生[一]

吾师单车迢递[二],万里入黔中[三],某无时不翘首南云[四]。乌蛮五溪[五],瘴疠毒淫[六]。言念吾师,实身涉其地，能不凄其以伤？时时博询鸿鲤[七]，三吴迩来绝无滇南士大夫宦游之踪[八]，亦无一相识官南中者。积不得邮筒之便，每欲遣一介走候，辄畏万里远道而止。顾维长者平生之义若何，而阔疏至此？良远于人情，悚焉知罪矣。六月中旬，有言通州顾观察公以入贺行[九]，暂过桑梓[一〇]，某遣急足即其家，讯门下踪迹。乃知吾师罹尊公忧还蜀。五内摧怆[一一]，为念长者间关万里[一二]，蒙栉烟雾，忧劳孔多。复抱此大痛，蕉萃西还[一三]。行路嗟伤，矧在不肖[一四]。

不肖某居颖一岁，日夜澡涤[一五]，加之以勤，惟恐一旦瑕颣[一六]，为知我羞。自以颖川之治，可无大过。江以北监司诸公，久且亮不肖奉职循理[一七]，朴直无他，眷注颇多异等。则以淮蔡间一僻壤小邑，人情简质，冠盖稀疏，将迎既寡[一八]，俯仰无难。第褆身子民[一九]，一行其胸臆足矣。而偏鄙少士大夫游客，群情多口之纵横。监司诸公之采听，多寄之间阎编民[二〇]。以故不肖得少展其尺寸。尝以暇日理四封之事[二一]，人稍称平，受知主者。志行既孚[二二]，若居彼中，或庶几免乎？监司亦雅相爱，愿不肖久于小邑[二三]，不肖亦雅安之。讵谓量移之命从中出[二四]，时诣督府台[二五]，见遮留者数千人[二六]，不能得。不肖与彼中诸父老大恸而行[二七]，而自抵吴中[二八]。

吴中事体，与江以北大异。雅不与性相宜。吴中之俗好虚浮[二九]，而不肖简直[三〇]。吴中以将迎儇巧为通人[三一]，而不肖身有傲骨。又不幸早窃文字虚声，而此中为词人游士之薮[三二]，真赝相错[三三]。且多吴越故乡，门中之刺日满[三四]。一切屏门却扫[三五]，即多失望而去，横作口语。广为延纳，采浮猎誉，易生悔吝[三六]。三吴外号腴壤[三七]，中实枵虚[三八]。民贫赋重，诈伪萌起。富者钟鼎豪奢，贫人采凫茈而食[三九]。游闲公子以百金置酒，以千金市奇珍宝玩，而闾阎小民以数口男女易斗粟。若青浦新邑，则故云间两大县之割恶壤弃土也[四〇]。四方有罪亡人之窟，而奸利之聚落也[四一]。两岁来复苦大潦，事如蝟毛[四二]。不肖某以身肩之[四三]，作苦行头陀[四四]。奉职循理，禔身子民[四五]，一视居颖时，而拙益加焉。将迎儇巧，既非性之所近，勉而为之，此机不熟，取罪必多。譬如嫫母学为巧笑[四六]，不足取怜[四七]，益增奇丑。故不肖今务一以拙直自命。不敢以訾窳败德[四八]，亦不愿以通人有声。幸无大戾[四九]，负平生，辱门下。而可荣达，非所望也。某虽不能以滑稽委曲,谐俗趋时,而自守颇严。泥涂不及[五〇],久而亦且以愚疏无他,见原甘心者少。如是,或庶几免于大戾乎?伏惟门下教之。

不肖命薄,三十年来,饥寒摧折[五一]。凡世间之艰虞,亡不涉历。侥幸一官,百忧煎人。今如蓼虫[五二],久居蓼中,相忘于苦矣。要之青云骨薄,紫烟分深,聊成薄游之名,愿附勇退之义。然非吾师之所望不肖于畴昔者也[五三]。奔丧以来,贵体安否?诸公子读书,风气日上,足慰鄙心。西望峨眉、剑阁[五四],逖矣悬神[五五],不尽耿耿,统蕲崇誉[五六]。

(《白榆集》文集卷六)

注释

〔一〕刘观察:刘翾,见《与刘观察先生书》注释〔一〕。

〔二〕迢(tiáo)递:遥远貌。

〔三〕黔中:指贵州。

〔四〕翘首:仰起头来眺望远处,形容盼望之切。

〔五〕乌蛮:古代西南诸族的泛称。五溪:指雄溪、蒲溪、酉溪、沅溪、辰溪。五溪均在今湖南怀化境内。

〔六〕瘴疠:瘴气。病症名,感受山林间湿热瘴毒所致,多见于南方。

〔七〕鸿鲤:传递书信的使者。古代有鸿雁传书、鲤鱼传书的说法。

〔八〕三吴：见《与沈君典》注释〔二八〕。

〔九〕顾观察：顾养谦（1537—1604），字益卿，号冲庵，南直隶通州（今属江苏）人。嘉靖四十四年（1565）进士，由户部郎中历迁蓟镇兵备，寻拜右佥都御史，巡抚辽东，迁南户部侍郎。以忧去。后起为兵部侍郎，总督蓟辽军务。卒谥襄敏。有《冲庵抚辽奏议》、《奏议》等。传见申时行《赐闲堂集》卷二十七《顾公偕配李氏合葬墓志铭》、李维桢《大泌山房集》卷六十五《顾司马家传》。

〔一〇〕桑梓：故乡。

〔一一〕五内：五脏。摧怆：悲伤。

〔一二〕间关：形容旅途艰辛，崎岖，辗转。

〔一三〕蕉萃：同"憔悴"，形貌枯槁。

〔一四〕矧（shěn）：况，况且。

〔一五〕澡涤：洗刷，此处指磨砺自己的操行。

〔一六〕瑕纇（lèi）：瑕疵，毛病。

〔一七〕亮：明白，清楚。循理：遵循道理。循，顺着，遵循。

〔一八〕将迎：送往迎来。

〔一九〕禔（zhī）身：安身，修身。

〔二〇〕闾阎：见《与孙太史、冯吉士、沈比部书》注释〔一八〕。编民：编入户籍的平民。

〔二一〕四封：四境。

〔二二〕孚：相应，符合。

〔二三〕久：久留。

〔二四〕讵（jù）：岂。量移：迁职。

〔二五〕诣：到。

〔二六〕遮留：阻碍挽留。

〔二七〕恸（tòng）：极悲哀，大哭。

〔二八〕吴中：此处指松江府（今上海）。

〔二九〕虚浮：浮而不实。

〔三〇〕简直：简单质朴。

〔三一〕儇（xuān）巧：慧黠刁巧。

〔三二〕薮（sǒu）：人或物聚集的地方。

〔三三〕赝（yàn）：假，伪造。

〔三四〕刺：名帖，名片。

〔三五〕却扫：闭门谢客。

〔三六〕悔吝：灾祸，悔恨。

〔三七〕腴壤：肥沃的土地。

〔三八〕枵虚：空虚。

〔三九〕凫茈（fú cí）：亦作"凫茨"，荸荠。

〔四〇〕云间：见《上张、申二阁师》注释〔一三〕。

〔四一〕奸利：此处指非法谋利之人。

〔四二〕蝟毛：见《与田叔书》注释〔二一〕。

〔四三〕肩：担负，负责。

〔四四〕苦行头陀：佛教称修苦行或行脚乞食的僧人为

苦行头陀。

〔四五〕子民：治民，爱护百姓。

〔四六〕嫫（mó）母：传说中黄帝之妻，貌极丑。

〔四七〕怜：爱。

〔四八〕呰窳（zǐ yǔ）：苟且懒惰。

〔四九〕大戾（lì）：大罪，大灾。

〔五〇〕泥涂：见《与箕仲书》注释〔一六〕。

〔五一〕摧折：挫折，打击。

〔五二〕蓼（liǎo）虫：寄生于蓼间的虫。蓼，生长在水边或水中的一种草，亦称"水蓼"。

〔五三〕畴昔：从前。

〔五四〕峨眉：峨眉山，在今四川南部。剑阁：位于今四川省剑阁县东北大剑山和小剑山之间，以险峻著称。

〔五五〕逖：远。

〔五六〕蕲：同"祈"。眢：同"察"。

点评

刘翾对屠隆有知遇之恩，屠隆待人以诚，知恩图报。万历六年（1578），刘翾在京谒选，屠隆与书沈懋学、冯梦祯，请他们好好照顾刘翾。万历八年（1580），刘翾父刘望之去世，屠隆作祭文悼之，还派人到蜀中祭奠，安慰刘翾。刘翾弟刘翾任华亭县丞，道出青浦，屠隆延入县斋，张灯置酒，盛情款待（详情见汪超宏《屠隆与刘翾》，《明清浙籍曲家考》，浙江大学出版社，2009年，第15—16页）。此书作于万历八年（1580）六月屠隆闻知刘望之去世后，派人到蜀中祭奠之前。书牍首先表达对刘翾的思念之情。听说刘翾单车迢递入黔中，屠隆十分担心其安危。由于三吴近来无士大夫宦游滇南，也不认识宦南中的人，没有带信之便。欲遣人走候，因路途遥远而作罢。六月中旬，顾养谦（字益卿）以入贺过南通州（今属江苏），才得知刘翾因父丧回蜀的消息，又怕刘翾长途跋涉，忧劳过度，屠隆嗟伤不已。其次，叙说任颍上、青浦知县的治绩，为政勤勉，奉职循理，体恤民情。两地民风不同，但爱民如子，真诚相待，公平处理，一以贯之，深得上司和百姓肯定。最后，表达愿急流勇退之意，询问刘翾身体状况，儿子读书向上，西望峨眉、剑阁，相思绵绵不绝。

与顾益卿观察〔一〕

往岁苍黄出都门〔二〕，得与先生把臂毗卢阁上〔三〕。一夕雄谈，略尽寥廓奇事。平明上马〔四〕，先生入都，仆即长途，酸风淡日，烟沙障人。回望低垂，魂痴欲绝。已报先生崎岖万里，单车入滇中。仆亦从淮、徐之间〔五〕，踉跄奔走〔六〕。每遥睇彭城落日〔七〕，芒、砀长云〔八〕，则想见先生英雄气色。无何，渡江东来，益苦贱冗。南天寥绝，音问久疏。日为胡原荆侍御撰墓碑〔九〕，知先生胡公金石交〔一〇〕，临文含毫〔一一〕，抒写磊块〔一二〕，居然臭味〔一三〕，更思先生。碑文甫成，寄王百谷〔一四〕。

百谷书来，云辎轩以北上〔一五〕，暂过桑梓〔一六〕，使人飞动。咫尺海陵〔一七〕，如隔黄姑津矣〔一八〕。先生天下奇男子，无论胸中吞吐六合〔一九〕，荡漾千古，即神力劲气，何数龙门公渡鸭绿江〔二〇〕？又慷慨忠义，阔而不疏，英雄哉！某屠书生耳〔二一〕，纤瘦白皙，宛宛如弱女子〔二二〕。顾无朱亥之壮〔二三〕，而有要离之心。以此区区，谬为先生所收。时方困一小吏，砥志束修〔二四〕，屈体自贬，大都细人琐屑，不足闻于长者。而世道仄隘〔二五〕，方且以噌吰骇俗〔二六〕，此大可笑。夫神物何常，至人达变。巨迹宣朗，不难幽玄。大声砰镗〔二七〕，忽焉阒寂〔二八〕。进则阔步天壤，退则立枯山林。终期与先生灭迹尘坌〔二九〕，抱影云霞。

今吾与先生事，大略可知矣。生天有途，无堕苦海。伏惟先生熟虑焉。吴越山川虽秀美，殊少峻绝幽旷之致。要之非五岳〔三〇〕，不足寄吾两人逍遥。先生将选何山之石乎？抑尚云阁情深，烟岚道远也？胸怀孔多，握管欲尽〔三一〕，了无端倪〔三二〕，何日得一面，尽此五衷〔三三〕？闻行李遄北〔三四〕，仓卒遭讯，殊属草草。胡侍御墓碑一通〔三五〕，奉往都门。别后赋得长歌一篇〔三六〕，久未寄上，今书扇头并往。

（《白榆集》文集卷六）

注释

〔一〕顾益卿观察：顾养谦，见《奉刘观察先生》注释〔九〕。

〔二〕苍黄：匆促慌张。

〔三〕把臂：握持手臂，表示亲密。毗卢阁：在今北京境内。

〔四〕平明：天刚亮时。

〔五〕淮、徐之间：淮南（今属安徽）、徐州（今属江苏）一带。

〔六〕踉跄：跌跌撞撞，行步歪斜貌。

〔七〕睇（dì）：看。彭城：今属江苏徐州。也作徐州的代称。

〔八〕芒、砀：芒山、砀山，在今安徽砀山县东南。

〔九〕胡原荆侍御：胡溁（1534—1579），字原荆，无锡（今属江苏）人。嘉靖四十四年（1565）进士，历官永丰知县、御史等。有《采真堂集》。传见《白榆集》文卷十八《明故御史莲渠胡公墓志铭》。

〔一〇〕金石交：指交谊深厚，如金石之坚固。

〔一一〕含毫：含笔于口中。比喻构思为文。

〔一二〕磊块：郁积在胸中的不平之气。

〔一三〕臭味：比喻同类的人或事物。

〔一四〕王百谷：王稚登，见《寄张幼于兄弟》注释〔七〕。

〔一五〕軿轩：古代使臣乘坐的一种轻车。

〔一六〕桑梓：家乡，故乡。

〔一七〕海陵：今属江苏泰州。

〔一八〕黄姑：牵牛星别名。

〔一九〕六合：见《与余君房书》注释〔四〕。

〔二〇〕龙门公渡鸭绿（lù）江：薛仁贵（614—683），名礼，字仁贵，绛州龙门（今属山西）人。贞观末年投军，随征高丽，受唐太宗拔擢，征战数十年。曾大败九姓铁勒，降服高丽，击破突厥，功勋卓著。累官至瓜州长史、右领军卫将军、检校代州都督，封平阳郡公。鸭绿江，发源于吉林长白山南麓，流经吉林长白朝鲜族自治县、临江市、集安市、辽宁丹东市和朝鲜新义州。

〔二一〕孱（chán）：软弱，弱小。

〔二二〕宛宛：细弱貌。

〔二三〕"朱亥"二句：朱亥，战国时魏国力士，曾经锤杀魏将晋鄙。要离，春秋时吴国人，刺杀吴国公子庆忌。

〔二四〕砥志：专心致志。束修：约束修养。

〔二五〕仄隘（zè ài）：狭窄。

〔二六〕噌吰（cēng hóng）：形容钟的声音。

〔二七〕砰訇（hōng）：象声词，疾雷声，大水激荡声等。

〔二八〕阒（qù）寂：寂静无声。

〔二九〕尘坌（bèn）：灰尘，尘土。

〔三〇〕要之：总之。

〔三一〕握管：提笔。此处指写信。

〔三二〕端倪：头绪，线索。

〔三三〕五衷：同"五中"，五脏，内心。

〔三四〕遄（chuán）：快，迅速。

〔三五〕胡侍御墓碑一通：屠隆《明故御史莲渠胡公墓志铭》，见《白榆集》文卷十八。

〔三六〕别后赋得长歌一篇：屠隆作七古《寄顾益卿》，见《由拳集》卷六。

点评

屠隆与南通州（今属江苏）人顾养谦（1537—1604，字益卿）相识于万历五年（1577），顾养谦谒选来京，多次拜访屠隆，屠隆也多次回访，不遇。九月，屠隆离京赴任颍上知县，顾养谦追送至报国寺，彻夜长谈，相见甚欢。次日，各奔前程（详情见汪超宏《屠隆与顾养谦》，《明清浙籍曲家考》，浙江大学出版社，2009年，第62—67页）。途中，屠隆作《寄顾益卿》诗（《由拳集》卷六）。万历八年（1580）六月中旬，闻知顾养谦以入贺过家乡，屠隆遂作此书问候。书牍首先回忆都门把臂雄谈、各奔东西的情景，叙说自己别后生活与工作，思念顾养谦英雄气色。为顾养谦金石交胡涍作墓志铭，已寄王稚登。其次，赞扬顾养谦是"天下奇男子"，自己"宛宛如弱女子"，"方困小吏"，"砥志束修"，愿与顾养谦栖息山林。最后，询问顾养谦，何处是适宜的栖息之处，盼望能有相见之日。随信附寄胡涍墓志铭和《寄顾益卿》诗。顾养谦回书，首先说家居时，就闻"足下名名海内"，与沈明臣会，"谈足下益详，知足下天下才，世不可多遘见"。其次，回忆都门之晤，"片言相投，肺肠悉露。不复矜态，设色城府。雄饮竟夜，各出狂态"。最后，谈近况，奇怪屠隆寄来屠应埈（1502—1546，字文升，号渐山，平湖人）《兰晖堂集》，而没有"以《长卿集》见示"。告诉行程，也希望与屠隆一会："正坐小冗，且迫迫束装，而使翰翩翩来自海上。雄词浩歌，读之令人神游四表，精骛八极……读胡原荆志，真得太史公家法而铭。足以铭原荆不朽……所惠《兰晖堂集》，殊博雅，足征足下家学。然仆曾从陈思进所得读《长卿集》，则何以不以《长卿集》见示，而独《兰晖堂》是遗？殊望之，望之。冗夺草率，具此附使者去，且谢足下之悬悬我也。十月自都下还，将吊原荆于梁溪，遂东游娄江。庶几得走吴淞江上，晤足下，一倾倒，故不复走一力。仆以六月十二日抵庐北，北发在七月三日。"（《国朝名公瀚藻》卷四十二顾养谦《与屠长卿》）

与君典约婚书[一]

盖昔者岁在丁丑[二]，不佞北上公车，顿辔中都[三]，裴徊高皇帝汤沐邑[四]，肃然穆庄者久之。夜宿逆旅[五]，则梦入赤墀[六]，朝见今主上，出而遇张无垢先生左掖下[七]，把臂欢甚，相与共歌钱起《湘灵诗》[八]，仰见白云在天作微绛。既寤〔九〕，心殊异之，颇自负已。入廷试，大魁得君典。洎今岁梦之帝所，神赍余以童子〔一〇〕，童子不肯行，要一女子与俱而后行〔一一〕。不佞即以语开之〔一二〕。及余举此儿〔一三〕，弥月之明日〔一四〕，而仁兄与开之适至。诘朝〔一五〕，遂为汤饼客也〔一六〕。仁兄摩此儿顶，许之曰佳。盖啼声未试矣。而辄称孙夫人且有身，数当得女。得女以字此儿〔一七〕。再越月〔一八〕，而报孙夫人举女。仁兄竟弗寒盟〔一九〕，岂惟吉梦是践？则金石大义，上帝信之矣。且其事之本末，一何奇也。今日之讲，岂偶然哉？抑仁兄其无垢后身耶？不腆之币〔二〇〕，敬徽宠灵〔二一〕，永以为好。他日去人间世，药炉茶灶，携妻子及鸡犬，同入桃源深山中。愿世世为婚姻，即安能舍开之矣？

(《白榆集》文集卷六)

注释

〔一〕君典：沈懋学，见《与沈君典书》注释〔一〕。

〔二〕岁在丁丑：万历五年丁丑年，公元1577年。

〔三〕顿辔：停车。中都：明中都凤阳，今属安徽。

〔四〕裴徊：同"徘徊"。高皇帝：明太祖朱元璋。汤沐邑：国君、皇后、公主等收取赋税的私邑。

〔五〕逆旅：客店，旅社。

〔六〕赤墀（chí）：红色台阶，一般用于宫殿之中。

〔七〕张无垢：张九成（1092—1159），字子韶，号无垢，汴京（今河南省开封）人，后迁海宁（今属浙江）。绍兴二年（1132）状元，历官镇东军签判、太常博士、宗正少卿、侍讲、礼部侍郎兼刑部侍郎等。有《横浦集》。左掖：宫城正门左边的小门。

〔八〕钱起《湘灵诗》：唐代诗人钱起有《省试湘灵鼓瑟》诗。

〔九〕寤：睡醒。

〔一〇〕赉：赏赐。

〔一一〕要（yāo）：同"邀"。

〔一二〕开之：冯梦祯，见《与孙太史、冯吉士、沈比部书》注释〔一〕。

〔一三〕举：生产。

〔一四〕弥月：满月。

〔一五〕诘朝（jié zhāo）：平明，清晨。

〔一六〕汤饼：见《与李之文》注释〔九〕。

〔一七〕字：许配。

〔一八〕再越月：两个月之后。

〔一九〕寒盟：背弃或忘却盟约。

〔二〇〕不腆之币：不丰厚的财物。腆，丰厚。币，财物。

〔二一〕宠灵：恩宠光耀，使得到恩宠福泽。

点评

　　万历八年（1580）四月四日，屠隆长子金枢（字西升）出生。闰四月，沈懋学、冯梦祯与沈明臣同至青浦，为汤饼会，吃满月酒。席间，沈懋学说妾孙氏有身孕，如生女，则许配金枢。屠隆还力请冯梦祯促成此事。(《由拳集》卷十七《与君典、开之》："此事望开之兄一怂恿之。"）六月，孙氏果生女。九月，屠隆作此约婚书。(《白榆集》文集卷六《与李之文》："举犬子甫六月尔，辱沈君典太史许婚，事之本末，具《婚书》中。"）书牍首先叙说自己做了两个奇异的梦。一是在万历五年（1577）进京应考途中，路过凤阳，夜宿逆旅，梦见在宫中朝见皇帝，出宫过左掖门，遇见宋代绍兴二年（1132）状元张九成，把臂相欢，共歌唐人钱起《省试湘灵鼓瑟》诗。后进士榜发，沈懋学中状元。二是今年梦见至上帝所，上帝赐以童子，童子不行，邀女子，女子同行。其次，说金枢出生，沈懋学、冯梦祯与沈明臣为汤饼会，沈懋学口头约儿女婚姻。妾孙氏果生女，沈懋学信守诺言，答应婚约。沈懋学中状元，孙氏生女，梦兆吉祥，皆非偶然，是上天注定。最后，以财物聘礼，表示诚意，希望世世为婚姻，永以为好。

再与元美先生〔一〕

　　某为令，则得吴中人间烦懑事〔二〕，大都历尽。今独意得一当王先生〔三〕，且又得闻师真教敕〔四〕。人生有此两事，即不虚堕地一场。某之拙劣，欲以令起家取功名，难矣。自分无经济长才〔五〕，浮沉一世，碌碌何为〔六〕？日月不居〔七〕，河清难俟。便欲解去印绶〔八〕，栖迹灵山，长依皈有道门下〔九〕。大道即不成，逍遥五岳，委顺去来，翛然作一山泽之癯〔一〇〕，于某足矣。所愿先生于入关后，尚许小子一叩玄门，某不难蓬首垢面，执先生爨下扫除之役，收私布腹心，消可虞者。

某为吏廉，家无半顷之田、一椽之屋〔一一〕，上有老亲，似未能超然。然以某计之，即为官人，十年而往，贫犹今日尔，固不如早挂冠〔一二〕，自逃苦海。饥寒之事，傥仗友朋〔一三〕。愚意如此，先生云何？前累求大笔不见应，谨装潢一绢素往，乞书向者见答《采真》之作，将悬之斋头〔一四〕，时时如奉眉宇。从此以后，恐墨妙益不可得尔。《师真传》一如指教更定，另录一通奉去。大作成，千万示教。不宣。

（《白榆集》文集卷六）

注释

〔一〕元美：王世贞，见《与王元美先生书》注释〔一〕。

〔二〕吴中：见《奉刘观察先生》注释〔二八〕。烦懑

（mèn）：烦闷愁恼。

〔三〕憙：同"喜"。

〔四〕师真：指昙阳子王焘贞。王焘贞（1558—1580），号昙阳子，王锡爵女。幼字徐景韶，未婚而夫死。诡云十七岁遇上真，据传六年不食。王锡爵、王世贞、沈懋学、冯梦祯、屠隆等奉昙阳子为师。传见王世贞《弇州续稿》卷五十六《纯节祠纪》《昙鸾大师纪》、卷七十八《昙阳大师传》。教敕：教诫，教训。

〔五〕经济：见《与周元孚》注释〔一八〕。

〔六〕碌碌（lù）：形容事务繁杂、辛辛苦苦的样子。

〔七〕居：停留。

〔八〕印绶：印信和系在印信上的丝带。

〔九〕依皈（guī）：皈依，佛教谓身心归向佛门。

〔一○〕翛（xiāo）然：无拘无束，超脱貌。癯（qú）：瘦。

〔一一〕一椽（chuán）：一条椽子，代指一间小屋。

〔一二〕挂冠：辞官。

〔一三〕倪：同"倘"。

〔一四〕斋头：书斋。

点评

王锡爵女焘贞，号昙阳子，幼字徐景韶，未婚而夫死。诡云十七岁遇上真，据传六年不食。王锡爵、王世贞、沈懋学、冯梦祯、屠隆等均奉昙阳子为师。万历八年（1580）九月九日，昙阳子卒。王世贞作有《纯节祠纪》《昙鸾大师纪》（《弇州续稿》卷五十六）、

《昙阳大师传》(《弇州续稿》卷七十八），屠隆为作《恭送昙阳大师十九首》(《白榆集》诗卷八)，又作《仙师传》(亦名《师真传》)，此文未收入屠隆诗文集中，已佚。此书作于万历八年（1580）九月九日王焘贞卒后。书牍首先叙说能结识王世贞、奉昙阳子为师，是人生二大幸事。愿与王世贞依归大道，交流切磋。其次，叙说家贫，不能挂冠辞官，逃离苦海。求王世贞大作，附寄《师真传》。

与田叔〔一〕

三十年流浪幻泡，结习世缘，然自度身过多，心过少，灵根固无恙〔二〕，天似不欲使慧业文人〔三〕，永湛苦海〔四〕，实启其衷，翻然从摩登伽幻业中回头〔五〕，极力炼磨〔六〕，涤除玄朗〔七〕。每自纷拏间〔八〕，退省家山伴侣，无逾田叔。夫种种色相，都属幻妄。圆明了照〔九〕，不出虚静中来。顾法界无妄不生真，必无垢是名为真清净，必不扰是名为真定。一切修持，须向境上试得过方是。即如平居惩忿〔一〇〕，不知遇忿能不动；不平居窒欲〔一一〕，不知遇色能不动。不若无事阒然〔一二〕，遇境辄乱，则为顽空〔一三〕；灵明静定〔一四〕，万物纷至，至性如如〔一五〕，乃为真空〔一六〕。

不肖今为令,诸尘嚣猥冗[一七],劳形滑神,无一不备。以此炼性,近颇有得力处。第习气根株,芟除为难尔[一八]。足下静中所得何如?静中操持[一九],遇境不乱。必如此加功,似为吃紧。足下何以教我?昙阳大师以道家虚静兼释氏圆通[二〇],而从精严实相处着力。教本人伦,理兼性命。真吾师也。离合在手,去来无碍。示化后,娄通胚响[二一],以警教诸子。吾曹修行[二二],能不悚然[二三]?

田叔清真,惜不见大师。如其一叩莲花座[二四],决当存注[二五]。虽然,吾之有心,即心即佛。足下第精进,如不肖得不堕落,五年之后,请以田叔见我大师。他日伴侣,不肖深致意焉。愿言自爱。《大师传》刻成矣,敬奉去四册。足下作叙另刻,可以此为据。刻成寄我。

(《白榆集》文集卷六)

注释

[一]田叔:屠本畯,见《与余君房书》注释[二七]。

[二]灵根:身体。无恙:无祸患,灾难。

[三]慧业:佛教语,指智慧的业缘。

[四]湛(dān):同"耽",沉溺。

[五]翻然:很快而彻底地。摩登伽幻业:佛教用语,

指爱欲、贪欲。

〔六〕炼磨：磨炼，磨砺。

〔七〕涤除：清除、去掉污垢。玄朗：高明，旷达。

〔八〕纷挐（ná）：混乱，错杂。

〔九〕圆明：佛教语，彻底领悟。了照：瞭照，明白，知晓，了解。

〔一〇〕惩忿：克制愤怒。

〔一一〕窒欲：控制欲望。

〔一二〕阒（qù）然：空无所有，寂静无声。

〔一三〕顽空：佛教语，无知无觉、无思无为的虚无境界。

〔一四〕灵明：明洁无杂念的思想境界。静定：平静凝滞，平静安定。佛教的澄心静虑，坐禅入定。道家的澄心静虑，守道不离。

〔一五〕至性：天赋的品性。如如：佛教语，永恒存在的真如。

〔一六〕真空：佛教语，超出一切色相意识界限的境界。

〔一七〕尘嚣：人世间的烦扰、喧嚣。猥冗：烦琐，芜杂。

〔一八〕芟（shān）除：剪除，消灭。

〔一九〕操持：操守。昙阳大师：王焘贞，见《再与元美先生》注释〔四〕。

〔二〇〕释氏：佛教。

〔二一〕娄：假借为"屡"。胥（xī）响：散布，传播。

〔二二〕吾曹：我辈。

〔二三〕悚（sǒng）然：害怕。

〔二四〕莲花座：佛座，佛座作莲花形。

〔二五〕存注：意念，注意力。

点评

此书作于万历八年（1580）九月九日后。书牍首先叙说屠本畯是自己知心友人，一切修持，须从境上试过才行。其次，说任知县经历人间烦扰喧嚣，以此炼性，颇有收获。昙阳子之道，"以道家虚静兼释氏圆通，而从精严实相处着力。教本人伦，理兼性命"。最后，以屠本畯未见昙阳子为憾。如精进修道，五年后可见昙阳子之灵。随寄《大师传》，屠本畯序另刻。

与管登之〔一〕

某窃闻之，丈夫之概有二。盖得之昌黎〔二〕，而与其旨差异。丈夫者，得志则弘经世之略〔三〕，沉毅不发，当机立断。仁诚而术高，才巨而心细。严而有度，阔而罔疏〔四〕。光明磊落，暾如日星〔五〕，屹如衡、岱〔六〕。流照天壤，遗荣后来。不得志则抗出世之操〔七〕，青崖当门，白云度牖〔八〕。引萝月而为偈〔九〕，听山泉而洗心。撷百家之菁华〔一〇〕，参二氏之同异〔一一〕。绝嗜寡欲，冥心寂照〔一二〕。道臻希夷〔一三〕，名书帝箓〔一四〕。快哉，此两者略尽豪杰生平之大都〔一五〕。古惟郭令公、韩忠献诸君〔一六〕，宣鸿业于史册〔一七〕，箕谷、富春、天台、华山诸君〔一八〕，摽高韵于烟霞〔一九〕。各擅其微，罕能相兼。兼之者，世独称文成、邺侯〔二〇〕。又白香山、苏子瞻〔二一〕，庙堂筹策，虽逊郭、韩，岩穴风流，不减天隐〔二二〕。世并高之。念之则清肌骨，谭之则香齿牙。若夫高牙大纛〔二三〕，粉白黛绿，又何称焉？昌黎夫亦犹有童之心乎？至如吮毫秃颖，腐肠呕心〔二四〕，工雕虫之技〔二五〕，猎藻绘之声〔二六〕，抑亦细矣。进可郭、韩，退可天隐。经世出世〔二七〕，惟其所遭。求之当代，则有登之先生其人焉。今登之之名满宇内，虽童子授一编者，咸识先生为旷古之杰，何所事不肖之称之也。

不肖自入吴来，既贱且冗。古之为守令者，职事而外，间览其境内山川，折节于贤人高士，以为美谭，而今则为世大禁。又古之吏治贵清静，今之吏治贵苛细〔二八〕。簿书敲朴〔二九〕，足了一日。固无暇为风流标致之事。某之入吴，无论虎丘、寒山、石湖、凌屋诸胜〔三〇〕，远莫能至。即所谓九峰、三泖〔三一〕，近在履舄之下〔三二〕，亦经年而不一寓目。游客文士，惠然投刺于门〔三三〕，未尝不为倒屣〔三四〕。苟其人抱龙丘之节〔三五〕，畏阳乔之名〔三六〕，匿迹收声，长啸林表〔三七〕，多不及先。风尘溷人〔三八〕，侵寻作俗吏面孔〔三九〕，负当世大雅之器如先生，下至田夫妇孺，犹能知之。

某亦有耳目腹肠，庸得愦愦乃尔〔四〇〕？吴中高流，又有赵太史与先生〔四一〕。双起朗映，并称南金〔四二〕。仆之倾注一也。久坐尘冗，未一论心。比之不登寒山、虎丘，尤为缺事〔四三〕。某虽不肖，雌伏卑栖，犹得北面娄东〔四四〕，雁行槜李〔四五〕，严事海陵〔四六〕，缔好宣城〔四七〕。蹇拙之夫〔四八〕，幸以拙收于当世之豪杰，往往期保岁寒，动引管、鲍〔四九〕，则以仆才性虽疏，而肝胆颇实，友朋不弃。职此之由〔五〇〕，乃不谓百里而失登之及天水公两先生〔五一〕，邈然吴越也。

仆学不知古，智不谐俗。经世出世，两俱茫然。业为浮世一大瓠〔五二〕。性亦简澹，了无营好。独有折节贤豪一念未灰尔。每怀高风，情不能已。敢遣一介，将荒械道其偻偻之悰于门下〔五三〕。伏惟高明鉴原〔五四〕。职事作苦，无由倚棹阖闾城下〔五五〕，一造精庐〔五六〕。书去神驰，先生傥有意乎〔五七〕？请以执鞭从事〔五八〕。

（《白榆集》文集卷七）

注释

〔一〕管登之：管志道（1536—1608），字登之，号东溟，娄江（今属江苏苏州）人。隆庆五年（1571）进士，官南京刑部主事，疏陈利弊九事，忤张居正，出为分巡岭东道，以察典罢官。有《孟义订测》、《问辨牍》、《续问辨牍》、《从先维俗议》、《觉迷蠡测》等。传详钱谦益《牧斋初学集》卷四十九《管公行状》、《国朝献征录》卷九十九焦竑《管公墓志铭》。

〔二〕昌黎：韩愈（768—824），字退之，河阳（今属河南）人，祖籍昌黎（今属河北），世称韩昌黎。

〔三〕经世：治理国事。

〔四〕疏：粗疏。

〔五〕皦（jiǎo）：洁白。

〔六〕屹：屹立。衡、岱：衡山（在今湖南境内）、泰山（在今山东境内）。

〔七〕出世：脱离人世束缚。抗：举。

〔八〕牖（yǒu）：窗。

〔九〕萝月：藤萝间的明月。偈（jì）：佛经中的唱词。

〔一〇〕撷（xié）：采下，摘下。菁（jīng）华：精华。

〔一一〕二氏：道教与佛教。

〔一二〕冥心：泯灭俗念，使心境宁静。寂照：寂，寂静。照，照鉴。智之本体为空寂，有观照之作用，即坐禅之当体、止观。

〔一三〕臻：至，到。希夷：虚寂玄妙。

〔一四〕帝箓：天帝的簿籍。

〔一五〕大都：大概，大抵。

〔一六〕郭令公：郭子仪（697—781），郑县（今陕西华县）人，祖籍山西太原。历任左卫长史、朔方节度右兵马使、卫尉卿、朔方节度使、御史大夫、兵部尚书、司空、司徒、太尉、中书令等职。平定安史之乱，大败吐蕃攻唐。封代国公、汾阳郡王。大历十四年（779），郭子仪被尊为尚父，进位太尉、中书令。因称郭令公、郭汾阳。韩忠献：韩琦（1008—1075），卒谥忠献，因称韩忠献。见《奉徐少师》注释〔七〕。

〔一七〕鸿业：大业。

〔一八〕箕谷、富春、天台、华山诸君：郑朴，字子真，西汉末年左冯翊谷口（今陕西礼泉）人。祖居褒谷箕山。隐逸民间，修身自保，耕于岩石之下，名震京师。成帝时，元舅大将军王凤以礼聘子真，子真遂不诎而终。富春：严光（前39—41），又名遵，字子陵，余姚（今属浙江）人。严光少有高名，与汉光武帝刘秀为同学兼好友。刘秀即位后，多次延聘严光，严光隐居富春山（在今浙江境内）耕读垂钓。今浙江桐庐富春江畔有严子陵钓台。天台：司马承祯（639—735），字子微，法号道隐，自号白云子，温县（今属河南）人。道士，与陈子昂、卢藏用、宋之问、王适、毕构、李白、孟浩然、王维、贺知章为"仙宗十友"。武则天、唐睿宗、唐玄宗曾召入宫中讲道。遍游天下名山，隐居天台山（在今浙江境内）。华山：陈抟（871—989），字图南，号扶摇子，真源（今河南鹿邑县）人。与麻衣道者隐居华山（在今陕西境内）云台观。北宋太平兴国二年（977），宋太宗召见陈抟。雍熙元年（984），太宗再次召见陈抟，赐希夷先生称号。

〔一九〕摽（biāo）：同"标"，标榜。

〔二〇〕文成：张良（？—前186），字子房，城父（今河南郏县）人。协助刘邦赢得楚汉战争，建立汉朝。帮助吕后之子刘盈成为皇太子，封留侯。张良精通黄老之道，不恋权位，晚年随赤松子云游四海。汉高后二年（前186）去世，谥号文成。邳侯：见《与王敬美》注释〔一三〕。

〔二一〕白香山：唐代诗人白居易（772—846），字乐天，号香山居士，因称白香山。苏子瞻：宋代诗人苏轼（1037—1101），字子瞻，一字和仲，号东坡居士，眉山（今四川眉山）人。世称苏东坡。

〔二二〕天隐：隐而不仕之最高境界。

〔二三〕高牙大纛（dào）：军队里的大旗。比喻声势显赫。

〔二四〕"至如"二句：为写文章冥思苦想，以至于呕心沥血。

〔二五〕雕虫：见《与刘观察先生书》注释〔一七〕。

〔二六〕藻绘：文辞，文采。

〔二七〕出世：超脱于世俗之外，隐居。

〔二八〕苛细：要求严格而琐碎。

〔二九〕敲朴：鞭打的刑具，短曰敲，长曰扑。亦指敲打鞭笞。

〔三〇〕虎丘：山名，亦名海涌山，在今江苏苏州西北。寒山：寺名，在今江苏苏州境内。石湖：太湖支流，在今江苏苏州西南。凌屋：应为林屋，林屋山在今江苏苏州吴中区，山上有洞，是道教第九洞天。

〔三一〕九峰、三泖：见《与沈君典》注释〔四八〕。

〔三二〕履舄（xì）之下：近在眼前。履舄，鞋。

〔三三〕刺：名刺，名片。

〔三四〕倒屣：见《与李之文书》注释〔一五〕。

〔三五〕龙丘：龙丘苌（前76—24），吴县（今江苏苏州）人。西汉末年，隐居龙丘山（在今浙江龙游县东），以种田为业。

〔三六〕阳乔：即"阳桥"，亦作"阳鱎"，鱼名。刘向《说苑·政理》："夫投纶错饵，迎而吸之者，阳桥也。"比喻不召而自至的人。

〔三七〕林表：林梢，林外。

〔三八〕溷：肮脏，混浊。

〔三九〕侵寻：渐进。

〔四〇〕愦愦：烦乱，纷乱。乃尔：如此。

〔四一〕赵太史：赵用贤（1535—1596），字汝师，号定宇，常熟（今属江苏）人。隆庆五年（1571）进士，选庶吉士第一。万历元年（1573），授检讨。五年，疏论张居正夺情，与吴中行同杖戍。十一年，复职。次年，升右赞善。后历礼部侍郎、吏部侍郎等。卒谥文毅。有《松石斋集》、《三吴文献志》、《国朝典章》、《因革录》等。传见瞿汝稷《瞿冏卿集》卷十《定宇赵公行状》、钱谦益《牧斋初学集》卷六十二《赵公神道碑铭》、《明史》卷二百二十九。

〔四二〕南金：比喻优秀人才。

〔四三〕缺事：缺憾之事。

〔四四〕娄东：代指王世贞。王世贞是太仓人，太仓位于娄水之东，故有娄东之称。

〔四五〕携李：今浙江嘉兴，代指冯梦祯。冯梦祯是秀水（今属嘉兴）人，因以携李代之。

〔四六〕海陵：今属江苏泰州，代指顾养谦。

〔四七〕宣城：今属安徽，代指沈懋学。沈懋学是宣城人。

〔四八〕蹇（jiǎn）拙：艰难困拙，不顺利。

〔四九〕管、鲍：春秋时管仲与鲍叔牙，二人为知己好友。

〔五〇〕职此之由：就是这个原因。

〔五一〕天水公：指赵用贤。

〔五二〕大瓠（hù）：形容无用之物。典出《庄子·逍遥游》。

〔五三〕械（jiān）：同"缄"。偻偻（lóu）之悰（cóng）：偻偻，诚恳、恭敬貌。悰，心情，情绪。

〔五四〕鉴原：体察实情而原谅。

〔五五〕倚棹：靠着船桨，犹言泛舟。阖闾城：苏州的别称。

〔五六〕精庐：学舍，读书讲学之所。

〔五七〕傥：同"倘"。

〔五八〕执鞭：举鞭为人驾车，表示景仰追随。

点评

此书作于万历八年（1580）。这是屠隆首次与书娄江（今属江苏苏州）人管志道，表达倾慕结交之意。此后，二人交往渐多，关系越来越密切。《栖真馆集》卷一有《赠管登之先生》诗。万历十七年（1589）冬，屠隆与管志道等人同游苏州名胜，有《冬日，同韩承志、管登之、钱功父、吴元卿过开元寺访湛公》（《栖真馆集》卷四）、《冬日，管登之邀同钱功甫泛舟石湖，登胥台，入治乐寺谈禅作》（《栖真馆集》卷八）等诗记其事。《栖真馆集》卷十五有《与管登之》、卷十七有《与管登之金宪》书，管志道《问辨牍》元集《答屠仪部赤水丈书》附屠隆来书，《续问辨牍》卷二《答屠仪部赤水丈书》附屠隆来书，管志道《剔若斋集》卷二《与屠仪部赤水丈书，名隆，宁波府人，乙未》，管志道《问辨牍》元集《答屠仪部赤水丈书》、《续问辨牍》卷二《答屠仪部赤水丈书》等，均是二人往来探讨三教学问之书。此书牍首先叙说古之丈夫有二类。得志时经略世事，当机立断，建立功业，光明磊落，影响深远。不得志时，远离世俗，隐居林泉，绝嗜寡欲，精研佛道，名载帝箓。前者如唐郭子仪、宋韩琦，后者如汉郑朴、严光、唐司马承祯、宋陈抟。兼之者，只有汉张良、唐李泌。求之当代，管志道一人而已。管志道"名满宇内"，是"旷古之杰"。其次，叙说自己任青浦知县以来，忙于职事，不仅稍远的苏州名胜山川无暇游览，近处的九峰、三泖也经年不能寓目。游客文士来访，倒屣相迎。但未能尽早和管志道结交，有负当世大雅。再次，说自己也很倾注赵用贤。

赵用贤与管志道二人"双起朗映，并称南金"，未能论心相交，比不能登虎丘、寒山，还要遗憾。虽然自己性疏才浅，但待人真诚，与朋友肝胆相照，与王世贞、冯梦祯、顾养谦、沈懋学等人都有交往。以百里之远近而不能与赵用贤、管志道交往，令人难以为情。最后，再三表明对管志道的倾慕之情，不能亲到苏州府上拜见，只好将满腔热诚，化作一通书信，请人送到府上，恳请管志道理解自己的仰慕之心，折节下交。

与孙文融吏部〔一〕

追维昔者旅食长安〔二〕，得御大雅，辄荷许义金石〔三〕，寻盟岁寒。每捧读南国诗人之句，实感知己。虽齐相之识然明〔四〕，司空之赏士衡〔五〕，方斯蔑如〔六〕。顾某何人，足以当此？一出都门，遂困世法。言念大义，何能去怀？而明公即转天曹〔七〕，地位清严，瞻仰台阶，如叩阍阖〔八〕。尝思一修寒暄，逡巡不敢〔九〕。亦知明公忠信耿亮，善体下情。某之阔焉久不通讯，必且以知命安分见宽，必不以为简。盖某愚而畏法，私计远方疏贱吏，断无奏剌天曹诸公之理〔一〇〕。以故局踏久之〔一一〕。已而谋之所亲信者，谓云霄故人，苟无私情，寒暄不废。嵇生虽懒〔一二〕,犹通尺素山公。某懒不敢同于叔夜,而音问久疏,洵谨畏之过。矧明公广休休之德〔一三〕,躬吐握之风〔一四〕,天下士延颈而望,交口而赞,恨不得一当孙先生。某虽不肖,犹尝辱门下一日之知,诚不当以疏贱为解〔一五〕。顾方今圣明在上,百度肃清,某为守土小吏,无故不敢遣一价入都〔一六〕,存其故人于数千里外。每兴思念,辄复踟蹰〔一七〕。三年不将一字,一日而肠九回矣。

恭闻明公德业日崇,华实并茂,当宁钦重〔一八〕,倚为蓍龟〔一九〕。他日文章藏于名山,勋庸勒于钟鼎〔二〇〕。诚哉,河岳英灵〔二一〕,凤麇上瑞〔二二〕,甚盛,甚盛。某自违清范,劳苦备尝。才不足以立名,智不足以谐俗。执其固陋,日以窘步〔二三〕。第必不敢自处淤泥,以辱知己。伏望明公终而教之。某待罪三载〔二四〕,兹当给由,例得遣吏赍文赴部〔二五〕,便布空椷〔二六〕,敬问台福。家有老亲,今年八十有三,将以仰希龙章之宠〔二七〕,下伸乌鸟之私〔二八〕。伏惟明公以孝治天下,某奉职虽无状,傥幸录其三年犬马微劳〔二九〕,俯赐提掖〔三〇〕,其自老亲而下,实拜恩休。某不任顶戴殒越之至〔三一〕。

(《白榆集》文集卷七)

注释

〔一〕孙文融：孙鑛（1542—1613），字文融，号月峰，余姚（今属浙江）人。万历二年（1574）会试第一，为文选郎中，累进兵部侍郎，加右都御史，代顾养谦经略朝鲜，还迁南兵部尚书。有《孙月峰评经》、《今文选》、《书画跋跋》、《孙月峰全集》等。传见于慎行《谷城山馆文集》卷四《送抚台月峰孙公入为少司寇叙》、《明史列传》卷八十五。

〔二〕追维：追念，追思。旅食：客居，寄食。

〔三〕荷：负担。

〔四〕"齐相"句：齐相，似当作"郑相"，指郑国执政子产。子产最初不赏识然明，后来听说然明的为政举措之后，便对他刮目相看。事见《左传·襄公二十五年》。

〔五〕"司空"句：司空指晋司空张华，士衡指陆机。张华对于陆机评价甚高，曾说"伐吴之役，利获二俊"。

〔六〕蔑如：不如，不及。

〔七〕天曹：道家所称天上的官署。古代称吏部为"天官"，此处指吏部。

〔八〕阊阖：天门。

〔九〕逡（qūn）巡：有所顾虑而徘徊不前。

〔一〇〕刺：名片。

〔一一〕踽踽：见《与孙太史、冯吉士、沈比部书》注释〔三七〕。

〔一二〕"嵇生"二句：嵇生，嵇康（223—262），字叔夜，铚县（今属安徽）人。"竹林七贤"之一。山公，山涛（205—283），字巨源，怀县（今属河南）人。"竹林七贤"之一。

〔一三〕休休：语出《尚书·秦誓》："其心休休焉，其如有容。"形容君子喜乐正道，心怀宽容，气魄弘大。

〔一四〕吐握之风：《史记·鲁周公世家》记周公"一沐三握发，一饭三吐哺"，洗发时多次挽束头发不洗，吃饭时多次吐出食物不吃，急于迎客。形容渴求人才，礼贤下士。

〔一五〕解：解说。

〔一六〕一介（jiè）：一个被派遣传送东西或传达事情的人。

〔一七〕踟蹰（chí chú）：局促不安之貌。

〔一八〕当宁：指皇帝临朝听政，后指皇帝。钦重：敬重。

〔一九〕蓍（shī）龟：喻德高望重的人。

〔二〇〕勒：刻。

〔二一〕河岳英灵：泛指中华大地上的优秀人物。

〔二二〕麐：同"麟"。

〔二三〕窘步：见《与陈伯符》注释〔一七〕。

〔二四〕待罪：官吏供职的谦辞。

〔二五〕赍（jī）：送，持。

〔二六〕械：同"缄"。

〔二七〕龙章之宠：皇帝对有功大臣的最高奖赏。龙章，皇帝的仪仗，借指皇帝。

〔二八〕乌鸟之私：乌鸟反哺之私情。比喻人子的孝思。

〔二九〕傥：同"倘"。

〔三〇〕提掖（yè）：提拔，扶持。

〔三一〕顶戴：敬礼，感恩。殒越：惶恐。

点评

此书作于万历八年（1580）。本年，屠隆母八十三岁。屠隆与孙鑛相识于万历五年（1577），《屠长卿集》诗集卷九有《留别孙文融仪部》。书牍首先回忆二人在京结交的经过："追维昔者旅食长安，得御大雅，辄荷许义金石，寻盟岁寒。每捧读南国诗人之句，实感知己。"其次，说二人别后，困于世法，没有与书问候，但思念孙鑛之心，从未停止。最后，恭维孙鑛受朝廷宠信，德高望重，希望孙鑛明察自己三年知县微劳，提携照顾，不胜感谢。

与凌稚哲〔一〕

门下博物好古，为当世张司空、李邺侯〔二〕。仆雅向往，由拳去吴兴〔三〕，百里而近。天目落眼〔四〕，溪云如画。想见使君隐囊纱帽，倘佯长松修竹之下。吏牍侵人〔五〕，不能以贱姓名一通款曲门下〔六〕，乃辱惠问先及，掩面自惭。

某中岁不闻道，涉历世艰，流浪苦海。官既拓落，学植亦荒〔七〕。惟日夜思逃深山以自宽，则又奈此世网何？所谕《皇明名公翰藻序》〔八〕，似当得海内鸿儒巨笔，光此盛美〔九〕。仆如学语新莺，泠泠调舌〔一〇〕，花边柳外可耳，恶得奏诸九天凤啸之侧，重其羞涩也？然门下有命，义不可辞，容勉缀以进，亦将藉此为请教之地。仆生平尺牍，多散漫不收。今小集中，仅仅存其近札。门下方广搜珊瑚木难、大秦明月〔一一〕，而欲溷以鱼目〔一二〕，何邪？率尔奉复，百不宣一。

（《白榆集》文集卷七）

注释

〔一〕凌稚哲：凌迪知（1529—1601），字稚哲，乌程（今属浙江）人。嘉靖三十五年（1556）进士，官至兵部员外郎。有《万姓通谱》、《左国腴词》、《太史华句》、《两汉隽言》、《文选锦字》、《名世类苑》、《国朝名公翰藻》等。见《白榆集》文集卷一《皇明名公翰藻序》。

〔二〕张司空：张华（232—300），字茂先，方城（今属河北）人。累官至司空。博学多识，著有《博物志》。李邺侯：见《与王敬美》注释〔一三〕。

〔三〕由拳：青浦的古称。《由拳集》卷首沈明臣《由拳集叙》：“盖由拳，故青浦地。”吴兴：今属浙江湖州。

〔四〕天目：山名，在今杭州市临安区境内，浙、皖两省交界处。

〔五〕吏牍：公文。

〔六〕款曲：衷情，殷勤的心意。

〔七〕学植：同"学殖"，学业，学问。

〔八〕《皇明名公翰藻序》：见《白榆集》文集卷一，又见凌迪知《国朝名公翰藻》卷首。

〔九〕光：广大，发扬。

〔一〇〕泠泠（líng）：声音清越。

〔一一〕珊瑚木难：比喻珍贵难得的事物。典出三国曹植《美女篇》。大秦明月：大秦国的明月珠。大秦，古代对罗马帝国的称呼。

〔一二〕溷以鱼目：以次充好。溷，掺杂，冒充。鱼目，不好的东西。

点评

此书作于万历九年（1581）。乌程（今属浙江）人凌迪知（字稚哲）编《国朝名公翰藻》，来书请屠隆作序，屠隆回作此书。万历九年（1581）冬，屠隆作《国朝名公翰藻序》（凌迪知《国朝名公翰藻》卷首屠隆《国朝名公翰藻叙》："万历九年冬日。"《白榆集》文集卷一同文《皇明名公翰藻序》未署时间）。书牍首先说凌迪知博物好古，为当世张华、李泌。未能通姓名于凌迪知，反让凌迪知先来书通问，惭愧不已。其次，说应请海内鸿儒巨笔为《国朝名公翰藻》作序，自己学植荒废，文才不高，羞于出手。但承蒙看重，义不容辞。最后，说自己集中有近札，望凌迪知收入《国朝名公翰藻》中。今存《国朝名公翰藻》共收屠隆与人书牍九十六通（其中卷四十七收屠隆与九人书牍三十七通、卷四十八与十六人书牍二十八通、卷四十九与二十七人书牍三十一通），看来，屠隆的自荐起了作用。屠隆写成《国朝名公翰藻序》后，又与书凌迪知，告知消息，请其指正，推荐海内交游名公尺牍，供其选择："往辱明公以《皇明名公翰藻》序见命，业已敬诺，不敢卒负。比奉上命，度田舟行，有暇日，遂成此文，求教门下。仆有海内交游名公尺牍若干首，尝装池成四大帙。中多奇宝佳品，可益群玉之府。明公欲得抡择，当奉去尔。小集二册，奉览不宣。"（凌迪知《国朝名公翰藻》卷四十九《与凌稚哲》三通其二）

与田叔〔一〕

古人云："境杀心则凡，心杀境则仙。"又曰："静处炼气，闹处炼神。静处做好，不如闹处做更好。"心要养得虚静，直是死灰，任他翻天覆地，打动不得。至尘溷喧扰〔二〕，事物匆忙中，尤须回光内照〔三〕，还认得个真我，莫遂逐了这事物去。事物冲过一翻，则心地平稳一翻〔四〕。平居安闲无事，陶养心性〔五〕，正在境上校勘〔六〕。果然如何？来谕云："一遇不顺，无明顿生。"〔七〕如此，是足下工夫浅也。又向在静中修习，事物上校勘少也。

一夫横语，便分出是非，生出烦恼。假令万境纷沓〔八〕，横冲直撞，如何试得过去？即此心地，何由得到虚静？盖静中之静不是静，处动而不失安闲，乃为真静。禅家修止观〔九〕，觉妄心才动〔一〇〕，便宜止住〔一一〕。止而不住，则用吾之见解照破之。止观虽非二事，实有此二义。即如横语入耳，恼怒心生，便急止住。一时止他不住，须理会楚、汉、曹、刘〔一二〕，不过一场闲气。此悠悠之徒，所关系有何大事，而以区区动我心地。怒之乱性，胜之不武〔一三〕，着甚要紧，一过清凉矣。

不肖钝根浅器〔一四〕，苦心此道。人间世毁誉利害，震撼击撞，宠辱是非，风波起伏，猥细烦劳〔一五〕，殆已尝尽。每在劻勷之中〔一六〕，时时照管，时时磨炼，常调此心。近颇觉得力。物在不乱，物去即清。是仆之得力，在闹处不在静处也。非敢谓遂已近道，顾既与足下辱在同心，不敢不以愚见质之高明〔一七〕，且愿有请也。

司马公不以学道闻〔一八〕，然自今追考其平生，实类有道。故仆作《私谥议》〔一九〕，多及此语。不审足下以为何如？敬美自秦中还〔二〇〕，著《关洛纪游》，属不肖为之叙〔二一〕，奉去一册。近以履亩之役〔二二〕，久出郊外，稍得览憩境内山水招提〔二三〕，以此为适。每见江鸥野麇〔二四〕，兴发林樾〔二五〕，想终是此中人。念田叔林居，如望空际。

（《白榆集》文集卷七）

注释

〔一〕田叔：屠本畯，见《与余君房书》注释〔二七〕。

〔二〕尘溷：尘俗，污秽。

〔三〕内照：内自省察。

〔四〕翻：同"番"。

〔五〕陶养：陶冶培养。

〔六〕校勘：核实，比较核对。

〔七〕无明：痴愚无智慧。

〔八〕纷沓：纷冗繁杂。

〔九〕止观：佛教修行的方法，禅定和智慧的并称。止，止寂，禅定。观，智慧。

〔一〇〕妄心：佛教语，妄生分别之心。

〔一一〕便（biàn）宜：便当，合宜。

〔一二〕理会：懂得，领会，理解。楚、汉、曹、刘：西楚霸王项羽、汉高祖刘邦、曹操、刘备。

〔一三〕胜之不武：武，勇武。

〔一四〕钝根：佛教语，根机愚钝，不能领悟佛法。泛指缺少灵性。

〔一五〕猥细：鄙陋卑下，繁杂琐碎。

〔一六〕劻勷（kuāng ráng）：急迫不安的样子。

〔一七〕质：问明，辨别。

〔一八〕司马公：屠本畯父屠大山，见《与李之文书》注释〔三二〕。

〔一九〕《私谥议》：见《白榆集》文集卷十六《贞靖先生私谥议》。

〔二〇〕敬美：王世懋，见《与王元美先生书》注释〔八一〕。

〔二一〕不肖为之序：屠隆《关洛纪游稿序》，见《白榆集》文集卷一，又见王世懋《关洛纪游稿》卷首。

〔二二〕履亩：实地观察，丈量田亩。

〔二三〕憇（qì）：同"憩"，休息。招提：梵语，其义为"四方"。四方之僧称招提僧，四方僧之住处称招提僧坊。北魏太武帝造伽蓝，创招提之名，后遂为寺院的别称。

〔二四〕麛（mí）：幼鹿。

〔二五〕林樾（yuè）：林木，林间隙地。

点评

此书作于万历九年（1581），为王世懋《关洛纪游稿》作序后（王世懋《关洛纪游稿》卷首屠隆《关洛纪游稿叙》："万历九年九月晦日。"《白榆集》文集卷一同文未署作年）。书牍首先说修道心要虚静。其次，说虚静之法，处动而不失安闲，才是真静。再次，说自己苦心修道，时时磨炼，在闹处而不在静处调心。最后，说履亩之事，为王世懋《关洛纪游稿》作序，附寄《关洛纪游稿》。

陆云龙《翠娱阁评选十六家小品·屠赤水先生小品》卷二此书尾评："以静居动，则动不扰。视静如动，则静不驰。总之，境有动静两种，心无动静之殊。凡障破矣。书中直恁分明。"

为瞿睿夫讼冤书[一]

夫风蝉雨蚓，得其候则鸣[二]。反舌过时[三]，则世指之曰不祥。今隆之为黄梅人瞿九思讼冤者，此某之候也，非以为不祥也。某居东海[四]，九思居南海，惟是风马牛之不相及也。平生非有期功之亲[五]，杯酒接殷勤之欢，即问以其人之修短白黑[六]，茫然耳。古者盖有缇萦、朱勃、郭亮、寒朗、刘向其人者[七]，能以其言白人沈冤[八]，至义声倾动千古。彼皆于父师交游之间，言其至情，情至则切，交亲则易阿[九]，犹有说也。岂某与九思之谓哉？风蝉雨蚓，彼鸣其候尔。无所为，无所求也。今者隆之言瞿九思者，亦无所为，无所求也。故曰此某之候也。盖昔者舜为帝[一〇]，禹为司空[一一]，皋繇为理[一二]，当其时断狱，天下则无一夫称冤者。《诗》、《书》所称，盖诚无之，非其有之而文之也[一三]。如使万物沐清和之化，而一夫独抱向隅之嗟[一四]，则大圣贤之所必问,何者? 不欲以一夫而伤清和之化。一夫至细,而伤清和之化至巨也。

今夫瞿九思者,楚一夫耳〔一五〕。束发以才名耿亮闻江汉之上〔一六〕,一旦从吏议〔一七〕,罢孝廉〔一八〕,徙塞外,而非其罪也,则天下之人冤之。何故? 岂非舜、禹、咎繇之世,而有此一夫者冤也? 岂非以一夫者之才名耿亮,天下所知也? 某不敢泛陈今古,即以楚往事言之。当楚怀王时〔一九〕,王听不明〔二〇〕,谗夫斗口〔二一〕,民之沈于覆盆者或不少矣〔二二〕,独一屈子之事不白〔二三〕,则天下后世冤焉。《往日》、《回风》诸作〔二四〕,千秋而下,读之则凄其酸心。又何说也? 则屈子之丽藻绝代〔二五〕,放在江潭〔二六〕,令其抱愤懑之气,而以雄隽深秀、峭绝之语吐之〔二七〕。而其徒有宋生者〔二八〕,又为之附丽鸿响〔二九〕,以砰訇后来〔三〇〕。故其冤最著也。然屈子之所以离难者〔三一〕,以其当楚怀王时,若生舜、禹、咎繇之世,则无此难。屈子而当楚怀王,则江潭之累也;而生舜、禹、咎繇之世,则记《尚书》、著《典》《谟》之史官也〔三二〕。

今圣明在服,大臣忠良。九州万物,欣欣向荣。清和之治,远驾上古〔三三〕。而犹有怀才抱洁如九思,沈冤如九思者,是圣喆所隐也〔三四〕。九思之罪,盖坐以士民徂击其邑令长〔三五〕,襫乃衣冠〔三六〕,长流塞下。夫使九思所坐诚真,是乱民也,罪无赦。而天下之人辄冤之,则恶得真?且徂击令长,非一手一足之力也。令长为天子牧养元元〔三七〕,视元元若子,则令其慈母也,居则戴〔三八〕,去则恋,久则思,何徂击之有?即一夫倡难〔三九〕,万姓捍焉〔四〇〕,难何由兴?令之不才,兔然其民〔四一〕,民不能堪。即邑中群起而仇之,岂一夫之以也?九思所坐,其果出一夫徂击,如古朱亥、博浪之为乎〔四二〕?果以邑人同作不道乎?如出一夫发难,则九思之罪何辞?如谓以邑人乱,则此一令者,或者邑人之所同仇也。邑人同仇,而以一夫独坐,可乎?且民之所怀,其谁能倾?民之所仇,其谁能芘〔四三〕?黄梅之事,某以为令实为之,必也治其无良。则邑人之罪,而以"鼓众倡乱"暧昧不明之辞〔四四〕,坐一书生,则何说也?

某雅闻九思以才名为令所礼,平生固了无睚眦之伤〔四五〕,何至相仇如此?即如杯酒失欢,非有深怨,又何至遂鼓不好乱之众,而一夫奋臂〔四六〕,持挺如云也〔四七〕?九思所坐,无亦才名为祸、蛾眉取憎尔〔四八〕。固天下所共冤,圣君贤相所必察也。某与九思何为哉?

方渔钓海上，不过闻滔滔江汉，有年少负奇才之瞿九思，文掩中州，名在南国。又未几闻其以诖误受恶〔四九〕，为塞下迁民，心伤其冤而已。比以公车之役〔五〇〕，薄游长安〔五一〕，闻九思方击登闻鼓〔五二〕，奏书自讼于圣天子丹陛之下〔五三〕。有子甲，年十三，博闻强记，落笔如驶，才视其父〔五四〕。为书累千言，历抵公卿大臣称父冤，愿附缇萦之义。某闻而壮之。相过逆旅〔五五〕，劳苦如平生欢〔五六〕。见九思温焉醇谨〔五七〕，子甲发才覆额，短衣楚楚可怜。试以文章，倚马立办〔五八〕。的然先秦两汉声。某此时忼慷而泣数行，即欲为之作一笺，投当世之明公大人，以大白其事，如弦上之矢矣。某亦何所为，亦何所求哉？贱臣陨霜〔五九〕，庶女感风〔六〇〕，匹夫匹妇〔六一〕，足关天道。皇皇上帝〔六二〕，固不以其微细而遗之也。况九思大楚美才，包洞庭、云梦之秀〔六三〕，撷蘼芜、兰芷之芳〔六四〕。上可石渠、东观〔六五〕，下犹不失牧伯、庶司〔六六〕。

今陛下梦寐贤哲，以兴治理，有才若思，诚庙廊所急〔六七〕。若以无罪见枉，卒从吏议，而令文藻清誉之士，贯木荷殳〔六八〕，远投穷边以饲豺虎，悲吟于黄沙白骨之场，踯躅于酸风烈日之下〔六九〕，则《孤愤》之篇〔七〇〕，且与龙堆马邑〔七一〕，同其不朽。又令十三童子，牵衣卧路，吐其少年英词秀句，长谣《孤儿吟》，为行道伤嗟，见闻扼腕〔七二〕，早违严父〔七三〕，必至沦落苇间，文采销灭而无所成，此甚非所以爱惜人材、培养国脉也。区区之愚，盖为人材国脉，宁讵止为思一夫乎〔七四〕？古语云："相马失之瘦，相士失之贫。"〔七五〕司马子长之下蚕室〔七六〕，亦兴叹于家无资财，交游莫救。乃若大侠郭解之徒〔七七〕，至使大将军为之言。世之常态，古今所同。方九思为文学有声，家席先人之旧业，足具饘粥〔七八〕。此时交游宾客，动引青松，指白日，执手而称相知。今一旦无罪而下于理〔七九〕，声名摧损，家业荡破，父子垢首囚服，苍皇北走〔八〇〕。裋褐萧萧〔八一〕，泥沙满面。平生交亲，掉臂不顾〔八二〕。某切痛之。某与九思父子，无一日之雅，徒激于气义，愍其冤状〔八三〕，而冒为之言〔八四〕。诚出不肖朴诚，又以愧夫交亲而掉臂，有凉德者也〔八五〕。

伏惟明公，秀甲河岳，德侔造化〔八六〕。神明之智，烛彼蔀屋〔八七〕。阳春之泽，下及昆虫。县宇戴仰〔八八〕，华夷咸颂。今九思父子，不特一昆虫也〔八九〕。其含冤，不止一蔀屋也。明公调和四海，万物欣欣，协气流邕〔九〇〕，而犹然使一夫向隅，明公不忍也。特无为明公言之者。某海滨一介布衣韦带之士[九一]，蹑草履登朝，疏愚罔知忌讳，直吐胸臆，以进于下执事[九二]。明公诚亮其无他[九三]，俯听刍荛[九四]，煎雪诬枉，起九思父子之白骨而肉之，则天下怀才抱义之士，有不肝脑涂地而向明公者，非夫也[九五]。惟下执事图之，某惶恐死罪。

（《白榆集》文集卷八）

注释

〔一〕瞿睿夫：瞿九思，见《与沈君典书》注释〔五〇〕。

〔二〕候：时节。

〔三〕反舌：反舌鸟，叫声甜美。

〔四〕"某居东海"三句：化用《左传·僖公四年》的语句："君处北海，寡人处南海，唯是风马牛不相及也。"风，走失。及，到。本指齐、楚相距很远，即使马牛走失，也不会跑到对方境内。比喻彼此毫不相干。

〔五〕期（jī）功之亲：近亲。

〔六〕修短：长短。

〔七〕缇（tí）萦：淳于缇萦（约前174—？），西汉临淄（今属山东）人，淳于意女。淳于意被诬，送长安受肉刑。缇萦随父去京师，上书汉文帝，述父亲无罪，自己愿代父受刑。文帝宽免淳于意，废除肉刑。朱勃（生卒年不详）：朱勃，字叔阳，平陵（今属陕西）人。官云阳令。少与马援为友。及援遇谗，朱勃上书陈状，为其鸣冤。郭亮：郭亮（生卒年不详），字恒直，朗陵（今属河南）人。李固弟子。李固为梁冀诬杀，露尸街头，令有敢收尸者加其罪。郭亮自持刑具上书，乞收固尸。不许，临哭不去。太后怜之，乃许收敛归葬。寒朗：寒朗（26—109），字伯奇，薛（今属山东）人。汉明帝时为侍御史，参与审理楚狱颜忠、王平等案，他认为冤枉颇多，明帝从其议，放免千余人。章帝时官至清河太守。刘向：刘向（前77—前6），原名更生，字子政，后改名向。元帝初元二年（前47），上书言灾异、讼石显等，为石显等所劾，免为庶人。永光三年（前41），"显诬潜猛，令自杀于公车。更生伤之，乃著《疾谗》、《摘要》、《救危》及《世颂》，凡八篇。依兴古事，悼己及同类也。遂废十余年"。见《汉书·刘向传》。

〔八〕白：使清楚，清白，昭雪。沈：同"沉"。

〔九〕阿（ē）：偏袒。

〔一〇〕舜：传说中古代帝王，号有虞氏，史称虞舜。舜传位夏禹。

〔一一〕禹：姒姓，夏后氏，名文命，上古时期夏后氏首领，夏朝开国君王，史称大禹、帝禹、神禹。司空：职官名，初为掌土木、水利建设之官，后亦指主管囚徒之官。

〔一二〕咎繇（yáo）：即皋陶，舜之贤臣。长期担任掌管刑法的士师（理官），以正直闻名天下。咎，通"皋"。

〔一三〕文：掩饰，掩盖。

〔一四〕向隅之嗟：对着墙壁一角叹息。隅，墙角。

〔一五〕楚：瞿九思是黄梅人，黄梅今属湖北，古属楚国。

〔一六〕束发：成童之年，15岁至20岁之间。耿亮：正直光明之操守。

〔一七〕吏议：司法官吏关于处分定罪的拟议。

〔一八〕孝廉：明、清时期举人的别称。

〔一九〕楚怀王：战国时楚王，因为听信谗言，导致国力衰弱，最后被秦人俘虏，客死秦国。

〔二〇〕王听不明：指楚怀王听信小人谗言，不辨忠奸。

〔二一〕谗夫：指楚怀王时的奸臣上官大夫、令尹子兰等。他们数次向楚怀王进谗言，污蔑屈原。

〔二二〕覆盆：覆盆之冤，比喻社会黑暗，或沉冤难雪。

〔二三〕屈子：屈原。

〔二四〕《往日》、《回风》：屈原《九章》中两首诗，《惜往日》、《悲回风》。

〔二五〕丽藻：华丽的辞藻。

〔二六〕放在江潭：据《史记·屈原贾生列传》记载，楚顷襄王听信令尹子兰等人的谗言，将屈原放逐。屈原至于江滨，被发行吟泽畔，颜色憔悴，形容枯槁。作《怀沙》，投汨罗江而死。

〔二七〕峭（qiào）绝：严正。

〔二八〕宋生：宋玉（前298—前222），屈原弟子，擅长辞赋，代表作有《风赋》、《登徒子好色赋》等。

〔二九〕附丽：附着，附和。

〔三〇〕砰訇（pēng hōng）：状声词，形容声响巨大。

〔三一〕离难：遭难。

〔三二〕《典》《谟》：《尚书》中《尧典》《舜典》《大禹谟》《皋陶谟》等篇的并称。

〔三三〕远驾：远远超过。驾，超过。

〔三四〕喆：同"哲"。

〔三五〕坐：因为。徂（cú）击：往击，击打。令长：县令。

〔三六〕褫（chǐ）：脱去，解下。

〔三七〕牧养：治理，统治。元元：平民，百姓。

〔三八〕戴：爱戴，敬仰。

〔三九〕倡难：发难。

〔四〇〕捍：捍卫，保卫。

〔四一〕咆然（páo xiāo）：猛兽怒吼。也形容人嚣张或暴怒。

〔四二〕朱亥：战国时勇士，以铁锤击杀魏将晋鄙，帮助信陵君窃符救赵。博浪：据《史记·留侯世家》记载，留侯张良是韩国相国后裔。张良欲为韩国报仇，在博浪沙狙击秦始皇。

〔四三〕芘：庇护，保护。

〔四四〕鼓众倡乱：鼓，鼓动。倡乱，作乱。

〔四五〕睚眦（yá zì）之伤：像瞪眼看人这样的伤害。极小的恩怨。睚眦，发怒时瞪眼睛。

〔四六〕奋臂：振臂而起。

〔四七〕挺：同"梃"，棍棒。

〔四八〕无亦：表示委婉的反问，不是，岂是。蛾眉：美人的秀眉，喻指美女。蛾眉取憎：语出屈原《离骚》："众女嫉余之蛾眉兮，谣诼谓余以善淫。"

〔四九〕未几：不久。诖（guà）误：贻误，连累。

〔五〇〕公车：举人应试。

〔五一〕薄游：谦辞，为薄禄而宦游于外。

〔五二〕击登闻鼓：古代于朝堂外悬鼓，以使有冤抑或急案者击鼓上闻。

〔五三〕丹陛：宫殿的台阶。借指朝廷或皇帝。

〔五四〕视：比照。

〔五五〕逆旅：客舍，旅店。

〔五六〕劳苦：慰劳。

〔五七〕醇谨：醇厚谨慎。

〔五八〕倚马：指出征时，倚靠战马，立刻写成文书。形容文思敏捷，下笔成章。典出《世说新语·文学》。

〔五九〕陨霜：人蒙受奇冤或悲痛，使天为之感动示警。

〔六〇〕庶女：侧室、偏房、妾所生的女儿。感风：中风。

〔六一〕匹夫匹妇：平民男女。

〔六二〕皇皇：庄肃，光明。

〔六三〕洞庭：洞庭湖，在今湖南北部。云梦：云梦泽，上古九泽之一，在今湖北境内，泽已不存。

〔六四〕撷（xié）：采摘，取下。蘼芜：一种香草。兰芷：兰草与白芷，皆香草。

〔六五〕石渠：石渠阁，西汉皇帝用来藏书的阁。东观：东汉皇宫藏书之处。

〔六六〕牧伯：州郡长官。庶司：各官署，诸衙门。

〔六七〕庙廊：太庙两廊，借指天子、朝廷。

〔六八〕贯木荷殳（shū）：流放充军。贯木，身披枷锁。荷殳，肩扛武器。

〔六九〕踯（zhí）躅：徘徊不前。

〔七〇〕《孤愤》：韩非《韩非子》中篇名。司马迁《报任安书》："韩非囚秦，《说难》、《孤愤》。"《史记·老子韩非列传》："（韩非）悲廉直不容于邪枉之臣，观往者得失之变，故作《孤愤》。"

〔七一〕龙堆：白龙堆，古西域沙丘名。扬雄《法言·孝至》："龙堆以西，大漠以北，鸟夷兽夷，郡劳王师，汉家不为也。"马邑：在今山西朔州。

〔七二〕扼腕：用一只手握住自己另一只手的手腕，表示振奋、愤怒、惋惜等情绪。

〔七三〕违：别离。

〔七四〕讵（jù）：难道，岂。

〔七五〕相马失之瘦，相士失之贫：相马者会因为马外表消瘦而失去良马，相人者会因为人贫困而失去良才。语出《史记·滑稽列传》。

〔七六〕司马子长之下蚕室：司马迁，字子长，因为李陵辩解，触怒汉武帝，受宫刑。下蚕室，指被关押在宫廷监狱中，接受宫刑处罚。宫刑，又称蚕室、腐刑、阴刑等。

〔七七〕"乃若大侠"句：汉武帝时，要求富豪迁往茂陵。游侠郭解并非富豪，也在迁徙之列。大将军卫青替郭解说情。

〔七八〕馔（zhān）粥：稀饭。

〔七九〕理：掌刑狱的官署。

〔八〇〕苍皇：匆忙而慌张。

〔八一〕裋（shù）褐：粗陋的短衣。萧萧：冷落凄清的样子。

〔八二〕掉臂：摇臂表示拒绝。掉，摇。

〔八三〕愍（mǐn）：怜悯。

〔八四〕冒：不顾，轻率，冒昧。

〔八五〕凉德：薄德，少德。

〔八六〕侔（móu）：相齐，相等。

〔八七〕䈷（bù）屋：草席盖顶之屋，泛指贫家幽暗简陋之屋。

〔八八〕戴仰：拥戴仰望。

〔八九〕特：只是，仅仅。

〔九〇〕鬯（chàng）：通"畅"，畅通。

〔九一〕韦带：贫贱之士，布衣之士。

〔九二〕下执事：见《与李临淮》注释〔一二〕。

〔九三〕亮：相信，清楚，明白。

〔九四〕刍荛（chú ráo）：割草打柴的人，草野之人，浅陋的见解。自谦之词。

〔九五〕非夫也：非大丈夫。

点评

此书作于万历五年（1577），背景见前《与瞿睿夫》点评介绍。作《为瞿睿夫讼冤书》（又见《明文海》卷二百五）是屠隆的一次壮举，是中进士后，激于义愤和同情的主动行为。书牍首先声明自己为瞿九思诉冤，是应候而作。就像"风蝉雨蚓，得其候则鸣"一样。汉代缇萦、朱勃、郭亮、寒朗、刘向等为人伸冤雪恨，义声震天，他们与被冤者有父师交游的关系。自己与九思相隔遥远，非亲非故，纯粹是不忍九思蒙冤受屈。不希望一夫被枉，而影响朝廷清明公正的气象。其次，说九思之冤，天下所知。是生不逢时，还是才高耿直得祸？屠隆以屈原为例，楚怀王偏听谗言，屈原遭流放，投汨罗江自尽。如果屈原生在舜、禹、皋陶之世，就不会如此下场了。再次，说当今之世，清明公正，远超上古，还有九思之类冤案，这是令人担忧的。知县张维翰坐九思倡乱，如果所坐是实，九思是乱民，罪无赦。但天下之人皆认为九思是冤枉的。如果知县爱民如子，百姓是不会聚而殴之的。知县凌辱百姓，民不堪命，邑人群而仇之，不是一人之事。邑人同仇，而独以一人坐罪，不当。黄梅县民聚殴知县，是知县治县无方，激起民变。众人之罪，而以"鼓众倡乱"暧昧不明之辞，独罪一书生，更不当。又次，说九思与知县没有深仇大恨，也没有睚眦细怨，不至于一呼百应，持梃如云，群殴知县。九思被冤，是因为才名贾祸，小人嫉妒。屠隆家居就闻九思"年少负奇才","文掩中州,名在南国"。不久,又闻九思含冤囚狱,长流塞外。进京应试,闻九思击登闻鼓,奏书自讼冤屈。子甲,年十三,为书数千言,历抵公卿,讼父冤。逆旅相见,慷慨落泪,欲作一书投明公大人,为九思鸣冤,如箭在弦上。又次,说皇帝日夜求贤若渴,九思就是朝廷所求之才。如果无罪见枉,远投边塞,他会有很多作品流传后世。使十三童子与父别离,流落道旁。这不是爱惜人材、培养国脉之法。司马迁遭宫刑,感叹交游莫救。郭解遭强制迁徙,大将卫青为其求情。九思受冤,父子垢首囚服,交游宾客,掉臂不顾。屠隆深以为痛,为九思鸣冤,是出于朴诚,激于气义,悯其遭遇。最后,恭维"明公"智德普惠天下,乞求"明公"为九思平反昭雪。

屠隆与瞿九思父子交往与写讼冤书的经过,瞿九思父子各自《与屠长卿》叙述也很详细,可以互相参看,以见三人叙写异同和各自心态。瞿九思《与屠长卿》:"不佞思以坐法伏长安时,明公名声益藉甚长安中。长安中贵人争纳履其户外者,履常满。思私窃自计,计则以不佞乃若何人,而敢以知名于将命者哉?匪为愧之,又实恨之。其后,天其或者以不佞思之白骨托之明公,乃明公一日轻身以先于我邸舍……纳刺后,时时接杯酒,殷勤笑语甚厚。或时复令思得即卧内,箕踞而坐,相与谈说今昔,即中夜以为常,不厌也。矧之明公雅欲上书天子,言黄梅臣瞿九思无罪,以友人有持不可者。明公又为作《讼瞿九思书》,告闻中外。仆夫在门,履在皇逵之外,车马所至,无不言瞿生才。又言瞿甲茂才异等……赖明公之灵,得称冤于陛下,保完首领,致命乡国,得生见老母,而再上先君子丘垄者，明公也……且明公凡赠我长歌一章、甲长歌一章，日持以示长安名贵人。长安名贵人无不唏嘘涕泪者。濒行，明公又为思父子慷慨悲歌，一再烹蟹食之。令甲得书轻箧。明日，又赠不佞思诗一章，又为冯太史开之修尺牍于楚御史中丞暨若侍御公，白思罪状，又明公于不佞思、于甲皆又明贶。"（凌迪知《国朝名公翰藻》卷五十一）瞿甲《与屠长卿》："家君子九思，居常亦摄敝衣冠，谬名私其绪，常慷慨愿自列在粪土之中。然家君子故志伉厉而守高也。亡何，变从中起。执事者不察，过听杀人。家君子以庄见忌，遂下于理。不得自解免，法当坐徙。幽居图圄之中，三年淹也，而久之，乃通尺牍理于上。甲小人从行，凡三上疏，三可其奏。御史大夫卒革不行也。会是时，我长者声名藉甚京师中，则自言知楚有瞿生久矣，天幸而长者俨然辱贶之，三顾于京师邸中，不置也。若有意平其来者，属甲亦因家君子得绍介，以托于大君子之门。长者乃屑然怜家君子不去口，且手自削牍，遍告之卿相人臣及布衣之士，斯志念深矣。乃更言瞿生有子，子年少，有奇材。以此燕之士人诸公，咸翕然称小子。然长者之遇甲父子，过于平生矣。即相见时，或厕踞而视之，或时不冠。视家君子若以为兄弟，数于甲，则以兄弟之子子畜之。"（凌迪知《国朝名公翰藻》卷五十一）

屠隆与瞿九思父子交往的诗文，诗有《屠长卿集》诗集卷七《赠瞿九思》（又见《由拳集》卷六）、卷九《赠瞿睿夫还楚》（又见《由拳集》卷九），《由拳集》卷五《感怀诗五十六首，有序》之三十二《瞿孝廉睿夫》、卷六《瞿童子诗》，《白榆集》诗集卷二《寄瞿生甲》、卷六《怀故人瞿睿夫，闻其令子得隽楚中，兼为识喜》、《淮南道中怀瞿孟坚》、卷八《闻瞿孟坚擢桂楚中，喜赋四首》等，文有《由拳集》卷十六《与瞿睿夫》、《白榆集》文集卷七《与瞿睿夫》等。除上引《国朝名公翰藻》卷五十一《与屠长卿》外，《国朝名公翰藻》卷五十一还收有瞿九思、瞿甲各自另一通《与屠长卿》。

与凤洲先生[一]

先生文字，上帝所重，在天下人可知。初学小生，能拈弄笔墨者，即思抠衣一见王先生[二]，得王先生片言以为重。某不肖偶得幸于先生，数年以来，绝不敢以笔札之役，仰渎长者[三]，即先君弃不肖十六年于兹，而以家世贫贱，故尚在浅土，未得镌片石而铭也[四]。每欲抱情搏颡[五]，求长者铭先君，逡巡不敢[六]。及先生屏去外缘，壹意修大道[七]，益不敢启此口[八]，然往来于胸中未已也。

近闻长者在关中[九]，虽焚笔研[一〇]，犹间为相知一搦管[一一]。某乃复萌此念，思徼宠灵于长者[一二]。先子布衣至性，颇有被裘、王倪之风[一三]。一二行事类有道，而踪迹又有奇可传者。尝私撰一行状[一四]，未敢径以为请。谨斋沐奉叩[一五]，傥长者以不肖故[一六]，怜而破格许之，容以状往，悚息听命矣[一七]。娄上两学使者[一八]，先后乞身[一九]。自子乔而后[二〇]，有道达人，多好姓王。何也？先子之铭十六年，不敢向长者长跽乞铭[二一]，而迄今尚不欲得他人文字。此其情可念也，唯先生图之。

(《白榆集》文集卷八)

注释

〔一〕凤洲先生：王世贞，号凤洲，见《与王元美先生书》注释〔一〕。

〔二〕抠衣：提起衣服前襟，表示恭敬。

〔三〕溷（hùn）：见《上张、申二阁师》注释〔六〕。

〔四〕镵（chán）：凿。

〔五〕搏颡（sǎng）：磕头。颡，额头。

〔六〕逡（qūn）巡：徘徊不进，滞留，拖延。

〔七〕壹意：专心致志。

〔八〕启：开。

〔九〕关中：闭关中，修行者闭居一室，静修佛法。

〔一〇〕研：同"砚"。

〔一一〕间（jiàn）：间或，偶尔。搦（nuò）管：握笔、执笔。

〔一二〕宠灵：恩宠光耀，使得到恩宠福泽。

〔一三〕被裘：披裘公。被，同"披"。延陵季子见路有遗金，叫披着裘在打柴的一个人取去，被拒绝。见《高士传》。王倪：传说为尧时贤人，啮缺之师。啮缺曾向他问道，"四问而四不知"。见《庄子·齐物论》及《应帝王》。

〔一四〕私撰一行状：屠隆《先府君行状》，见《白榆集》文集卷十六。

〔一五〕斋沐：斋戒沐浴。

〔一六〕俇：同"倘"。

〔一七〕悚（sǒng）息：惶恐。

〔一八〕娄上：娄江边。娄江，在今江苏苏州境内，代指太仓。两学使者：指王鼎爵、王世懋，两人均太仓人，曾官提学副使。王鼎爵官河南提学副使，王世懋官陕西、福建提学副使。

〔一九〕乞身：请求辞职。

〔二〇〕子乔：王子乔，周灵王太子。后骑鹤成仙。

〔二一〕长跽（jì）：长跪。

点评

此书作于万历九年（1581）。书牍首先恭维王世贞文字为天下所重，自己虽与王世贞交往多年，也不敢以求文。父亲去世十六年，欲求王世贞作墓志铭，也犹豫不决，不敢启齿。其次，说近闻王世贞虽在闭关，有时也会操笔作文，因此，复生此念，请王世贞为父作墓志铭。若见怜许可，可将自己所作行状呈上（屠隆《先府君行状》，见《白榆集》文集卷十六）。王世贞接到此书后，答应所请。有两通回书涉及此事，其一："足下五月初当为太公效不腆地下，苟必欲露丑于石，则章藻其人也。余不多及。"（王世贞《弇州续稿》卷二百《书牍·屠长卿》）其二："向仓卒具草，不足为先公地下重，万毋灾石也。"（王世贞《弇州续稿》卷二百《书牍·屠长卿》）王世贞后作《屠丹溪公墓志铭》，见《弇州续稿》卷九十三。

与赵汝师太史〔一〕

人之相与，有同堂接席，朝夕周旋，而味未尝不短；有形旷影绝，咫尺河山，而神未尝不亲。神气苟同〔二〕，即形骸可废也。某家海门，少狎江鸥野凫〔三〕，习成懒性，而不幸为造化劳人。懒自其性，而劳又有以夺之〔四〕，以故事多报罢〔五〕。然某为人坦中，意复颇能耐喧。而居恒难于绝俗，不为物先，来亦不却。未尝喜事，事亦不少，则咎不在涉境，而在坦中也。案有簿牍〔六〕，门多将迎〔七〕。其踪迹则然，或非其好。至如先生者，第在当世，若习以为常，诚一入史册，便令千古景仰。某则日接大贤邑屋，烟火相望，鸡犬相闻，三年不将片辞，无一日而去胸臆。士大夫邮筒不乏，而独久缺先生之一械也〔八〕。夫门前之刺〔九〕，有可不接者，而某则无有不接。当世大贤，有必不可失者，而某则坐而失之三年。以某为简缘耶〔一〇〕，则未见其简。以某为好事耶，则又似有不好者。此其疏而坦中，大要可睹也〔一一〕。

日尝受教于大人长者："子溜溜而可〔一二〕，业抱随、夷之心〔一三〕，而日有郑庄之累〔一四〕。胡不稍自峻其龙门〔一五〕，而自取烦喧为？"某敬诺而不能从也。仆岂不知将迎之足以损官誉，喧嚣之足以耗心神哉？性偶不近高峻，不能强而就之，然亦不能与人相比为污行，此或高明所谅耳。先生高旷清真，皭然物表〔一六〕，贞不绝俗，和不狥时〔一七〕，真仆之师也。平生缁衣之惊〔一八〕，诚切于梦寐。往君典尝为仆言〔一九〕，先生亦有意乎不肖者。近晤箕仲言先生更深〔二〇〕，而莫君之言先生更深〔二一〕。即仆向往之私，遂如丸之脱于手。仆不肖，既贱且愚，不自知何故，时时得当世大贤豪杰心，岂以雕虫末技〔二二〕，差足鼓吹词林〔二三〕？抑或以其人坦中，无肠见收也？盖仆之失处以疏，其得处亦以疏。贤者所取顾，往往在此。巧如转圜〔二四〕，捷如激矢〔二五〕。岩如九层之台，深如无底之壑。世亦不乏，仆乌能然？岁云暮矣，百务填委〔二六〕，草草修此笺，奉候长者，聊以致其三年积仰。闻刻管、韩二子〔二七〕，将以叙见属而不果。何也？区区此心，愿附门下青云。伏惟先生鉴察。

（《白榆集》文集卷八）

注释

〔一〕赵汝师太史：赵用贤，见《与管登之》注释〔四一〕。

〔二〕苟同：随便附会赞同。

〔三〕狎：亲近，亲昵。

〔四〕夺：改变。

〔五〕报罢：批覆所言之事作罢，即言事不准。

〔六〕簿牍：簿书。

〔七〕将（jiàng）迎：送往迎来，逢迎，迎合。

〔八〕械：同"缄"，书信。

〔九〕刺：名片。

〔一〇〕简缘：道教语，简省俗缘，不预世事。

〔一一〕大要：主要，概要。

〔一二〕溷溷：乱，混浊，浑噩。

〔一三〕随、夷：随，卞随，汤时廉士，汤以天子让而不受。夷，伯夷，不食周粟，饿死于首阳山。

〔一四〕郑庄之累：郑武公夫人武姜生庄公寤生及段，武姜爱段，纵容段发兵袭郑，谋夺庄公位。未成，庄公迁母于颖，发誓"不及黄泉，无以相见"。既而悔，思母。颖考叔为庄公谋,掘地及泉,使庄公母子相见隧洞中。

〔一五〕龙门:喻声望高的人的府第。

〔一六〕皭然:洁白,清白。

〔一七〕狥(xùn)时:迎合时俗。狥,同"徇",迎合,曲从。

〔一八〕缁(zī)衣之悰(cóng):好贤之思。缁衣,黑帛做的朝服。《诗经·郑风》篇目,好贤之诗。悰,思绪。

〔一九〕君典:沈懋学,见《与沈君典书》注释〔一〕。

〔二〇〕箕仲:沈九畴,见《与沈长孺书》注释〔二〕。

〔二一〕莫君:莫是龙,见《与甘应溥侍御》注释〔二四〕。

〔二二〕雕虫:见《与刘观察先生书》注释〔一七〕。

〔二三〕鼓吹:赞扬,宣传。词林:词坛,文坛。

〔二四〕转圜(huán):转动圆形器物,比喻顺畅迅速。

〔二五〕激矢:疾飞的箭。

〔二六〕填委:纷集,堆积。

〔二七〕管、韩:管仲、韩非。

> **点评**

从书中"日接大贤邑屋"、"三年不将片词"、"岁云暮矣"等句,可知此书作于万历九年(1581)末,且是屠隆首次与书赵用贤。书牍首先说自己疏而坦中,任青浦知县三年,未与书赵用贤结交,有失当世大贤。其次,恭维赵用贤品德高洁,"真仆之师也",日夜梦寐,想与赵用贤交往。闻知朋友告知,赵用贤也很在意自己,喜出望外,修此书以表达多年崇仰之情。书末,询问赵用贤刻管仲、韩非著作，请屠隆作序而未果，不知何故。赵用贤《管、韩合刻》，万历十年（1582）刻本，卷首有王世贞《合刻管子、韩非子序》，赵用贤《管子书序》署："万历壬午春三月，前史官吴郡赵用贤撰。"

与吕心文〔一〕

五十日泰兴令，摽韵峻绝〔二〕，彭泽、都水雁行也〔三〕。语溪之上有名园〔四〕，胜吴下顾辟疆〔五〕。良时气爽，风日熹微〔六〕，嘉宾载盈〔七〕，丝竹杂作〔八〕。咄哉此乐〔九〕，可以忘年。复有名篇，照映云壑，宜其脱屣铜墨〔一〇〕，忽如飘风。仆虽鄙无识，每怀元道州眉宇〔一一〕，辄令名利之心都尽。而足下所善沈嘉则、冯开之〔一二〕，亦仆之友也。即謦欬虽隔〔一三〕，声气固通。徒以属当孔道〔一四〕，既贱且冗，投琼义重〔一五〕，伐木风邈〔一六〕，匪为愧之，又自恨矣。足下五十日泰兴弃去恐后〔一七〕，仆四载由拳长〔一八〕，犹然兀兀不肯休〔一九〕，宜其不敢自通于左右也。

读君典记文〔二〇〕，适先太史公子在坐〔二一〕，相对泫然〔二二〕，不胜茂陵遗草之感〔二三〕。往岁闻君典、开之偕嘉则大醉友芳园〔二四〕，酒阑逐客，灭烛移室，闯出红销，客去髡留，遂尽一石〔二五〕。开之贻书相诧。日月几何，已为陈迹矣。嗟乎，人生若此，即红绡之会〔二六〕，乌得不数数哉？

仆居常妄谓天下大事，惟有两端。其一修身学道，抱吮栖神〔二七〕。其一快意当前，及时行乐，而钟鼎竹帛不与焉〔二八〕。胶扰忧劳〔二九〕，日坐火宅〔三〇〕，下之下者也。足下端居默观，当大了了〔三一〕。仆方缚世法而谈超然，亦影子耳。何时一披玄朗〔三二〕，虚往实归也？

（《白榆集》文集卷九）

注释

〔一〕吕心文：吕炯，字心文，号雅山，崇德（今属浙江）人。嘉靖三十四年（1555）举人，谒选得扬州泰兴令，官五十日，挂冠而去。有《道德经解》、《山林漫言》、《艺苑琐言》、《友芳园杂咏》、《素心居集》等。见屠隆《栖真馆集》卷二十一《吕心文传》。

〔二〕摽（biāo）：高扬。

〔三〕彭泽：陶渊明（约365—427），又名潜，字元亮，私谥靖节，自号五柳先生，柴桑（今江西九江）人。曾任江州祭酒、建威参军、镇军参军、彭泽县令等。任彭泽县令八十多天，弃职而去，归隐田园。有《陶渊明集》。都水：陶弘景（456—536），字通明，自号华阳隐居，秣陵（今江苏南京）

人。年少时，好读书，钻研道术。年长后，博览群书，善琴棋，工草隶，好著述。齐高帝作相，引为诸王侍读，拜左卫殿中将军。永明十年（492）辞官，隐于句曲山。梁武帝即位，屡次聘请，不肯出山。每有大事，求教于弘景，时人称为山中宰相。卒谥贞白先生。有《真诰》、《登真隐诀》等。道教称陶弘景为金阙右卿司命、蓬莱都水监、梁国师贞白真人、华阳广教真君、贞白大帝、好生普救天尊等。蓬莱都水监，简称陶都水、都水。

〔四〕语溪：今浙江桐乡崇福镇的古称。

〔五〕吴下：代指苏州。顾辟疆：顾辟疆，吴（今江苏苏州）人，历仕郡功曹、平北将军参军。顾辟疆家有名园，王献之自会稽经吴，闻此名园，径来访之。评点优劣，旁若无人。事见《世说新语》。辟疆园至唐、宋时尚存。

〔六〕憙（xǐ）：同"喜"。

〔七〕载：满。

〔八〕丝竹：乐器，泛指音乐。

〔九〕咄（duō）：表示惊奇。

〔一〇〕铜墨：铜印黑绶，借指县令。典出《汉书》卷十九《百官公卿表上》："秩比六百石以上，皆铜印黑绶。"

〔一一〕元道州：元结（719—772），字次山，号漫郎、聱叟，鲁山（今属河南）人。天宝十二载（753）进士。安史之乱后，以右金吾兵曹参军摄监察御史，充山南西道节度参谋，平乱有功。后任道州刺史，官至容管经略使。有《元次山集》。

〔一二〕沈嘉则：沈明臣，见《与王元美先生书》注释〔一三四〕。冯开之：见《与孙太史、冯吉士、沈比部书》注释〔一〕。

〔一三〕罄欤：见《报贺伯暗》注释〔二五〕。

〔一四〕孔道：大道。

〔一五〕投琼：喻施惠于人。语出《诗经·卫风·木瓜》："投我以木瓜，报之以琼琚。"

〔一六〕伐木：见《诗经·小雅·伐木》，求友之诗。

〔一七〕恐后：唯恐落后。

〔一八〕由拳长：青浦知县。

〔一九〕兀兀：劳苦不息的样子。

〔二〇〕君典：沈懋学，见《与沈君典书》注释〔一〕。

〔二一〕先太史：指沈懋学。

〔二二〕泫然：泣下之貌。

〔二三〕茂陵遗草：《史记·司马相如列传》："相如既病免，家居茂陵。天子曰：'司马相如病甚，可往从悉取其书。若不然，后失之矣。'使所忠往，而相如已死，家无书。问其妻，对曰：'长卿固未尝有书也。时时著书，人又取去，即空居。长卿未死时，为一卷书，曰有使者来求书，奏之。无他书。'其遗札书言封禅事，奏所忠。忠奏其书，天子异之。"

〔二四〕友芳园：吕心文家庭园，见屠隆《栖真馆集》卷二十一《吕心文传》。

〔二五〕"酒阑逐客"至"遂尽一石"：化用《史记·滑

稽列传》中淳于髡的记载，比喻宴会极尽欢乐。

〔二六〕红绡：红色薄绸，多用于歌舞妓名。

〔二七〕炁（qì）：同"气"。

〔二八〕钟鼎：钟和鼎上多铭刻记事表功的文字。比喻从政为官。竹帛：见《与箕仲书》注释〔五六〕。

〔二九〕胶扰：扰乱，搅扰。

〔三〇〕火宅：佛教语，比喻烦恼的世界。

〔三一〕了了：明白，清楚。

〔三二〕玄朗：高明，旷达。

点评

吕炯（字心文）是屠隆"神交"之一。（《栖真馆集》卷二十一《吕心文传》："余往令青浦，与先生为神交。"）从书中"仆四载由拳长"句，可知此书作于万历十年（1582），且是屠隆首次与书吕炯。十一年（1583），屠隆赴京任礼部主事，过崇德（今浙江桐乡），与崇德知县朱维京会吕炯，一醉友芳园，"见先生姿鉴澄朗，胸怀萧疏，真人外人"（《栖真馆集》卷二十一《吕心文传》）。约万历十四年（1586），吕炯婿李衷纯与屠隆善，请为吕炯作传，屠隆作《吕心文传》。书牍首先赞扬吕炯以五十日泰兴令而挂冠的举动，可比陶渊明、陶弘景。园居嘉宾盈门，丝竹杂作，快乐忘年。屠隆十分羡慕这种生活，虽耳闻吕炯声气，但无由自通。其次，回忆听沈懋学、冯梦祯说大醉友芳园的痛快场景，感慨日月易逝，往事已为陈迹。最后，谈人生大事，只有栖身学道与快意当前，值得追求。官场有如火宅，功名利禄，虚幻如泡影。屠隆说青浦任上与吕炯书信往来不绝(《栖真馆集》卷二十一《吕心文传》:"余往令青浦……赫踶时时通不绝。"),但现存只有这一通。

与顾观察益卿[一]

官舍风雨,公厨盘餐[二]。名理清言,留连永夕。在世世出[三],两寄深情。千秋神合,可以无恨。恨西陵之檥促人[四],茫茫长江,孤帆碧空,搔首踯躅[五],使人怅绝。闻明公道体强健,已出视事。喜剧,喜剧。北征官舫,往尝与百谷一言之[六]。百谷遂具言,且徼宠灵于明公[七]。某亦拟作一书,仰溷长者[八]。后因橐装萧瑟[九],未能挈室而行[一〇]。某且独身操轻舠北[一一],家中数口,徐作后图。以故未敢奉闻。今者舟人俨焉持观察公札来,乃明公业已为办此事。郑重长者,用情若此。何可当,何可当?既已具此舫,便留以待老母妻孥行[一二]。某的于七月行[一三],未及双星之夕[一四]。双星之夕,计当在虎林[一五],望见颜色,指河汉而言别也[一六]。草率布谢,不尽欲言。

(《白榆集》文集卷九)

注释

〔一〕顾观察益卿：顾养谦，见《奉刘观察先生》注释〔九〕。

〔二〕公厨：官家的厨房。

〔三〕在世：入世，活在尘世之中，做官。世出：出世，超脱于世俗之外，隐居。

〔四〕西陵：今浙江杭州滨江区西兴街道的古称。楫（jí）：同"楫"，桨。

〔五〕搔首踟蹰：形容心情焦虑之貌。搔首，用手挠头。踟蹰，徘徊不前的样子。

〔六〕百谷：王稚登，见《寄张幼于兄弟》注释〔七〕。

〔七〕宠灵：恩宠光耀，使得到恩宠福泽。

〔八〕溷（hùn）：扰乱，打扰。

〔九〕橐（tuó）：袋。萧瑟：冷清，凄凉。

〔一〇〕挈（qiè）：带，领。室：家属，妻子。

〔一一〕轻舠（dāo）：轻舟。

〔一二〕妻孥：妻子和子女。

〔一三〕的（dí）：确实。

〔一四〕双星之夕：农历七夕。传说牵牛与织女二星于七夕时相会于天河。

〔一五〕虎林：今浙江杭州的别称。

〔一六〕河汉：银河。

点评

此书作于万历十一年（1583）六月。七月初，屠隆离家赴京任礼部主事。张佳胤（字肖甫）、顾养谦各送一只官舫。时顾养谦任浙江右参议（《神宗实录》卷一百七）。书牍首先回忆二人在顾养谦官衙会面的情景。其次，叙说北上缺银，无船携家人同行，收到顾养谦赠送的官舫，喜出望外。最后，告知行程，七夕可在杭州一会，然后北行。

与沈士范〔一〕

华阳方伯过家山〔二〕，曾修一书，托其从人，致之掌记者〔三〕。客长安不数日，崖略作八行〔四〕，甚知罪过。仆于同调二人，先太史及就李冯开之尔〔五〕。太史物故〔六〕，开之又以太公之丧东，仆今居长安无聊矣。令兄罢昌平镇还京邸，亦大索莫〔七〕。仆自十月朔感寒疾〔八〕，伏枕四日，栉沐甫两朝〔九〕，不及省候令兄者半月矣。良自歉然。二日前，有家僮至自彭城〔一〇〕。老母舟以九月廿又九日发彭城，计十月半后，可得抵春明门矣〔一一〕。家兄护送老母，外父则送荆人〔一二〕。八口在船〔一三〕，俱幸无恙。读华札，知贵宅自尊慈而下，各各平安。甚慰。

仆入京，出入兰省〔一四〕，多清暇。署中如水，可以焚香读书。独苦东方曼倩之贫尔〔一五〕，而舟中人又以空乏来告。太史公有言："廉吏可为而不可为。"〔一六〕然烈士宁瘦无腴〔一七〕，虽贫，亦楚楚有致哉。入有华屋丽姬，出有鲜衣怒马〔一八〕。闾左所艳〔一九〕，仆不愿也。乃对长安诸公，日婆娑自得，绝不作措大面孔〔二〇〕。男子饥即饥尔，安能向人摇尾也？收薛邑之责者〔二一〕，当未有息肩〔二二〕。足下一青衿〔二三〕，虽立虀粉〔二四〕，何能为？第忍之，一朝见天日，了此未晚也。如今日，独可奈何？

仆居贫而疏财。往为令，日以俸钱畀故人宾客〔二五〕，徒其身贫耳，未始逋人铢两也〔二六〕。赵太史言身负人逋〔二七〕，无面孔向人。此士大夫之深戒也。足下天才高朗，器局温醇，登之、汝师通诧足下为实胜乃翁〔二八〕，仆谓乃翁亦不易胜，而其人材若此，大自斐然。努力云霄，干蛊起衰〔二九〕，足下事也。青山之盟久寒，日夜疚心。襄事亦未谂举于何日〔三〇〕，想亦为力诎故尔〔三一〕。明年欲图一长差，计可得往，哭故人宿草〔三二〕。裁书叙心，临风耿塞。

（《白榆集》文集卷九）

注释

〔一〕沈士范：沈有则，字士范，沈懋学长子。万历三十一年癸卯（1603）举于乡，三十八年庚戌（1610）进士，官行人。四十年壬子（1612），奉命使楚，兼奉母南归。至东平，母疾作不起。有则屡泣，七日夜不绝声。继其母卒于道，年五十三岁。有《紫烟阁文集》。传见《光绪宣城县志》卷十八《文苑》。《白榆集》文卷十九《沈太史传》："君典有子有则，少年高才，娴于文辞。即声标韵，肖君典甚。"

〔二〕华阳方伯：徐元太（1536—1617），字汝贤，号华阳，宣城（今属安徽）人。嘉靖四十四年（1565）进士，知江山、魏县，擢吏部主事，累迁顺天府尹，巡抚四川，仕至刑部尚书。有《喻林》《全史吏鉴》《吟易编》《平羌奏议》等。传见《本朝分省人物考》卷三十八。家山：家乡。

〔三〕掌记者：掌管书记的人。

〔四〕崖略：大略，概略。八行：书信。

〔五〕先太史：指沈懋学，见《与沈君典书》注释〔一〕。就李：又作"檇李"，今浙江嘉兴的别称。冯开之：冯梦祯，见《与孙太史、冯吉士、沈比部书》注释〔一〕。

〔六〕物故：去世，亡故。

〔七〕索莫：荒凉，萧索。

〔八〕朔：农历每月初一。

〔九〕栉沐：梳头沐浴。

〔一〇〕彭城：今江苏徐州的古称。

〔一一〕春明门：长安城东三门之中门，借指京城。

〔一二〕外父：岳父。荆人：对人称己妻的谦词。

〔一三〕八口：一家人。

〔一四〕兰省：兰台，秘书省。此指礼部官署。

〔一五〕"独苦"句：东方朔，字曼倩。汉武帝令东方朔待诏公车，却不给他高官厚禄，东方朔曾因此向汉武帝进言。事见《汉书·东方朔传》。

〔一六〕太史公：司马迁任太史令，《史记》中称太史公。

〔一七〕烈士：有志于建功立业的气节之士。腴（yú）：丰腴，肥胖。

〔一八〕鲜衣怒马：美服壮马，服饰豪奢。

〔一九〕闾左：居住于闾巷左侧的平民。后因借指平民。

〔二〇〕措大：贫寒的读书人。

〔二一〕薛邑之责：责，同"债"。薛邑，战国时孟尝君的封地。孟尝君派遣冯谖去收取薛地的债款，冯谖将债券全部焚烧，免除欠债人的负债。此处反用典故，意谓收债人多次讨要债款，而不近人情。

〔二二〕息肩：让肩头得到休息。比喻卸除责任或免除劳役。

〔二三〕青衿：普通读书人，或学有所成但未得其位的文士。

〔二四〕虀（jī）粉：粉末，碎屑。喻粉身碎骨。

〔二五〕畀（bì）：给与。

〔二六〕逋：拖欠。

〔二七〕赵太史：赵用贤，见《与管登之》注释〔四一〕。

〔二八〕登之：管志道，见《与管登之》注释〔一〕。汝师：赵用贤。乃翁：称他人的父亲。

〔二九〕干蛊（gǔ）：干父之蛊，儿子能继承父志，完成父亲未竟之业。《周易·蛊》："干父之蛊，有子，考无咎。"后以干蛊指人能主事、办事，干练有才能。

〔三〇〕襄事：葬事。谂（shěn）：知道。

〔三一〕诎（qū）：尽，穷尽。

〔三二〕宿草：墓地上隔年的草，用为悼念亡友之辞。此指故人坟墓。

点评

此书作于万历十一年（1583）十一月。沈有则，字士范，沈懋学长子。沈懋学去世后，屠隆对故人之子关爱有加。在《沈太史传》中，对沈有则赞扬备至："君典有子有则，少年高才，娴于文辞。即声标韵，肖君典甚。"（《白榆集》文卷十九《沈太史传》）万历十二年（1584），与书宁国府（今属安徽）推官吕胤昌（字玉绳，号姜山、麟趾），请其照顾沈有则："足下所治青山下，有故太史沈君典……所幸有子孝廉，温美如玉，修辞藻丽，骎骎有先太史风……不佞某与沈君义存伐木，情兼女萝，淹弃三载，且宿草矣。生约弹冠，死惭挂剑。而太史一棺亦尚在浅土，相隔万里，日夜痛心。足下好男子，风流自赏，慕义无穷，幸顾念亡太史而收其遗孤，是在长者。"（《白榆集》文卷十《与吕麟趾》）书牍首先告知曾托徐元太（1536—1617，字汝贤，号华阳）与书沈有则，到京后，又修书问候。接着告知个人身体健康、家人在路途情况和到京时间。其次，叙说礼部任职情况，虽禄薄贫寒，不羡华屋鲜衣，不摇尾乞怜。最后，叙说自己贫而疏才，任知县时，以俸禄助人。赞扬沈有则"天才高朗，器局温醇"，鼓励其努力云霄，振兴家声。计划明年到沈懋学坟上，哭奠故人。

报张肖甫大司马〔一〕

某之北上，辱明公相携登吴山〔二〕，望西泠六桥〔三〕。把酒清言，遂至娓娓〔四〕。明公盖不以小子无识而屈体虚怀，披诚接引，意气良高于古人。又累拜明贶〔五〕，礼数过崇。前路舟车，赖以不乏。老母舟发，又荷明公拳拳垂情〔六〕，给符遣役〔七〕，长途挈敝舟而行〔八〕，时使人问老母无恙。某闻之，感泣下拜。世有大人长者，为后辈用情之厚，若此者乎？无论明公鸿材伟抱，即此一片肝肠，故自能使闻者人人下泪。乃今而知明公，果非今之人也。

老母舟自与仙鹢相失后〔九〕，受惊恐者三。最后至交河〔一〇〕，为巨木破舟。老母、荆人而下〔一一〕，仅以身免。

某生平无长物，仅有图书数簏〔一二〕，今第已问之水滨〔一三〕。是夕舟坏，老母而下，相携野栖芦苇中。诘朝〔一四〕，易他舟前。今幸抵河西。自非仰仗明公宠灵〔一五〕，事必无幸。感何可言？日夜望前茅入都门〔一六〕，得侍左右，不谓复借边隅。伏念明公社稷重器〔一七〕，封疆劳臣〔一八〕，南北奔走，头颅渐白，虽忠臣尽瘁，烈士苦心，当不辞行役。顾朝廷之劳苦明公〔一九〕，亦至矣。边镇多事，北地冰霜，极愿长者加裘加餐。咫尺台光，可胜瞻恋。不宣。

（《白榆集》文集卷九）

注释

〔一〕张肖甫大司马：张佳胤（1527—1588），字肖甫，号崌崃山人，铜梁（今属重庆）人。嘉靖二十九年（1550）进士，除滑县知县，历官兵部主事、都察院右佥都御史、兵部左侍郎，官至光禄大夫、太子太保、兵部尚书。卒谥襄敏。有《崌崃集》。传见张佳胤《崌崃集》卷六十五刘黄裳《明光禄大夫太子太保兵部尚书赠少保居来张公行状》、王世贞《光禄大夫太子太保兵部尚书赠少保居来张公墓志铭》。大司马，明、清时，兵部尚书的别称。

〔二〕吴山：在今浙江杭州西湖东南。

〔三〕西泠六桥：西湖苏堤上映波桥、锁澜桥、望山桥、压堤桥、东浦桥和跨虹桥六桥。西泠，在西湖边，是由孤山入北山的必经之路。此处代指西湖。

〔四〕娓娓：形容谈论不倦或说话动听。

〔五〕贶（kuàng）：赠，赐。

〔六〕荷（hè）：承受，承蒙。拳拳：诚挚恳切的样子。

〔七〕符：凭证，文书。

〔八〕挈：带领。

〔九〕仙鹢（yì）：船的美称。鹢，头上画着鹢（似鹭的水鸟）的船，后泛指船。

〔一〇〕交河：今属河北。

〔一一〕荆人：见《与沈士范》注释〔一二〕。

〔一二〕簏（lù）：竹箱。

〔一三〕问之水滨：沉入水中。周昭王南征，乘用胶粘起来的船，溺死水中。齐桓公南征楚国，问周昭王之事，楚国使者屈完回答："昭王南征而不复，君其问诸水滨。"

〔一四〕诘朝（jié zhāo）：平明，清晨。

〔一五〕宠灵：见《与张大司马公书》注释〔九〕。

〔一六〕前茅：先头部队，先行者。

〔一七〕社稷（jì）：土神和谷神，代指国家。

〔一八〕封疆：疆域，疆土，边疆。

〔一九〕劳苦：慰劳。

点评

此书作于万历十一年（1583）十一月。七月初，屠隆离家赴京任礼部主事。张佳胤、顾养谦各送一只官舫。张佳胤时官兵部右侍郎、浙江巡抚，处理杭州兵变。七夕，屠隆与张佳胤在杭州相会。书牍首先回忆二人在杭州相会的情景，登吴山，游西泠六桥，把酒言欢。又赠送不少财物，送官舫一只，为老母上京给符遣役，提供方便，感恩不尽。其次，告知老母舟行至交河，翻船落水，舟中图书，尽落水中。第二天，换舟前行。最后，说日夜望张佳胤入京，朝夕相伴，没料到又被派往边隅（万历十一年十月，张佳胤返京途中，升兵部尚书。十一月，被任命为总督蓟辽边防军务）。感念张佳胤朝廷重臣，封疆大吏，南北奔走，忠心可鉴，劝其保重身体，不胜挂念。

与赵汝师太史〔一〕

隆亡所知识，尝沈吟繙阅灵人《化书》〔二〕，悉谓大道不出方寸灵明〔三〕。太上所云虚极静笃〔四〕，尽之矣。而虚极静笃不全在掩关习静中得来〔五〕。掩关习静，万缘屏息，方寸憺如〔六〕，便自以为虚静〔七〕，不知遇物触境，能保其不动如故不？譬之操舟者，必浮江海，必遇风涛，然后乃信其善操舟。不浮江海，不遇风涛，即云我习水，称舟师〔八〕，不足信也。

古人云："境杀心则凡，心杀境则仙。"不闻其畏境之杀心，而尽屏去之也。坐圜先生掩关十年〔九〕，自许业空一切。才出关时，为友人所撩拨，胜心旋发，十年何为？禅家以事炼心，不取禅定以此〔一〇〕。且心随境转、了无定主者，常见也〔一一〕；尽屏一切、兀坐苦空者〔一二〕，断见也〔一三〕。神明内宅，触境不动。境去辄空，常应常静。喧寂唯一，乃名如如〔一四〕。关尹子有言〔一五〕："不惟无思无为者，名为无我。虽有思有为者，不害其为无我。火终日躁动，而未尝有我。"又云："古之圣人，不去天地，去识。"今夫害我之灵明者〔一六〕，情识也〔一七〕，非天地也；妨我之静虚者，亦情识也，非境也。公患不能为火尔。今公恶缘境之为害，而思逃于空谷，自以为息机养形〔一八〕，非也。则是不去识而去天地也。有是理哉？

试观喧寂动静之旨，则知息机，盖不在掩关也。味户枢流水之言〔一九〕，则知养形，盖不在习静也。公胡不姑以其身置之境上，令烦嚣溷杂、鞅掌纷挐之物〔二〇〕，种种在前，果能不染不？又令可喜可怒、可惊可惧之事，种种经心，果能不动不？能之，又何必急于离境？若尚未也，又何贵急于离境？不如且以世间万缘，饱尝习察，磨炼其心。以一切智易一切识，以一切心平一切境。总之，本无一切，亦是假名，从此修习，渐熟渐轻，灵光渐露，大药渐生〔二一〕，向后掩关未晚也。

今天下之望，归于明公。少婆娑可立致大位，而为其所欲为。三千八百〔二二〕，古人所急。在清微之上〔二三〕，尚降而为之。公业操在手，而自掷之〔二四〕。何也？古之君子，患不逢时而名不立。今天下以明公为景星卿云〔二五〕，而君相虚己以求明公甚力。不可谓不逢时矣。出处大节〔二六〕，士君子所重。如其秋毫有碍，弃三事直灰尘耳〔二七〕。今公之所遭，秋毫无碍，何急而为掩关之计也？岂以间者细人微语芥蒂邪？若然，则公之方寸，若风中之烛，浪中之沤〔二八〕。虽掩关百年，何益？

（《白榆集》文集卷九）

注释

〔一〕赵汝师太史：赵用贤，见《与管登之》注释〔四一〕。

〔二〕沈：同"沉"。繙：同"翻"。灵人：仙人。化书：道书名，全称《谭子化书》，别称《齐丘子》，传五代谭峭作，曾求序于南唐大臣宋齐丘，齐丘窃为己作而序之，故有《齐丘子》名。

〔三〕方寸：内心。灵明：心灵，精神。

〔四〕太上：老子尊号太上老君。虚极静笃：使心灵保持虚和静的至极笃定状态，不受影响。出自老子《道德经》第十六章："致虚极，守静笃。万物并作，吾以观其复。"

〔五〕掩关：闭关，闭门静坐，以求觉悟。习静：习养静寂的心性。

〔六〕憺（dàn）如：安然，恬淡。

〔七〕虚静：清虚恬静。

〔八〕舟师：船夫，舵手。

〔九〕坐圜（huán）：道教语，道家把进入圜堂独处修炼称为坐圜。道士筑庵或筑环堵（圜堵）独居修炼，相当于闭关。也叫坐环、坐钵。

〔一〇〕禅定：佛教语，禅那与定的合称。一心审考为禅，息虑凝心为定。佛教修行者以为静坐敛心，专注一境，久之达到身心安稳、观照明净的境地，即为禅定。

〔一一〕常见：佛教语，认为死并非消灭，身心在过去、现在及未来都常住，永无间断。

〔一二〕兀坐：危坐，端坐。

〔一三〕断见：佛教语，不知己身及诸外物常住，而反以身死为断灭之见。

〔一四〕如如：佛教语，永恒存在的真如，引申为永存、常在。

〔一五〕关尹子：关尹喜，字公度，名喜，曾为关令，与老子同时。著有《关尹子》，后世又称《文始真经》。下文所引两段，均出自《关尹子》。

〔一六〕灵明：明洁无杂念的思想境界。

〔一七〕情识：情欲，才情与识见。

〔一八〕息机：息灭机心。养形：保养形体。

〔一九〕味：体会，体味。户枢流水：流水不腐、户枢不蠹的省称，意指常流的水不发臭，常转的门轴不遭虫蛀。户枢，门轴。蠹，蛀蚀。语出《吕氏春秋·尽数》。

〔二〇〕烦嚣：纷乱喧哗。溷（hùn）杂：杂乱，混乱。鞅掌纷拏：纷繁复杂之事。

〔二一〕大药：丹家对外丹的别称。

〔二二〕三千八百：三千功德，八百善行，佛、道劝人修行圆满所要做的善事。

〔二三〕清微：清微天，道家所称的三天之一。

〔二四〕掷：抛弃，放弃。

〔二五〕景星：德星，瑞星，现于有道之国。卿云：庆云，一种彩云，古人视为祥瑞。

〔二六〕出处：出仕和退隐。

〔二七〕三事：正德、利用、厚生。《尚书·大禹谟》："六府三事允治。"孔颖达疏："正身之德，利民之用，厚民之生，此三事惟当谐和之。"

〔二八〕沤：水泡。

点评

万历五年（1577），赵用贤疏论张居正夺情，与吴中行同杖戍，罢官。十一年（1583），复职。十二年（1584）正月，上疏乞归养病，神宗不允。四月初，申时行、许国等忌恨赵用贤性格刚直，恃才傲物，多次品评大臣的得失，李植、江东之攻击申时行，许国竭力抨击李植、江东之，暗地里却责怪赵用贤、吴中行。赵用贤再次乞归，神宗仍不允。十月，升右赞善。此书作于万历十二年（1584）赵用贤上疏乞归至升右赞善之间。书牍首先说虚极静笃不全在习静中得来，掩关习静，遇物触境，不能保证不动如故。其次，说情识影响灵明静虚，赵用贤恶缘境之害，欲逃于空谷，自以为息机养形，非正确之道。再次，劝赵用贤勇敢面对人世纷繁复杂、可惊可惧之事，以世间万缘，磨炼真心。最后，说赵用贤名望大，稍加努力，可至大位，能为朝廷做很多事情。虽有人嫉妒攻击，但丝毫不影响赵用贤的人品能力，不必急着乞归。否则，赵用贤内心太不强大了，被流言蜚语、无端攻讦所击倒，即使掩关百年，也毫无作用。

历代名家尺牍精粹

廖可斌 主编

屠长卿尺牍

〔明〕屠隆 著
汪超宏 李玉鑫 编选

下册

浙江古籍出版社

报龙君善司理〔一〕

不佞弟故自人外人，往滥吹兰省〔二〕，居恒有挂笏西山意〔三〕。四明山灵〔四〕，藉手伊人〔五〕，得早还初服〔六〕，幸矣，幸矣。足下青松心竟不改，千里相招，书辞忼慨〔七〕。始知皓首以为期〔八〕，枉驾惠前绥〔九〕，古人语殆为吾两人设。詹生充白榆使者至四明〔一〇〕，食不下咽，鹄立庭中〔一一〕，敦迫上道〔一二〕，不佞遂发白岳、黄山之兴〔一三〕，冥寥游且始于此矣〔一四〕。第无谢朓惊人诗〔一五〕，足酬贤使君高雅〔一六〕。许远游、王询辈娓娓名理〔一七〕，差亦不乏。弟方奉道清斋〔一八〕，性又不善曲君〔一九〕，无烦烹羊宰牛〔二〇〕，治平原十日饮〔二一〕，止须多畜名香，瀹佳茗以迓黄冠道人〔二二〕，足矣。

昔李青莲罢供奉〔二三〕，浪游人间。始客任城〔二四〕，依贺监〔二五〕，后寓当涂〔二六〕，归阳冰〔二七〕。风流文采，照映千秋。仆于青莲无能为役，仁兄视当涂、任城两君，不啻过之〔二八〕。且也司马公当今人文海岱〔二九〕，仆此行非惟毕愿白岳、黄山，亦乐附两君子青云〔三〇〕。以此月十二日发官奴城〔三一〕，旬日可抵大鄣〔三二〕，把臂入林矣〔三三〕。詹奴还，先此奉报。闻足下方抱鼓盆之戚〔三四〕，不佞且以《南华》诸篇奏之棐几〔三五〕，一散君怀。相见在即，不尽愿言。

（《白榆集》文集卷十）

注释

〔一〕龙君善司理：龙膺（1560—1622），字君御，一字君善，武陵（今属湖南）人。万历八年庚辰（1580）进士。历官徽州司理、国子博士、礼部主事、户部郎中、山西按察司佥事、甘肃参政等。有《九芝集》。传见《同治武陵县志》卷三十五《人物志》。司理，明代对推官的别称。龙膺时任徽州府推官。推官为明朝各府之佐贰官，掌理刑名，赞计典。

〔二〕滥吹：滥竽充数、冒充凑数，名不副实。兰省：见《与沈士范》注释〔一四〕。

〔三〕居：平日。拄笏（hù）西山：比喻在官有高致。拄，支撑。笏，大臣上朝时拿的手版。典出刘义庆《世说新语·简傲》："王子猷作桓车骑参军，桓谓王曰：'卿在府久，比当相料理。'初不答，直高视，以手版拄颊云：'西山朝来，致有爽气。'"

〔四〕四明：山名，在今浙江绍兴、宁波境内。山灵：山神。

〔五〕藉：借。

〔六〕初服：未入仕时的服装，与朝服相对。

〔七〕忼慨：激昂，感慨。

〔八〕皓首以为期：皓首，白发，老年。以为期，作为约定的期限。语出汉佚名《别诗三首》其三："努力崇明德，皓首以为期。"

〔九〕枉驾惠前绥（suí）：结婚时，丈夫驾着车去迎接妻子。枉驾，不惜委曲自己驾车而来。枉，屈。惠，赐予。绥，挽人上车的绳索。语出《古诗十九首》之一："良人惟古欢，枉驾惠前绥。"

〔一〇〕詹生：詹濂，字淑正，一作政叔，歙县（今属安徽）人。能篆隶，工印章。下文"詹奴"亦指詹濂。白榆：歙县境内山名。《康熙徽州府志》卷二载，歙县东北玉屏山，传朱元璋起兵过此，后名驻跸山，其东南有白榆山。这里指白榆社。

〔一一〕鹄（hú）立：如鹄延颈而立，形容盼望等待。鹄，大天鹅。出自《后汉书·袁谭传》。

〔一二〕敦迫：催逼。

〔一三〕白岳：在今安徽休宁境内。黄山：在今安徽南部。

〔一四〕冥寥：幽深，辽阔。

〔一五〕谢朓：谢朓（464—499），字玄晖，阳夏（今属河南）人。南齐诗人，今存诗二百余首，后人辑有《谢宣城集》。

〔一六〕使君：见《与沈嘉则二首》注释〔三八〕。

〔一七〕许远游：东晋名士许询（生卒年不详），字玄度，高阳（今属河北）人。因好游山水，故称许远游。王询：询，当作珣。王珣（349—400），字元琳，小字法护，临沂（今属山东）。丞相王导之孙。曾任辅国将军、尚书令，精通书法。娓娓：勤勉不倦的样子，多形容谈论不倦。

〔一八〕清斋：素食，长斋。

〔一九〕曲君：酒。

〔二〇〕烹羊宰牛：形容极尽所能招待客人。李白《将进酒》："烹羊宰牛且为乐，会须一饮三百杯。"

〔二一〕平原十日饮：朋友暂住欢宴。出自《史记·范睢蔡泽列传》："寡人闻君之高义，愿与君为布衣之友，君幸过寡人，寡人愿与君为十日饮。"

〔二二〕瀹（yuè）：煮。黄冠道人：屠隆自称。

〔二三〕李青莲罢供奉：李白（701—762），字太白，号青莲居士。天宝元年（742），唐玄宗令李白供奉翰林。二年（743），李白奉诏醉中起草诏书，引足令高力士脱靴。宫中人恨之，谗谤于玄宗。玄宗疏之，赐金放还。有《李太白集》。

〔二四〕任城：今属山东济宁。

〔二五〕贺监：贺知章，见《与王敬美》注释〔六〕。

〔二六〕当涂：今属安徽。

〔二七〕阳冰：李阳冰，李白族叔。宝应年间，任当涂县令，李白往归之。

〔二八〕不啻（chì）：不只，不止，不亚于，无异于。

〔二九〕司马公：汪道昆（1525—1593），字伯玉，号南溟、南明、太函，歙县（今属安徽）人。嘉靖二十六年（1547）进士。历任义乌知县、南京工部主事、襄阳知府、福建按察使、右佥都御史等职。与戚继光募义兵屡破倭寇，擢武选司郎中，累官至兵部右侍郎。诗文与王世贞齐名，时人称南北两司马。有《太函集》、《大雅堂杂剧四种》等。海岱：海，渤海。岱，泰山。

〔三〇〕青云：青云士，位高名显的人。

〔三一〕官奴城：鄞县（今属浙江宁波）的别称。

〔三二〕大鄣：山名，又名三天子都、率山，俗称鄣公山，在婺源（明代属徽州府，今属江西）境内。

〔三三〕把臂入林：互相拉着手臂进入山林。典出刘义庆《世说新语·赏誉》。

〔三四〕鼓盆之戚：丧妻。典出《庄子·至乐》。龙膺妻陈淑慧，陈文烛女，万历十三年（1585）七月卒。陈文烛《二酉园续集·祭女龙孺人文》："万历乙酉七月二十八日，敕封孺人淑慧龙七娘子卒于徽州。八月二十九日，讣闻福建，其父右布政使有事场屋。二十九日，读龙子膺书，哭几陨。九月三日，遣家人奠焉。哭曰：……年十六而得婿如君善，足称玉闰……乃年十九，弃遗孤逝矣。"

〔三五〕《南华》：《南华真经》，即《庄子》。棐（fěi）几：用棐木做的几桌。

点评

此书作于万历十三年（1585）十一月。本月，汪道昆、龙膺派詹濂（生卒年不详，字淑正、政叔）赴鄞县（今浙江宁波），邀屠隆往歙县（今属安徽），入白榆社。（《白榆集》文卷十二《报汪伯玉司马》："仲冬初旬，詹生从虎林走平头，以明公及龙司理手书来，辱长者招入白榆社。"）龙膺万历八年（1580）至十三年（1585）任徽州司理（《道光徽州府志》卷七之一《职官志·郡职官》）。此书是对龙膺邀请的回书。书牍首先感谢龙膺盛情相邀，不需烹羊宰牛招待，有名香佳茗即可。其次，把龙膺比作帮助李白的贺知章、李阳冰，自己却无法和李白相比，很乐意和汪道昆、龙膺这样的名人交往。告知行程，安慰龙膺丧妻之痛。

答李惟寅〔一〕

含香之署如僧舍，沉水一垆〔二〕，丹经一卷〔三〕，日生尘外之想。兰省簿牍〔四〕，有曹长主之〔五〕，了不关白〔六〕，居然云水闲人。独畏骑款段出门〔七〕，捉鞭怀刺〔八〕，回飙薄人〔九〕，吹沙满面，则又密想江南之青溪碧石，以自愉快。吾面有回飙吹沙，而吾胸中有青溪碧石，其如我何？每当马上千骑飒沓〔一〇〕，堀堁纷轮〔一一〕，仆自消摇仰视云空〔一二〕，寄兴寥廓，踟躅少选而诗成矣〔一三〕。五鼓入朝〔一四〕，清露在衣，月映宫树，下马行辇〔一五〕，道经御沟，意兴所到，神游仙山，托咏芝术〔一六〕，身穿朝衣，心在烟壑。旁人徒得其貌，不得其心，以为犹夫宰官也〔一七〕。江南神皋秀壤〔一八〕，多自左掖门下题成〔一九〕。

足下住秦淮渡口〔二〇〕，烟销月出，水绿霞红，距风沙之地万里，而书来忳憯〔二一〕，殊不自得。何也？大都士贵取心冥境，不贵取境冥心。此中萧然，则尘垢自寓清虚[二二]；内境烦嚣，则幽居亦有庞杂。足下以为然不？邹尔瞻以言事忤明主[二三]，又有秣陵之行[二四]，此君清身直道，有国之宝也。足下当与朝夕。嘉晨芳甸[二五]，条风驶宕[二六]，南睇美人，匆如结矣[二七]。

(《白榆集》文集卷十)

注释

〔一〕李惟寅：见《与李临淮》注释〔一〕。

〔二〕沉水：沉香。

〔三〕丹经：道家经书。讲述炼丹术的书。

〔四〕兰省：见《与沈士范》注释〔一四〕。

〔五〕曹长：唐人好以他名标榜官称，尚书丞郎、郎中相呼为曹长。此指礼部负责官长。

〔六〕关白：陈述，禀告。

〔七〕款段：本指马行迟缓貌，此处借指马。

〔八〕捉鞭：拿起马鞭。捉，抓，拿。刺：名片。

〔九〕回飙：旋转的狂风。薄人：袭人。

〔一〇〕飒沓：纷繁、众多的样子，迅疾的样子。

〔一一〕堀㙟（kū kè）：尘土飞扬的样子。纷轮：纷纶，杂乱，众多。

〔一二〕消摇：同"逍遥"，悠闲自得貌。

〔一三〕踟蹰（chí chú）：徘徊，心中犹疑，要走不走的样子。少选：一会儿，不多久。

〔一四〕五鼓：五更，天将明时。

〔一五〕辇（niǎn）：车。

〔一六〕芝术：药草名。

〔一七〕宰官：泛指官吏，特指县官。

〔一八〕神皋：神圣的土地，肥沃的土地。

〔一九〕左掖门：宫城正门左边的小门。

〔二〇〕秦淮：秦淮河，流经今江苏南京。

〔二一〕忳惉（tún chà）：心情烦躁，不得志，失意之貌。

〔二二〕尘壒（ài）：飞扬的灰土。亦喻指尘世，尘俗。

〔二三〕邹尔瞻：邹元标（1551—1624），字尔瞻，号南皋，江西吉水人。万历五年（1577）进士，累官至刑部右侍郎。立朝敢言，以方严见惮。晚建首善书院，集同志讲学。卒谥忠介。有《愿学集》。传见《明史》卷二百四十三。

〔二四〕秣陵：今江苏南京的古称。

〔二五〕芳甸：芳草丰茂的原野。

〔二六〕条风：东风。骀（dài）宕：荡漾，舒缓起伏。

〔二七〕匈：通"胸"。

点评

此书作于万历十二年（1583）。书牍首先叙说屠隆在京中的生活。礼部公务不多，有上司负责，"居然云水闲人"。其次，安慰李言恭，"取境冥心"，"自寓清虚"，不为凡俗所扰。盼其与邹元标交往。书中写屠隆骑马出门,"回飙薄人,吹沙满面",回想江南清溪碧石,"身穿朝衣,心在烟壑",形与心异,南北景异,对比鲜明,栩栩如生。陆云龙《翠娱阁评选十六家小品·屠赤水先生小品》卷二此书尾评:"仙仙有致,如挈身玉山上行。动中实自有静,动实不能扰静。此事非先生不克知,非先生不能有。"

与沈嘉则书〔一〕

婆娑兰省〔二〕,曹务总归曹长〔三〕,了不相关白〔四〕。平明入署,如坐僧舍。焚香读书,亦甚清适〔五〕。出门骑马,风沙被面。谒客投刺〔六〕,独苦苛礼。以笔札事人,仅当鼓吹风雅之业〔七〕,其衰乎?居长安贫甚,生平无长物,止有图书数箧〔八〕,乃为波臣所妒〔九〕。五绲之丝亦如之〔一〇〕,挈以鬻于市〔一一〕,不售,则及细君簪珥〔一二〕。而细君又雅有桓氏之行〔一三〕,缟衣练裙〔一四〕,头无金雀〔一五〕,耳无明月〔一六〕。生平亦无程郑之交〔一七〕,可以告贷。胸中五车〔一八〕,不足当一囊〔一九〕。吟成五字,持向屠沽易斗粟〔二〇〕,嫚笑而不答〔二一〕,彼无所用之。京师士大夫近复习烦,文多浮费,其何能给?而门前之客迥不减,时或甑中生鱼〔二二〕,而谭笑盈坐。仆自通脱[二三]，未尝不以实告客。有脱粟无酒[二四]，则与客饭脱粟而已，而名理不废。腰间仅有一银带，迩亦毁之以佐酒资。为令六载，萧然如此，而市上人犹妄以胸臆见度乎？饥寒仆所堪[二五]，必不足动其灵府[二六]，而内给妻孥[二七]，外供宾客，未免大费支分[二八]。然自觉消摇之致[二九]，绝不为减。盖仆从此有悟，非孟浪处此者[三〇]。万缘都轻，百虑都划[三一]。独有文字一障，尚苦葛藤。尝以一笺与田叔[三二]，力欲焚笔砚，不能也。

先生老矣，雕龙之辞[三三]，业已千秋。虽布衣乎家有负郭[三四]，反胜于余之有官者。淋漓彩笔，浩荡杖屦[三五]，仆劝先生，一朝尽舍之。鸟去猿来，水穷云起，于此中傥得少趣[三六]，此大丈夫结局之时也。而先生故是寥廓人[三七]，当下立办。区区此言，亦属不智矣。数千里远讯，临风怅驰，惠而好我，其无忘瑶华之音[三八]。

（《白榆集》文集卷十）

注释

〔一〕沈嘉则：沈明臣，见《与王元美先生书》注释〔一三四〕。

〔二〕兰省：见《与沈士范》注释〔一四〕。

〔三〕曹务：官署分科掌管的事务。曹长：见《答李惟寅》

注释〔五〕。

〔四〕关白：见《与孙太史、冯吉士、沈比部书》注释〔三四〕。

〔五〕清适：闲适舒畅。

〔六〕谒客：访客。刺：名片。

〔七〕鼓吹：赞扬，宣传。

〔八〕箧（qiè）：小箱子。

〔九〕波臣：水族。

〔一〇〕五纯（tuó）之丝：二十五丝。五丝为纯，五纯为二十五丝。

〔一一〕挈（qiè）：带，拿。鬻（yù）：卖。

〔一二〕细君：妻子。簪珥：发簪和耳饰，妇女的首饰。

〔一三〕桓氏：鲍宣妻桓氏，字少君。鲍宣从学于少君父，少君父赏其清贫刻苦，以女妻之，陪嫁丰厚。鲍宣不悦，不敢聘娶。少君退回侍从婢女、衣服首饰，着短裳，与鲍宣挽鹿车归乡里。拜见鲍母后，提瓮汲水，修行妇道。乡邦称之。事见《后汉书·鲍宣传》。

〔一四〕缟（gǎo）衣：白色衣服。练裙：白绢下裳，白绢裙。

〔一五〕金雀：金雀钗，妇女首饰。

〔一六〕明月：明月珠，即夜光珠，因珠光晶莹似月光，故名。

〔一七〕程郑：西汉武帝时人。先世于秦迁至蜀地临邛(今四川邛崃)。以冶铸起家,与西南夷贸易而致富,资产比于富商卓氏。

〔一八〕五车:五车书,典出《庄子·天下》。惠施方术很多,本事很大,他读的书要五辆车拉。后用"五车书"指书多,或形容读书多,学问深。

〔一九〕一囊:一囊钱。东汉赵壹《刺世疾邪赋》:"文籍虽满腹,不如一囊钱。"

〔二〇〕屠沽:宰牲和卖酒,亦泛指职业微贱的人。

〔二一〕嫚(màn)笑:嘲笑。

〔二二〕甑中生鱼:见《与冯开之》注释〔一六〕。

〔二三〕通脱:通达脱俗,不拘小节。

〔二四〕脱粟:糙米,只去皮壳、不加精制的米。

〔二五〕堪:忍受。

〔二六〕灵府:心,内心。

〔二七〕妻孥:妻子和子女。

〔二八〕支分:支付,付给财物。

〔二九〕消摇:同"逍遥"。

〔三〇〕孟浪:鲁莽,轻率。

〔三一〕刬(chǎn):削去,铲平。

〔三二〕田叔:屠本畯,见《与余君房书》注释〔二七〕。

〔三三〕雕龙:雕镂龙纹,比喻善于修饰文辞或刻意雕琢文字。

〔三四〕负郭:靠近城郭。《史记·陈丞相世家》:"(张)

负随平至其家,家乃负郭穷巷,以弊席为门。"后因以负郭指穷巷或贫居。

〔三五〕杖屦(jù):拄杖漫步。

〔三六〕佁:同"倘"。

〔三七〕寥廓:宽宏豁达。

〔三八〕瑶华:见《报贺伯暗》注释〔二〇〕。

点评

此书作于万历十二年(1583)。书牍首先叙说自己在京中的生活,礼部公务不多,有上司负责。俸薄贫甚,座客常满,只有变卖妻子首饰维持家计,甚至将腰中银带换酒佐客。万缘都轻,不能舍弃舞文弄墨。其次,劝沈明臣放下文字、远游,安心隐居,乐趣不少。

与王太初、田叔二道友〔一〕

仆居长安,澹矣寡营,萧然发僧〔二〕。独可笑文字之癖,日甚一日,深入膏肓〔三〕。功德之水不能洗〔四〕,上清之剑不能斩〔五〕。婆娑含香,曹务殊简〔六〕。署中焚沉水〔七〕,坐南窗修竹下,正可调神御炁〔八〕,密纬潜修〔九〕,无端诗兴撩人,遣之不去。骑马道上,手捉马箠而心役万境〔一〇〕。即冰雪在地、风沙弥空不自觉。五鼓朝天〔一一〕,

入宫门。顾见星月，便尔萧森。身方与朝士趋跄[一二]，而趣已在西泠、天竺上[一三]。当其意得，山河大地，入眼俱空。仆年四十，精已销亡。塞兑葆光[一四]，长恐不及。奈何虐使元神[一五]，坐令雕耗[一六]，明知其害，莫能划除[一七]。何也？尝细察病根，寻其起灭，夫大慧不耀，至宝不华，五欲欲也[一八]。文字亦欲也。五欲近浊，故为愚夫所溺[一九]。文字之欲近清，故为哲士所驰[二〇]。总之，罢耗毒药，流转根因，一堕其中，拔足难矣。

孔欲无言[二一]，厥有六籍[二二]；佛空诸相，亦垂藏经[二三]。神王发藻于大洞[二四]，青童扬葩于玉书[二五]。太上抽玄于五千[二六]，西池摽情于四韵[二七]。余读《楞严》、《维摩》[二八]，神幻精光，文心绝丽；余读《丹经》、《真诰》[二九]，高华深秀，韵语尤工。得道之人，销声匿景，身世两遗，游戏虚空，土苴万物[三〇]，而犹似不忘区区者[三一]。若云彼宁渠意在修辞，以包元气，载大道，如是而已。夫意不在修辞，即凡陋謇拙而可[三二]，何必龙骧虎攫[三三]，峥嵘其辞也[三四]？必龙骧虎攫，峥嵘其辞，是犹不忘区区。又况我辈，能不濡首哉[三五]？然而不可不戒也。

今夫婴儿终日号而不嘎[三六]，大块终日噫而不伤[三七]，纯气之守也。至圣灵人，从妙明吐华，真窍流响，其神不劳，其气不耗，婴儿大块尔。文人藻士〔三八〕，刳心以思〔三九〕，役志以索。思而不来，魂恼悦而驰六合〔四〇〕。索之不得，意荡漾以冥鬼神〔四一〕。丹元君如车轮〔四二〕，然推而跬步〔四三〕，推而万里，推而鸿荒〔四四〕，推而眉睫。有不受伤者，岂理哉？从古文士，竭一生之精力，以从事此道。其言皆留永年，而其身未免早谢〔四五〕。坐此故尔。嗟乎，丈夫堕地，有此灵光，上可证入无上〔四六〕，历劫超尘。次可修还大丹〔四七〕，骖鸾驾鹤〔四八〕。何乃空以其身为蠹鱼〔四九〕？即三食神仙字〔五〇〕，何益矣？低回自度〔五一〕，投袂而起〔五二〕，力驱此障，去而复来，是我辈之宿业、人生之大魔也〔五三〕。仆及此时，尚未见大损。譬之小火熬油，微波泐石〔五四〕，当其细微，不见可患。一朝耗尽，何嗟及乎。而仆犹以此障虽重，他嗜则寡，得丧颇齐，荣枯不问，机轻智虑，心绝经营。或以此不遂凋落，亦危矣。

仆受教太原先生〔五五〕，每戒以雕虫小技障我本来〔五六〕，而琅邪先生则云〔五七〕："生意方茂〔五八〕，且放东君发舒一场〔五九〕。华落叶脱，当归本根，会须有时〔六〇〕。若早自闷结，政恐万宝生成时，更吐华萼，将如之何？"夫琅邪故文士，安得不云尔？一剑而断，立收奇功，后可无虑。今日不能自割，从此以后，皆可忧之时。东君发舒，华落叶脱，以归本根上善也，而境久恋则逾熟〔六一〕，逾熟则难去。东阿、昭明、江淹、鲍照〔六二〕，春华烂然，终其身不见脱落而死，最上遮须〔六三〕，下沉冥狱〔六四〕。冥狱固堕恶缘，遮须亦是鬼趣。可哀也。都水有言〔六五〕："宁为才鬼，毋为顽仙。"仆则曰："宁为顽仙，毋为才鬼。"嗟乎，仆已而已而〔六六〕，耻与东阿诸君伍，旦暮借上清之剑矣。足下清真人〔六七〕，文章一缘，与我同病。剑借乎未？愿共图之。

(《白榆集》文集卷十)

注释

〔一〕王太初：王士性（1547—1598），字恒叔，号太初，临海（今属浙江）人。万历五年（1577）进士，历官确山知县、礼科给事中、河南提学、山东参政、太仆少卿、南京鸿胪寺正卿。有《五岳游草》、《广游记》、《玉岘集》等。传详《民国临海县志》卷十九《人物·名臣》。田叔：屠本畯，见《与余君房书》注释〔二七〕。道友：一起修道的朋友，志同道合者。

〔二〕发僧：带发僧，指在家修行的人。

〔三〕膏肓（huāng）：古代医学以心尖脂肪为膏，心脏与膈膜之间为肓。比喻难以救药的失误或缺点。

〔四〕功德之水：功德水，即八定水。佛教谓西方极乐世界中，处处皆有七妙宝池，八定水弥满其中。其水澄净、清冷、甘美、轻软、润泽、安和，饮时除饥渴，能增益种种殊胜善根。

〔五〕上清：道家所称的三清境之一。《云笈七签》卷三："其三清境者，玉清、上清、太清是也。亦名三天。其三天者，清微天、禹余天、大赤天是也。"

〔六〕曹务：官署分科掌管的事务。

〔七〕沉水：沉香。

〔八〕炁：同"气"。

〔九〕密纬：密布。潜修：专心修养。

〔一〇〕马箠（chuí）：马鞭。

〔一一〕五鼓：五更，天将明时。

〔一二〕趋踖（qiāng）：走路不稳的样子。

〔一三〕西泠：见《报张肖甫大司马》注释〔三〕。天竺：杭州西湖附近有天竺山，山上有三寺，时称天竺三寺（通称上天竺寺、中天竺寺、下天竺寺）。

〔一四〕塞兑：堵塞孔窍。兑，口，引申为孔穴。葆光：隐蔽其光辉，比喻才智不外露。语出《庄子·齐物论》。

〔一五〕元神：道家称人的灵魂为元神。

〔一六〕雕耗：凋敝，衰残。

〔一七〕划（chǎn）：削平，铲除。

〔一八〕五欲：耳、目、鼻、口、心的欲望。佛教谓色、声、香、味、触五境生起的情欲。亦谓财欲、色欲、饮食欲、名欲、睡眠欲。道教谓声、色、香、味、爱憎之欲。

〔一九〕溺：沉湎，无节制。

〔二〇〕哲士：贤明的人，智谋之人。

〔二一〕孔欲无言：《论语》："子曰：'予欲无言。'子贡曰：'子如不言，则小子何述焉？'子曰：'天何言哉？四时行焉，百物生焉，天何言哉？'"

〔二二〕六籍：见《让柴仲初书》注释〔三五〕。

〔二三〕藏经：佛教经典。

〔二四〕神王：神话传说中拥有最高权力的神。佛教指护法神。发藻：放出光彩。

〔二五〕青童：神话传说中的仙童。扬葩：扬葩振藻，形容文章华丽多采。葩，华美。藻，文采。玉书：泛指道书。

〔二六〕太上：老子，老子尊号太上老君。抽玄：抽，概括。玄，玄妙，深奥。五千：老子《道德经》五千言。

〔二七〕西池：刘义庆《世说新语·豪爽》："（晋明帝）时为太子，好养武士，一夕中作池，比晓便成，今太子西池是也。"刘孝标注引山谦之《丹阳记》："西池，孙登所创，《吴史》所称西苑也，明帝修复之耳。"《晋书·刘毅传》："初，裕征卢循，凯归，帝大宴于西池，有诏赋诗。"摽（biāo）：落。四韵：四韵诗，由四韵八句构成的诗。

〔二八〕《楞严》：《楞严经》，佛教经书。《维摩》：《维摩诘经》，佛教经书。

〔二九〕《丹经》：道家经书。《真诰》：道教经书，南朝道士陶弘景编。

〔三〇〕土苴万物：以世间万物为土苴，表示遗世独立，不务世事。土苴，渣滓，糟粕。比喻微贱的东西。

〔三一〕区区：数量少，不重要。

〔三二〕凡陋：平庸浅陋，平凡陋劣。蹇拙：艰难困拙，不顺利。指文章或修辞呆板不流畅。

〔三三〕龙骧虎攫：龙争虎斗。比喻笔势遒劲、奔放。

〔三四〕峥嵘：卓异，不平凡。

〔三五〕濡（rú）首：埋头，专心致志。

〔三六〕嗄（shà）：嗓音嘶哑。

〔三七〕大块：自然，大地，世界。噫（yī）：悲痛，叹息。

〔三八〕藻士：意同"文人"，为文之士。

〔三九〕刳（kū）心：摒弃杂念。刳，从中间分开。

〔四〇〕惝怳：模糊貌。六合：上下四方，泛指天地或宇宙。

〔四一〕冥：暗合，默契。

〔四二〕丹元君：道家语，心灵之神，又作丹元子、丹元。

〔四三〕跬（kuǐ）步：半步。古人行走，举足一次为跬，举足两次为步，故半步叫"跬"。

〔四四〕鸿荒：边远荒僻之地。

〔四五〕早谢：英年早逝。

〔四六〕无上：最高。

〔四七〕修还：佛家功法，佛家认为，观从心生，应该返照观心。转心返照（自我观察，有无妄想），名为修还。

〔四八〕骖鸾驾鹤：道教语，谓超脱尘世上天。

〔四九〕蠹鱼：一种啃食纸张的虫子。

〔五〇〕三食神仙字：段成式《酉阳杂俎》："据《仙经》曰：蠹鱼三食神仙字，则化为此物，名曰脉望。"脉望，书虫。

〔五一〕低回：徘徊，流连。

〔五二〕投袂（mèi）而起：形容精神振作，立即行动起来的神态。投袂，挥动袖子。

〔五三〕宿业：前世的善恶因缘。佛教相信众生有三世因果，认为过去世所作的善恶业因，可以产生今生的苦乐果报。

〔五四〕泐（lè）：石头被水冲激而成的纹理。

〔五五〕太原先生：王锡爵。王锡爵（1534—1610），字符驭、元驭，号荆石，太仓（今属江苏）人。嘉靖四十一年（1562）会试第一，廷试第二，授编修。万历初掌翰林院，累官礼部尚书兼文渊阁大学士，改吏部尚书。卒谥文肃。有《王文肃集》及《疏草》。传详叶向高《苍霞续草》卷十四、《王公神道碑》、《明史》卷二百十八。王锡爵祖先属太原（今属山西）王氏，因称太原先生。

〔五六〕雕虫：见《与刘观察先生书》注释〔一七〕。

〔五七〕琅邪先生：王世贞，见《与元美先生书》注释〔一〕。

王世贞祖先属琅邪（今属山东）王氏，因称琅邪先生。

〔五八〕生意：生机。

〔五九〕东君：司春之神。

〔六〇〕会须：应当。

〔六一〕逾：更加。

〔六二〕东阿：东阿王。曹植（192—232），字子建，被封为东阿王。昭明：南朝梁昭明太子萧统（501—531），字德施，好文学，编《文选》三十卷。江淹：江淹（444—505），字文通，《恨赋》《别赋》较有影响。鲍照：鲍照（416—466），字明远，世称鲍参军，与庾信并称鲍庾。

〔六三〕遮须：遮须国，传说中的国名，国王为曹植。

〔六四〕冥狱：地狱。

〔六五〕都水：陶弘景，见《与吕心文》注释〔三〕。

〔六六〕已而：罢了。

〔六七〕清真：纯真朴素，幽静高洁。

点评

此书作于万历十一年（1583）。临海（今属浙江）人王士性是屠隆万历五年（1577）同年进士，关系密切。万历二十一年（1593）二月，屠隆为王士性《五岳游草》作序。（王士性《五岳游草》卷首屠隆《五岳游草序》："万历癸巳二月，友弟屠隆纬真甫撰。"）万历二十六年（1598），王士性《广志绎》成，寄屠隆作序，序未成而士性卒。（王士性《广志绎》卷首杨体元《刻广志绎序》："书成，邮寄屠赤水先生序，未竟而先生捐馆矣。"）二人集中有很多往来诗文、书牍等。书牍首先叙说自己在京中的生活，无论是在礼部官署，还是骑马道上，五更入官，诗兴大发，作诗欲望不能遏止。其次，说老子、孔子、佛、道等都有著述传世，读佛、道经书，感到其中内容深邃，文辞华丽。得道之人，身世两遗，以万物为轻，却不忘文字之作。如果他们只在意道的内容，不重视修辞，只需要平庸浅陋之词即可，何须笔势遒劲奔放，卓异不凡。圣贤之书，尚且追求笔势遒劲，卓异不凡，何况普通文士。再次，说文士作文，高度紧张，劳神费思。竭一生精力，从事于此，作品流传世间，但人已早逝。迷恋诗文，是文士宿业、人生大魔。自己此障虽重，还未大损。如果不加注意，会很危险。最后，叙说王世贞、王锡爵劝戒文字魔的方法，曹植、萧统、江淹、鲍照等都会成鬼，自己则愿修仙得道，必须斩断文字之魔。

答王元驭先生〔一〕

往来纠纷，文责填委〔二〕，诚有如先生所谕。然雕虫之辞〔三〕，某鄙性实好为之。每成一首，不胜其愉快。思浮气扬，不能降伏。今尚未觉疲耗，久之未有不受伤者。每念及性命大事〔四〕，悔恨于此。决意敕断〔五〕，取笔砚焚之〔六〕，示不复为。未几技痒，宿病旋发。譬之甘酒嗜肉之徒，虽受五戒〔七〕，嗜好不除，不自觉其易犯也。

某今在此中，贫遂刺骨矣。生平罕程郑交[八]，无从告贷。荆妇颇有桓氏贤行[九]，无簪珥可脱[一〇]。某腰下止有银带一条，亦毁以佐朝夕。将鬻其雕虫之辞乎？百首诗篇，不易斗粟。为郎俸薄，如东方生苦饥[一一]，而不肖之眉头，未尝一日不扬也。来书云先生多病，此当不损先生灵光。即病，亦魔事尔。琅邪先生辞九列之命[一二]，是矣。第先生恐终不免，何以蓍策之[一三]？

（《白榆集》文集卷十）

注释

〔一〕王元驭：王锡爵，见《与王太初、田叔二道友》注释〔五五〕。

〔二〕责：同"债"。填委：纷集，堆积。

〔三〕雕虫：见《与刘观察书》注释〔一七〕。

〔四〕性命：性与命的关系。儒家认为性是个人心理、精神方面的禀赋、个性，命即天命。人性是天生的，人性是天理或天道在人身上的体现。道家认为，性是人心的本性，命指属物质身体方面的气、元气。

〔五〕敕断：裁断。

〔六〕研：同"砚"。

〔七〕五戒：佛教徒应持守的五项戒律，即不杀生、不偷盗、不淫邪、不妄语、不饮酒。

〔八〕程郑：见《与沈嘉则书》注释〔一七〕。

〔九〕荆妇：对人称己妻的谦词。桓氏：见《与沈嘉则书》注释〔一三〕。

〔一〇〕簪珥：见《与沈嘉则书》注释〔一二〕。

〔一一〕如东方生苦饥：西汉东方朔不受汉武帝重用，俸禄微薄。向武帝进言，说"臣朔饥欲死"。见《汉书·东方朔传》。

〔一二〕琅邪先生：王世贞，见《与王太初、田叔二道友》注释〔五七〕。九列：九卿职位。典出《汉书·韦玄成传》。

〔一三〕蚤：同"早"。

点评

此书作于万历十二年（1584）。屠隆与太仓（今属江苏）人王锡爵结交于万历五年（1577），得其游扬于诸人间："往岁居都门……虽巨儒鸿烈如先生者，亦未曾抱尺一之牍，求通姓名于记室。乃先生顾雅知不肖隆，游扬之诸公间。"（《由拳集》卷十五《寄少宗伯王公》）王锡爵《与屠长卿》："仆生平慕足下高义如饥怒，不能一请见。既见，又不能摄衽投辖，修宾主之礼，仆之颠谬尔尔，乃足下俨然盛辞币辱之，重以长篇标借，滋为忝矣……仆跧伏寡闻，不能通知世务，仰佐思虑之万一，承问道于盲，但有愧悚。属从家亲省墓，匆匆裁谢，不复欵缕，诸惟幸谅。"（凌迪知《国朝名公翰藻》卷四十三）屠隆"重以长篇标借"的是诗《奉赠少宗伯王公二十韵》（《由拳集》卷八）。此后，二人关系密切,各自集中有很多往来诗文、书牍等。书牍首先叙说自己性好诗文,每成一首(篇),不胜愉快。有意舍弃不作,但好文之嗜难以根除。其次,叙说自己在京中生活贫困,无人借贷,将腰中银带变卖以维持生计。诗篇百首,不能换取银两。但自己乐观待之。问候王锡爵健康情况,赞同王世贞辞高官之任命。陆云龙《翠娱阁评选十六家小品·屠赤水先生小品》卷二此书尾评:"不为谀词以谄人,不作诞语以傲世。抒写性灵,点染光景,亦何不可?若其强制,亦云多事。"

与元驭先生〔一〕

长安迩来议论太多〔二〕,诪张聚讼〔三〕。二三少年负气言事,怀慨至烦。当事诸大佬并力弹压之〔四〕,似非盛世之所宜有也。二三少年徒空言耳,发之当采之,不当亦应容之,以开言路,养士气。即不能容此,一在事之臣折之足矣,何至恐不能胜,而合诸公之力以排之也?多口哓哓〔五〕,谓是非有两端,仆以为无有两端也。先生高翔寥廓,两耳不闻,讵不快哉〔六〕?赵汝师真千仞之凤〔七〕,其于含光守中〔八〕,尚未至乎?其至持节南还,遂有长往之兴。先生以为是不?不肖在风尘中,无一精进，虚生浪死，良可大惧。生平知爱，独有先生。何以愍之〔九〕？汝师还，便布数行，不庄不悉。

(《白榆集》文集卷十)

注释

〔一〕元驭：王锡爵，见《与王太初、田叔二道友》注释〔五五〕。

〔二〕迩来：近来。

〔三〕诪（zhōu）张：欺骗，惊惧。语出《尚书·无逸》："民无或胥诪张为幻。"

〔四〕弹压：镇压，慑服。

〔五〕哓哓（xiāo）：见《与箕仲》注释〔二三〕。

〔六〕讵：难道。

〔七〕赵汝师：赵用贤，见《与管登之》注释〔四一〕。仞：八尺为仞。

〔八〕含光：和光，内蕴不外露。守中：保持内心虚无清静。

〔九〕愍（mǐn）：愍惜，怜悯，哀怜。

点评

此书作于万历十二年（1584）。书牍首先叙说朝廷纷争，应该广开言路，不应打击排挤谏言之臣。其次，告知赵用贤持节南还，其人"真千仞之凤"。自己困在尘俗，虚生浪死，十分害怕。希望王锡爵继续知爱自己。

与姜仲文〔一〕

不奉双鱼展讯足下半岁矣〔二〕，亦复久绝瑶华之音〔三〕，各在风尘，纷轮蹲踏〔四〕。送盛年于鸡肋〔五〕，锁壮心于马蹄〔六〕。可叹也。不佞弟疏庸人〔七〕，上不能抗迹霞外〔八〕，抱一守中〔九〕，了性命之事〔一〇〕。下不能高议云台〔一一〕，树勋扬烈〔一二〕，垂竹帛之声〔一三〕。空以三寸斑管自雄〔一四〕，为世人妄立文士品目。生平所得，他未必无可称。总之，以雕虫技掩〔一五〕。即此一技，又不能博收深造，务极玄解，一一当古作者。譬之野火闪烁，流潦汪洋，一瞬而已。又性不善弢藏〔一六〕，名过其实。牍盈棐几〔一七〕，门多履綦〔一八〕。自握笔为文而外，往往以骑马跟跼〔一九〕，衔杯谭笑夺之。读书精理，时自知绝少。目无六合〔二〇〕，胸无千秋。而日取枵腹辘轳〔二一〕，而出之文，不程古语〔二二〕。每师心，当其神来，光采横射。或瞀焉味尽，意致索然。所谓家无担石〔二三〕，一掷百万。而时人好以耳食〔二四〕，谬相推许，坐致溷扰〔二五〕，削气侵精。每一念省悔，辄思弃此敝帚〔二六〕，逃于空虚，而尘网罹人〔二七〕，又忍不能决。隙驹石火〔二八〕，奈此流光何？是不佞所为，临食而叹，仰屋而思者也。

足下美如玉瓒〔二九〕，温如截肪〔三〇〕，当事者不置之西清、东观之间〔三一〕，而令鞅掌钱刀〔三二〕，驱驰孔道〔三三〕。神骏盐车〔三四〕，龙渊补履〔三五〕，非其任矣。一日之中，焚香摊书，会有几时？白日速行，青鬓易老。何时同问一丘，共了大事？追维歇马彭城〔三六〕，剪烛官舍〔三七〕。乌啼霜冷，月落斗斜。戏马吊项王之霸图〔三八〕，放鹤怀苏公之远韵。连宵枕藉〔三九〕，累日沉冥〔四〇〕。故欢杳然，言之心断。足下握节于外久矣〔四一〕，杨柳雨雪〔四二〕，征夫所嗟。何时及瓜〔四三〕，日望天末。

尊公负东山之望重矣〔四四〕，竟眷泉石，与冥鸿竞爽乎〔四五〕？身尚浊世，名书上清〔四六〕，宜其灰尘三事若遗迹也〔四七〕。嫂夫人好不？老母、荆人及小儿女〔四八〕，俱幸无恙。贵同年萧氏兄弟、邹孚如、龙君善、董伯念〔四九〕，俱与弟投分不浅〔五〇〕，而伯念以同舍郎追随更密〔五一〕。独足下离逖在千里之外〔五二〕。今君善、伯念亦东行矣。足下对清风朗月，颇念故人不？何得眇然不将一字也〔五三〕？伯念去，便寓此笺，以半岁无书，不觉娓娓[五四]。日不乏北来鸿[五五],可竟忘我为?

(《白榆集》文集卷十一)

注释

〔一〕姜仲文:姜士昌,字仲文,丹阳(今属江苏)人。姜宝子。万历八年(1580)进士,历官户部主事、员外郎、江西参政等。三十五年(1607),以上疏言大学士沈一贯、沈鲤去官事,谪兴安典史。归家,入东林讲学。卒赠太常寺少卿。

〔二〕双鱼:代指书信。典出汉乐府诗《饮马长城窟行》。

〔三〕瑶华:见《报贺伯暗》注释〔二〇〕。

〔四〕纷轮:杂乱,众多。蹲踏:议论纷杂。

〔五〕鸡肋:比喻没有价值,但又不忍舍弃的东西。

〔六〕马蹄:指自然状态。语出《庄子·马蹄》:"马蹄可以践霜雪,毛可以御风寒。"

〔七〕疏庸:粗疏平庸。

〔八〕抗迹:高尚其志行、心迹。

〔九〕抱一:与真理合一,亦谓专精固守,不失其道。守中:见《与元驭先生》注释〔八〕。

〔一〇〕性命:见《答王元驭先生》注释〔四〕。

〔一一〕云台:汉光武帝时,用作召集群臣议事之所,后用以借指朝廷。

〔一二〕树勋:建立功勋。扬烈:继承功业。

〔一三〕竹帛:见《与箕仲书》注释〔五六〕。

〔一四〕三寸斑管：毛笔。以斑竹为杆，故称斑管。

〔一五〕雕虫：见《与刘观察先生书》注释〔一七〕。

〔一六〕弢（tāo）藏：隐藏、隐蔽。弢，同"韬"。

〔一七〕棐几：用棐木做的几桌，泛指几桌。

〔一八〕门多履綦（qí）：拜访往来的人很多。履綦，足迹，踪影。

〔一九〕踉跄：跌跌撞撞，行步歪斜。

〔二〇〕六合：见《与余君房书》注释〔四〕。

〔二一〕枵（xiāo）腹：空腹，饥饿，比喻空疏无学或空疏无学的人。辘轳：安在井上绞起汲水斗的器具。

〔二二〕程：法式，程式。

〔二三〕担石（dān dàn）：一担一石之粮，比喻微小。

〔二四〕耳食：轻信所闻。典出《史记·六国年表序》。

〔二五〕溷扰：烦扰，打扰。

〔二六〕敝帚：破旧的扫帚，喻无用之物。

〔二七〕罹（lí）：遭受苦难或不幸。

〔二八〕隙驹：驹隙，"白驹过隙"之省。比喻光阴迅速。隙，墙壁间的空隙。石火：石头撞击时发出一闪即逝的火花，比喻生命短暂易逝。

〔二九〕玉瓒（zàn）：圭瓒，古代礼器。玉柄金勺，祼（guàn）祭时用以酌香酒。

〔三〇〕截肪：切开的脂肪，喻颜色和质地白润。

〔三一〕西清：帝王宫内游宴之处。东观：皇宫中藏书之所。

〔三二〕鞅掌：烦劳，忙碌。钱刀：金钱。刀，刀形钱币。

〔三三〕孔道：见《与沈君典》注释〔二八〕。

〔三四〕神骏盐车：比喻埋没人才，任用不当。《战国策·楚策四》："夫骥之齿至矣，服盐车而上太行。蹄申膝折，尾湛胕溃，漉汁洒地，白汗交流，中阪迁延，负辕不能上。"

〔三五〕龙渊：深渊，深潭。

〔三六〕追维：追忆，回想。

〔三七〕剪烛：语出李商隐《夜雨寄北》："何当共剪西窗烛，却话巴山夜雨时。"后用为促膝夜谈之典。

〔三八〕"戏马"二句：项羽曾经在彭城大败刘邦，苏轼曾贬谪彭城，作《放鹤亭记》。

〔三九〕枕藉（jiè）：枕头与垫席，横七竖八地倒或躺在一起。

〔四〇〕沉冥：幽居匿迹。

〔四一〕握节：持守符节。

〔四二〕杨柳雨雪：语出《诗经·小雅·采薇》。此处形容姜仲文常年劳苦在外。

〔四三〕及瓜：官员任期已满。典出《左传·庄公八年》："齐侯使连称管至父戍葵丘，瓜时而往，曰：'及瓜而代。'"

〔四四〕尊公：姜士昌父姜宝。姜宝（1514—1593），字廷善（一作惟善），号凤阿，丹阳（今属江苏）人。嘉靖三十二年（1553）进士，选庶吉士，授编修。以不附严嵩，出为四川提学佥事，再迁国子监祭酒，累官南京礼部尚书。有《周易传义补疑》、《春秋事义全考》、《姜凤阿文集》。传详《国朝献征录》卷三十六无名氏《姜尚书宝传》，《明史》卷二百三十姜士昌传附其小传。东山之望：据《晋书·谢安传》载，谢安早年曾辞官隐居会稽之东山，经朝廷屡次征聘，方从东山复出，官至司徒要职，成为东晋重臣。

〔四五〕冥鸿：高飞的鸿雁，喻避世隐居之士。

〔四六〕上清：见《与王太初、田叔二道友》注释〔五〕。

〔四七〕三事：见《与赵汝师太史》注释〔二七〕。

〔四八〕荆人：妻子。

〔四九〕萧氏兄弟：萧良有（生卒年不详），字以占，号汉冲，汉阳（今属湖北）人。万历八年（1580）进士，官至国子监祭酒。有《玉堂遗稿》。萧良誉（生卒年不详），字汉颖、以孚，良有弟。万历八年（1580）与良有同举进士，历官户部主事、郎中，宁国知府，河南、广西提学，河南参政等。邹孚如：邹观光（生卒年不详），字孚如，云梦（今属湖北）人。万历八年（1580）进士，为吏部郎，公平廉正。建尚行书院讲学，学者多从之。与吉水邹元标齐名，时称二邹先生。官至太仆卿。有《续大学衍义补》、《邹孚如集》等。传见《道光云梦县志略》卷九《人物上·儒林》。龙君善：龙膺，见《报龙君善司理》注释〔一〕。董伯念：董嗣成（1560—1595），字伯念，乌程（今浙江湖州）人。董份孙。万历八年（1580）进士，历礼部员外郎。有《青棠集》。传见范允临《输寥馆集》

卷五《董公行状》、《青棠集》卷首茅国缙撰《董伯念传》、《明史》卷二百三十三。

〔五〇〕投分：情投意合，兴趣相投。

〔五一〕同舍郎：同居一舍的郎官，后亦泛指僚友。

〔五二〕逖（tì）：远。

〔五三〕眇然：高远，遥远。

〔五四〕娓娓：形容谈论不倦。

〔五五〕北来鸿：汉代苏武出使匈奴，被囚禁于北海十九年。后汉昭帝假称在打猎中获得的大雁之足上寻得了苏武的书信，终使苏武回国。为"鸿雁传书"典故之源。

点评

此书作于万历十二年（1584）。丹阳（今属江苏）人姜士昌（字仲文）是屠隆神交之一。二人相识于万历十年（1582）十二月，屠隆进京上计途中。十一月十二日，屠隆从青浦出发。十二月初一日，始抵彭城（今江苏徐州）："会丹阳姜仲文士昌以司农郎出为徐州榷商使者，余甫下马，入逆旅，而仲文来。仲文，大司成姜公宝仲子。年才弱冠，明润如玉人，有俊才楚楚。与余为神交，一见欢甚。为余置酒，征歌软语，款洽寒暄。徐益孙、郁承彬良至，洵一南国俊流也。临分踟蹰，定交而去。"（《白榆集》文集卷五《发青溪记》）《白榆集》诗集卷一《登彭城子房山与仲文》、卷二《彭城歌，赠姜使君仲文》、《沛县登歌风台，吊汉高祖》、《彭城姜使君邀登苏子瞻放鹤亭作》、卷四《彭城渡黄河》、卷六《彭城遇姜仲文使君》、卷七《北上，彭城别姜仲文二首》、《同姜仲文使君登子瞻黄楼瞩眺》、卷八《寄姜仲文四首》等,均此时作。书牍首先叙说二人各在风尘,半年未通音信。自己以诗文自雄,世人也以文士目己。创作诗文,"不程古语","当其神来,光彩横射。或瞥焉味尽,意致索然"。欲放弃弄文,逃于空虚,犹豫不决,不忍舍弃。其次,赞扬姜士昌人品才能无可挑剔,"美如玉瓒,温如截肪",同情姜士昌遭遇,不受重视,大材小用。回忆在彭城相会的欢乐场景,"追维歇马彭城"至"累日沉冥"一段,可与《白榆集》文集卷五《发青溪记》、诗集卷一、卷二、卷六、卷七、卷八相关诗文相印证。最后,问候姜士昌父姜宝,告知家人和在京中与诸位朋友往来情况。董嗣成(1560—1595,字伯念)南归乌程(今浙江湖州),托寄此书。

与汪伯玉司马〔一〕

今海内驾千秋之业,有琅琊与先生尔〔二〕。草昧群雄〔三〕,崛起田间,霸一方,建旗鼓,以中原为事。人谭王气,家握灵符。一旦事定功成,真人受命〔四〕,而群雄烟灭,祇为驱除〔五〕。又有明于天人之际,知大命之有归,审才力之不敌,而甘心佐命,依人以立小功者。此虽与犄角之徒成败异势〔六〕,而其消折英雄之气,一也。学士大夫以文章命世,垂千秋名,代不过一两公而止。

彼当其时，搦管修辞[七]，与一两公分曹对垒[八]，盛气而不下者，计岂应少哉？乃卒归烟灭，而千秋名遂属之一两公而止。故有生存千万言，死不留一字。志士念此，有足悲心者。

夫真人身膺大宝[九]，宰割神州，固也受命于帝。河岳英灵[一〇]，含芬扬藻，光映千秋。若刘向动乎太乙[一一]，徐陵识于志公。即文人，不可谓非受天之命也。世有椎英雄[一二]，雅不娴文辞，曲护所短，乃曰："大丈夫采秋实尔，安事春华？夫麒麟、凌烟之上[一三]，岂必藻有文哉？"嗟嗟，结绳以还[一四]，乃有文字。明圣所为，天之制也。仲尼不删六籍乎[一五]，令麒麟、凌烟，不托文字，后世谁知者？大禹功在河洛[一六]，万世称神，而其始乞灵于南岳玄夷使者之文[一七]。留侯以三尺剑[一八]，佐汉祖定天下，而《素书》三篇，实授之谷城黄石。金简玉函[一九]，亦上帝所宝也。世有椎英雄，宁有椎帝哉？

今天下文章，属之琅琊与先生。若麟凤之为百兽长，沧海之为百谷王[二〇]。千秋之名，终归焉。而他搦管修辞者，即目营四海[二一]，气凌万夫，恐未免卒为两先生驱除而止。某东海鲰生[二二]，束发好雕龙之业[二三]。此其匹夫之意念，亦不浅矣。而不幸与两先生同时，今年四十，精已销亡，长恐以一生心力，而并为大军前茅所驱〔二四〕，将悉索敝赋。东济师娄水之阳〔二五〕，南顿甲大障之阴〔二六〕，以一决雌雄，则重惧众寡不敌，立而齑粉〔二七〕，为天下笑。将投戈解甲，俛而受军政戏下〔二八〕，则又奈此雄心何，何具须眉名夫也？

仆居尝妄自衡度，以为丈夫生不能受命于帝，雄长斯文，宁为彭城、天水〔二九〕，毋为留侯、李药师〔三〇〕。宁为尉佗、夜郎〔三一〕，毋为窦河西〔三二〕。虽近倔强〔三三〕，不见事机〔三四〕，亦磊磊有片气哉。以故仆生东海四十年，而未通尺一门下〔三五〕。比年以职事入吴会〔三六〕，尝与元美兄弟周旋〔三七〕。虽义托同心，亦颇气存强项〔三八〕。王先生赏其鹘俊〔三九〕，恶其跳梁〔四〇〕，然未尝不相欢也。既而琅琊黄冠入道〔四一〕，返于清虚〔四二〕，金帛既空，图书亦散。尽捐有身之累，并弃千秋之辞，而先生亦且渐厌五车〔四三〕，归心三宝〔四四〕，是文人之掉头，英雄之结局。孰有善于此者哉？仆最不肖，艺事多疏，而于大道，尤茫无入处。然此两者，皆其心所好也。

初见藻士之竞爽〔四五〕，则欲驱车而涉词林；继羡化人之逍遥〔四六〕，则又欲乘筏而登觉海〔四七〕。此两者，皆非其才力所任。恐俱无成，而身亦将老矣。夫两俱无成，则步益窘；步窘，则心日灰；心灰，则欲渐寡。是入道之梯也。故仆今者于天下事，一切可已。顾独念业与先生同时，而绝不一通，终属欠事。夜郎王、黄屋海岛称得意[四八]，终身不通中国衣冠，而禀其正朔[四九]。彼乌知汉大哉？虽以自尊，亦自小也。故敢将不腆之辞[五〇]，谨布腹心左右。昔仆不能为先生下，今能矣。愿先生毋以汪罔氏也者[五一]，而戮以蚌鼓[五二]。某不胜幸甚。贵郡理龙君[五三]，荆南佳士，先生忘年而与之交，仆有以仰见先生之度。令得从云梦生之后[五四]，而抵掌大业[五五]，可乎？涸渎清严[五六]，悚息以听[五七]。

（《白榆集》文集卷十一）

注释

〔一〕汪伯玉司马：汪道昆，见《报龙君善司理》注释〔二九〕。

〔二〕琅琊：王世贞，见《与王太初、田叔二道友》注释〔五七〕。

〔三〕草昧：草野，民间。

〔四〕真人：得道之人，受命于天之人。

〔五〕祇（zhǐ）：只。

〔六〕犄（jī）角之徒：比喻势均力敌或相互竞争之人。

〔七〕搦（nuò）管：握笔，执笔为文。

〔八〕分曹：分对，犹两两。

〔九〕膺：受。大宝：佛法。

〔一〇〕河岳英灵：见《与孙文融吏部》注释〔二一〕。

〔一一〕"若刘向"二句：传说太乙之精化为老人，赠刘向《洪范五行》，刘向后来成为一代大学者。相传南朝徐陵小时候，家人带他去宝志上人处。宝志抚摸徐陵的头顶说："天上石麒麟也。"

〔一二〕椎：朴实，笨拙。

〔一三〕麒麟：麒麟阁，见《与周元孚》注释〔二三〕。凌烟：凌烟阁，在唐长安城太极宫东北隅，为表彰功臣而建，阁上绘有功臣图像。

〔一四〕结绳：上古无文字，以绳作结纪事。

〔一五〕仲尼不删六籍乎：孔子（字仲尼）晚年曾删订《诗》、《书》、《礼》、《乐》、《易》、《春秋》等六种儒家典籍。

〔一六〕大禹功在河洛：传说上古时，黄河泛滥，大禹采取疏导之法，疏通河道，让洪水通过河道，流入大海。洛河，黄河支流。

〔一七〕"而其始乞灵于"句：道教谓南岳衡山为三十六洞天之第三洞天，号"朱陵太虚洞天"。相传大禹治水，登而祭之，因梦玄夷使者，获金简玉字之书，得治水之要。

〔一八〕"留侯以三尺剑"四句：张良，字子房，在下邳（今江苏邳县）遇黄石公，为其拾履。黄石公授以《素书》（《太公兵法》),张良以此辅佐刘邦,建立汉朝,后封留侯。黄石公将《素书》授张良时,说:"十三年后,你在济北谷城山下见到的黄石,就是我。"十三年后,张良随刘邦路过济北城谷城山(今山东平阴东阿镇黄山)下,得到一块黄石,将其带回供奉。张良死后,与这块黄石一起安葬。

〔一九〕金简:金质的简册,常指道教仙简或帝王诏书。玉函:"玉函方"的省称,方书名,泛指医书。

〔二〇〕百谷王:见《与甘应溥侍御》注释〔一三〕。

〔二一〕营:筹划,谋求。

〔二二〕鲰生:见识鄙陋的人。文士自谦之词。

〔二三〕雕龙:见《与沈嘉则书》注释〔三三〕。

〔二四〕前茅:见《报张肖甫大司马》注释〔一六〕。

〔二五〕娄水:娄江,西起苏州娄门,东流经昆山、太仓入长江。

〔二六〕大郛:见《报龙君善司理》注释〔三二〕。

〔二七〕齑(jī)粉:见《与沈士范》注释〔二四〕。

〔二八〕俛(fǔ):同"俯",低头。戏下:谓在主帅的旌麾之下,引申为部下。戏,通"麾"。

〔二九〕彭城:项羽(前232—前202),名籍,字羽,下项(今江苏宿迁)人。公元前206年建都彭城(今江苏徐州),自立为西楚霸王,号令天下。在楚汉战争中,兵败垓下,自刎乌江。传见《史记·项羽本纪》。天水:姜维(202—264),字伯约,天水冀县(今甘肃天水甘谷)人。本为魏中郎将,诸葛亮招降之，官至大将军。北伐二十年，成效不彰。蜀汉亡时，与魏将钟会密谋复国，失败被杀。传见《三国志·蜀书·姜维传》。

〔三〇〕李药师：李靖（571—649），字药师，三原（今属陕西）人。一生征战数十年，为唐朝建立和发展立下赫赫战功。封卫国公，世称李卫公。

〔三一〕尉佗：亦作"尉他"，即赵佗，曾任秦南海郡尉，故称。夜郎：夜郎国，汉时西南边境的夷族部落，在今贵州西部桐梓县东。

〔三二〕窦河西：窦融（前16—62），字周公，平陵（今属陕西）人。新莽末年，随王匡镇压绿林、赤眉军，拜波水将军。后归刘玄，为张掖属国都尉。刘玄败，被推行河西五郡大将军事，据境自保。刘秀称帝，归汉，授职凉州牧，从破隗嚣，封安丰侯。卒谥戴。

〔三三〕倔强：刚强，不屈服。

〔三四〕事机：计谋，行事的时机。机要，机密。

〔三五〕尺一：尺牍，书信。

〔三六〕吴会：见《与王元美先生书》注释〔三〕。

〔三七〕元美兄弟：王世贞、王世懋兄弟。王世贞，见《与王元美先生书》注释〔一〕。王世懋，见《与王元美先生书》注释〔八一〕。

〔三八〕强项：东汉董宣为洛阳令时，不惧权贵，汉光武帝称之为"强项令"。后以之指称为人不服从权贵者，不肯低头，刚强不屈。

〔三九〕鹘（hú）俊：矫健之鹘。鹘，一种鸟，短尾，青黑色。

〔四〇〕跳梁：跋扈，猖獗。

〔四一〕黄冠：黄色的冠帽，多为道士戴用。用以指代道人。

〔四二〕清虚：清净虚无。

〔四三〕五车：见《与沈嘉则书》注释〔一八〕。

〔四四〕三宝：佛教以佛、法、僧为三宝。佛宝，是一切诸佛，历尽千辛万苦，修成正果。法宝，是诸佛的教法。僧宝，是奉行佛法的出家人。后以指佛教。

〔四五〕藻士：文彩之士，文人。竞爽：相互争强、争胜。

〔四六〕化人：有道之人。佛教谓佛、菩萨变形为人，以化度众生者。

〔四七〕觉海：指佛教。佛以觉悟为宗。海，喻其教义深广。

〔四八〕夜郎王：《史记·西南夷列传》记载："滇王与汉使者言曰：'汉孰与我大？'及夜郎侯亦然。以道不通故，各自以为一州主，不知汉广大。"黄屋海岛：指尉佗建立南越国（都城在今广东番禺），自称南越武王。黄屋，帝王的车乘有屏盖，因称黄屋。也代指帝王。

〔四九〕正朔：正统。

〔五〇〕不腆（tiǎn）：谦辞，不丰厚，浅薄。

〔五一〕汪罔氏：传说中的族名。

〔五二〕衅鼓：古代一种祭祀仪式。钟、鼎等做成后，要以牛羊之血淋在上面。语出《左传·僖公三十三年》。

〔五三〕贵郡理龙君：龙膺，见《报龙君善司理》注释〔一〕。

〔五四〕云梦生：指龙膺。

〔五五〕抵（zhǐ）掌：击掌。

〔五六〕溷渎（hùn dú）：侵扰，渎犯。清严：清廉严正，清正严肃。

〔五七〕悚（sǒng）息：因惶惧而屏息。用为书信中的套语，犹惶恐。

点评

汪道昆诗文与王世贞齐名，时人称南北两司马。此书作于万历十一年（1583），是屠隆首次与书汪道昆。此后，二人交往频繁。汪道昆闻屠隆罢官，与书龙膺，说屠隆遭此打击，诗文会"穷而益工"。（汪道昆《太函集》卷一百一《书牍·龙君御》："屠长卿隽才，于此一跌，故知其穷而益工。"）万历十三年（1585）、十五年（1587）岁末，屠隆两赴徽州（今属安徽），入汪道昆发起、主持的白榆社。万历十四年（1586），汪道昆谋刻《白榆集》。八月，屠隆与汪道昆、卓明卿、徐桂等集聚西湖，治酒征歌。万历十六年十二月（1589年1月），屠隆母九十大寿，汪道昆有钱物祝贺，画师丁南羽作《佛母图》，汪道昆为《佛母图》作序。二人集中，往来诗文、书牍等较多。书牍首先恭维汪道昆是当今文坛与王世贞齐名的大家："今海内驾千秋之业，有琅琊与先生尔。"文坛有如群雄争霸，文人学士以文章自命，真正能有千秋不朽之名，每代不过一二人而已。其次，说文人成就，受之天命。刘向遇杖藜老人、徐陵遇宝志上人，就是例证。武夫英雄不习文辞，依然能建功立业，图画麒麟阁、凌烟阁。没有文字，即使图画麒麟阁、凌烟阁，后世也不知道他们是谁。大禹治水，梦获玄夷使者之书，得治水之法。张良得黄石公《素书》三篇，才能辅佐刘邦，建立汉朝。世有鲁莽无文的英雄，没有鲁莽无文的上帝。再次，强调"今天下文章，属之琅琊与先生"，如同麟凤为百兽长，大海为百水王，其他文士，无法与二人相提并论。自己很小就好诗文，幸与二人同时，愿意拜倒在二人麾下。又次，说自己性格耿直刚强，不会随机转舵，未能与书汪道昆。已与王世贞兄弟往来周旋，虽"义托同心"，但有所坚持，"未尝不相欢也"。王世贞修道，汪道昆归心佛法，二者也是自己所好。最后，再次说明未与汪道昆结交是一大憾事，与书汪道昆，托龙膺转致，愿随龙膺之后，与汪道昆共论大业。对于屠隆来书，汪道昆回书未见《太函集》中。万历十三年（1585），汪道昆邀屠隆游歙县（今属安徽），参加白榆社，提到了屠隆此次来书："当世称人文者，首浙。称论著者，首四明。乃若都命世当名家，则惟足下……司理龙君御还新都，猥辱提命，荣施衮琬、亹亹千言，重以阳春，洋洋盈耳。不弃不佞之不类，引手而登之坛坫之间。田安平复七十城，西面而事一卒，盖此类也。否则，公非延陵相者，宁用举肥为哉？"（汪道昆《太函集》卷一百二《书牍·屠长卿》）

与张大司马肖甫〔一〕

十一月二之日，屠某顿首奏记肖甫先生有道门下：

某不佞以雕虫一技〔二〕，鼓吹人代〔三〕。又生平持一片肝肠，推置人腹。为小吏以宽和廉洁，媚于黔首〔四〕。又好采月旦〔五〕，清议扶忠，直奖人伦，都人士见以为无他大过，多昵就之〔六〕。达者谓不佞某有膻行〔七〕，物情蚁慕〔八〕。居长安岁余，无问缙绅逢掖〔九〕，通刺扫门〔一〇〕，屡长满〔一一〕。某亦倾身延奖，令各得其所而去。非独砥行修名〔一二〕，亦以厌物免祸，犹恐当事者以某空持文墨议论，而旷废吏事。日夜兀兀〔一三〕，留神簿牍〔一四〕。送流光于马蹄〔一五〕，销壮心于竿影。鬓发日短，精已沦亡。长恐一旦先朝露〔一六〕，填沟壑，思息影长林，逃名空谷。坐惜神氕〔一七〕，保其余年。而老母在堂，妻少子幼。六载廉吏，无家可归。踟蹰低回〔一八〕，临风太息〔一九〕。区区顾虑以此〔二〇〕，不谓一朝为人鱼肉若是也。名乃造物所忌，交游将迎〔二一〕，易招悔吝〔二二〕，亦窃尝忧之。不谓一夫作仇，横肆不根〔二三〕，遂摧颓至此也〔二四〕。

祸大奇矣。方口语陡兴[二五]，举国骇愕[二六]。名公大人，贤豪长者，倾都而来视不佞。扼腕慷慨[二七]，义形于色者，何止万口。虽武夫宿卫、闾巷小人[二八]，汹汹谇谇[二九]，无不为不佞称冤。陛辞之日[三〇]，午门下环而观者[三一]，俟如堵城[三二]。貂珰、缇骑切齿伊人[三三]，大骂阴贼。梃下如雨[三四]，公论如此。而某迄不免[三五]，岂非数哉[三六]？然某得此长安中，足以长啸而去，无恨矣。

事业已往，何复呶呶[三七]？承明公下问，敢略陈其颠末[三八]。西宁侯宋世恩[三九]，恂恂雅如儒生[四〇]。生平慕李临淮之为人[四一]，欲脱去貂蝉气习[四二]，而以辞赋显名。新从秣陵解府印还燕[四三]，即托人为介绍，执贽通刺[四四]，愿就讲千秋业，称北面弟子[四五]。不佞力谢不敢当，固请以兄礼事，不佞不得已许之。九月，置酒张戏，大会宾客。词人无论，缙绅、布衣不下十数人[四六]，不佞与焉。措大燕五侯之第[四七]，酒酣乐作，客醉淋漓，狂态有之。冤哉！独不佞某不善酒，亦不能狂。当诸客豪举浮白时[四八]，某瞑目趺坐[四九]，作老头陀入定[五〇]，客相戒无惊其神也。西宁凡两觞不佞[五一]，不佞亦一觞西宁。西宁不解事，时向人抵掌言[五二]："屠先生幸肯与宋生通家乎？"〔五三〕又向不佞言："徼天宠灵〔五四〕，业蒙先生许某称弟。异日者，家弟妇将扶伏拜太夫人、嫂夫人。"堂下座客多闻此语，实未行也。仇人欲甘心不佞之日久，自某之入京，日夜侦不佞行事〔五五〕，无所得。不佞故多贤豪长者游，踪迹皎然〔五六〕，难可媒孽〔五七〕。西宁者，纨袴武人子〔五八〕，可藉以惑人报仇。又适闻有通家往来语，又酒中狂态可采摘，遂文致张惶其辞〔五九〕。嗟乎，家仅一僮一婢，何关渠家事，而亦攡摛其中邪〔六〇〕？其所诬蔑，姑无论事情，即以理度之，通乎，不通乎？疏上，主上令廉访其事〔六一〕。廉访而了无实状，乃坐伊人挟仇诬陷〔六二〕，而坐某以诗酒放旷。两议罢。又及不佞青浦之政。嗟嗟，上所置问疏中污蔑事尔，业廉无之。伊人之倾险何辞〔六三〕，而乃别求他细过。令与险者同罢邪？又及青浦之政，青浦之政应罢邪，又今日是问青浦之政时邪？一夫持论，万口莫争。斯其故，不可知已。

某归已，青山白云，紫芝瑶草〔六四〕，焚香诵经，寻真采药。何事不可？世路险哉！心灰气尽，家有介推之母〔六五〕，莱氏之妻〔六六〕。白首林泉，已矣何恨？明公死生交，义高于古人。远别长离，此为惨怛〔六七〕。

（《白榆集》文集卷十一）

注释

〔一〕张大司马肖甫：张佳胤，见《报张肖甫大司马》注释〔一〕。

〔二〕雕虫：见《与刘观察先生书》注释〔一七〕。

〔三〕鼓吹：宣扬，赞扬。

〔四〕黔首：百姓。

〔五〕月旦：月旦评，品评人物。

〔六〕昵（nì）：亲近。

〔七〕膻（shān）行：令人仰慕的德行。

〔八〕物情：情理，世态。蚁慕：比喻向往归附。典出《庄子·徐无鬼》："羊肉不慕蚁，蚁慕羊肉，羊肉膻也。"

〔九〕缙绅：有官职或做过官的人。逢掖：儒生。

〔一〇〕刺：名片。

〔一一〕屦（jù）：鞋。

〔一二〕砥（dǐ）行：砥砺品行，修养道德。

〔一三〕兀兀：劳苦的样子。

〔一四〕簿牍：簿书。

〔一五〕马蹏（tí）：即"马蹄"，见《与姜仲文》注释〔六〕。

〔一六〕先朝露：死亡。

〔一七〕炁：同"气"。

〔一八〕踟蹰：见《与杨伯翼书》注释〔四〕。低回：徘徊，留恋。

〔一九〕太息：叹息，叹气。

〔二〇〕区区：我，自称的谦词。

〔二一〕将（jiàng）迎：送往迎来，逢迎，迎合。

〔二二〕悔吝：灾祸，悔恨。

〔二三〕不根：没有根据，荒谬。

〔二四〕摧颓：摧折，衰败，困顿，失意。

〔二五〕口语：议论。

〔二六〕骇愕：惊讶，惊愕。

〔二七〕扼腕：见《为瞿睿夫讼冤书》注释〔七二〕。

〔二八〕宿卫：值宿宫禁，担任警卫。闾巷：里巷，乡里。小人：平民百姓。

〔二九〕汹汹：声音喧闹。諠諠（xì）：急言貌。

〔三〇〕陛辞：离开朝廷。

〔三一〕午门：京城皇宫的正门。午门居中向阳，位当子午，故名午门。

〔三二〕倏（shū）：极快，忽然。

〔三三〕貂珰（dāng）：貂尾和金、银珰，侍中、常侍的冠饰。缇（tí）骑：锦衣卫属下人员。为逮治犯人的禁卫吏役的通称。切齿：形容极端愤怒。伊人：那个人。

〔三四〕梃（tǐng）：棍棒。

〔三五〕迄：终。

〔三六〕数：天数，命运。

〔三七〕呶呶（náo）：喋喋不休的样子。

〔三八〕颠末：始末。

〔三九〕宋世恩：宋世恩（1564—1597），其祖先宋晟（字景阳）在洪武、永乐年间镇守甘肃二十多年，永乐三年（1405），封西宁侯。据郑汝璧《皇明功臣封爵考》卷四，嘉靖四十五年（1566），宋公度袭祖爵，七月二日，病故。嫡长孙宋世恩三岁，袭祖爵，优给。

〔四〇〕恂恂（xún）：小心谨慎的样子。

〔四一〕李临淮：李言恭，见《与李临淮》注释〔一〕。

〔四二〕貂蝉：貂尾和附蝉，侍中、常侍等贵近之臣的冠饰。代指侍中、常侍之官，亦泛指显贵的大臣。

〔四三〕秣陵：今江苏南京。燕：指北京。

〔四四〕执贽：持礼物作为相见之礼，多指谒见尊长。

〔四五〕北面：见《让柴仲初书》注释〔三四〕。

〔四六〕缙绅：见注释〔九〕。

〔四七〕措大：贫寒的读书人。燕，酒席。五侯之第：泛指豪门权贵之家。

〔四八〕浮白：满饮或畅饮酒。

〔四九〕瞑目：闭目。跌（fū）坐：盘腿端坐。

〔五〇〕头陀：行脚乞食的僧人。入定：佛教徒修行方法，闭着眼睛静坐，控制身心各种活动。

〔五一〕觞（shāng）：本为酒器，引申为敬酒。

〔五二〕抵（zhǐ）掌：击掌。

〔五三〕通家：世代交好之家，如同一家。

〔五四〕徼：同"侥"。宠灵：恩宠光耀，使得到恩宠福泽。

〔五五〕侦：探听，暗中察看。

〔五六〕皎然：清白，高洁。

〔五七〕媒孽：酒母，比喻借端诬罔构陷，酿成其罪。

〔五八〕纨裤：贵族子弟所服。

〔五九〕文致：舞文弄法，致人于罪。张惶：同"张皇"，扩大，夸张。

〔六〇〕攟摭（jùn zhí）：采取，采集。搜罗材料，以打击别人。

〔六一〕主上：臣子对君主的称呼。廉访：察访。

〔六二〕坐：定罪。

〔六三〕倾险：用心邪僻险恶。

〔六四〕紫芝：紫灵芝。瑶草：传说中的仙草。

〔六五〕介推之母：晋文公出逃时，介子推侍奉左右。晋文公归国后，介子推归隐山林，其母一同隐居。

〔六六〕莱氏之妻：春秋时楚国老莱子妻子。后作为贤妇的代称。事见刘向《列女传·贤明》。

〔六七〕惨怛（dá）：悲痛忧伤。

点评

万历十二年（1584）十月，刑部主事俞显卿讦奏屠隆"淫纵"。神宗下令彻查，结果查无实据，但屠隆还是因"诗酒放旷"罢官。俞显卿也以"挟仇诬陷"革职为民。当时，屠隆内迁才一年多，俞显卿中进士后授官仅数月，时论惜之："睚眦之忿，两人俱败，终身不复振。人亦惜屠之才。"（沈德符《万历野获编》卷二十五《昙花记》,详情见汪超宏《俞显卿其人》,《明清浙籍曲家考》,浙江大学出版社,2009年,第51—56页)十一月二日,屠隆与书张佳胤,告知遭诬原因与经过,倾诉满腔冤屈和愤懑之情。书牍首先叙说自己人生经历、为人处世原则,未料到"一夫作仇,横肆不根",遭此大冤。其次,说京中上至明公大人、贤豪长者,下至闾巷小民、武夫侍卫,无不同情自己冤屈,义形于色,切齿痛恨诬陷小人。再次,叙说遭诬原因与经过。九月,参与西宁侯宋世恩的酒筵,仇人闻有"通家往来"之语,又采摘酒中狂态,夸大其词,罗织罪名。又及青浦之政。朝廷以"诗酒放旷",仇人以"挟仇诬陷",两罢官。最后,说自己回乡后的生活,"焚香诵经,寻真采药",隐居林泉,了此一生。

寄王元美、元驭两先生〔一〕

不肖隆以雕虫一技窃负虚声〔二〕,又天性宽仁忠信,不侵然诺〔三〕。好急人之难,扬人之善。有此膻行〔四〕,为物情所归〔五〕。居长安岁余,海内缙绅〔六〕,扫门通刺〔七〕,户屦尝满〔八〕。隆不能掩关灭迹〔九〕,又重惧得罪于时贤,倾身延奖,务令各得其所而去。非独立名行而了世缘,亦以厌物情而免祸崒〔一〇〕。犹虑当事者以隆空持文墨议论,而旷废吏事〔一一〕。日夜兀兀〔一二〕,留神簿领〔一三〕。髡发日短〔一四〕,精以销亡。长恐一旦先朝露〔一五〕，填沟壑。思息影长林，逃名空谷。坐惜神氒〔一六〕，保其余年。而老母在堂，妻少子幼。六载廉吏，无家可归。每踟蹰低回〔一七〕，临风太息〔一八〕，区区顾虑以此〔一九〕。不谓一朝为人鱼肉，遂以至是也。

祸亦大奇，请略陈其梗概。刑部主事俞显卿〔二〇〕，倾险反复〔二一〕，天性好乱。初入刑部，构陷堂官潘司寇〔二二〕，排挤同僚，提牢生事〔二三〕，风波百出。僚友疾之如寇雠〔二四〕，畏之如蛇蝎。此通都士大夫所尽知也。不肖向待罪青浦，俞以上海分剖，隶治青浦。暴横把持，乡间切齿〔二五〕。不肖每事以法裁之，复因诗文相忌，积成仇恨。比长安士大夫盛传其构陷堂官事〔二六〕，不肖偶闻而非之。语泄于俞，大仇深恨，遂愈结而不可解。顷者西宁侯宋世恩〔二七〕，新从留都解府印还〔二八〕。此君贤公子，雅好士。慨然欲脱去貂蝉气习〔二九〕，而以辞赋显名。托友人为介绍，执贽通刺〔三〇〕，以艺文就正，称北面弟子〔三一〕。不肖力谢不敢当，固请以兄礼事不肖，不得已许之。一日，置酒张戏，大会宾客。无论缙绅、山人〔三二〕，同席不下十余人。酒酣乐作，众客尽欢。豪举浮白〔三三〕，狂态有之。冤哉！独不肖不善酒，亦不能狂，在门下所素知者。当诸客淋漓时，隆面壁瞑目趺坐[三四]，作老头陀入定[三五]，客相戒无惊其神也。西宁凡两觞不肖[三六]，不肖亦一觞西宁。西宁不解事，颇号于人。谓不肖与彼以千秋之业相砥[三七]，通家之好[三八]，幸甚至哉。又与不肖言："屠君业以弟畜我，弟妇何可不一登堂，谒太夫人、嫂夫人？"座客多闻此语者。而山人布衣，复好扬诩[三九]。显卿闻其事，而生心焉。又不肖好从建言得罪诸公游[四〇]，居则杯酒相劳，出则长歌送行，为当事所不悦。显卿廉知其故[四一]，益挟以为奇货。一则计图报仇，二则意在希合[四二]。日夜侦不肖行事[四三]，无所得。不肖故多贤豪长者游，踪迹皎然[四四]，难可媒孽[四五]。近见有西宁交好，谓彼纨裤武人子[四六]，可藉以惑人报雠[四七]。又适闻有通家往来语，又酒中狂态可指摘，遂肆诬蔑，张惶其辞[四八]。疏入，主上下其事[四九]，令廉访[五〇]，了无实迹。持议者乃坐显卿挟仇诬陷[五一]，而别求不肖诗酒疏狂细过。及追论青浦之政，谓放浪废职。并议罢。嗟乎，上所置问疏中污蔑事尔，廉访既无端倪，则伊人仇诬之罪，偏重何辞？乃别求细过，又追论疏外前愆[五二]，文致傅会[五三]，而令被诬之人与仇诬人者同罢邪？又及青浦之政，青浦之政应罢邪？又今日是问青浦之政时邪？

当口语陡兴〔五四〕，举国骇愕〔五五〕。缙绅台省诸公〔五六〕，倾都而来视不肖，扼腕慷慨〔五七〕，义形于色者，何止万口。虽武夫宿卫、闾巷小人〔五八〕，汹汹谇谇〔五九〕，无不为不肖称冤。陛辞之日〔六〇〕，交戟外环〔六一〕，而观者㑋如堵城〔六二〕。貂珰、缇骑〔六三〕，尽伤不肖无妄〔六四〕，交口而骂伊人以虏，众共击之。梃下如雨〔六五〕，公忿如此。而一夫持论，万口争之不能得。斯其故，不可知已。岂非数哉〔六六〕？

不肖奉老母东归，此去青山，早还初服〔六七〕，亦伊人之惠。焚香读书，采芝种药，无所不可。家无负郭〔六八〕，则有西山之弃瓢在〔六九〕。已矣何言？介子推有云〔七〇〕："身既隐矣，焉用文之？"顾念官可去而名不可污〔七一〕，不惧为众人所疑，而惧为先生所短〔七二〕。万一心迹不白，他日何面同见先生？所以不愿叩丹陛披陈〔七三〕，而急急向先生置辩。伏惟先生道眼照察。然不肖不能晦迹逃名〔七四〕，以致游道太广。虚名累身，为造物所忌，奸人乘之，坐招悔吝〔七五〕，真道门所弃。隆知罪矣。从此以后，披发入山，惟有痛加惩创，匿迹收声，以自托于栎社之材〔七六〕，以求终不负大君子之教。区区此心，敢布诸门下。不知门下尚许之不？隆业奉老母出守冻潞河之干〔七七〕，待明春冰解，扬帆南下。先遣一介奉问，临书悚汗〔七八〕。

(《白榆集》文集卷十一)

注释

〔一〕王元美：王世贞，见《与王元美先生书》注释〔一〕。元驭：王锡爵，见《与王太初、田叔二道友》注释〔五五〕。

〔二〕雕虫：见《与刘观察先生书》注释〔一七〕。

〔三〕不侵：不受侵辱。然诺：许诺。

〔四〕膻行：令人仰慕的德行。

〔五〕物情：情理，世态。

〔六〕缙绅：见《与李之文书》注释〔三二〕。

〔七〕刺：名片。

〔八〕屦：鞋。

〔九〕掩关：关闭，关门。佛教徒闭门静坐，以求觉悟。

〔一〇〕祸衅：祸隙。

〔一一〕旷废：荒废，耽误。

〔一二〕兀兀：劳苦不息的样子。

〔一三〕簿领：官府记事的簿册或文书。

〔一四〕髩（bìn）发：即"鬓发"。

〔一五〕先朝露：死亡。

〔一六〕炁（qì）：同"气"。

〔一七〕踟蹰：徘徊，心中犹疑，要走不走的样子。低回：

徘徊，留恋。

〔一八〕太息：叹息，叹气。

〔一九〕区区：我，自称的谦词。

〔二〇〕俞显卿：俞显卿（生卒年不详），字子如，号适轩，上海人。万历十一年（1583）进士，授刑部主事。劾奏屠隆，两罢之。卒年五十四。著有《国朝史辑》、《韵府通义》、《春晖堂集》、《倚庐杂草》、《礼云编》、《二江稿》、《千里游稿》、《吴淞漫稿》、《和陶诗》等。小传见姚弘绪《松风余韵》卷十一、《同治上海县志》卷十九《人物二》。

〔二一〕倾险：用心邪僻险恶。

〔二二〕构陷：诬陷，定计陷害。堂官：明、清对中央各部长官如尚书、侍郎等的通称。潘司寇：潘季驯（1521—1595），字时良，号印川，乌程（今属浙江）人。嘉靖二十九年（1550）进士，历官九江推官、大理寺左少卿、右副都御史、右都御史、工部尚书、南京兵部尚书、刑部尚书等。司寇，掌司法和纠察之官。万历十一年（1583）正月，潘季驯任刑部尚书，因称潘司寇。

〔二三〕提牢：管理监狱。刑部提牢主事的简称，也泛指狱官。

〔二四〕寇雠：仇敌，敌人。

〔二五〕乡闾：家乡，故里。切齿：非常愤怒。

〔二六〕比：及，等到。

〔二七〕宋世恩：见《与张大司马肖甫》注释〔三九〕。

〔二八〕留都：迁都后，于旧都设官留守，行其政事，称留都。明成祖迁都北京，以南京为留都。

〔二九〕貂蝉：见《与张大司马肖甫》注释〔四二〕。

〔三〇〕执贽：见《与张大司马肖甫》注释〔四四〕。

〔三一〕北面：见《让柴仲初书》注释〔三四〕。

〔三二〕山人：遁迹山林的隐逸之士。

〔三三〕浮白：见《与张大司马肖甫》注释〔四八〕。

〔三四〕趺坐：见《与张大司马肖甫》注释〔四九〕。

〔三五〕入定：见《与张大司马肖甫》注释〔五〇〕。

〔三六〕觞：见《与张大司马肖甫》注释〔五一〕。

〔三七〕砥：砥砺，激励，鼓励。

〔三八〕通家之好：见《与张大司马肖甫》注释〔五三〕。

〔三九〕扬诩（xǔ）：赞扬，吹捧。

〔四〇〕建言：提出意见。

〔四一〕廉知：察知，访知。

〔四二〕希合：迎合，投合。

〔四三〕侦：见《与张大司马肖甫》注释〔五五〕。

〔四四〕皎然：清白，高洁。

〔四五〕媒孽：见《与张大司马肖甫》注释〔五七〕。

〔四六〕纨袴：见《与张大司马肖甫》注释〔五八〕。

〔四七〕雠（chóu）：同"仇"。

〔四八〕张惶：见《与张大司马肖甫》注释〔五九〕。

〔四九〕主上：见《与张大司马肖甫》注释〔六一〕。

〔五〇〕廉访：见《与张大司马肖甫》注释〔六一〕。

〔五一〕坐：见《与张大司马肖甫》注释〔六二〕。

〔五二〕愆：错误，失误。

〔五三〕文致：见《与张大司马肖甫》注释〔五九〕。傅会：同"附会"，虚构或歪曲事实，强加比附。

〔五四〕口语：见《与张大司马肖甫》注释〔二五〕。

〔五五〕骇愕：见《与张大司马肖甫》注释〔二六〕。

〔五六〕台省：汉尚书台、三国魏中书省，都是代表皇帝发布政令的中枢机关。后因以"台省"指政府中央机构。

〔五七〕扼腕：见《为瞿睿夫讼冤书》注释〔七二〕。

〔五八〕宿卫、闾巷、小人：见《与张大司马肖甫》注释〔二八〕。

〔五九〕汹汹：声音喧闹。謵謵（xì）：见《与张大司马肖甫》注释〔二九〕。

〔六〇〕陛辞：见《与张大司马肖甫》注释〔三〇〕。

〔六一〕交戟：卫士执戟相交。

〔六二〕倏：见《与张大司马肖甫》注释〔三二〕。

〔六三〕貂珰、缇骑：见《与张大司马肖甫》注释〔三三〕。

〔六四〕无妄：不测，意外。

〔六五〕梃：见《与张大司马肖甫》注释〔三四〕。

〔六六〕数：见《与张大司马肖甫》注释〔三六〕。

〔六七〕初服：未入仕时的服装，与"朝服"相对。

〔六八〕负郭：负郭田，近郊良田。

〔六九〕弃瓢：归隐。典出蔡邕《琴操·河间杂歌·箕山操》。

〔七〇〕"介子推有云"三句：介子推，春秋时晋国隐士。原文出于《左传·僖公二十四年》："言，身之文也。身将隐，焉用文之？是求显也。"

〔七一〕污：污染，玷污。

〔七二〕所短：所轻视，所鄙视。

〔七三〕丹陛：赤色的阶梯。用来代指朝廷。披陈：表白，陈述。

〔七四〕晦迹：隐居匿迹。

〔七五〕悔吝：灾祸，悔恨。

〔七六〕栎社：乡里的代称。

〔七七〕潞河：又称潞水，今北京通州区以下的北运河。干：水边。

〔七八〕悚（sǒng）汗：因惶愧而汗出。

点评

此书作于万历十二年（1584）十一二月之间，与《与张大司马肖甫》内容大致相同，也略有差异。向王世贞、王锡爵二位友人告知遭诬原因与经过，倾诉满腔冤屈和愤懑之情。此书有些上文没有提及的内容。书牍首先叙说自己人生经历、为人处世原则，未料到"一朝为人鱼肉"，遭此大冤。其次，叙说遭诬原因与经过。在青浦知县任上，上海人俞显卿，横行乡里，以法裁之。"复因诗文相忌，积成仇恨"。俞显卿初入刑部，就构陷堂官潘司寇（季驯），

"不肖偶闻而非之"。俞显卿怀恨在心,时刻打探自己言行,伺机报复。九月,参与西宁侯宋世恩的酒筵,俞显卿闻有"通家往来"之语,又采摘酒中狂态,夸大其词,罗织罪名。又及青浦之政。朝廷以"诗酒疏狂",俞显卿以"挟仇诬陷",两罢官。再次,说京中上至明公大人、贤豪长者,下至闾巷小民、武夫侍卫,无不同情自己冤屈,义形于色,切齿痛恨诬陷小人。最后,说自己回乡后的生活,"焚香读书,采芝种药"。寓书说明事因,表明心迹,希望二位友人不要听信谗言,明白自己苦心与遭遇。

答沈肩吾少宰〔一〕

读先生手书,至理名言,超超玄著〔二〕,如发石室丹台之藏矣〔三〕。携归山中,能忘佩结?仆寥廓之夫,万事摆落〔四〕,此自得之天性,非关学道。偶遭此风波,视之若浮云幻泡,漠不与丹元君事〔五〕。一官鸡肋〔六〕,岂千秋长住之物乎?为恩为仇,亦是妄缘〔七〕。今屏居沈寥〔八〕,掩关习懒〔九〕。二六时中〔一〇〕,着衣吃饭,都不复记忆。身尝有官,从何处来,却从何处去。伊人虽尝横肆贝锦〔一一〕,亦久忘之。即胸怀偶及,亦绝不作瞋恚想〔一二〕。此讵便谓已到三摩地哉〔一三〕?人间世要自有此一等落落穆穆人〔一四〕。此去鸟啼猿啸,水碧沙明,杨柳覆船，桃花夹崖，步步可怜〔一五〕。故人当羡此行，无多设劳苦语〔一六〕。三事在身〔一七〕，先生宁得蚤脱苦海〔一八〕。李长源、韩稚圭〔一九〕，亦是神仙中人。愿努力青云之上，三千八百〔二〇〕，蚤自图之。即此为别。

（《白榆集》文集卷十一）

注释

〔一〕沈肩吾少宰：沈一贯，见《与箕仲》注释〔二三〕。少宰，明、清时，吏部侍郎的别称。

〔二〕超超玄著：言论、文辞高妙明切。超超，高超。玄，微妙。著，明显。

〔三〕石室：传说中的神仙洞府。丹台：神仙的居处。

〔四〕摆落：撇开，摆脱。

〔五〕丹元君：见《与王太初、田叔二道友》注释〔四二〕。

〔六〕鸡肋：见《与姜仲文》注释〔五〕。

〔七〕妄缘：虚妄之缘由。

〔八〕屏居：退隐，屏客独居。沉寥：萧条。

〔九〕掩关：见《寄王元美、元驭两先生》注释〔九〕。

〔一〇〕二六时中：十二时。古代以地支分一昼夜为十二时辰，因用以谓一天到晚，整天整夜。

〔一一〕贝锦：像贝的文采一样美丽的织锦，喻诬陷他人、罗织成罪的谗言。

〔一二〕瞋恚（chēng huì）：生气、发怒。

〔一三〕讵：岂，难道。三摩地：佛教语，指禅定境界，修行者之心定于一处而不散乱之状态。

〔一四〕落落穆穆：洒脱而端庄。

〔一五〕可怜：可爱。

〔一六〕劳苦：慰劳。

〔一七〕三事：见《与赵汝师太史》注释〔二七〕。

〔一八〕蚤：同"早"。

〔一九〕李长源：李泌，见《与王敬美》注释〔一三〕。韩稚圭：见《奉徐少师》注释〔七〕。

〔二〇〕三千八百：见《与赵汝师太史》注释〔二二〕。

点评

此书作于万历十二年（1584）十一二月之间，屠隆罢官离京时。沈一贯先有书与屠隆，屠隆回书。书牍首先评论来书"至理名言"，文辞高妙明切。其次，说自己遭此大冤，已不放在心上，忘记烦恼、仇恨，掩关习静，达到禅定境界。最后，说自己一路风景优美，不必担心。愿沈一贯努力青云直上，早日脱离苦海。

答陆君策、郁孟野、曹重甫〔一〕

驾大不根〔二〕，蔑我贞良，是名为仇。徽惠伊口，蚤遂初衣[三]，是名为恩。为恩为仇，总属妄缘[四]。友朋动称冲冠发立[五]，欲自附于荆卿、聂政之义[六]。又以寥廓相许，一笑而置勿问。此两者，两得之。仆则日夜念西湖荷花尔。烟刀雨舫[七]，上奉老母，下挈妻孥[八]，寻六桥旧事[九]，此时犹薄范少伯规规图霸越[一〇]，功成乃去，仆以为政不必尔。

忆三君子往岁从不佞浮西湖，以铁缆缆螭头[一一]，两巨舫棹入芙蕖最深处。天风四面，至扉履杂陈[一二]，箫葭间发[一三]，念此泠然[一四]。今复能从不？从则当别买一舟载三君子，如其不然，恐人谓三君子徒能从官人游，不能从布衣也。

自潞上发舟[一五]，一路诸公，曾不以身名摧废见畜[一六]，倒屣投辖[一七]，倍于曩时[一八]。数千里佳山川名迹，留题殆遍。胸中逍遥[一九]，通不为减，眉头日扬。射阳湖上遇元驭先生[二〇]，拳拳以逍遥为祸本，庄、老乃长卿之贼[二一]。欲不佞闭关息游[二二]，绝迹五岳[二三]，一切划去[二四]，归乎简寂。其言甚切，仆故受欢喜理障[二五]，虽书绅佩带[二六]，恐终不能改。虽然，元驭亦微伤迫仄，少宽舒交徼可也[二七]。闻元美先生惑于仇党语[二八]，将谓长卿真作汉之长卿[二九]。此乃呫呫怪事〔三〇〕，鼎铛今遂亡耳邪〔三一〕？范孝子如龙不可维萦〔三二〕，奈何云间又生此人〔三三〕？益信大国无所不有。

十四日，偶倚篷窗，忽见使者在岸上，喜愕久之〔三四〕，如见三君子颜色。旦莫把手〔三五〕，我心飞动。

（《白榆集》文集卷十二）

注释

〔一〕陆君策：陆万言，字君策，号咸斋，华亭（今属上海）人。万历四年（1576）举人，后屡试不第。传见何三畏《云间志略》卷二十一。郁孟野：郁承彬，字孟野，上海人。太学生。曹重甫：曹志伊，字重甫，青浦人。太学生。

〔二〕不根：见《与张大司马肖甫》注释〔二三〕。

〔三〕蚤：同"早"。初衣：入仕前的衣着。

〔四〕妄缘：一切之缘，体虚不实，故曰妄缘。

〔五〕冲冠发立："怒发冲冠"，愤怒得头发竖起，顶起了帽子，形容愤怒到了极点。冠，帽子。

〔六〕荆卿、聂政：见《让柴仲初书》注释〔二三〕与〔二二〕。

〔七〕刀：通"舠"（dāo），小船。

〔八〕妻孥：妻子和子女。

〔九〕六桥：见《报张肖甫大司马》注释〔三〕。

〔一〇〕薄：轻视。范少伯：范蠡，辅佐越王勾践称霸，后归隐五湖。规规：浅陋拘泥貌。

〔一一〕螭（chī）头：螭龙头像。

〔一二〕扉（fèi）履：草鞋。

〔一三〕箫葭（jiā）：乐器。葭，同"笳"。

〔一四〕泠（líng）然：声音清越。寒凉、清凉貌。

〔一五〕潞上：潞河边。潞河，见《寄王元美、元驭两先生》注释〔七七〕。

〔一六〕曾：竟然。畜（xù）：收容，容纳。

〔一七〕倒屣：见《与李之文书》注释〔一五〕。投辖：喻主人好客，殷勤留客。辖，车轴的键，去辖则车不能行。典出《汉书·陈遵传》："遵耆酒，每大饮，宾客满堂，辄关门，取客车辖投井中，虽有急，终不得去。"

〔一八〕曩（nǎng）时：往时，以前。

〔一九〕逍摇：同"逍遥"，悠闲自得貌。

〔二〇〕射阳湖：在今江苏扬州宝应县东郊，处于扬州、淮安、盐城、泰州四市交界处。元驭：王锡爵，见《与王太初、田叔二道友》注释〔五五〕。

〔二一〕庄、老：庄子、老子。

〔二二〕闭关：见《与田叔书》注释〔二九〕。

〔二三〕五岳：见《与王元美先生书》注释〔三二〕。

〔二四〕划：削平，铲除。

〔二五〕理障：佛教语，谓由邪见等理惑障碍真知、真见。

〔二六〕书绅：把要牢记的话写在绅带上。后亦称牢记他人的话为书绅。语本《论语·卫灵公》。

〔二七〕交儆：儆戒，交相儆戒。

〔二八〕元美：王世贞，见《与王元美先生书》注释〔一〕。

〔二九〕汉之长卿：西汉司马相如，字长卿。

〔三〇〕咄咄（duō）怪事：不合常理、难以理解的怪事。语出《世说新语·黜免》。

〔三一〕鼎铛（chēng）：鼎和铛，泛指煮器。

〔三二〕范孝子如龙：如龙，应作"应龙"。范应龙，兰溪（今属浙江）人，流寓青浦，为屠隆所赏。见《鸿苞》卷四十七《范孝子传》、《光绪青浦县志》卷二十二《人物六》。维絷（zhí）：系缚，羁绊，引申为挽留，羁留。《范孝子传》记范应龙追随屠隆，为屠隆抱屈，义愤填膺，欲击登闻鼓，代为鸣冤，屠隆劝止。屠隆邀其同舟南下，不从，辞去。舟至广陵，来会，又辞去。先后赠其银两，一无所受。

〔三三〕云间：见《上张、申二阁师》注释〔一三〕。

〔三四〕喜愕（è）：又喜悦，又惊讶。

〔三五〕莫：同"暮"。

点评

此书作于万历十三年（1585）。陆万言（字君策，号咸斋，华亭人）、郁承彬（字孟野，上海人）、曹志伊（字重甫，青浦人）是屠隆任青浦知县时结识的友人，三人对屠隆执弟子礼。屠隆罢官回乡，过长江，三人派人迎接。此书即作于屠隆见到来使之后、与三人会面之前。书牍首先说自己遭此大冤，已恩仇两忘，看淡功名，日夜思念的是西湖荷花。其次，回忆往岁与三人同游西湖的情景，希望能有机会与三人再游西湖。再次，告知沿途受人接待，佳山名川，游览题诗。射阳湖（在今江苏境内）与王锡爵会面，告诫屠隆闭关息游，归于简寂。王世贞误信谣言，范应龙为屠隆抱屈，义愤填膺。最后，说见到三人派来之人，如见三人之面。希望马上能与三人相会。

与徐司理〔一〕

不肖为令无状，为部中士人所仇，遂至投劾〔二〕。犹幸仇口所蔑，非其罪得，面目无惭天日。奉母南还，布帆无恙。不肖故生平任真推分〔三〕，觑破一切〔四〕，天性平澹，能不作世人罢官咄咄书空态〔五〕。旁人见不肖转肥，眉头比往日更扬。此实际，非谩语〔六〕。陈生云："母氏仁慈〔七〕，生能容介子之隐；妇也贤明〔八〕，死不没黔娄之行。"不肖今日之谓也。

江上有水田十七亩，斥卤侵焉无已〔九〕，则请鬻文卖赋〔一〇〕，足以自给。上帝之生人，贫人多，富人少。病鬼多，馁鬼少〔一一〕。不肖犹喜为人。为人而为士大夫，士大夫而有文，胸中差辨妍丑苍素〔一二〕，以此托于天壤，足矣。人自为猿鹤，人自为沙虫〔一三〕。又何问焉？闻明公见爱极切，眼具寥廓，义存灰恫〔一四〕，独古之人有之尔。幸被齿发〔一五〕，其何能忘？逋臣无入旧疆之理〔一六〕，不得一奉颜色，徒怔怔忡忡〔一七〕。承胡太尊亦见念〔一八〕，未敢轻寓一书，溷渎公府〔一九〕。

青浦邑诸生沈嘉猷，大奇才。不肖物色之久，渠衔国士之感〔二〇〕。昔年不肖以转官北上，此生徒步远送六合道中〔二一〕。兹不肖南下，又操单舸走迎不肖京口〔二二〕，遂失郡试之期。蒲伏束书〔二三〕，求府公补试。恐府公不知此生高才高义，及所以失期之故，故敢一闻之左右，幸悉力周旋之。不肖此回青浦，故士民不忘遗簪、远迓慰劳者〔二四〕，甚众。乃曹上舍任之、诸文学从礼、范孝子应龙〔二五〕，情更切至，敢并以闻。

(《白榆集》文集卷十二)

注释

〔一〕徐司理：徐民式，字检吾，浦城（今属福建）人。万历八年（1580）进士，除松江府推官（万历九年至十四年任），入为户部郎，出知安庆府，后历南京光禄寺少卿、通政司参议、太仆寺少卿、佥都御史等。传见《嘉庆松江府志》卷四十二《名宦传三》。据《嘉庆松江府志》卷三十六《职官表》。

〔二〕投劾：呈递弹劾自己的状文。古代弃官的一种方式。

〔三〕推分：守分自安。

〔四〕觑（qù）：看，窥探。

〔五〕咄咄书空：形容失志、懊恨之态。典出《世说新语·黜免》："殷中军被废，在信安，终日恒书空作字。扬州吏民寻义逐之，窃视，唯作'咄咄怪事'四字而已。"

〔六〕漫语：谎话。

〔七〕"母氏"二句：见《与张大司马肖甫》注释〔六五〕。

〔八〕"妇也贤明"二句：黔娄，齐国隐士。鲁恭公曾聘为相，齐威王请为卿，拒之。其妻施良娣出身贵族，与夫同甘共苦，躬操井臼，夫唱妇随。黔娄卒后，曾参前往祭吊，见短衾竟不能蔽体，建议把衾斜过来盖住全身，施良娣曰："斜之有余，不若正之不足，先生生而不斜，死而斜之，非其志也。"曾参深感惭愧，无言以对。

〔九〕斥卤：盐，盐碱地。

〔一〇〕鬻（yù）：卖。

〔一一〕馁（něi）：饥饿。

〔一二〕妍（yán）丑：美丑。妍，美。苍素：黑白。

〔一三〕猿鹤、沙虫：葛洪《抱朴子》："周穆王南征，一军尽化，君子为猿为鹤，小人为虫为沙。"指人高下贵贱，自有分际。

〔一四〕灰恫（tōng）：消沉失望，哀痛，痛苦。

〔一五〕齿发：谦称自身。

〔一六〕逋臣：逃亡之臣。

〔一七〕怔怔（zhēng）：呆愣的样子。忡忡（chōng）：忧虑不安的样子。

〔一八〕胡太尊：胡峻德，字明卿，光州（今属河南）人。隆庆二年（1568）进士。历官任丘尹、御史、东宫侍讲、滁州倅、松江知府等。小传见《顺治光州志》卷九《人物》。万历十年（1582）至十五年（1587），胡峻德任松江知府。见《嘉庆松江府志》卷三十六《职官表》。

〔一九〕溷渎（hùn dú）：侵扰，渎犯。

〔二〇〕渠：他。

〔二一〕六合：地名，在今江苏南京境内。

〔二二〕单舸：孤舟。京口：今江苏镇江的古称。

〔二三〕蒲伏：匍匐，伏地而行。束书：收起书籍，把书搁置一边。

〔二四〕遗簪：比喻旧情或故物。远迓（yà）：远迎。迓，迎接。

〔二五〕曹上舍任之：曹任之，不详。上舍，国子监生。诸文学从礼：诸从礼，号海门，监生。七十余卒。见《乾隆青浦县志》卷二十八《人物四》。范孝子应龙：见《答陆君策、郁孟野、曹重甫》注释〔三二〕。

点评

此书作于万历十三年（1585）。浦城（今属福建）人徐民式（字检吾）万历九年（1581）至十四年（1586）任松江推官，是屠隆上司。松江府所辖三县知县，徐民式最赏识屠隆："往不谷某以职事辱在明公鞭棰之下，明公破拘挛之见，弘寥廓之观。盖当是时，被明公奔走下吏三，而明公所以遇不谷某者独异等。衙斋清酤香饭，把臂论心，至出明公爱子见客。此之异数，他令张皆不得与焉。"(《栖真馆集》卷十八《与徐检吾使君》)屠隆为其制义稿作序(《白榆集》文集卷一《徐检吾司理制义稿序》)。书牍首先说自己遭此大冤，已看淡一切，面无愁眉，身体康健。其次，说家贫，田产不多，可卖文自给。感谢徐民式的同情理解，不能到青浦相见，非常不安。最后，为青浦诸生沈嘉猷说情。沈嘉猷因到京口(今江苏镇江)迎接屠隆，错过郡试时间，请徐民式提供方便。郡中曹任之、诸从礼、范应龙等人，情谊深厚，一并告诉徐民式。

答冯咸甫[一]

昔闻含沙射影[二]，今之含沙，乃射无影。人苟不畏上帝，即何所不至？深则空花一切，归犹作越国男子。人能夺我头上进贤冠[三]，其能损我胸中五岳耶[四]？波旬阐提[五]，何世无之？乃不意出自名区秀壤，九峰松桂含羞矣。仆今者奉老母避暑吴山下[六]，且买湖舫[七]，看西泠六桥荷花[八]。登天竺[九]，礼古先生[一〇]。以新秋凉风，渡罗刹而东[一一]。东则有四明石床丹灶在[一二]。早还初服[一三]，藉手伊人。仆近尝有诗云："脱我今日之红尘,还我旧时之白云。""欲就大茅峰顶月[一四],碧桃千树坐吹笙。""手提瓢笠辞三殿[一五],足蹑烟霞到十洲[一六]。""水绿镜湖春放棹[一七],花深雪窦暮寻僧[一八]。""鹤背竦身挑紫雾[一九],马头挥手别红尘。""晓起初辞丹凤城[二〇],夜来已梦白鸥汀。五株杨柳门前绿,九节菖蒲石上青[二一]。""千层海浪接天来,四面罡风石扇开[二二]。玉女窗中飞忽下[二三],手持瑶草唤侬回[二四]。""到日夏云凉叶暗,满天湖雨六桥西。"此足知仆之近况。

仆自人间世落落穆穆人[二五],忌者不察,误以为鹓雏可吓耳[二六]。足下幸勿以殷中军坐愁咄咄伎俩相寥廓士[二七],此披裘公所以笑延陵先生也[二八]。伏读近作,足下近岂尝览异书、逢异人邪,何其精彩射人若此?再睹别笺,知足下方坐史云之困[二九],阿堵浊物[三〇],向不肯逐清士脚跟走。以足下绝代才美无度,谢太傅捉鼻向细君[三一],政恐不免。何故叹老嗟贫,作措大面孔[三二]?仆与足下同病。江上有田十七亩,斥卤侵焉[三三]。尝与文卿书[三四]:"大丈夫可使腹中一餐无饭,不可使眉头一日不扬。"足下第少须之[三五],夫贫非足下所患。陈季儒道醇、董其昌玄宰、黄孟威兄弟诸子〔三六〕，皆有书及不佞。不佞坐冗，未能一一修答。幸出此书，一示诸公。

（《白榆集》文集卷十二）

注释

〔一〕冯咸甫：冯大受，字咸甫，华亭（今属上海）人。负才名，工书法。万历七年（1579）举人，困公车三十年。谒选得阳山县，改教余姚，擢知庆元县。致仕归。有《冯咸甫诗集》、《竹素园集》。见姚弘绪编《松风余韵》卷五、《嘉庆松江府志》卷五十四《古今人传六》。

〔二〕含沙射影：比喻暗中对人进行攻击。典出干宝《搜神记》："其名曰蜮，一曰短狐，能含沙射人，所中者则身体筋急、头痛、发热，剧者至死。"

〔三〕进贤冠：古代朝见皇帝时的一种礼帽。通常为儒者所戴。后代指乌纱帽，官帽。

〔四〕五岳：见《与王元美先生书》注释〔三二〕。

〔五〕波旬：佛教中的魔王。阐提：指永远不得成佛的根机。

〔六〕吴山：在今浙江杭州西湖东南。

〔七〕舠（dāo）：小船。

〔八〕西泠六桥：见《报张肖甫大司马》注释〔三〕。

〔九〕天竺：见《与王太初、田叔二道友》注释〔一三〕。

〔一〇〕古先生：借称佛及佛像。

〔一一〕罗刹：罗刹江，钱塘江别名，因江中有罗刹石而得名。

〔一二〕四明：山名，见《报龙君善司理》注释〔四〕。石床：仙人或隐士使用的卧具。丹灶：炼丹用的炉灶。

〔一三〕初服：未入仕时的服装，与朝服相对。

〔一四〕大茅峰：茅山主峰，在今江苏镇江句容茅山镇。

〔一五〕三殿：皇宫中的三大殿，借指皇宫。

〔一六〕十洲：道教称大海中神仙居住的十处名山胜境，亦泛指仙境。

〔一七〕镜湖：鉴湖，在今浙江绍兴城西南。棹（zhào）：桨，船。

〔一八〕雪窦：山名，在今浙江奉化西，四明山支脉高峰。

〔一九〕竦（sǒng）身：耸身，纵身向上跳。竦，通"耸"。

〔二〇〕丹凤城：相传秦穆公女儿弄玉吹箫引凤，凤鸟落在秦都咸阳，因称咸阳为凤城。后以丹凤城代指京城。

〔二一〕菖蒲：草类，可入药。

〔二二〕罡（gāng）风：道家谓高空之风，后亦泛指劲风。

〔二三〕玉女：传说中的仙女。

〔二四〕瑶草：传说中的仙草。

〔二五〕落落穆穆：洒脱而端庄。

〔二六〕鹓雏：传说中鸾凤一类的鸟。

〔二七〕"殷中军"句：语出《世说新语·黜免》，见《与徐司理》注释〔五〕。

〔二八〕"披裘公"句：见《与凤洲先生》注释〔一三〕。

〔二九〕史云之困：家贫无钱之困。见《与冯开之》注释〔一六〕。

〔三〇〕阿堵浊物：钱财。

〔三一〕"谢太傅捉鼻"二句：典出《世说新语·排调》。谢安隐居东山时，兄弟已有富贵者，家中宾客盈门，兴师动众。妻刘氏说："大丈夫不当如此乎？"谢安捏着鼻子说："但恐不免耳"。谢太傅，谢安（320—385），字安石，东晋政治家、军事家、名士。卒赠太傅。细君，妻子。

〔三二〕措大：见《与沈士范》注释〔二〇〕。

〔三三〕斥卤：盐，盐碱地。

〔三四〕文卿：不详。

〔三五〕须：等待。

〔三六〕陈季儒道醇：陈继儒（1558—1639），字仲醇、道醇，号眉公，又号麋公、无名钓徒，华亭（今属上海）人。壮岁即绝意仕进，隐居佘山。通绘事，与董其昌齐名。著有《眉公全集》、《晚香堂小品》等，辑有《宝颜堂秘笈》、《国朝名公诗选》等。传见《明史》卷二百九十八《隐逸》。董其昌玄宰：董其昌（1555—1636），字玄宰，号思白、香光居士，华亭（今属上海）人。万历十七年（1589）进士，历官翰林院编修、湖广提学副使、河南参政、国子司业、南京礼部尚书、太子詹事等。有《画禅室随笔》、《容台文集》等。黄孟威兄弟：黄廷凤（生卒年不详），字孟威，青浦（今属上海）人。万历十七年（1589）岁贡生，官大理同知、武定知府。有《雅俗辨》。小传见《乾隆青浦县志》卷二十八《人物四》。黄廷鹄（生卒年不详），字孟举，廷凤弟。以青浦籍中万历三十七年（1609）举人，由教谕迁嵊县知县、顺天经历、通判等。小传见《光绪重修华亭县志》卷十五《人物四》。

点评

此书作于万历十三年（1585）六月。华亭（今属上海）人冯大受（字咸甫），与屠隆过从甚密，往来诗作多首。万历九年（1581）冬，屠隆为冯大受诗集作序（冯大受《冯咸甫诗集》卷首屠隆《冯咸甫诗草叙》："万历辛巳冬日，东海鞠陵山人屠隆撰。"又见《白榆集》文卷一，题作《冯咸甫诗草序》，无文末时间和署名）。书牍首先说自己被罢官，但胸有五岳，性爱林泉。告知与老母避暑吴山，新秋东回鄞县（今浙江宁波）。其次，说自己落寞洒脱，非追名逐利之徒。冯大受贫困，同病相怜，但也要扬眉吐气，不能成天愁眉苦脸，"作措大面孔"。请冯大受将此书与陈继儒、董其昌、黄孟威兄弟等人一阅。

答詹政叔[一]

自与足下别广陵[二]，抵虎林[三]，避暑吴山下三月[四]。数奉老母、挈细君[五]，泛舟西泠六桥[六]。采荷花，撷菱芡[七]。登三天竺[八]，礼古先生[九]。归坐一室，荫小山茂树。萧萧泠泠[一〇]，体气甚畅。恨不得与政叔同木兰、青雀尔[一一]。以重九后抵明州[一二]。远客乍归，亲朋来见。黄花白酒，日入陶然[一三]，大是愉快事。时下促装[一四]，正欲出门，走宣城[一五]，吊亡友沈君典[一六]。奈所厚故人宾客眷恋征夫，时时牵衣卧辙[一七]，不放出门。以此尚在低回[一八]。而政叔适以书来，又得新都诸公手牍[一九]，知不鄙东海生，招之入白榆社[二〇]。仆此时兴已脉脉飞动在黄山、白岳间矣[二一]。第政叔既奉诸公命，走四明招不佞[二二]，则胡不竟渡罗刹[二三]，而留滞虎林？书到，可急问西陵之舟[二四]。家山有金峨、雪窦、石窗、赤水[二五]，横绝大海，又有鳌柱、落伽[二六]，可寓杖屦[二七]。足下来而一览诸胜，四明亦有酒人词客，可相与徜徉[二八]。罢而同出门无妨，踏雪过青山、宛上[二九]，取道三天子都也[三〇]。承以莫君文字之役相委[三一]，业拜大命，然亦必须足下到乃就。盖以此要足下耳。从贵可改藁桂[三二]。此子来，骤而短发蓬松。何故？

（《白榆集》文集卷十二）

注释

〔一〕詹政叔：詹濂，见《报龙君善司理》注释〔一〇〕。

〔二〕广陵：今江苏扬州。

〔三〕虎林：今浙江杭州的别称。

〔四〕吴山：在今浙江杭州西湖东南。

〔五〕细君：妻子。

〔六〕西泠六桥：见《报张肖甫大司马》注释〔三〕。

〔七〕撷（xié）：摘取。菱芡（qiàn）：菱角和芡实。

〔八〕三天竺：见《与王太初、田叔二道友》注释〔一三〕。

〔九〕古先生：借称佛及佛像。

〔一〇〕泠泠（líng）：清凉，声音清越。

〔一一〕木兰、青雀：木兰舟、青雀舫，指船。

〔一二〕重九：九月九日。明州：今浙江宁波的古称。

〔一三〕陶然：喜悦、快乐貌。

〔一四〕促装：急忙整理行装。

〔一五〕宣城：今属安徽。

〔一六〕沈君典：沈懋学，见《与沈君典书》注释〔一〕。

〔一七〕牵衣卧辙：极力阻拦，不让前行之意。牵衣，拉着衣服。语出杜甫《兵车行》。卧辙，卧在车辙之上，阻止前行。语出《后汉书·侯霸传》。

〔一八〕低回：徘徊，留恋。

〔一九〕新都：徽州（今属安徽）的古称。

〔二〇〕白榆社：汪道昆在徽州主持成立的诗社。

〔二一〕黄山：在今安徽南部。白岳：在今安徽休宁境内。

〔二二〕四明：今浙江宁波的别称。

〔二三〕罗刹：罗刹江，见《答冯咸甫》注释〔一一〕。

〔二四〕西陵：今浙江杭州滨江区西兴街道的古称。

〔二五〕金峨：山名，在今浙江宁波鄞州境内。雪窦：山名，在今浙江奉化西，四明山支脉高峰。石窗：四明山上有四石穴（在今浙江余姚境内），称石窗。赤水：浙江余姚四明山洞，又称丹山赤水洞天、第七洞天。

〔二六〕鳌柱：招宝山本名候涛山，又名鳌柱山，在今浙江宁波镇海境内。落伽：山名，即普陀山，在今浙江舟山境内。

〔二七〕杖屦（jù）：拄杖漫步。

〔二八〕徜徉：遨游。

〔二九〕青山：一名青林山，南朝诗人谢朓曾卜居于此，又称谢公山。在今安徽当涂县东南。宛上：宛陵，宣城别称，今属安徽。

〔三〇〕三天子都：见《报龙君善司理》注释〔三二〕。

〔三一〕莫君：不详。

〔三二〕藂（cóng）：聚集，丛生。

点评

此书作于万历十三年（1585）十一月。本月，汪道昆、龙膺派詹濂（字淑正、政叔）赴鄞县（今属浙江宁波），邀屠隆往歙县（今属安徽），入白榆社。此书是詹濂未到鄞县前，屠隆的回书。

书牍首先说自己与詹濂在广陵（今江苏扬州）分手后，避暑吴山三月。重九后，回鄞县。欲走宣城（今属安徽），吊沈懋学，正在犹豫不决之际，收到詹濂来书。其次，邀詹濂到鄞县，共游四明（今浙江宁波）山水，然后同行到歙县。为"莫君"撰写文字，必须詹濂到鄞县后，才能完成。

与马用昭〔一〕

日读闽中十家诗〔二〕，各有所长。如林鸿、两王〔三〕，近世胡得有此哉？五七言古清苍深秀，玄诣神解〔四〕。字挟丹霞，气带瀑水。意必会境，语必标趣。且格虽叠而不复〔五〕，态愈出而转佳。景物丛郁，风华遒上〔六〕。胸中五岳〔七〕，万转千盘。纡曲不穷〔八〕，阴森皆在。徐读而细味之，了如身在长林，回映石壁。坐对高僧于青松白云间，而谭无生妙理〔九〕，虽未至之，旷焉幽绝。近体差降，亦多中唐佳境。寥寥天壤，乃有此人，有此作。而流播未远，索莫其声〔一〇〕，何居？于鳞、子相〔一一〕，生平负气，高其举趾〔一二〕，以今求一语如林子羽者，了不可得。日夜徒挈铃而走〔一三〕，阘鞈砰訇〔一四〕，声满六合〔一五〕。故知人之成名与不，亦有幸不幸。又视其人之自为标诩〔一六〕，巧而取此物也。子羽诗俱在，安知后世无赏音？足下能知二三君子，诗选传之。取孤桐灰灭中〔一七〕，此中郎之识也。微足下〔一八〕，仆老死不见二三君子，不敢忘谢。闻袁舍人亦佳品〔一九〕，恨未见其人。今足下比邻朱汝修辈中人也〔二〇〕。

（《白榆集》文集卷十二）

注释

〔一〕马用昭：马荧，字用昭、叔华，福建福州人。与袁表合编《闽中十子诗》。传见叶向高《苍霞草》卷十八《马叔华墓志铭》。郭造卿《海岳山房存稿》诗卷三有《悼马用昭叔华兼讯其二孤》。

〔二〕闽中十家诗：万历四年（1576），袁表、马荧选编《闽中十子诗》三十卷刊行，收明初洪武、永乐年间林鸿、高棅、陈亮、王恭、唐泰、郑定、王偁、王褒、周玄、黄玄等十人诗作。

〔三〕林鸿：林鸿（生卒年不详），字子羽，福清（今属福建）人。洪武初，以人才荐至京师，试《龙池春晓》、《孤雁》二诗，深得明太祖朱元璋赏识。官至精膳司员外郎，后自请辞官归闽。闽中诗派代表人物，闽中十才子之首。有《鸣盛集》。两王：闽中十子中有三王，不详屠隆两王何指。王恭（约1344—1411），字安中，自号皆山樵者，祖闽县人，居长乐。永乐四年（1406），以儒士荐修《永乐大典》，授翰林院典籍，投牒归。有《白云樵唱集》、《凤台清啸集》、《草泽狂歌集》等。王偁(1370—1427),字孟阳,密斋,永福人。洪武二十三年(1390)举人。永乐初,荐授翰林院检讨,充《永乐大典》副总裁。坐解缙党,下狱死。有《虚舟集》。王褒(1363—1416),字中美,侯官人。洪武二十六年(1393)举人。历官长沙学官、永丰知县,召入,预修《永乐大典》。有《静养斋集》。

〔四〕玄诣:造诣深奥。神解:悟性过人。不赖言传而能意会。

〔五〕叠:重叠,累积。

〔六〕风华:风采,才华。遒（qiú）上:超佚不群,雄健超群。

〔七〕五岳:见《与王元美先生书》注释〔三二〕。

〔八〕纡曲（yū qū）:迂回曲折。

〔九〕无生:佛教语,没有生灭,不生不灭。

〔一〇〕索莫:荒凉萧索,冷落寂寞。

〔一一〕于鳞:李攀龙字,见《与王元美先生书》注释〔一三〕。子相:宗臣（1525—1560）,字子相,号方城山人,兴化（今属江苏）人。嘉靖二十九年（1550）进士,历官刑部主事、吏部员外郎、福建参议、福建提学副使等。"后七子"之一。有《宗子相集》。

〔一二〕举趾（zhǐ）:举足,抬脚,举动。

〔一三〕挈（qiè）:带,拿。

〔一四〕闛鞳（tāng tà）:鼓声。砰訇（pēng hōng）:撞

击或大物落地的声音。

〔一五〕六合：见《与余君房书》注释〔四〕。

〔一六〕标诩（xǔ）：标榜，夸耀。

〔一七〕"取孤桐灰灭中"二句：指蔡邕在烧火的木材中发现一段适合制琴的桐木。比喻慧眼识英。

〔一八〕微：要没有，要不是。

〔一九〕袁舍人：袁表（？—1620），字景从，闽县（今福建福州）人。嘉靖三十七年（1558）举人。万历元年（1573），授中书舍人，迁户部郎。万历十七年（1589），官黎平知府。与马荧合选《闽中十子诗》，撰《黎平府志》。

〔二〇〕朱汝修：朱宗吉（生卒年不详），字汝修，寿州（今属安徽）人。任太医院吏目。见程君房《程氏墨苑》诗文卷一《墨苑姓氏爵里》。

点评

此书约作于万历十四年（1586）。书牍从内容、意境、风格、语言等方面评价《闽中十家诗》中诸子作品优劣。首先说自己读《闽中十家诗》的感受，"各有所长"。林鸿、两王，"五七言古清苍深秀，玄诣神解"。近体"多中唐佳境"。其次，说比较李攀龙、宗臣与林鸿的影响和地位，林鸿"流播未远，索寞其声"，李攀龙、宗臣名气很大，"声满六合"，但从二人作品中，"求一语如林子羽者，了不可得"，"故知人之成名与不，亦有幸不幸"。最后，肯定马荧、袁表选编《闽中十家诗》的功绩，遗憾未能与袁表相交。

与莫秋水〔一〕

足下江左骚雅领袖〔二〕，烟月总管〔三〕，一踏吴土，通都若狂，奔走足下。江南花事行盛，湖边青雀〔四〕，陌上紫骝〔五〕，过从必众。一花一石，履綦何处不到〔六〕，题咏何处不遍？窃恐山灵大妒足下〔七〕，夜半以鬼物盗公彩毫，夺公绣肠〔八〕，令足下化为一椎男子〔九〕，腹不复罢奇字，口不复吐佳言。憨然臃肿，向人饮啖而已〔一〇〕。岂不令屠生抃掌称大快哉？足下谓世间必无此事，然宇宙亦寥阔矣，风雷六丁而下〔一一〕，取人间书，一夕而徙其山川，变其人物。故鲍照才尽〔一二〕，少陵文而不贵〔一三〕。造化播弄，事皆有之。足下不可不惧。

吴中烟霞丘壑，甲于天下。人文、图史、器物之盛，亦如之。足下坐而雄据，啸咤其间，不可谓非大福利人。愿言稍事挹损〔一四〕，返于清疏〔一五〕。大要藻丽雄俊之士，风华映人，而每患多事；清真抱朴之夫，简素足尚，而常乏文采。亦名缺陷，从古难兼。仆以规足下，足下必还以规仆。然则吾两人，务各去其所长，而取其所短可耳。

（《白榆集》文集卷十二）

注释

〔一〕莫秋水：莫是龙，见《与甘应溥侍御》注释〔二四〕。

〔二〕江左：长江下游南岸地区。骚雅：骚，《离骚》；雅，《诗经》中的大雅小雅。此处代指文坛。

〔三〕烟月：朦胧的月色。烟花风月，指风流韵事。

〔四〕青雀：青雀舫，船首画有青雀的船。后泛指华贵游船。

〔五〕紫骝：骏马名。

〔六〕履綦（qí）：足迹，踪影。

〔七〕山灵：山神。

〔八〕彩毫、绣肠：比喻才华出众，文辞华丽。

〔九〕椎：迟钝。

〔一○〕饮啖：吃喝。

〔一一〕风神六丁：六丁为丁卯、丁巳、丁未、丁酉、丁亥、丁丑，是为阴神。六甲为甲子、甲戌、甲申、甲午、甲辰、甲寅，是为阳神。据说六丁六甲为天帝役使，能"行风雷，制鬼神"。道士可用符箓召请之。

〔一二〕鲍照才尽：鲍照任中书舍人时，为了避免孝武帝的猜忌与不满，故意掩盖自己的才能，为文多鄙言累句，当时咸谓鲍照才尽。《宋书》卷五十一《鲍照传》："世祖以照为中书舍人。上好为文章，自谓物莫能及，照悟其旨，为文多鄙言累句，当时咸谓照才尽，实不然也。"

〔一三〕少陵文而不贵：冯贽编《云仙杂记》卷一《文

星典吏》记载，杜甫十余岁，梦人令采文于康水，觉而问人，此水在二十里外。往求之，见鹅冠童子告曰："汝本文星典吏，天使汝下谪，为唐世文章海，九云诰已降，可于豆坡下取。"杜甫依其言，果得一石，金字曰："诗王本在陈芳国，九夜扪之麟篆熟，声振扶桑享天福。"后因佩入葱市，归而飞火满室，有声曰："邂逅秽，吾令汝文而不贵。"

〔一四〕挹（yì）损：减少，缩小，贬抑，谦逊。

〔一五〕清疏：清朗，疏朗。

点评

此书作于万历十四年（1586）。华亭（今属上海）人莫是龙（？—1587，字云卿、廷韩，号秋水、后明），是屠隆莫逆之交，二人相识于万历七年（1579）。三月，莫是龙北上赴京，屠隆馈赠金银，作诗送行，《由拳集》卷七《送莫廷韩北上》、卷十一《青龙浦同诸君送莫廷韩，得春字》即此次送别诗。莫是龙回书感谢："不肖北行，虽旅资羞涩，然终不至枯槁道上。人持双南金，我载三千牍，不为贫矣。明公见念之笃，此即家人父子，情不过是也。吾党意气所寄，感激不在唇吻间。明公当能亮之。承长谣祖别，深得仁人赠言之义。"（凌迪知《国朝名公瀚藻》卷五十莫是龙《与屠长卿》）万历十五年（1587）七月，莫是龙卒，屠隆有诗祭悼（《栖真馆集》卷七《挽莫廷韩》）。二人集中，往来诗文不少（详情见汪超宏《〈屠隆年谱〉补正》相关年月，《明清浙籍曲家考》，浙江大学出版社，2009年，第100—235页）。书牍首先称赞莫是龙是"江左骚雅领袖，烟月总管"，往来交游人多，游览地多，题咏多，惟恐江郎才尽,造化弄人。其次,劝莫是龙收敛锋芒,返于清疏,以免多事。

答王恒叔〔一〕

空谷无所见闻,大自幽适。日高春或始栉沐〔二〕。香炉经卷,以为生计。亦坐子午〔三〕,当其嗒然〔四〕,无所不丧。亦不知四大安在〔五〕,何处亦尚,偶作寂寞想。绁一二故人胸怀〔六〕,便令挥去。至破釜,去我已远。四威仪中〔七〕,都不复作念。不佞默自校勘〔八〕,于万缘殊澹。犹存一二葛藤〔九〕,所不得打成一片。居恒苦之。乃若眼前所遭得失恩怨,私窃喜其天性超超〔一〇〕,无事摆落〔一一〕。而足下传人言,疑不佞颇动念。览书良骇〔一二〕。不佞屏居于此〔一三〕,掩关灭迹〔一四〕,即边使者见念,屡以健儿来迓〔一五〕,业谢不往。尽日无跫然之音〔一六〕,不知何人见不佞,见不佞动念觙觙乎〔一七〕?且余中未有其端〔一八〕,而人已见其迹。可畏哉!或仍是好事者自为臆度耳〔一九〕。此自关吾性地事〔二〇〕,安置呹呹然〔二一〕,不忍令足下畜疑也〔二二〕。殷深源名理超诣〔二三〕,至使支公却不敢前〔二四〕。一旦废徙信安,咄咄书空〔二五〕,何其无聊。不佞素无殷君之誉,那得不为人疑?第得足下信我,足矣。然必欲足下信我,不佞动念矣。旌干有南行日〔二六〕,必寻我四明山中〔二七〕。此中可无来也。

(《白榆集》文集卷十三)

注释

〔一〕王恒叔:王士性,见《与王太初、田叔二道友》注释〔一〕。

〔二〕高舂(chōng):日影西斜近黄昏时。栉(zhì)沐:梳发与沐浴。

〔三〕子午:夜半和正午。

〔四〕嗒(tà)然:懊丧的神情。

〔五〕四大:佛教谓地、水、火、风四种元素均能保持各自的形态,不相紊乱,亦名四大种。一切物质都是四大所生。

〔六〕絓(guà):绊住,悬挂。

〔七〕四威仪:佛教语,指符合仪则的行、住、坐、卧四种身体姿态。

〔八〕校勘:核实,比较核对。

〔九〕葛藤:比喻纠缠不清的关系。

〔一〇〕超超:超然出尘,高高在上。

〔一一〕摆落:撇开,摆脱。

〔一二〕骇(hài):同"骇"。

〔一三〕屏居：退隐，屏客独居。

〔一四〕掩关：见《寄王元美、元驭两先生》注释〔九〕。

〔一五〕迓（yà）：迎接。

〔一六〕跫（qióng）然之音：脚步声。

〔一七〕觖觖（jué）：挑剔，苛责。

〔一八〕中：内心，心中。

〔一九〕臆度：臆想，猜测。

〔二〇〕性地：禀性，性情。

〔二一〕呶呶（náo）：多言，喋喋不休。

〔二二〕畜疑：产生怀疑。

〔二三〕殷深源：殷浩，东晋政治人物。其被废即空书"咄咄怪事"，见《与徐司理》注释〔五〕。

〔二四〕支公：支道林，东晋名僧。

〔二五〕咄咄书空：见《与徐司理》注释〔五〕。

〔二六〕旌（jīng）干：旗杆。代指车驾。

〔二七〕四明山：见《与陈伯符》注释〔二三〕。

点评

此书作于万历十四年（1586）。书牍首先叙说自己乡居生活，"香炉经卷，以为生计"，得失恩怨，已不放在心上。其次，说有人传言屠隆想东山再起，出游求名利，屠隆澄清"屏居于此，掩关灭迹"，有边关使者来迎，谢绝未往。心中没有追求名利之念，谣言已传开，十分可怕。只要王士性不疑，就够了。最后，约定若王士性南行，可到四明山中相会。

与黄白仲〔一〕

邹阳狱甫解矣〔二〕，岁亦云暮。天寒，层冰萧然，短褐凄其可知〔三〕。乃读手书〔四〕，磊落雄快〔五〕，绝不减向来面目。至五七言近作，跌宕俊爽〔六〕，足空九州，欲傲天地。男儿胸中磊块如此〔七〕，岂世网所能罗哉〔八〕？纵能罗其六尺之躯，安能罗其千秋之气也？咄咄〔九〕，屠生之于白仲，两不辱党人。西宁翩翩好文〔一〇〕，甫即骚坛〔一一〕，横见摧折。余惧其一时意气都尽，今能留白仲，遇之如初，西宁竟雅士不俗。亦不辱吾党，可喜。日夜望白仲来潞上〔一二〕，今为西宁留，不佞意粗安〔一三〕。请以献岁联镳一过之〔一四〕。云间彭钦之走数千里来依不佞〔一五〕，甫脱装，而不佞已中流言落籍〔一六〕，遂相寻潞水之阳〔一七〕。其人南金白璧也〔一八〕，骤见足下书若诗〔一九〕，为之骨惊神悚〔二〇〕，愿以盘匜交足下矣〔二一〕。闲中得长歌一章〔二二〕，颇淋漓自快。敬录求政〔二三〕，并呈西宁。

（《白榆集》文集卷十三）

注释

〔一〕黄白仲：黄之璧，字白仲，上虞（今属浙江）人。工辞章书画，与屠隆相友善。往来公卿间，名重一时。小传见《康熙上虞县志》卷十八、《乾隆绍兴府志》卷五十四。

〔二〕邹阳：邹阳（前206—前129），临淄（今属山东）人。汉文帝时，为吴王刘濞门客，以文辞著名于世。吴王阴谋叛乱，邹阳上书谏止，吴王不听，因此与枚乘、严忌等离吴去梁，为景帝少弟梁孝王门客。被人诬陷入狱，险被处死。狱中上书梁孝王，表白心迹。梁孝王见书大悦，立命释放，尊为上客。

〔三〕短褐（hè）：粗布短衣，贫贱者或僮竖之服。

〔四〕手书：亲笔信。

〔五〕磊落：胸怀坦荡。

〔六〕跌宕：富于变化，有顿挫波折。

〔七〕磊块：郁积在胸中的不平之气。

〔八〕罗：束缚。

〔九〕咄咄：表示惊惧、惊讶发出的声音。

〔一〇〕西宁：宋世恩，见《与张大司马肖甫》注释〔三九〕。

〔一一〕骚坛：文坛。

〔一二〕潞上：潞河边。潞河，见《寄王元美、元驭两先生》注释〔七七〕。

〔一三〕粗安：略微安定。

〔一四〕献岁：新年，岁首正月。联镳（biāo）：联鞭。镳，马嚼子的两端露出嘴外的部分。过：拜访问候。

〔一五〕云间：见《上张、申二阁师》注释〔一三〕。彭钦之：彭汝让，见《与甘应溥侍御》注释〔二四〕。

〔一六〕落籍：革职还乡。

〔一七〕阳：山南水北为阳。

〔一八〕南金：南方出产的铜。后亦借指贵重之物，比喻南方的优秀人才。白璧：平圆形而中有孔的白玉。

〔一九〕骤：忽然，突然。若：与。

〔二〇〕慡（shuǎng）：爽朗。

〔二一〕盘匜（yí）：盥洗用具。盘以承水，匜以注水。

〔二二〕长歌一章：见《白榆集》诗集卷二《赤帝玄夷歌，赠黄白仲》。

〔二三〕求政：请求改正、纠正。政，同"正"。

点评

此书作于万历十二年（1584）岁末。屠隆与上虞（今属浙江）人黄之璧（字白仲）相识于万历十一年（1583），黄之璧来京，拜访屠隆，屠隆有诗赠答（《白榆集》诗卷七《黄白仲由白下之燕，见过邸中，答赠》）。万历十二年（1584）秋，屠隆与佘翔、杨德政、王萱、黄之璧宴宋世恩宅（《白榆集》诗集卷七《秋夜，同佘宗汉大令、杨公亮太史、王季孺吉士、黄白仲山人燕宋忠甫君侯第，得寰字》）。九月九日，与宋世恩等三十六人登西山。晚，与佘翔、宋世恩、李开藻、王萱、秦君阳、金朗、黄之璧、詹濂等集屠隆冥寥馆，聚饮吟诗（《白榆集》诗卷七《九日，佘宗汉明府、宋忠甫君侯、李叔玄民部、王受吾秘书、季孺吉士、秦君阳文学，金玄朗、黄白仲、詹政叔三山人，朱汝修、杨士骏二侍御集余冥寥馆，分元字》）。屠隆罢官南归，在潞河（在今北京通州）等黄之璧，黄之璧来书，告知其为宋世恩所留，屠隆因回此书。书牍首先叙说天气寒冷，接到黄之璧书和诗作，评价黄之璧书"磊落雄快"，五七言近作"跌宕俊爽，足空九州"。以宋世恩留黄之璧，不负交情，为二人高兴。邀黄之璧明春同舟南下。其次，告知彭汝让（字钦之）愿与之交往，自己作有《赤帝玄夷歌，赠黄白仲》长诗，请黄之璧斧正并呈宋世恩。

答邹孚如吏部〔一〕

孚如先生足下：

嗟乎，第谓不佞去可惜，即已至，必求其故，有蓬之心矣〔二〕。不佞雕龙之技〔三〕，所不敢自知。乃一片肝肠，明于皦日〔四〕。当为令，凡可佐黔首之急者〔五〕，毛发不爱〔六〕，六年一日也。居长安，号多客。客自以为卿云威凤也者〔七〕，而日昵就之〔八〕。客就长卿所抵掌〔九〕，非艺文，则性命〔一〇〕。艺文性命，何负于客哉？谓长卿游乎酒人，人借长卿为名尔。每对文酒，诸公浮大白〔一一〕，啖肥鲜〔一二〕，淋漓盘礴〔一三〕。长卿既鸦不善曲君〔一四〕，又绝五荤,终夕而手不近鹦鹉杯[一五]。比散,客业酕醄[一六],而长卿醒然上马去。又或联镳款门[一七],无可为供具,则入问细君之簪珥[一八]。簪珥略尽,继以鹔鹴[一九]。鹔鹴既典[二〇],乃鬻图书[二一]。腰间仅有一银带,亦销之以佐晨炊[二二]。为令六载如此,此其人果大洿池不肖者邪[二三],又何至甘清约若斯人之甚也?

嗟乎,客实就长卿,訾长卿多客[二四]。凡诸訾长卿者,皆畴昔就长卿者也[二五]。诸公则浮白击鲜[二六],颓然自放[二七],而令手不近鹦鹉者坐酒过[二八],只堪绝倒[二九]。虽然,此火宅也[三〇],不佞一旦去之而就清凉,快矣!野鹤出笼,何天不可飞乎?四明山中[三一],则有旧时之石房在。取白云封户,青猿守之。长安是非,人我山高乎,又乌得到烟霞世界?即到,泠风吹之[三二],散矣。挂帆南下,风日渐佳。海月江云,遂落吾手。他无足言。所委传文[三三],懒不复作。足下意诚坚,必办此而后去。元孚入京[三四],足可朝夕。闻梦白且请告[三五],幸为问之。何日可得出春明门也[三六]?

(《白榆集》文集卷十三)

注释

〔一〕邹孚如:邹观光,见《与姜仲文》注释〔四九〕。

〔二〕有蓬之心：比喻知识浅薄，不能通达事理。后亦常作自喻浅陋的谦词。典出《庄子·逍遥游》。

〔三〕雕龙：见《与沈嘉则书》注释〔三三〕。

〔四〕曒日：明亮的太阳。

〔五〕佐：助。

〔六〕爱：怜惜，吝惜。

〔七〕卿云：庆云，一种彩云，古人视为祥瑞。威凤：凤有威仪，故称为"威凤"。比喻难得的人才。

〔八〕昵（nì）就：亲近，亲昵。

〔九〕抵（zhǐ）掌：击掌，表示高兴。

〔一〇〕性命：见《答王元驭先生》注释〔四〕。

〔一一〕浮大白：原指罚饮一大杯酒，后指满饮一大杯酒。浮，违反酒令被罚饮酒。白，罚酒用的酒杯。典出刘向《说苑·善说》。

〔一二〕啖（dàn）：吃。肥鲜：肥嫩鲜美的食物。

〔一三〕盘礴：箕踞而坐。

〔一四〕鸦：通"雅"，素来，平素。曲君：指酒。曲，酒曲子。

〔一五〕鹦鹉杯：酒杯。

〔一六〕酕醄（máo táo）：大醉的样子。

〔一七〕联镳（biāo）：联鞭。款门：敲门。

〔一八〕细君：妻子。簪珥：见《与沈嘉则书》注释〔一二〕。

〔一九〕鹔鹴（sù shuāng）：鹔鹴裘，相传为汉司马相如所着的裘衣，由鹔鹴鸟的皮制成。

〔二〇〕典：典当，抵押。

〔二一〕鬻（yù）：卖。

〔二二〕晨炊：早餐。

〔二三〕洿（wū）池：水塘。

〔二四〕訾（zǐ）：指责，非议。

〔二五〕畴昔：从前。

〔二六〕浮白：满饮，畅饮酒。击鲜：宰杀活的牲畜禽鱼，充作美食。

〔二七〕颓然：颓放不羁貌。自放：自我放纵，摆脱礼法的约束。

〔二八〕坐：定罪。

〔二九〕绝倒：前仰后合地大笑。

〔三〇〕火宅：佛教语，用以比喻充满众苦的尘世。

〔三一〕四明山：见《与陈伯符》注释〔二三〕。

〔三二〕泠风：小风，和风。

〔三三〕所委传文：万历十七年（1589）夏，屠隆为邹观光父邹梦龙作《邹先生传》，见《栖真馆集》卷二十一。

〔三四〕元孚：周弘禴，《与沈君典书》注释〔一〇〕。

〔三五〕梦白：赵南星（1550—1627），字梦白，号侪鹤，别号清都散客，高邑（今属河北）人。万历二年甲戌（1574）进士，除汝宁推官，迁户部主事，历官吏部员外郎、郎中、太常卿、吏部尚书等。与邹元标、顾宪成齐名，时称三君。

有《笑赞》、《赵忠毅公集》等。传见茅元仪《石民四十集》卷三十四《吏部尚书赠太子太保侨鹤赵公行状》、《明史》卷二百四十三。

〔三六〕春明门：长安城东三门之中门，借指京城。

点评

此书作于万历十二年（1584）岁末。屠隆与云梦（今属湖北）人邹观光（字孚如）相识于万历十一年（1583）："时不佞在兰省，一见倾注，遂结为石交。日以文章行义相砥。"（《栖真馆集》卷二十一《邹先生传》）赠诗二首（《白榆集》诗集卷三《邹舍人歌》、卷七《赠邹舍人孚如》），并为其制义作序（《白榆集》文集卷三《邹孚如制义序》）。屠隆被诬罢官，邹观光送出都门，请为其父邹梦龙作传。屠隆因回此书。书牍首先叙说自己任官期间的经历，以诗文和性理结交朋友，以诚相待。家贫，典衣卖书，甚至变卖腰间银带，以佐晨炊。其次，说很多朋友得到过屠隆的招待、照顾，非议自己的有的是曾经的朋友，"凡诸訾长卿者，皆畴昔就长卿者也"。看来，屠隆朋友中，相信谣言的不少，甚至有诋毁屠隆、落井下石者。屠隆不善饮酒，但以酒过罢官，令屠隆啼笑皆非，气愤不已。逃离京城是非之地，此去有如"野鹤出笼"，尽赏"烟霞世界"。允诺为邹观光父作传。万历十七年（1589）夏，屠隆撰成《邹先生传》，见《栖真馆集》卷二十一。

与王辰玉〔一〕

辰玉道兄足下：

彼己之子〔二〕，为我解天弢〔三〕。自卬之南〔四〕，无物不适。自失头上冠〔五〕，世之奔走官人者不进。自时名摧破〔六〕，附虚声者不进。自莱芜之釜生鱼〔七〕，竞钱刀者不进〔八〕。又以僻居穷海，眇四方过客〔九〕。甫入里门，犹有父兄三老〔一〇〕，过而执手劳苦〔一一〕。久之，亦不复来。门可罗鸟雀矣。

仆生平无他嗜好，六尺而外〔一二〕，都无长物〔一三〕，架上惟有图书数百卷，往往人持以去。年来绝懒，不读书。万事尽捐〔一四〕，一丝不挂。细君贤〔一五〕，有治家才。往岁仆北上计〔一六〕，以俸余急构小楼三间〔一七〕。前望浮屠〔一八〕，后枕城郭，大江日夜汤汤走其下〔一九〕。仆归而一朝有之。楼前杂树花木，力不能得名花嘉木。又不欲以此乱人意，止取野草树蒙茸〔二〇〕，小有致而已。楼之下，即以居老母、荆人〔二一〕。春日板舆〔二二〕，良足愉快。客至，见此中风景，萧疏如野园，辄问内宅尚安在。既而知此中即是，颇叹慕不已〔二三〕。栽竹数个，宜春雨，宜冬雪；松两株，宜秋月，宜晚风。或以为居不宜松，张处度屋上陈尸〔二四〕。仆置不问。有客以笋鱼留，共脱粟清谭〔二五〕。谭多在人世外。或及方内〔二六〕，急取松下风浇之。笋鱼有时不给，空谭竟日。客去掩关〔二七〕，焚沉水香一缕〔二八〕，随意读仙释书数行。倦则跏趺〔二九〕，稍调摄元神〔三〇〕，不令胁贴床席〔三一〕。日复日，岁复岁，随缘挨捱〔三二〕。身在今日，绝不计念明朝。以此习定观空〔三三〕，庶几一旦得见本来面目〔三四〕。衣食婚嫁，不以留之胸中久矣。犹忆曩为令时〔三五〕，作诗云："老去何妨无食，生来犹喜为人。"当作兰省〔三六〕，辄署冥寥〔三七〕。一笠一瓢，轻举六合〔三八〕。士固有志，今日乃成实际语。

足下两诒书〔三九〕，拳拳问仆近况〔四〇〕。故敢略述本末，书辞久不答，亦以懒故。孟孺一月之中〔四一〕，修问者再。故人情深矣。而书中玄理破的〔四二〕，大是黄面瞿昙口中语〔四三〕。孟孺真如良马，望鞭影而驰。何忧不旦暮彼岸也〔四四〕。孟孺属馆辰玉所，便布此讯。辰玉琴弦〔四五〕，累断累续。今当得外国鸾胶〔四六〕，千秋岁永固。政恐儿女情深，道心退堕，须从爱河急猛回头。如仆外缘遣尽，此情亦复不减。可畏哉！弇州先生近日精进何如〔四七〕？偶快意作此书，书成小罢，不能更修。弇州问，幸道区区〔四八〕。君家叔氏竟尔淹忽〔四九〕，尊公神伤原鸰矣〔五〇〕。有便寄信，无忘故人。更望以要言鞭我〔五一〕。

(《白榆集》文集卷十三)

注释

〔一〕王辰玉：王衡（1561—1609），字辰玉，号缑山，太仓（今属江苏）人。王锡爵子。万历十六年（1588）举顺天乡试第一，礼部郎中高桂揭发考试有弊。万历十七年（1589）二月，复试第一。万历二十九年（1601）进士，授编修。后辞官归隐。有《缑山集》、杂剧《郁轮袍》、《真傀儡》、《没奈何》等。传见唐时升《三易集》卷十五《翰林院编修王君行状》、徐朔方先生《王衡年谱》(《晚明曲家年谱》第一卷，浙江古籍出版社，1993年）。

〔二〕彼己之子：那个人。

〔三〕天弢（tāo）：天然之束缚。弢，袋子，囊。

〔四〕邛（qióng）：地名，在今四川境内。

〔五〕失头上冠：罢官。

〔六〕摧破：摧毁破坏。

〔七〕莱芜之釜：形容家贫。东汉范冉遭到禁锢，经常断粮，靠吃野菜为生。同乡人嘲笑他说："甑中生尘范史云，釜中生鱼范莱芜。"

〔八〕钱刀：钱币，金钱。刀，古代一种刀形钱币。

〔九〕眇（miǎo）：眇视，偏盲，用一只眼看。

〔一〇〕三老：泛指有声望的老人。

〔一一〕劳苦：慰劳。

〔一二〕六尺：成年男子之身躯。

〔一三〕长物：原指多余的东西，后亦指象样的东西。

〔一四〕捐：弃。

〔一五〕细君：妻子。

〔一六〕上计：见《上张、申二阁师》注释〔二五〕。

〔一七〕构：通"购"，买。

〔一八〕浮屠：佛塔。

〔一九〕汤汤（shāng）：水势浩大、水流很急的样子。

〔二〇〕蒙茸（róng）：蓬松、杂乱的样子。

〔二一〕荆人：对人称己妻的谦词。

〔二二〕板舆：用人抬的代步工具，多为老人乘坐。

〔二三〕叹慕：赞叹羡慕。

〔二四〕张处度屋上陈尸：张湛（生卒年不详），字处度，高平（今属山东）人，官至中书郎。典出《世说新语·任诞》："张湛好于斋前种松柏。时袁山松出游，每好令左右作挽歌。时人谓'张屋下陈尸，袁道上行殡'。"袁山松（？—401），阳夏（今属河南）人，东晋袁宏孙。官吴郡太守，因孙恩之乱，兵败被害。

〔二五〕脱粟：粗粮，只脱去谷皮的粗米。

〔二六〕方内：尘世。

〔二七〕掩关：见《寄王元美、元驭两先生》注释〔九〕。

〔二八〕沉水香：沉香。

〔二九〕跏趺：佛家修禅者的坐法，双足交迭而坐。

〔三〇〕元神：道家称人的灵魂为元神。

〔三一〕胁：从腋下到肋骨尽处的部分。

〔三二〕挨捩（liè）：靠近，扭转。

〔三三〕习定：佛家语，养静以止息妄念。观空：佛家语，观照诸法之空相。

〔三四〕庶几：或许可以。

〔三五〕曩（nǎng）：往时，以前。

〔三六〕兰省：兰台，秘书省。此指礼部官署。

〔三七〕冥寥：见《报龙君善司理》注释〔一四〕。

〔三八〕六合：见《与余君房书》注释〔四〕。

〔三九〕诒（yí）：传给，传递。

〔四〇〕拳拳：诚挚恳切的样子。

〔四一〕孟孺：徐益孙，见《答徐孟孺》注释〔一〕。王锡爵《文肃集》卷十八《徐孟孺太学》："豚子衡侍教且久，幸叨一隽，固知兄之色喜也。"

〔四二〕玄理：深奥、玄妙的道理。破的（dì）：箭射中靶子，比喻说话中肯。

〔四三〕黄面瞿昙：犹言黄面老禅。

〔四四〕彼岸：佛家语，佛家以有生有死的境界为"此岸"，超脱生死,即涅槃的境界为"彼岸"。

〔四五〕"辰玉琴弦"二句:王衡多次丧妻续娶。王衡《缑山集》卷十四《诰封一品夫人先母朱氏行实》:"初娶嘉定金孝廉女,继娶长洲徐上舍女,又继娶华亭徐孝廉女。"

〔四六〕鸾胶:相传以凤凰嘴和麒麟角煎的胶可粘合弓拉断了的弦。后用以比喻续娶后妻。典出《海内十洲记》。

〔四七〕弇州先生:王世贞,见《与王元美先生书》注释〔一〕。

〔四八〕区区:我,自称的谦词。

〔四九〕君家叔氏:王衡叔王鼎爵。王鼎爵(1536—1585),字家驭,号和石,王锡爵弟。隆庆二年(1568)进士,授刑部主事,历官吏部郎中、河南提学副使等。传见王锡爵《王文肃公文集》卷十一《先弟河南按察司提学副使家驭暨妇庄宜人行状》。淹忽:去世。王锡爵《王文肃公文集》卷十一《先弟河南按察司提学副使家驭暨妇庄宜人行状》:"弟讳鼎爵……是年四月,不肖奉诏北上,弟为扶病送不肖江口,流涕泛滥……至十月,而儿衡书至,则果得弟讣矣……生于嘉靖十五年,卒于万历十三年,享年五十。"

〔五〇〕尊公:王衡父王锡爵,见《与王太初、田叔二道友》注释〔五五〕。神伤原鸰:兄弟死后,生者伤神。原鸰,比喻兄弟友爱,急难相助。典出《诗经·小雅·常棣》。

〔五一〕鞭:鞭策、激励。

点评

屠隆与太仓（今属江苏）人王衡有文字往来在万历九年（1581），当年秋，王衡作《辛巳秋日，直塘拜大师新观感怀之作》、《感大师楼前盆荷之作》（王衡《缑山集》），屠隆和作《和王辰玉辛巳秋日直塘拜昙阳大师新观感怀之作》、《和辰玉感大师楼前盆荷之作》（《白榆集》诗集卷五）。万历十年（1582）十一月，屠隆上计赴京，过娄东，会王锡爵与子王衡（《白榆集》文集卷五《发青溪记》），屠隆作《留别辰玉道兄四首》（《白榆集》诗集卷八）。途中，作《怀王辰玉道兄》（《白榆集》诗集卷六）。万历十三年（1585），王衡作《寄答屠长卿》诗（《缑山集》卷一），同情屠隆的遭遇。万历十六年（1588），王衡举顺天乡试第一，礼部郎中高桂揭发考试有弊。万历十七年（1589）二月，王衡参加复试，依然第一。王衡认为是奇耻大辱，此后接连三次不参加进士考试。万历十七年（1589），屠隆与书王世贞，言王衡科场复试事："辰玉公子天藻秀逸，盖代之才，于一第何有？而好事者呶呶不休……闻辰玉弃南宫试，飘然径归，终是雅士不俗。"（《栖真馆集》卷十九《与王元美司马》）此书作于万历十三年（1585）十月王衡叔王鼎爵卒后至年末，回王衡两次来书。书牍首先叙说罢官后，家贫甚，往来交游不多，门可罗雀。其次，说家居有小楼，植花种草，掩关焚香，读仙释书，忘尘世事，良足愉快。最后，解释迟回王衡两次来书的原因，赞扬徐益孙"真如良马，望鞭影而驰"，安慰王衡丧妻、丧叔父之痛。文中叙小楼之景和家居生活，风景优美，生活简朴，心态怡然，是屠隆经历打击之后，排解忧愁的方式之一。

与陈立甫司理〔一〕

往岁仅一奉颜色于京邸，乃不谓足下见念深也。江楼一夕，遂当千秋。诘朝〔二〕，送足下郭西〔三〕，属干旄方出〔四〕，野人不欲久坐官舫〔五〕，遂去。不及一握手，耿耿久之〔六〕。

不佞游道颇广〔七〕，人情物态，多所谙尝。当不佞盛时，盼睐羽翼〔八〕，欬唾珠玑〔九〕，虽陆大夫燕喜西都〔一〇〕，郭有道人伦东国〔一一〕，殆无以过。盱衡扬眉〔一二〕，士以云合影附，青松白水，争托心知。一旦摧颓〔一三〕，交游掉臂〔一四〕。夫市人何论，即世之号有道贤人不免。名在贤者而有世俗心，则汤汤者〔一五〕，谁为砥柱矣〔一六〕？不佞以是息影掩关〔一七〕，一切谢绝。古人有言："君平既弃世，世亦弃君平。"〔一八〕身世两弃，则可以断缘遣累〔一九〕，抱一完神〔二〇〕，徼幸厚矣。当不佞之薄有名位，志芳而行膻〔二一〕，为物情所附〔二二〕。将迎酬应〔二三〕，形神俱罢〔二四〕。一毛一发，悉非我有。长恐一不戒于风露，苕枯苇折，为有道所嗟伤。瞥而撒手,遂逃空虚。蓬户掩兮井径荒[二五],青苔满兮屦綦绝[二六]。园种邵平之瓜[二七],门栽先生之柳[二八]。晓起急呼童子,问山桃落乎,辛夷开未,手抱瓮灌花[二九],除去虫丝蛛网。时不巾不履,坐北窗,披凉风,焚好香,烹苦茗。忽见五色异鸟来鸣树间。小倦,竹床藤枕,一觉美睡,萧然无梦。即梦,亦不离竹坪花坞之旁。醒而起,徐行数十步,则霞光零乱,月在高梧。妻孥来告[三〇],诘朝厨中无米,笑而答之:"明日之事,有明日在,且无负梧桐月色也。"妇亦颇领此意,相共怡然[三一]。二六时中[三二],胸怀不缁一物[三三],从此修炼。所谓既无拘滞之情[三四],亦不作奇特之想。推分任真[三五],庶几一朝得见自性[三六],即阐提冤业[三七],泡影空花,去我久矣。

足下录人摧废之余,殷殷良厚[三八]。温美开士[三九],真不佞所倾心。又禹穴、兰亭近在眉睫[四〇],尚未及一历览冥搜[四一]。今幸有蓬莱仙吏为东道主,是宜裹粮杖策而来若邪溪上[四二],与君侯浮青雀舫[四三],采荷花佐觞[四四],是大快心事。乃天道方热,道民日披襟散发[四五],就清阴茂树下,顾安能局蹐一舴艋[四六],如坐甑中[四七],远赴使君也[四八]?请以新秋为期,惟足下宽我。为足下画得昙阳大师像一帧[四九]，谨装池奉去[五〇]。见像明心，即心即像，即像即心。幸足下努力此道。火宅莲花[五一]，政在仕路。归田辞乃野人游戏语，业托敝郡林山人芝手书一册子奉览[五二]，外寄龙君善书一械、诗六首[五三]，敬致左右。南归有便，为转寄龙君。

（《白榆集》文集卷十三）

注释

〔一〕陈立甫司理：陈汝璧，字立甫，沔阳（今属湖北）人。陈文烛嗣子。万历十一年（1583）进士。历官绍兴推官、礼部主事、河间推官等。有《兰省集》《隐园诗》等。传见郭正域《合并黄离草》卷二十四《礼部仪制司主事陈立甫墓志铭》。

〔二〕诘朝（jié zhāo）：平明，清晨。

〔三〕郭西：城西。

〔四〕干旄（máo）：旌旗的一种。以旄牛尾饰旗竿，作为仪仗。

〔五〕野人：乡野之人。官舫：官船。

〔六〕耿耿：形容有心事。

〔七〕游道：交游。

〔八〕盼睐（lài）：观看，顾盼，眷顾，垂青。羽翼：翅膀，比喻辅佐的人或力量。

〔九〕欬（kài）唾珠玑：比喻言谈名贵，亦比喻文章优美，出口即成佳句。

〔一〇〕陆大夫燕喜西都：陆贾（约前240—前170），从汉高祖定天下，长于口辩。曾出使南越招谕赵佗，拜为太中大夫。有《新语》等。燕喜，宴饮喜乐。西都，今陕西西安。此句连同下句出自南朝梁刘孝标《广绝交论》。

〔一一〕郭有道人伦东国：郭泰（128—169），字林宗，介休（今属山西）人。太常赵典举为有道，后世称郭有道。官府辟召，皆不应命。虽褒贬人物，却不危言骇论。后为避祸而闭门教授，弟子达千人，提拔英彦六十多人。

〔一二〕盱（xū）衡：扬眉举目，观察。

〔一三〕摧颓：衰败。

〔一四〕掉臂：不顾而去。

〔一五〕汤汤（shāng）：水势浩渺，水流盛大。

〔一六〕砥柱：支柱，比喻能支撑危局、坚守原则的人或力量。

〔一七〕息影：退隐闲居。掩关：见《寄王元美、元驭两先生》注释〔九〕。

〔一八〕"君平"二句：语出李白《古风》诗。君平：汉高士严遵字。严遵隐居不仕，卖卜于成都。

〔一九〕断缘：斩断尘缘，不为俗累。遣累：去除拖累。

〔二〇〕抱一：与真理合一，亦谓专精固守，不失其道。完神：精神饱满。

〔二一〕行臆：令人仰慕的德行。

〔二二〕物情：情理，世态。

〔二三〕将（jiàng）迎：送往迎来，逢迎，迎合。

〔二四〕罢（pí）：疲劳，困倦。同"疲"。

〔二五〕"蓬户掩兮井径荒"至"亦不离竹坪花坞之旁"：与朱熹墨迹《蓬户手卷》（真伪存疑）同，二者仅数字不同。"蓬户掩兮井径荒"至"且无负梧桐月色也"：明郑瑄《昨非庵日纂》卷七收入，未交代出处。郑瑄，字汉奉，号昨非庵居士，闽县（今属福建）人。崇祯四年（1631）进士，授南京户部主事，历嘉兴知府、应天巡抚，南明隆武官工部尚书，后降清。有《抚吴疏草》、《昨非庵日纂》等。"蓬户掩兮井径荒"至"相共怡然"：清钱德苍编《解人颐》收入，注明"屠赤水曰"。蓬户，用蓬草编成的门户，穷人居住的陋室。井径，田间小路。

〔二六〕履綦（qí）：足迹，踪影。

〔二七〕邵平之瓜：邵平，秦东陵侯，入汉为布衣，以种瓜为生，为人富有谋略。

〔二八〕先生之柳：晋陶渊明性恬淡，不慕荣利，自号五柳先生，曾作《五柳先生传》："先生不知何许人也，亦不详其姓字，宅边有五柳树，因以为号焉。"

〔二九〕瓮（wèng）：一种盛水或酒等的陶器。

〔三〇〕妻孥：妻子和子女。

〔三一〕怡（yí）然：安适自在。

〔三二〕二六时中：见《答沈肩吾少宰》注释〔一〇〕。

〔三三〕絓（guà）：牵挂。

〔三四〕拘滞：拘泥呆板。

〔三五〕推分：守分自安。任真：听任自然。

〔三六〕庶几：或许可以。

〔三七〕阐提：永远不得成佛的根机。冤业：罪过。

〔三八〕殷殷：殷切。

〔三九〕温美：温和美好。开士：菩萨。以菩萨明解一切真理，能开导众生悟入佛的知见，故有此称。

〔四〇〕禹穴：相传为夏禹的葬地，在今浙江绍兴之会稽山。兰亭：在今浙江绍兴西南之兰渚山上。东晋永和九年（353），王羲之、谢安等同游于此，羲之作《兰亭集序》。

〔四一〕冥搜：尽力寻找，搜集。

〔四二〕杖策：拄杖。若邪溪：今浙江绍兴东南之平水江。

〔四三〕青雀舫：船首画有青雀的船。后泛指华贵游船。

〔四四〕觞：见《与张大司马肖甫》注释〔五一〕。

〔四五〕道民：信奉道教或加入道教组织者。屠隆自称。

〔四六〕局蹐：同"跼蹐"，见《与孙太史、冯吉士、沈比部书》注释〔三七〕。舴艋（zé měng）：舴艋舟，一种小船。

〔四七〕甑（zèng）：炊具。

〔四八〕使君：汉时称刺史为使君，后尊称州郡长官。

〔四九〕昙阳大师：王焘贞，见《再与元美先生》注释〔四〕。

〔五〇〕装池：装潢。

〔五一〕火宅：佛教语，用以比喻充满众苦的尘世。

〔五二〕林山人芝：见《寄李之文》注释〔二八〕。

〔五三〕龙君善：龙膺，见《报龙君善司理》注释〔一〕。械：同"缄"。

点评

屠隆与沔阳（今属湖北）人陈汝璧（字立甫）相识于万历十一年（1583）："往岁仅一奉颜色于京邸，乃不谓足下见念深也。"（《白榆集》文卷十三《与陈立甫司理》）万历十一年（1583）至万历十五（1587）年，陈汝璧任绍兴推官（《乾隆绍兴府志》卷二十六）。此书作于万历十四年（1586），陈汝璧绍兴推官任内。书牍首先回忆二人在京城相会，匆匆而别的情景。其次，叙说罢官前后的人情世态。罢官前，人争来附。罢官后，掉头而去。自己掩关息影，与家人居小园中，"相共怡然"。最后，约定秋天往绍兴拜访陈汝璧，随附昙阳子画像、近作、与龙膺书及诗六首。文中"蓬户掩兮井径荒"至"相共怡然"一段，叙屠隆园居生活，风景优美，简朴自然，恬淡平和，人物与画面，呈现眼前，十分逼真。其中"蓬户掩兮井径荒"至"亦不离竹坪花坞之旁"，与朱熹墨迹《蓬户手卷》（真伪存疑）同，二者仅数字不同，不知是屠隆抄自朱熹语，还是后人据屠隆此作伪造朱熹笔墨。"蓬户掩兮井径荒"至"且无负梧桐月色也"，明郑瑄《昨非庵日纂》卷七收入，未交代出处。郑瑄晚于屠隆，应是录自屠隆之作。清钱德苍编《解人颐》收入"蓬户掩兮井径荒"至"相共怡然"一段，注明"屠赤水曰"。

与陈玉叔方伯〔一〕

玉叔陈先生大雅足下：

往岁得明公闽中书，见念拳拳矣〔二〕。细察来书辞旨，大都勖仆以穷愁发愤〔三〕，著书立言，勒成一家〔四〕，副在名山，垂之千秋。在昔左、吕、司马并以此抒藻流声〔五〕，幽通宣郁。此诚士大夫处困之上善。顾不佞区区此心〔六〕，更欲有进于此者。业承明公知我，敢辄布其一二。

天地间虚无生自然，自然生大道，大道生天地，天地分阴阳，阴阳生万物。人生两间，无论虚假幻缘，种种结聚，种种起灭，无与于我。即四大幻形〔七〕，亦名假合。倏聚倏散〔八〕，泡影空花，亦非真我。所谓真我，维有一点灵光，乃虚无自然本来面目，名为智慧〔九〕。自形生之后，根尘相因，智慧流为情识〔一〇〕，一真驰于万境下者，嚼血肉〔一一〕，竞锥刀〔一二〕，自同痴蠢。高者务功名，雕文采，希声豪杰。虽事有清浊，品有贵贱，要之，见不离人我，情不免去来。损气耗真，曾无益性命之毛发。即如管、晏运筹而立功〔一三〕，贾、马操笔而扬采〔一四〕，须臾事尔。一日盖棺〔一五〕，空留功业文章，于白骨何知？白骨既朽，所谓不朽，亦虚语尔。以故古之至人达士，往往轻一切幻泡，而重吾真我，必不肯以曹、刘、颜、谢之业〔一六〕，而易三教圣人之事〔一七〕。

夫释氏了义观空〔一八〕，犹有三十二分。老氏致虚守静〔一九〕，尚垂五千文〔二〇〕。彼为性命设也，非为文字设也。不佞少而蠢愚，壮不闻道，业已失足雕虫〔二一〕，亦既噪虚声宇内矣〔二二〕。近颇闻化人绪论于达者〔二三〕，而又适初解天弢〔二四〕，返于闲旷〔二五〕，方大悔曩时之妄用其心于无益之地〔二六〕。思力划去浮虚〔二七〕，一求真谛，尚苦结习难除，沉疴难愈〔二八〕，净业未究〔二九〕，文魔累侵。且将瘗智公之笔〔三〇〕，烧君苗之砚〔三一〕，而足下更焰而助之邪？

不佞天之弃民也，将以立言垂不朽，如足下所云，则才力萎绵〔三二〕。将努力大道，如仆所自许，则根器浅薄〔三三〕。斯两者，皆非不佞所任也。顾鄙愿宁修大道而不至，不欲托文字而无成。请自今以往，随时省过〔三四〕，随事炼心，日觅我本来。庶几一朝显露〔三五〕，幸而遂得牟尼〔三六〕，亦我自有之物。不幸而不得，且作随缘之人，如是毕吾余生已尔。著书立言，急而托于世，请不复敢闻命。书辞久不答,恐明公终不达鄙人之心,故复娓娓至此〔三七〕。然自察多言矣,所谓结习难除如此哉!龙君善〔三八〕,当世才子,其为吏前无古人,过采谗言,当事之责。向承命作《草堂集咏》,业寄之君善所。不审达不?今再录一通以往。

(《白榆集》文集卷十三)

注释

〔一〕陈玉叔方伯:陈文烛(1535—1594),字玉叔,号五岳山人,沔阳(今属湖北)人。嘉靖四十四年(1565)进士,授大理寺评事,累进大理卿致仕。有《二酉园诗文集》。传见费尚伊《市隐园集》卷十三《南京大理寺卿陈玉叔先生墓表》。方伯:先秦时,一方诸侯之首称方伯。后因称州、省长官为方伯。

〔二〕拳拳:诚挚恳切的样子。

〔三〕勖(xù):鼓励,勉励。

〔四〕勒成:刻石以记成功。

〔五〕左、吕、司马:左,左丘明,传说他著《左传》。吕,吕不韦,招揽门客编纂《吕氏春秋》。司马,司马迁,著《史记》。

〔六〕区区:我,自称的谦词。

〔七〕四大幻形:幻形,指幻化的形骸。佛教认为,身体是由地、水、火、风四大元素和合而成,无实如幻,故曰幻形。

〔八〕倏（shū）：极快，忽然。

〔九〕智慧：佛教谓超越世俗认识，达到把握真理的能力。

〔一○〕情识：才情与识见。

〔一一〕噆（zǎn）：叮咬。

〔一二〕锥刀：小刀，比喻微薄，微细，微利。

〔一三〕管、晏：管，管仲，齐桓公时贤相。晏，晏婴，齐景公时贤相。

〔一四〕贾、马：贾，贾谊。马，司马相如。二人均为西汉文学家。

〔一五〕盖棺：身故，人死。

〔一六〕曹、刘、颜、谢：曹，曹操。刘，刘备。曹、刘，指霸业。颜，颜延之。谢，谢灵运。颜、谢，指文章之事。

〔一七〕三教：指儒家、道家、佛家。

〔一八〕了义：佛教语，真实之义，最圆满的义谛。空观：佛教语，对空谛的观想。以体认无相为宗，亦指天台宗所立一心三观（空观、假观、中观）之一。

〔一九〕致虚守静：致虚极，守静笃。虚无到了极点，宁静到了极点。使心灵达到虚无寂静的状态，并努力保持这种宁静。出自《老子》第十六章。

〔二○〕尚垂五千文：老聃西出函谷关，交给关尹喜一篇五千字左右的著作，骑着大青牛走了。这篇著作就是《道德经》，也称《老子》、《五千言》、《老子五千文》等。

〔二一〕雕虫：见《与刘观察先生书》注释〔一七〕。

〔二二〕噪：鼓噪，传扬。

〔二三〕化人：见《与汪伯玉司马》注释〔四六〕。绪论：言论，谈论。

〔二四〕天羿：天然的束缚。

〔二五〕闲旷：悠闲放达。

〔二六〕曩（nǎng）时：往时，以前。

〔二七〕刬：削平，铲除。

〔二八〕沉疴（kē）：久治不愈的病。

〔二九〕净业：又作清净业，佛教语，清净的善业，即世福、戒福、行福之三种福业。

〔三〇〕瘗（yì）：掩埋，埋葬。智公之笔：智公，智永，南朝陈僧人。俗姓王，名法极，会稽（今浙江绍兴）人。王羲之七世孙。出家居永欣寺，人称永禅师。擅书法，临书三十年，用败之秃笔头积至数大簏，瘗之，号退笔冢。

〔三一〕烧君苗之砚：君苗，姓崔，西晋人，与陆机、陆云同时。《晋书》卷五十四《陆机传》："弟云尝与书曰：'君苗见兄文，辄欲烧其笔砚。'"

〔三二〕萎绵：萎靡，单薄。

〔三三〕根器：佛教语，指人的禀赋、气质。

〔三四〕省（xǐng）过：反省过错。

〔三五〕庶几：或许可以。

〔三六〕牟尼：佛陀释迦牟尼的称号之一，为梵语音译。义译作寂默、寂静。

〔三七〕娓娓：勤勉不倦的样子，多形容谈论不倦。

〔三八〕龙君善：龙膺，见《报龙君善司理》注释〔一〕。

点评

此书作于万历十四年（1586）。沔阳（今属湖北）人陈文烛是屠隆"最善"友人之一，其嗣子陈汝璧（字立甫）与屠隆"讲通家之义"。（《栖真馆集》卷十二《陈立甫司理兰亭诗序》："玉叔与不谷最善，立甫讲通家之义甚高。"）屠隆任青浦知县期间，陈文烛曾与书屠隆。（陈文烛《二酉园诗集》卷首屠隆《黄蓬诗序》："不佞之宰由拳，先生尝为淮上督饷使者，不佞方局蹐下吏，不早自通，而先生乃题书先焉。嗟，陈义至高。"）二人见面在万历十一年（1583）："岁癸未，相遇长安，一见欢甚。"（陈文烛《二酉园诗集》卷首屠隆《黄蓬诗序》）屠隆《赠陈玉叔先生二首》、《春夜，同陈玉叔、莫廷韩、傅伯俊、邢子愿、胡元瑞集朱汝修斋中》、《同张助甫、陈玉叔、余君房、万伯修、傅伯俊、梅客生、莫廷韩、黄定甫、朱汝修集盛泰甫山人宅，得鱼字，时山人奉母东归》（《白榆集》诗集卷六）等诗，陈文烛《邢子愿侍御、屠长卿、傅俊伯（伯俊）二明府、胡元瑞、莫廷韩孝廉饮朱汝修馆，谈李于鳞，感赋》（陈文烛《二酉园诗集》卷十）是二人交往之作。屠隆还为陈文烛《黄蓬诗》作序。书牍首先叙说收到陈文烛往岁来书，勉励屠隆发愤著书，立一家之言。其次，叙说人生天地间，要重真我，看轻功名利禄。即使管仲、晏子运筹立功，贾谊、司马相如文彩飞扬，死后也是一堆白骨。人死了，所谓功业文章不朽，也是空话。所以，不能用文章之业，代替三教圣人之事。再次，叙说自己少以文章获取声名,壮不闻道,如今后悔花太多时间精力在文章之事,从此要去除浮虚,追求真谛,弃去笔砚,杜绝文魔。最后,谦虚地说自己以立言求不朽,文才不够,求大道,根器浅薄,但"愿宁修大道而不至,不欲托文字而不成"。请陈文烛不要再劝自己著书立言。结尾赞誉龙膺"当世才子",为其遭遇鸣不平,询问《草堂集咏》有无转致龙膺,再附以往。

与君善〔一〕

君善仁兄有道足下:

仁兄为吏,玉雪冰壶,自古未有。两当事者,愦愦乃尔〔二〕。弟虽物外人〔三〕,不能不为仁兄抱孤愤冲冠〔四〕。当足下单舸下岩濑〔五〕,入虎林〔六〕,弟不能蚤以急足侦行李〔七〕,追送故人,可胜长恨。王正月〔八〕,曾附尺素讯起居〔九〕,到时足下已东。五月初旬,修八行〔一〇〕,作五言律诗六首。苦无南去鸿鲤〔一一〕,乃遣奴送之陈立甫司理所〔一二〕,转寄武陵〔一三〕。无何〔一四〕,得报尊公以卫辉李转四明郡丞〔一五〕,念吏卒南迎使君前茅者〔一六〕,可得作书邮,遂再削此牍〔一七〕,以明相忆拳拳〔一八〕。

弟奉道多年,向苦尘劳不断。挂冠以后〔一九〕,得壹意了大事因缘矣[二〇],而诗酒交游,犹复为障。去来离合,道念不纯。近以一念坚诚,为圣贤所愍[二一],忽于五月十五日,得人生希觏奇证[二二],遂决志谢绝一切尘缘,力修大道。顾独念足下仁者,何能遣诸胸怀,亦自觉绝虑忘情,未符太上[二三]。足下天姿开美[二四],器局粹然[二五]。作吏洁己爱人,已积实际功行,又见退食奉道礼佛[二六],清净离垢,大自再来人[二七]。顷处毁誉升沉,政足调心炼性,想道眼观之,空花泡影,了不关灵台中事[二八]。从此益充长道心,超超玄著[二九],进可应务随缘,退可出世证果[三〇]。欐柄在我[三一],何往不宜?

君年方壮,经济未有究竟[三二],政不必急为石隐计也[三三]。弟所注念在此一段,大事未暇及,区区寒暄常语[三四],幸深见省察[三五]。以足下事尊公,固是通家子弟[三六]。生平未有往返,今为邦大夫,未敢仓卒通贱姓名,幸为叱致[三七]。握手未期,临风怅结。

(《白榆集》文集卷十三)

注释

〔一〕君善:龙膺,见《报龙君善司理》注释〔一〕。

〔二〕愦愦(kuì):昏庸,糊涂。乃尔:如此,竟然如此。

〔三〕物外人:尘世以外的人。

〔四〕孤愤：因孤高嫉俗而产生的愤慨之情。冲冠：见《答陆君策、郁孟野、曹重甫》注释〔五〕。

〔五〕单舸（gě）：孤舟。岩濑（lài）：山水。

〔六〕虎林：今浙江杭州的别称。

〔七〕蚤：同"早"。侦：见《与张大司马肖甫》注释〔五五〕。

〔八〕王正月：周王所颁历法的正月，周以建子之月（农历十一月）为正。

〔九〕尺素：书信。

〔一〇〕八行：书信。

〔一一〕鸿鲤：见《奉刘观察先生》注释〔七〕。

〔一二〕陈立甫司理：陈汝璧，见《与陈立甫司理》注释〔一〕。

〔一三〕武陵：今属湖南常德。

〔一四〕无何：没有多久。

〔一五〕尊公：龙膺父龙德孚。龙德孚（1531—1602），字渠阳、伯贞，武陵（今属湖南）人。嘉靖三十七年戊午（1558）举人，十上春官不第。历官卫辉推官、辉县知县、宁波同知、南户部员外郎等。有《对湘楼集》。传见李维桢《大泌山房集》卷七十九《户部尚书龙公唐宜人墓志铭》、龙膺《纶滟文集》卷八《先大夫南户部员外郎诰封郎中修正庶尹玄扈公府君暨先太宜人状》、《同治武陵县志》卷三十五《人物志》。卫辉：今属河南新乡。李：司李，即司理，明、清对推官的习称。李，通"理"。四明：今浙江宁波的别称。郡丞：郡守的副贰。

〔一六〕使君：汉时称刺史为使君，后尊称州郡长官。前茅：见《报张肖甫大司马》注释〔一六〕。

〔一七〕削此牍：古人将字写在简牍上，需要书写则需先削裁简牍。此以"削牍"为写信的代称。

〔一八〕拳拳：诚挚恳切的样子。

〔一九〕挂冠：辞官。

〔二〇〕壹意：专心致志。

〔二一〕愍（mǐn）：同"悯"，怜悯，哀怜。

〔二二〕希觏（gòu）：罕见。

〔二三〕太上：清静至极之道。

〔二四〕开美：气度豁达。

〔二五〕器局：器量、度量。粹（cuì）然：纯正貌。

〔二六〕退食：退朝就食于家或公余休息。归隐，退休。

〔二七〕再来人：佛教称再度转世皈依佛门的人。

〔二八〕灵台：心，内心。

〔二九〕超超玄著：言论、文辞高妙明切。超超，高超。玄，微妙。著，明显。

〔三〇〕出世：超脱于世俗之外，隐居。

〔三一〕欛柄：即"把柄"，操守，主意。

〔三二〕经济：经世济民，治国才干。

〔三三〕石隐：汉代郑子真隐于谷口泉石，世称石隐。

〔三四〕区区：我，自称的谦词。

〔三五〕省（xǐng）察：反省，检查。

〔三六〕通家：见《与张大司马肖甫》注释〔五三〕。

〔三七〕叱（chì）致：叱，呵斥。致，送达。

点评

此书作于万历十四年（1586）。书牍首先叙说对龙膺的遭遇表示同情，以不能追送龙膺为憾。正月、五月，两次与书龙膺，闻龙膺父龙德孚转任宁波郡丞，因再与书龙膺，以明思念深切。其次，叙说自己谢绝尘缘，力修大道，劝龙膺调心炼性，进可应务随缘，退可出世证果。最后，劝龙膺不必急作归隐之计，自己不敢贸然与龙德孚联系，请龙膺为之介绍。

再与子愿〔一〕

天下事有不敢言者，大足厘漆室忧〔二〕。仁兄身兼数器，张乖崖救火人〔三〕，乃令转马曹邪〔四〕？世事可知矣。岱宗之下〔五〕，可以栖迟〔六〕。功不挂云台〔七〕，名不可垂丹台、石室乎〔八〕？计行李从楚泽还〔九〕，此时政入里门，坐凉风，临水亭，单衫白帢〔一〇〕，把砗磲〔一一〕，看荷花，便是蓬莱仙伯。顾何如驱马黄埃中，流汗浃体也〔一二〕。

弟以去年九月后，始归自西泠〔一三〕。家有半亩宫小楼，前余隙地〔一四〕，急栽花竹数株，今年遂已扶疏〔一五〕。闭门却扫[一六]，尽可逍遥。独无奈史云之甑生尘矣[一七]。弟为令廉，又好急穷恤难[一八]，官舍常无隔宿粮[一九]。以青浦入觐事竣[二〇]，而南行囊罄矣[二一]，分聊城傅伯俊装[二二]，乃得抵家。抵家数日，即得仪部报[二三]。时有四壁在[二四]，不能治北行。迁延半岁，业罢弃鸡肋物[二五]。勾吴故人闻而为治装[二六]，始能入省[二七]。居都下，长苦东方生乞米状[二八]。客在座贳酒[二九]，大都倚办细君簪珥及图书、鹔鹴裘[三〇]。腰下仅有一银带，急时销付酒家。长安相知作《销带行》记其事[三一]。盖一旦罢兰省，困可知已。

今则藜藿不充[三二]，三旬九食[三三]，先君子在浅土二十余年[三四]，尚未得大归[三五]。仅有江上盈尺地，无从备石椁[三六]。与九十老母相共啖脱粟[三七]，犹然不继，诚无面孔仰戴天日。四明穷海绝地[三八]，非贫子所宜居。故人宾客相见，大半鬼揶揄儿[三九]。吴中故人秦君阳公子，力劝弟做梁伯鸾故事[四〇]，移家梁溪[四一]。盖为问田庐小具[四二]，而父即未葬，母年又高，不能旦暮徙居之。弟又苦心学道，不问家人晨炊。顷蒙圣贤梦境证度，益以遣缘息累，壹意精修[四三]。以仁兄观弟志行若此者，恐终须是此路上人。今世一切都无论矣，独苦老母妻孥〔四四〕，无可托者。辱仁兄见念深，累许捐赀〔四五〕，为弟买山〔四六〕，业有成约。遣使相存〔四七〕，逡巡岁余未遣〔四八〕，何也？人间世猗顿、陶朱不少〔四九〕，患不高义。高义者，或身是黔娄〔五〇〕。仁兄兼此两者，而又与弟讲金石之好〔五一〕，傅大士、庞老功行〔五二〕，愿仁兄努力。施一恶人，不如施一路人；施一路人，不如施一善人。功当相万〔五三〕。弟既受仁兄恩，亦不得茫无所报，负此幽冥业债〔五四〕，为转轮根。因力劝兄蚤回头向大道〔五五〕，所以报也。敬遣家诸孙震〔五六〕，奉诣仁兄，幸无为德不卒〔五七〕。傥使至而仁兄不在家〔五八〕，震不能待，见弟此札后，可遂以信使来。

弟交游满天下，独以八口投仁兄〔五九〕，其故可知已。汉宣帝黄龙元年鼎一枚奉去。焚沉水香〔六〇〕，读二氏书〔六一〕，此鼎已经吴越间博雅者多人鉴定，真汉物，非赝〔六二〕。震，郡诸生，以父忧涉远道。足下幸善遇之。闻济南多清泉白石，如江南趵突珍珠〔六三〕，泠泠足洗心骨〔六四〕。且泰山在望，秋间当得一访仁兄。出处大致〔六五〕，幸以语我。

(《白榆集》文集卷十四)

注释

〔一〕子愿：邢侗（1551—1612），字子愿，临邑（今属山东）人。万历二年（1574）进士，官终陕西行太仆卿。善画，能诗文，书为海内所珍，与董其昌、米万钟、张瑞称邢、张、米、董。家资巨万，筑来禽馆于古犁丘，减产奉客，遂致中落。有《来禽馆集》。墨迹刻石曰《来禽馆帖》。传见李维桢《大泌山房集》卷七十九《邢公墓志铭》、《明史》卷二百八十八。

〔二〕厪（jǐn）：通"仅"，才，只不过。漆室：春秋鲁邑名。鲁穆公时，君老太子幼，国事甚危。漆室有少女倚柱而啸，忧国忧民。事见刘向《列女传·漆室女》。漆室后成为关心国事的典故。

〔三〕张乖崖救火人：张咏（946—1015），字复之，号乖崖，鄄城（今属山东菏泽）人。太平兴国五年（980）进士，累官至枢密直学士、礼部尚书。有《张乖崖集》。大中祥符二年（1009），升州（今江苏南京）失火，千室俱烬。张咏救恤伤者，埋葬死者，斩首放火者。受到真宗肯定和百姓爱戴。

〔四〕马曹：管马的官署。邢侗万历十四年（1586）任太仆寺少卿，五月，辞官回乡。太仆寺负责马政。

〔五〕岱宗：泰山别名。

〔六〕栖迟：淹留，隐遁。

〔七〕云台：汉宫中高台名。汉明帝时，因追念前世功臣，图画邓禹等二十八将于南宫云台。后用以指纪念功臣名将之所。

〔八〕丹台：神仙的居处。石室：传说中的神仙洞府。

〔九〕楚泽：古楚地有云梦等七泽，后以"楚泽"泛指楚地或楚地的湖泽。

〔一〇〕帢（qià）：士人佩戴的一种丝织便帽。

〔一一〕砗磲（chē qú）：一种大型贝类。佛教七宝之首。特指酒杯。

〔一二〕浹：遍。

〔一三〕西泠：见《与王太初、田叔二道友》注释〔一三〕。

〔一四〕隙（xì）：同"隙"。

〔一五〕扶疏：枝叶绵密。

〔一六〕却扫：不再扫径迎客，谓闭门谢客。

〔一七〕史云之甑：见《与冯开之》注释〔一六〕。

〔一八〕恤：救济。

〔一九〕隔宿粮：存粮。

〔二〇〕入觐：地方官员入朝觐见帝王。竣：事情完成。

〔二一〕罄（qìng）：尽，空。

〔二二〕聊城：今属山东。傅伯俊：傅光宅（1547—1604），字伯俊，号金沙居士，聊城（今属山东）人。万历五年（1577）进士，授吴县令，擢御史，累官四川提学副使。传见于慎行《谷城山馆文集》卷二十二《傅公合葬墓志铭》。

〔二三〕仪部：明初礼部所属四部之一，用为对礼部主事和郎中的别称。

〔二四〕有四壁在：家徒四壁。

〔二五〕鸡肋：见《与姜仲文》注释〔五〕。

〔二六〕勾吴故人：指梁溪友人秦焜。勾吴，吴国。秦焜初名爌，字君阳，号元峰，梁溪（今江苏无锡）人。入武英殿，更名焕章。入史馆，更名焜。传见《锡山秦氏宗谱》、《锡山秦氏诗抄》。《鸿苞》卷四十八《高义》："先是，广桑子自青浦觐，还里中，而仪曹之报至。居里中半岁，不能治北行装。贷于句吴故人秦公子君阳，得白金一百五十两，始成行。"

〔二七〕省：兰省，此指礼部官署。

〔二八〕东方生乞米：东方朔（前154—前93），字曼倩，厌次（今山东惠民）人。汉武帝时为常侍郎，拜太中大夫、给事中，世称东方太中。后被劾，复为中郎。性诙谐滑稽，时观察颜色，直言切谏。善辞赋。明人张溥辑有《东方先生集》。《汉书·东方朔传》："上知朔多端，召问朔：'何恐侏儒为？'对曰：'臣朔生亦言，死亦言。侏儒长三尺余，俸一囊粟，钱二百四十。臣朔长九尺余，亦俸一囊粟，钱二百四十。侏儒饱欲死，臣朔饥欲死。臣言可用，幸异其礼。不可用，罢之，无令但索长安米。'上大笑，因使待诏金马门，稍得亲近。"

〔二九〕贳（shì）酒：赊酒。

〔三〇〕细君：妻子。簪珥：见《与沈嘉则书》注释〔一二〕。鹔鹴裘：见《答邹孚如吏部》注释〔一九〕。

〔三一〕长安相知作《销带行》记其事：胡文学编《甬

上耆旧诗》卷十九《礼部屠长卿先生隆》："其在曹，好客益甚。而橐中屡空，时解带付酒家。王季夏太史为作《销带行》纪之。"王蓂，字季孺，一字季夏，慈溪（今属浙江）人。年二十九，中万历十一年（1583）会魁，选庶吉士，授编修。卒年三十二。有《王太史季孺诗草》。小传见《雍正宁波府志》卷二十六《文苑》。《销带行》，见王蓂《王太史季孺诗草》。

〔三二〕藜藿：粗劣的饭菜。

〔三三〕三旬九食：三十天中只能吃九顿饭。形容家境贫困，得食困难。典出刘向《说苑·立节》篇。

〔三四〕先君子：已经亡故的父亲。

〔三五〕大归：最终的归宿，此指择取善地安葬。

〔三六〕石椁（guǒ）：石制的外棺。

〔三七〕啖（dàn）：吃。脱粟：粗粮，只脱去谷皮的粗米。

〔三八〕四明：今浙江宁波的别称。

〔三九〕鬼揶揄儿：指仕途坎坷。《世说新语·任诞》载罗友为桓温下属，不受重用，桓温设宴欢送被任为郡守者，罗友很迟才到，桓问其故，罗友回答："民性饮道嗜味，昨奉教旨，乃是首旦出门，于中路逢一鬼，大见揶揄，云：'我只见汝送人作郡，何以不见人送汝作郡？'民始怖终惭，回还以解，不觉成淹缓之罪。"

〔四〇〕梁伯鸾：梁鸿，字伯鸾，平陵（今陕西咸阳）人。与妻入霸陵山中，以耕织为业，咏诗书，弹琴以自娱。后至吴，依大家皋伯通，居庑下，为人赁舂。潜闭著书十余篇。及卒，伯通等为求葬地于吴要离冢旁。

〔四一〕梁溪：今江苏无锡。

〔四二〕问：赠送。

〔四三〕壹意：专心致志。

〔四四〕妻孥：妻子和子女。

〔四五〕捐赀：捐助，捐赠。

〔四六〕买山：喻贤士归隐。典出刘义庆《世说新语·排调》。

〔四七〕相存：相问。

〔四八〕逡（qūn）巡：徘徊不进，滞留，拖延。

〔四九〕猗顿、陶朱：春秋、战国时的富商大贾。

〔五〇〕黔娄：见《与徐司理》注释〔八〕。

〔五一〕金石之好：比喻像金石一样牢不可破的交情。

〔五二〕傅大士：傅大士（497—569），本名傅翕，字玄风，号善慧，乌伤（今浙江义乌）人。以居士修行佛道，南朝梁禅宗尊宿。庞老：见《报贺伯暗》注释〔三二〕。

〔五三〕相万：相差万倍。极言相差之大。

〔五四〕幽冥：阴间。业债：孽债，业障。

〔五五〕蚤：同"早"。

〔五六〕诸孙：本家孙辈。震：屠隆族孙。

〔五七〕不卒：不终，没有结果。

〔五八〕倪：同"倘"。

〔五九〕八口：一家人。

〔六〇〕沉水香：沉香。

〔六一〕二氏：佛、道两家。

〔六二〕赝（yàn）：伪造的，假的。

〔六三〕趵突（bō tū）：喷涌，奔突。泛指泉水。

〔六四〕泠泠：清凉，声音清越。

〔六五〕出处：出仕和隐退，此处指出门与居家。

点评

屠隆与临邑（今属山东）人邢侗相识于万历十一年（1583），在京城上计期间："不谷与邢君无生平，往岁以计吏在长安，偶集朱汝修宅。邢君走一介，托友生求见不谷。时邢君已将有持斧三吴之役，不谷谢不敢见。邢君少选至，奈何以一鸡肋物骄天下士，邢生伧父哉。及命未下，第讲交游礼。不谷慨然起，世乃有大雅若君卿，仆安可过自局促，而不以成君高？长揖据上坐。长安以此两贤之。"（《白榆集》文集卷十四《与李济南》）《白榆集》诗集卷六《赠邢子愿侍御二首》、《春夜，同陈玉叔、莫廷韩、傅伯俊、邢子愿、胡元瑞集朱汝修斋中》，陈文烛《二酉园诗集》卷十《邢子愿侍御、屠长卿、傅俊伯（伯俊）二明府、胡元瑞、莫廷韩孝廉饮朱汝修馆，谈李于鳞，感赋》等即是二人交往的记载。邢侗闻屠隆罢官，愿"捐俸为其买山"养母："往岁不谷以无罪去国，属子愿以楚藩都饷抵山东，所至问：'屠长卿安之？免官不论，吾知其母老，家贫无担石，何以为生，吾且捐俸为其买山。'不谷深心德之，而信使未至。"（《白榆集》文集卷十四《与李济南》）万历十四年（1586），屠隆两次与书邢侗，告知自己返家后的生活情况，希望邢侗实现捐资买田的诺言。第一通《与子愿》，见

《白榆集》文集卷十四。此乃第二通，因称《再与子愿》。书牍首先为邢侗转任太仆寺少卿抱不平，辞官回乡，自由自在，有如蓬莱仙人。其次，叙说自己去年九月到家，家有小楼居住。回忆自己任官期间，以薄俸周济贫穷，自己也无隔宿粮，出行困难，获得过傅光宅、秦焜等友人的资助。在京期间，鬻卖图书、妻子衣服、首饰度日，甚至将腰间银带变卖换取酒资，王萱作《销带行》记之。再次，叙说自己返家后的贫困生活，父亲去世二十多年，未择善地安葬。与老母吃粗粮，还供给不上。秦焜劝移家无锡，有顾虑，不愿成行。"辱仁兄见念深，累许捐赀，为弟买山，业有成约"，希望邢侗能兑现。因遣族孙屠震往山东，若邢侗不在家，也请见此书后，派人来完成此愿。最后，说随赠汉宣帝黄龙元年鼎一枚，希望秋天能一访邢侗。担心屠震找不到人，屠隆又与书济南知府李伯春和同年、新城知县张新，请他们予以照顾和帮助。又与书秦焜，告知此事。屠隆此次派族孙屠震干求邢侗，很可能是无功而返。因为屠隆对给自己提供资助的人，常在诗文中提及，表示感谢，虽然此后二人还有交往，但没有关于此次干求的只言片语。可能是屠震没有见到邢侗，也可能是邢侗爽约了。邢侗虽然家资巨万，但四方求助者太多，邢侗不会是来者不拒。这次屠隆的求助，没有达到目的。想必屠隆心里一定失望得很，求人难啊。详情见汪超宏《屠隆与邢侗》(《明清浙籍曲家考》，浙江大学出版社，2009年，第56—61页)。

与丁右武〔一〕

别后风波大作，子兰谗屈〔二〕，登徒毁宋〔三〕，总之天放闲人，早还云壑。身既无官，归又无家，人言最苦，仆不谓然。无官固免罣碍〔四〕，无家亦省经营。门前之客不来，园中之蒿长满。形累颇尽，心境泊如〔五〕。经卷熏垆，道人生事，生平交知，露晞星散〔六〕。或易肝胆〔七〕，或阻山河。仆一切不问，自譬如混沌初分时人〔八〕，与今世界有何干涉乎？居恒桎梏进贤〔九〕，欲放情五岳〔一〇〕，顷脱尘罔〔一一〕，一瓢一笠，政在此时。乃犹息影杜门〔一二〕，眷此蓬莱〔一三〕，则有说矣。母年九十，两儿一女俱幼，非尚平勅断家事时也〔一四〕。然身履淹秽〔一五〕，心宅清虚〔一六〕。桑麻松栝〔一七〕，犬羊鹿麇〔一八〕，鸡鹜鹤鹳〔一九〕，环堵圹埌〔二〇〕。即局踏短床曲几间〔二一〕，何异辣蹋少室、天门上也〔二二〕？

向闻足下领马曹南滁〔二三〕，日醉琅琊〔二四〕，庶子甚称仙吏〔二五〕。此后山人久绝朝市〔二六〕，都不知车迹指何处。顷吾郡龙使君云足下持宪武陵〔二七〕。武陵桃花流水〔二八〕,故晋渔人迷舟所。每读柴桑翁"不知有汉,何论晋、魏"语,使人之心意也凉,足下又复得之。人言足下宦游〔二九〕,吾必云足下采真游〔三〇〕。虽然,仆尝妄相右武〔三一〕,贵骨尚在,雄心不除,虽复津津道流,距之犹远,会须磊磊落落〔三二〕,于天壤好做一场〔三三〕,然后撒手掉头可冀尔。君乡张洪阳学士〔三四〕,道器卓然〔三五〕,三事迫之〔三六〕,未免缨绋〔三七〕,要终不如邓编修专精矣〔三八〕。仆早谢人缘〔三九〕,即闲旷,努力此一段大事。图满功行,谁复禁之?而天性差澹,嗜好都轻,似可成进。乃生平染文字一障颇重,堕在言语窠臼〔四〇〕,划除未能〔四一〕。近作三教一书〔四二〕,以为差胜它文字〔四三〕。雕虫口业〔四四〕,俟此书成,便当烧却笔研,不复作文士伎俩矣。

沅、辰间闻多丹砂〔四五〕,可资服食。龙君善〔四六〕,仆故人,又有右武在事,道民宜可策杖直走江湘〔四七〕,道远不能裹粮,相望为耿。君善为新都理〔四八〕,爱民好士,岂弟恬愉〔四九〕,畏垒庚桑〔五〇〕,人讴歌而家尸祝〔五一〕。乃今其尊公丞四明郡〔五二〕,伉厉守高〔五三〕,清真味道〔五四〕。竭力以劳民间,游神常在事外。升堂视事,屹如铁汉〔五五〕;退衙踯躅〔五六〕,萧然发僧〔五七〕。今者声满吴、越间，盖有司之律令也[五八]。武陵有此父子两人哉，部中贤士当无逾此矣。足下观风多暇[五九]，可数进龙生后堂，论文谭道之弟子也。才年甚少，非种桃采药时[六〇]，足下须劝驾补吏，必能匡济明时[六一]，毋为烟霞所得。龙使君奴还，便布此讯。湘浦不乏鲤鱼[六二]，幸无忘尺素[六三]。

（《栖真馆集》卷十三）

注释

〔一〕丁右武：丁此吕（1550—1609），字右武，新建（今属江西）人。万历五年（1577）进士，由漳州府推官征授御史，劾礼部侍郎高启愚，坐谪潞安推官，寻召还。历浙江右参政，以受赃谪戍边。有《西游草》。传见《明史》卷二百二十九、《同治新建县志》卷四十《贤良上》。

〔二〕子兰谗屈：子兰，楚国令尹，常在楚王面前诋毁屈原，导致楚王疏远屈原，流放之。

〔三〕登徒毁宋：宋玉《登徒子好色赋》提到登徒子在楚王面前诋毁宋玉。

〔四〕罣（guà）碍：羁绊，牵掣，障碍。

〔五〕泊（bó）如：恬淡无欲。

〔六〕晞（xī）：干，干燥。

〔七〕易肝胆：谓与自己不再志同道合。易，换。

〔八〕譬如：比如。混沌：传说中世界开辟前的模糊一团的状态。

〔九〕居：平常，平时。桎梏进贤：受到官爵地位的束缚，不能自由行事。桎梏，同"桎梏"，刑具。引申为束缚、压制。进贤，进贤冠，代指官位。

〔一〇〕五岳：见《与王元美先生书》注释〔三二〕。

〔一一〕尘罔：即"尘网"，人世。把人世看作束缚人的罗网。

〔一二〕息影：退隐闲居。杜门：闭门。

〔一三〕蓬莱：蓬蒿草莱，借指草野。

〔一四〕尚平：见《与王敬美》注释〔三〕。勅断：裁断。

〔一五〕淹秽：污秽，肮脏。

〔一六〕清虚：清净虚无。

〔一七〕栝（guā）：桧（guì）树。

〔一八〕麛（mí）：幼鹿，或泛指幼兽。

〔一九〕鹜（wù）：鸭子。

〔二〇〕环堵圹埌（kuàng làng）：形容四壁空空，一无所有的样子。环堵，指四周环着每面一方丈的土墙。形容狭小、简陋的居室。圹埌，空荡辽阔，一望无际貌。

〔二一〕局蹐：同"跼蹐"，见《与孙太史、冯吉士、沈比部书》注释〔三七〕。曲几：曲木几，以怪树天生屈曲若环若带之材制成，故称。

〔二二〕竦：同"耸"，高起，直立。蹑（niè），踩，踏。

少室：少室山，在今河南登封西北。天门：天门山，在今安徽芜湖北郊。

〔二三〕马曹：管马的官署。丁此吕此年任南太仆丞，太仆丞司马政。南滁：今安徽滁州。

〔二四〕琅琊：琅琊山，在今安徽滁州境内。

〔二五〕庶子：明、清左右庶子，正五品，作为词臣迁转阶梯。

〔二六〕山人：遁迹山林的隐逸之士。

〔二七〕龙使君：龙德孚，见《与君善》注释〔一五〕。使君：汉时称刺史为使君，后尊称州郡长官。持宪：执掌法令。武陵：今属湖南常德。

〔二八〕"武陵"三句：柴桑翁，陶渊明。"不知有汉，何论晋、魏"，语出陶渊明《桃花源记》。

〔二九〕宦游：为求得官职而四处游访。

〔三〇〕采真：道教语，顺乎天性，放任自然。

〔三一〕妄：胡乱，随便。相：观看，相面。

〔三二〕会须：适逢需要，应当。磊磊落落：心怀坦荡，光明正大。

〔三三〕天壤：天地间。

〔三四〕张洪阳学士：张位（1534—1610），字明成，号洪阳，新建（今属江西）人。隆庆二年（1568）进士，官至吏部尚书、武英殿大学士。张位初官翰林，颇有声望。及入政府，招权示威，素望渐衰，坐事除名为民卒。天启中，复官，谥文瑞。有《问奇集》、《词林典故》、《警心类编》、《闲云馆集抄》、《丛桂山房汇稿》等。传见《明史》卷二百十九。

〔三五〕道器：有道之气度。卓然：卓越，突出。

〔三六〕三事：见《与赵汝师太史》注释〔二七〕。

〔三七〕缨绋（fú）：绳索，缠缚。

〔三八〕邓编修：邓以瓒（1542—1599），字汝德，号定宇，新建（今属江西）人。隆庆五年辛未（1571）会试第一，选庶吉士，历官编修、右中允、国子监司业、南京祭酒、吏部侍郎等。有《定宇文集》、《定宇制义》等。

〔三九〕谢：辞别。

〔四○〕窠臼（kē jiù）：老套子，比喻牢笼。

〔四一〕划：削平，铲除。

〔四二〕近作三教一书：屠隆于万历十四年（1586）著成《广桑子》，《鸿苞》卷二十二有《广桑子游》一篇。

〔四三〕差胜：略胜，微胜。

〔四四〕雕虫：见《与刘观察先生书》注释〔一七〕。

〔四五〕沅、辰：沅陵、辰溪，今属湖南怀化。丹砂：炼丹原料之一，也有药用价值。

〔四六〕龙君善：龙膺，见《报龙君善司理》注释〔一〕。

〔四七〕道民：见《与陈立甫司理》注释〔四五〕。策杖：柱杖。

〔四八〕新都：徽州（今属安徽）的古称。理：司理，明、清对推官的习称。

〔四九〕岂弟（kǎi dì）：和乐平易。恬（tián）愉：快乐。

〔五〇〕畏垒庚桑：古有庚桑楚，居于畏垒之山。天性自然，与之相处者，均是敦厚朴实之人。见《庄子·庚桑楚》。

〔五一〕尸祝：祭祀，崇拜。

〔五二〕尊公：龙膺父龙德孚，见《与君善》注释〔一五〕。丞：郡丞，郡守的副贰。四明：今浙江宁波的别称。

〔五三〕伉（kàng）厉：刚直，严厉。守高：保持高尚节操。

〔五四〕清真：纯真朴素，幽静高洁。味道：体味道的哲理。

〔五五〕屹（yì）：山势高耸，喻坚定不可动摇。

〔五六〕跏趺（jiā fū）：佛教中修禅者的坐法，泛指静坐，端坐。

〔五七〕萧然：空寂，萧条，稀疏，虚空。

〔五八〕有司：主管某部门的官吏，泛指官吏。律令：律度法令，法规。

〔五九〕观风：观民风，观察民情，了解施政得失。暇：闲暇。

〔六〇〕种桃采药：刘晨、阮肇二人入天台上采药遇仙之事。见刘义庆《幽明录》。此指修仙炼道之事。

〔六一〕匡济：挽救艰难时势，救助当今人世。明时：阐明天时变化，政治清明的时代。

〔六二〕湘浦：湘江边。湘江，在今湖南境内。鲤鱼：指送信使者。

〔六三〕尺素：书信。

点评

　　新建（今属江西）人丁此吕是屠隆至交之一，二人是万历五年（1577）同年进士，结交也在此年："往岁与仁兄倚醉长安，连镳广陌，雅志绝尘，冥心独往，可谓极裴徊之欢，悟逍遥之旨。"（《由拳集》卷十六《与丁右武》）屠隆与丁此吕、沈懋学、冯梦祯、王士性等常集京师逆旅嘉树轩，诗酒唱和："友人沈箕仲、周元孚、于子冲、徐茂吴、沈君典、李惟寅、王恒叔、孙以德、丁右武、甘应浦、沈少卿、陆敬承、陈伯符，亦时时来。京师逆旅中有小轩，种茂树一章，溟涬子与四三君子偃息其下，或相与论诗文；或订玄理，不及世务；或竟日无言，相对嗒然。溟涬子倾囊市酒脯佐欢，不给，数君即递相助之。自以为适，不复问门外事。"（《鸿苞》卷四十七《拙宦》）《由拳集》卷九《夏夜，沈箕仲、冯开之、丁右武、徐茂吴、沈少卿、陈伯符集嘉树轩，得人字》即集会所作。万历十二年（1584）三月，丁此吕上疏论高启愚主试应天时，命题阿附张居正，谪潞安（今属山西）推官，屠隆有诗送别（《白榆集》诗集卷三《送丁右武侍御谪潞安司理，迎母南还》）。万历二十三年（1595）大计，吏部尚书孙丕扬以此吕"不谨"之罪（实为"贪墨"），遣官逮之。七月，被逮至京，法司覆上，请戍极边。屠隆在吴门（今江苏苏州），闻此吕被逮，"气结情极，无可叩吁"，作《告关真君疏》，为此吕鸣冤，乞关真君"大显威灵，速加救护"，对造谤言诬伤善类者，"显行罪罚，警戒逸人"（《鸿苞》卷四十四《与丁右武》）。欲至洪都（今江西南昌）与此吕握手泣别，得知此吕泛九江，道皖城而北，"恸哭岐路，踟蹰何之"，只好往遂昌（今属浙江）访汤显祖，打听此吕消息（《鸿苞》卷四十四《与丁右武》）。

此书作于万历十四年（1586），本年二月，此吕由南京太仆寺丞升任湖广佥事（《神宗实录》卷一百七十一）书牍首先叙说自己被诬回家，息影杜门，每日经卷薰炉，心境淡泊，不与世事。其次，说闻知此吕官南太仆丞，日日饮酒琅琊山（在安徽滁州境内），堪称仙吏。又听龙德孚说升任湖广佥事，前往武陵（今湖南常德），非宦游，是采真（求仙修道）之游。评价此吕、张位（字明成，号洪阳）、邓以赞（字汝德，号定宇）三人修道功力与用心，告知自己未能断弃文字，近作《广桑子》，主张三教合一，"以为差胜它文字"。最后，说希望能得到此吕、龙膺帮助，到江湘一游。龙膺为官爱民好士，敦厚自然，龙德孚刚直淳朴，体恤民情，都是受地方百姓爱戴的清官。此吕可与龙膺谈道论文，劝其补吏，不要灰心丧气，过早隐居修仙。《寄丁右武观察武陵》诗，与此书同时作，见《栖真馆集》卷七。

与龙伯贞[一]

某藉先生宠灵[二]，得遇聂师[三]。聂师亲授大道，于上真业已结胎成神[四]，了玉液炼己之事[五]。所未究竟者[六]，金液还丹尔[七]。此万劫一传[八]，非人莫授。怀之五十年，未尝向人吐一字。止以卖药为名，人第知其药有灵验[九]，不知其为近代钟、吕也[一〇]。累试某向道勤苦，遂举皇天大道，疏奏上清[一一]，遍告列真[一二]，尽以授仆。又以所炼神丹二百四十五丸倾囊见赐，手书内修外药诸诀，临文恸哭，一字一涕，伤知己之难遇、大道之难传也。自念某肖翘微质[一三]，雕虫小儒[一四]，一旦遇此至人，担当大事，万劫千生，至幸矣。度师之恩[一五]，天高地厚矣，某敢不日夜淬厉[一六]，以求不负师恩？顾念若非先生指引，何缘得此希有奇逢？渔父之恩[一七]，何可忘也！敬东向九顿首[一八]，称谢先生。

某在虎林[一九]，得见一二当路[二〇]，悉知先生清身直道，勤事爱民，荣问休嘉[二一]。知先生不事于身外浮名，亦吾党所愉快。聂师以岁暮思归，遂已新都之行[二二]，于此月十八日西矣，与某盘桓二十余日[二三]。冯开之闻而亦恳列门下[二四]，共订烟霞之盟，并附以闻。老母而下，家居凄凉，望先生时遣人一存问[二五]。乌鸟私情[二六]，言之皇恐[二七]。

（《栖真馆集》卷十三）

注释

〔一〕龙伯贞：龙德孚，见《与君善》注释〔一五〕。

〔二〕宠灵：恩宠光耀，使得到恩宠福泽。

〔三〕聂师：聂道亨，道士。《栖真馆集》卷二十《灌木园记》："吾师聂道亨先生七龄访道，家散万金，以凤植灵根，得遇圣师传玉液、金液、大道，今齿不卑矣，而玄发丹容，望而知其为天际真人。岁丁亥九月，与隆遇于海上，一见握手，挈为同调。某亦北面委心焉。遂相与疏奏上清，歃血立誓，授以道诀，兼惠服食大药。某受而行之，之立竿见影，万劫至幸矣。"

〔四〕上真：真仙。

〔五〕玉液：美玉制成的浆液，传说饮之可以成仙。炼己：修心炼性，排除杂念，集中注意力，以专心练功。

〔六〕究竟：结果，原委。

〔七〕金液还丹：通过练功，使元精、元炁、元神化合而成大药。

〔八〕万劫：佛经称世界从生成到毁灭的过程为一劫，万劫犹万世，形容时间极长。

〔九〕第：只，仅仅。

〔一〇〕钟、吕：钟离权和吕洞宾，道教传说中的仙人。

〔一一〕上清：上天。

〔一二〕列真：众仙人。道教称得道之人为真人。

〔一三〕肖翘：细小能飞的生物。微质：谦称自己的身躯。

〔一四〕雕虫：见《与刘观察先生书》注释〔一七〕。

〔一五〕度师：度某人入道门的师父。

〔一六〕淬（cuì）厉：淬火磨砺。激励，磨炼。

〔一七〕渔父之恩：《庄子·渔父》通过渔父对孔子的批评，指斥儒家思想，借此阐述持守其真、还归自然的主张。

〔一八〕九顿首：形容礼节隆重。以头叩地曰顿首。

〔一九〕虎林：今浙江杭州的别称。

〔二〇〕当路：执政，掌权。掌权的人。

〔二一〕荣问：美好的声誉。荣获问事或问候。休嘉：美好嘉祥。

〔二二〕新都：徽州（今属安徽）的古称。

〔二三〕盘桓：逗留。

〔二四〕冯开之：冯梦祯，见《与孙太史、冯吉士、沈比部书》注释〔一〕。

〔二五〕存问：问候，探望。

〔二六〕乌鸟私情：乌鸟反哺之私情。比喻人子的孝思。

〔二七〕皇恐：惊惶，恐惧。皇，通"惶"。

点评

此书作于万历十五年（1587）。龙德孚是龙膺的父亲。万历十四年（1586）至十九年（1591），任宁波同知（《雍正宁波府志》卷十六《秩官上》）。万历十五年（1587）九月，屠隆遇道士聂道亨，同栖杭州吴山通玄观近一月。十月，赴宣城（今属安徽），吊沈懋学。此书作于二人分别后的九、十月间。书牍首先叙说自己遇聂道亨，授大道，赠药丸，感念龙德孚介绍，才有如此稀有之遇。其次，告知龙德孚，其清廉耿直，勤政爱民，上下皆知。聂道亨不往新都（徽州，今属安徽），冯梦祯亦拜聂道亨门下。请龙德孚照顾一下自己家人。

与刘诚意[一]

不佞往在由拳[二]，尝通赤蹏[三]，各吐胸臆[四]，遂定神交[五]。茫茫湖海，眇邈十年[六]，尚未成握手。人生会合，真亦有数[七]。不佞今跳身人外，得诀环中矣[八]。君侯犹以才名束练世网[九]，黄石虽逢[一〇]，赤松何日[一一]？流年不待，石火可忧[一二]。大英雄急须回首，无终取兰膏、松明之恨[一三]。不佞顷走宛上[一四]，哭故友沈君典墓[一五]。从萧寺遇法极禅师[一六]，既解空观[一七]，兼悟玄宗金丹度世大道[一八]，得真师正传。其人醇朴澄朗[一九]，支道林、薛紫贤之流也[二〇]。大道将成，志立功行，将建修泾县大桥[二一]，拯物利世，属不佞为疏，持之以募化金陵、句曲间[二二]。念维君侯特达疏通，道器卓然[二三]，故远投君侯为大檀越[二四]，乞以力兴胜事、普济众生为愿。身作津梁[二五]，功德无量。君侯傥有志参访性命之学[二六]，此僧可就问也。手书仰陈，并致相念。仆明春有白下之行[二七]，当与君侯纵谭十日而去。

(《栖真馆集》卷十四)

注释

〔一〕刘诚意：刘世延，字芝田，号石圃居士，青田（今属浙江）人。诚意伯刘基十一世孙，刘瑜孙。嘉靖二十八年（1549）二月，袭诚意伯。嘉靖末，南京振武营兵变，世延掌右军都督府事，抚定之。数上封事，不报，忿而恣横。万历三十四年（1606），坐罪论死，卒。

〔二〕由拳：青浦的古称。

〔三〕赤蹄：亦作"赫蹄"，用以书写的小幅绢帛。后亦以借指纸、书信。

〔四〕胸臆：内心深处的想法。

〔五〕神交：心意投合、相知很深的朋友。

〔六〕眇邈（miǎo miǎo）：久远，遥远。

〔七〕数：天数，命运。

〔八〕环中：尘寰之中。

〔九〕君侯：对达官贵人的敬称。束练：束缚。世罔：人世。把人世看作束缚人的罗网。

〔一〇〕黄石：黄石公曾传授张良兵法。见《与汪伯玉司马》注释〔一八〕。

〔一一〕赤松：赤松子，道教神仙。能入火自焚，随风雨上下。事见《列仙传》。

〔一二〕石火：石头撞击时发出的一闪即逝的火花，比喻生命的短暂易逝。

〔一三〕兰膏：用泽兰子炼制油脂，可以点灯。松明：

山松多油脂，劈成细条，燃以照明，谓之"松明"。

〔一四〕宛上：宛陵，宣城别称，今属安徽。

〔一五〕沈君典：沈懋学，见《与沈君典书》注释〔一〕。

〔一六〕萧寺：佛寺。

〔一七〕空观：见《与陈玉叔方伯》注释〔一八〕。

〔一八〕玄宗：佛、道所谓深奥旨意。金丹：方士炼金石为丹药，认为服之可以长生不老。度世：超脱尘世为仙。

〔一九〕淳朴：诚实朴素。澄朗：清朗。

〔二〇〕支道林、薛紫贤：支道林，东晋名僧。薛紫贤，宋朝名道。

〔二一〕泾县：今属安徽宣城。

〔二二〕金陵：今江苏南京。句曲：山名，在今江苏句容东南。代指句容。

〔二三〕道器：见《与丁右武》注释〔三五〕。卓然：卓越，突出。

〔二四〕檀越：施主，布施之人。

〔二五〕津梁：渡口和桥梁。

〔二六〕倘：同"倘"。性命之学：天性天命之学说。

〔二七〕白下：今江苏南京。

点评

此书作于万历十五年（1587）十、十一月之间。本年十月，屠隆赴宣城（今属安徽），吊沈懋学，遇僧人法极，欲修泾县（今属安徽宣城）大桥，请屠隆为疏文，募化资金。屠隆遂有此书。"刘诚意"是诚意伯刘基十一世孙刘世延,嘉靖二十八年(1549)二月,袭诚意伯。书牍首先叙说在青浦知县任上,曾与刘世延书牍相通,各吐胸臆,遂成神交,但没相会。其次,劝刘世延跳身世外,及早回头。再次,说自己吊沈懋学,遇僧人法极,欲修泾县大桥,请人布施,因与书刘世延,做大施主。最后,告知明春有南京之行,希望能与刘世延相见畅谈。

与梅禹金〔一〕

宛上一行〔二〕,独喜得与足下周旋〔三〕,酬十年心愿。留连一月,半醉君家。平原款洽〔四〕,似为倍之。畅甚,畅甚。郭门一别,大自黯然〔五〕。献岁西湖之约〔六〕,幸存之勿忘。孤山、六桥〔七〕,纵览烟云水月,然后连舫过金昌〔八〕,并辔秣陵红板〔九〕,酒催平乐〔一〇〕,花宿杜陵。道民以衲衣斗笠〔一一〕,溷迹其中〔一二〕,良亦快事。方今握管铸辞如云〔一三〕,大都施朱涂粉,赝夷光耳〔一四〕。独足下倾城绝代,天质自然,丰意抟心〔一五〕,无所不诣。外无乏境〔一六〕,内无窘思〔一七〕。五音并宣〔一八〕,五采并驰〔一九〕。仆所醉心,今世罕见其两。愿足下自爱。仆观足下顷欲学三河少年〔二〇〕,风流自赏,津津得意,似且老吴门白云乡〔二一〕。相如措大〔二二〕，得一文君，便沉湎濡首〔二三〕。古今人有才必有情，殆相影响耶？司马慢世〔二四〕，至今风华犹映人〔二五〕，要不失才子本色。然丈夫生有七尺〔二六〕，包举乾坤〔二七〕，事有不止此者。足下神采有余，故知笑孱长卿不足当文君一队〔二八〕，暂寄兴此中，终须超然。仆亦信之。区区之忠〔二九〕，愿足下蚤回心大道〔三〇〕，遮须国王、芙蓉城主不足恋也〔三一〕。足下欲为仆刻宛上诸篇，幸与吕使君商之〔三二〕。傥必欲任此者〔三三〕，再布后命，当以原稿奉往耳。使君且使使送《广桑子》至新都〔三四〕，足下勿忘寄语。

（《栖真馆集》文集卷十四）

注释

〔一〕梅禹金：梅鼎祚（1549—1615），字禹金，号胜乐道人，宣城（今属安徽）人。诸生。诗文博雅，以不得志于科场，弃举子业。有诗文《鹿裘石室集》，小说《青泥莲花记》《才鬼记》，传奇《玉合记》《长命缕》，杂剧《昆仑奴》等。参见徐朔方先生《梅鼎祚年谱》（《晚明曲家年谱》第三卷，浙江古籍出版社，1993年）。

〔二〕宛上：宛陵，宣城别称，今属安徽。

〔三〕周旋：交往，应酬。

〔四〕平原款洽：平原，见《报龙君善司理》注释〔二一〕。

款洽,亲密亲切之意。

〔五〕黯(àn)然:心神沮丧、情绪低落的样子。

〔六〕献岁:岁首正月。

〔七〕孤山:在今浙江杭州西湖边。六桥:见《报张肖甫大司马》注释〔三〕。

〔八〕金昌:金阊,苏州金门、阊门两城门,代指苏州。

〔九〕秣陵:今江苏南京。红板:漆成红色的木板,一般指桥板。代指桥。

〔一〇〕"酒催平乐"二句:平乐,平乐观,在洛阳(今属河南)西门外,汉唐时富豪显贵的娱乐场所。杜陵,在长安(今陕西西安)城东南,游乐之地。唐韩翃《赠张千牛》:"急管昼催平乐酒,春衣夜宿杜陵花。"

〔一一〕道民:见《与陈立甫司理》注释〔四五〕。衲衣:僧衣,道袍。补缀过的衣服,泛指破旧衣服。

〔一二〕溷(hùn)迹:混迹。

〔一三〕握管:执笔。铸辞:锤炼文辞。

〔一四〕赝:假,伪造。夷光:即西施,春秋时越国美女。

〔一五〕抟(tuán)心:抟心揖志,专心一志。

〔一六〕乏境:困境。

〔一七〕窘思(jiǒng):困穷之思。

〔一八〕五音:宫、商、角、徵、羽五声音阶。

〔一九〕五采:黄、赤、白、黑、青五种颜色,后泛指多种颜色。

〔二〇〕三河少年：指好气任侠之辈。三河指河东、河内、河南，在今河南北部、山西南部一带。宋敖陶孙《诗评》评曹植："曹子建如三河少年，风流自赏。"

〔二一〕吴门：苏州的代称。白云乡：《庄子·天地》："乘彼白云，游于帝乡。"后因以"白云乡"为仙乡。

〔二二〕相如：司马相如（前179—前118），字长卿，成都（今属四川）人。西汉辞赋家。措大：指贫寒失意的读书人。见《与沈士范》注释〔二〇〕。

〔二三〕沉湎：沉溺，迷恋。濡（rú）首：埋头，专心致志。

〔二四〕慢世：玩世不恭。

〔二五〕风华：风采，才华。

〔二六〕七尺：身躯。人身长当约古尺七尺，故称。

〔二七〕乾坤：天地。

〔二八〕孱（chán）：瘦弱，软弱。

〔二九〕区区：我，自称的谦词。

〔三〇〕蚤：同"早"。

〔三一〕遮须国王：遮须，传说中的国名。国王是三国时曹植。芙蓉城主：传说石延年、丁度死后，成为芙蓉城主。苏轼《芙蓉城》诗："芙蓉城中花冥冥，谁其主者石与丁。"

〔三二〕吕使君：吕胤昌（生卒年不详），字玉绳，号姜山、麟趾，吕元长子。余姚（今属浙江）人。万历十一年（1583）进士，历官宁国府推官、吏部主事、河南参事等。据《嘉庆宁国府志》卷三《职官》，吕胤昌万历十一年（1583）至十六年（1588）任宁国府推官。

〔三三〕傥：同"倘"。

〔三四〕《广桑子》：见《与丁右武》注释〔四二〕。新都：徽州（今属安徽）的古称。

点评

万历十五年（1587）十月，屠隆赴宣城（今属安徽），吊沈懋学。此前，梅鼎祚有诗相招："苦忆平生沈太史，白马来临识者惊。"（梅鼎祚《鹿裘石室集》诗集卷七《以诗代书招屠长卿》）沈懋学是二人的共同好友，梅鼎祚曾代沈懋学作《颍上县东门河堤告成记》（梅鼎祚《鹿裘石室集》文集卷十六）。在宣城一月，屠隆与梅鼎祚、吕胤昌、徐翁仍等往来甚欢。此书作于当年十一月，屠隆离开宣城后。书牍首先回忆宣城之行，"留连一月，半醉君家"，相处愉快。其次，相约明年西湖相会，游览孤山六桥，然后并舟游苏州、南京等。再次，赞扬梅鼎祚"天资自然"，文才无双，劝其早回心大道，脱离世尘。最后，说梅鼎祚欲刻屠隆宣城之行诗作，请与吕胤昌商量，并请梅鼎祚为《广桑子》题词。宣城之会，二人有不少诗作纪事。屠隆《过宣城，哭沈君典太史，投赠梅禹金》、《仙人好楼居，为梅禹金》(《栖真馆集》卷三)、《访梅禹金别业不遇，匄酒资而去》(《栖真馆集》卷四)、《宛陵冬月，梅孺子孝廉邀同叶虞叔、梅禹金、巨卿、泰符、木华、张仲率携酒登郡城四首》(《栖真馆集》卷七)等，梅鼎祚《酬屠长卿序〈章台〉传奇，因过新都寄汪司马》、《采芳歌，赠屠家小史》(《鹿裘石室集》诗集卷七)、《冬日，同屠长卿泛城东，长卿于舟中绯袍作渔阳三挝》(《鹿裘石室集》

诗集卷十一）等，均此时作。此行稍后，屠隆为梅鼎祚《玉合记》传奇作序："以其余力为《章台柳》新声，其词丽而婉，其调响而俊。既不悖于雅音，复不离其本色。洄洑顿挫，凄沉掩抑。叩宫宫应，叩羽羽应。每至情语，出于人口，入于人耳。人快欲狂，人悲欲绝，则至矣，无遗憾矣。"（《栖真馆集》卷十一《章台柳玉合记叙》）梅鼎祚回书答谢，叹为知音："得大序，从枕上跃起。颂之，正如上清仙史携乌龙女子唱【朝元引】，虽极纤艳，寥寥泠泠，自当知为钧天乐部也。鼎祚腥膻之口，既作馋剧，尘土之耳，顿闻妙音，亦是遇真缘合耳。"（《鹿裘石室集》文集卷二《答屠长卿》）

与冯开之〔一〕

去年大潦〔二〕，岁既不登〔三〕，入春连雨三月，菜麦俱萎死，斗米一钱有奇〔四〕，海错亦并踊贵〔五〕。并海民人，十室九饥。村落山泽之间，草无留根，树无完皮。城市衣冠子女，牵连行乞，甚或度不能活，雉经于梁〔六〕，毕命河伯〔七〕。而富贵豪右〔八〕，自多其囷廪〔九〕，厚积深藏，日增索高价〔一〇〕。风景惨苦，言之使人酸鼻。

弟家仅有谷数十钟〔一一〕，诸兄、诸姊及诸子姓、中表家〔一二〕，枵腹而人待哺〔一三〕，日相聚一室，共啖此脱粟〔一四〕。脱粟有限，人饥无穷。一老姊以病暂归，归卧数日，即数日馁矣〔一五〕，急以铺米饷之〔一六〕。而生平故旧穷交〔一七〕，复时时相向。道民义不忍独饱〔一八〕，誓与众生分苦恼，计已无复之。

富家独拥饶裕，坐视生灵之穷，而惟思乘时射利〔一九〕。道民目击时艰，若处针毡之上〔二〇〕，而智计莫可如何。独不念五浊众生诸苦〔二一〕，皆从自身恶业而生〔二二〕。现在之贫穷而馁死，悉过去之富贵而悭贪者也〔二三〕。目今得意，曾不刹那转盼之间〔二四〕，溘焉销灭〔二五〕，堕为焰口，生为饿夫，凿凿如此〔二六〕。若曹不信有今生来世之理〔二七〕，快意目前而足，则亦无如之何矣。若使富贵家尽好慈悲，尽行施舍，以众富济众贫，何忧百姓饥馁？奈何必不能然？所以业深而根陨〔二八〕，因在而果成。展转反复，以积此辘轳之劫也〔二九〕。夫上帝主张劫世者〔三〇〕，帝岂好造是劫，以楚毒众生哉〔三一〕？皆众生之恶业自取之，不能逃也。

弟身既隐矣，邂于人外〔三二〕，乃复以人世疾苦罣诸胸怀〔三三〕，累伏累起〔三四〕，妨我净业〔三五〕。漆室忧鲁〔三六〕，嫠不恤纬〔三七〕。足下得无笑其私忧过计邪〔三八〕？虽然，东教以如伤为爱〔三九〕，西方以平等为慈〔四〇〕。学道人即息景蒲团〔四一〕，那得便秦、越众生〔四二〕，了不关念？

假令一朝而仳离板荡〔四三〕，道人虽携妻孥鸡犬入山谷〔四四〕，犹恐逻者熏而出之〔四五〕。宁得晏然偃卧长松修竹之下乎〔四六〕？

弟顷者深欲渡江，与足下相见，图裹粮同如京口〔四七〕，访聂仙翁于乌衣〔四八〕。乃去年聂翁云日下丹房未就〔四九〕，秋以为期。而饥殍满路〔五〇〕，道里颇艰，故不敢轻出。遣使往候仙翁，便讯足下。足下迩者起居何似〔五一〕？亦时行道，当遂精进，幸示其状。虞长孺醇白〔五二〕，是我辈人，须与朝夕。谬仲仁辩才无碍〔五三〕，大似维摩诘〔五四〕，犹惜其舌端太纵横〔五五〕。多知为败〔五六〕，多言数穷〔五七〕。此两言者，夫夫顶门针也〔五八〕。何如？入夏恐未免绝粮，当告急足下。足下困有余白粲〔五九〕，幸不惜运西江之水〔六〇〕。

（《栖真馆集》卷十四）

注释

〔一〕冯开之：冯梦祯，见《与孙太史、冯吉士、沈比部书》注释〔一〕。

〔二〕潦（lào）：同"涝"，雨水过多，水淹，积水。

〔三〕不登：不丰，歉收。

〔四〕有奇（jī）：有余，有零头。

〔五〕海错：众多的海产品。踊（yǒng）贵：物价上涨。

〔六〕雉经：自缢。

〔七〕毕命：结束生命，多指横死。河伯：河神。

〔八〕豪右：豪门大族。汉以右为上，故称豪右。

〔九〕囷廪（qūn lǐn）：粮仓。

〔一〇〕索：索求，索取。

〔一一〕钟：容器单位，十斛为一钟。

〔一二〕子姓：子辈，子女。

〔一三〕枵（xiāo）腹：空腹，饥饿。

〔一四〕啖（dàn）：吃。脱粟：粗粮，只脱去谷皮的粗米。

〔一五〕馁（něi）：饥饿。

〔一六〕餔（bū）：糊状食物。

〔一七〕穷交：患难之交，贫贱之交。

〔一八〕道民：见《与陈立甫司理》注释〔四五〕。

〔一九〕射利：谋取财利。

〔二〇〕针毡（zhān）：置针于其中的毡。坐于其上，令人片刻难安。语出《晋书·杜锡传》。

〔二一〕五浊：大乘佛教在佛经中提出的劫浊、见浊、烦恼浊、众生浊、命浊。

〔二二〕恶业：佛教谓出于身、口、意三者的坏事、坏话、坏心等。

〔二三〕悭（qiān）贪：吝啬而贪得。

〔二四〕刹那：极短暂的时间，瞬间。转盼：目光流转，转眼，喻时间短促。

〔二五〕溘（kè）：忽然。

〔二六〕凿凿：确实。

〔二七〕若曹：你们，你辈。

〔二八〕业：缘分或罪孽。

〔二九〕辘轳之劫：轮转不停之劫难。辘轳，提取井水的用具。

〔三〇〕劫世：佛教以一劫为一世，此前为过去世，此后为未来世。一劫是四十三亿二千万年，或一百二十八亿年。

〔三一〕楚毒：使痛苦。

〔三二〕遯：逃。通"遁"。

〔三三〕罣（guà）：牵绊，系念。

〔三四〕累：屡次。

〔三五〕净业：见《与陈玉叔方伯》注释〔二九〕。

〔三六〕漆室忧鲁：见《再与子愿》注释〔二〕。

〔三七〕嫠不恤纬：寡妇不怕织得少，而怕亡国之祸。比喻忧国忘家。事见《左传·昭公二十四年》。嫠，寡妇。恤，忧虑。纬，织布用的纬纱。

〔三八〕过计：过多的考虑。

〔三九〕东教：道教。如伤：视民如伤，把百姓当作有伤病的人一样照顾。形容在位者关怀百姓。

〔四〇〕西方：佛教。

〔四一〕息景：息影，退隐闲居。蒲团：用蒲草做成的圆形坐垫，多为僧道打坐用。

〔四二〕秦、越：秦国、越国，一南一北，相距很远，不大往来。比喻两方疏远。

〔四三〕仳（pǐ）离：分离，别离。板荡：形容天下大乱，局势动荡。

〔四四〕妻孥：妻子和子女。

〔四五〕逻者：巡逻之人。

〔四六〕晏然：安定，安闲。偃卧：仰卧，睡卧。

〔四七〕京口：在今江苏镇江。

〔四八〕聂仙翁：聂道亨，道士。乌衣：乌衣巷，在今江苏南京秦淮河上文德桥旁。

〔四九〕日下：目前，眼下。丹房：炼丹的地方，亦指道观。

〔五〇〕饥殍（piǎo）：饿死者。

〔五一〕迩者：近来。

〔五二〕虞长孺：虞淳熙（1553—1621），字长孺，钱塘（今浙江杭州）人。万历十一年（1583）进士，授兵部职方主事，累迁稽勋郎。万历二十一年（1593），削籍归。有《虞德园集》、《孝经集灵》等。醇白：纯洁。

〔五三〕谬仲仁：谬，应为缪。缪希雍（1546—1627），字仲淳、仲仁，号慕台，常熟（今属江苏）人。东林党人，医术奇高。有《本草经疏》《本草单方》《先醒斋广笔记》等。

〔五四〕维摩诘：维摩诘，古印度毗舍离富翁，勤于攻读，虔诚修行，得圣果成就，被称为大菩萨。

〔五五〕纵横：奔放自如。

〔五六〕多知为败：知道太多，会带来麻烦。

〔五七〕多言数穷：言多必失，必有理屈之时。语出《老子》第五章。

〔五八〕夫夫：这个男子。顶门针：顶门上一针，针灸时自脑门所下的一针。比喻击中要害而能使人警醒的言论或举动。

〔五九〕白粲（càn）：白米。

〔六〇〕西江之水：指解燃眉之急的救助。典出《庄子·外物》。此处指救人于危难之资。

点评

此书作于万历十六年（1588）。书牍首先叙说去年大涝，今年入春又连雨三月，庄稼无收，物价昂贵，百姓只能吃树皮草根，沿途行乞，有的甚至上吊、跳河自杀。富贵豪门，囤积粮食，高价售卖，获取暴利。其次，说自己家里粮食不多，亲戚饥饿难耐，都来家里求助，以仅有的粗粮填肚。一老姊因病暂归，卧床数日，只能以稀饭果腹。有些故旧穷交，也来寻求施舍，自己有心无力，不能提供帮助。再次，谴责富贵豪门坐视百姓困苦，只知乘机牟利，不知因果报应之理。又次，说自己虽然罢官隐居，远离尘世，依然关心百姓生死。最后，说欲与冯梦祯见面，但饿殍满地，路途艰难，不敢轻出。评论虞淳熙、缪仲仁二人性格人品，前者醇白，"是我辈中人"，可与朝夕相处。后者"辩才无碍，大似维摩诘"，惜其太好辩。结尾，请冯梦祯伸出援手，接济粮食，助全家度过灾年。关于万历十六年（1588）的灾荒，屠隆不仅在此书有详细描述，在与其他朋友的书牍中，如《与王恒叔》、《与秦君阳》(《栖真馆集》卷十四)、《与王元美司马》、《与陆与绳司寇》、《与沈纯父》、《与梅禹金》、《与徐翁仍》、《与滕开府》、《与虞长孺》(《栖真馆集》卷十五）等，也有或多或少的提及，《栖真馆集》卷四有诗《戊子岁，吴越大荒作》。这些诗文中，都能看出屠隆人饥己饥，人溺己溺，心怀苍生，不忘世事的精神。

与龙伯贞〔一〕

昨晨起，门者报有里正二百人叩门求见仆〔二〕，其情盖求暂缓征粮，以仆雅受知于明公〔三〕，故相投耳。仆辞不敢见，而心实怜之。道民反复思之〔四〕，身既隐矣，极宜引避，无与外事，而一片慈悲热肠，累起累伏，不能已已。又念明公宰官〔五〕，菩提众生〔六〕，方倚以为命。而道民既受明公一日知，何可过避瓜李〔七〕，不少效倾葵〔八〕，外孤百姓之心，内违匹夫之志？故复冒而言之。言之而纳与不纳，是在明公矣。

此时百姓饥伤甚矣。村落之间劚草根而食矣〔九〕，良家子妇行乞于市矣，计出无聊者，雉经自尽矣〔一〇〕。强者不肯甘心馁死〔一一〕，夜则窃，昼则掠矣〔一二〕。此时此景，百姓救死不赡〔一三〕，何能完纳官租？仆尝两为令，非不知簿书征会急于星火〔一四〕，顾视百姓力竭矣，无可为计，新粮旧额，宜一切暂停征，而旧者尤所当缓。且闻外县业已停征，明公学道爱人，为何？愿急停止，以姑待麦秋。必持而征之，非但势不能支，窃恐百姓怨明公也。干冒尊严〔一五〕，死罪，死罪。

(《栖真馆集》卷十四)

注释

〔一〕龙伯贞：龙德孚，见《与君善》注释〔一五〕。

〔二〕里正：里长。

〔三〕明公：对有名位者的尊称。

〔四〕道民：见《与陈立甫司理》注释〔四五〕。

〔五〕宰官：泛指官吏。

〔六〕菩提：觉悟的境界。

〔七〕过避瓜李：比喻易引起怀疑之处。典出曹植《君子行》："君子防未然，不处嫌疑间。瓜田不纳履，李下不整冠。"

〔八〕倾葵：葵性向日而倾，比喻向往渴慕之情，或对上赤心趋向之意。

〔九〕劚（zhú）：挖，砍。

〔一〇〕雉经：自缢。

〔一一〕馁（něi）：饥饿。

〔一二〕掠：劫掠，抢劫。

〔一三〕赡：足够。

〔一四〕簿书：见《与孙太史、冯吉士、沈比部书》注释〔四八〕。征会：征集会账。

〔一五〕干冒：触犯，冒犯。

点评

此书作于万历十六年（1588）。书牍首先叙说自己与龙德孚有交情，百姓二百多人求见，希望自己向龙德孚反映，暂返征粮。屠隆十分同情百姓遭遇，冒昧为百姓求情。其次，说灾荒严重，百姓食草根殆尽，良家子妇行乞于路，有的自经而死。有的偷窃、抢劫，走上犯罪道路。百姓死伤过多，无法完纳官租。自己曾两任知县，知道催租很急，但还要看百姓有无能力交纳，根据实际情况，实在不行，应该暂时停征新粮旧额，旧额尤其应该缓征。听说外县已经停征，希望龙德孚以民为本，也立刻停征。如果一定要强征，不仅征收不上，还会引起百姓怨恨龙德孚。龙德孚时任宁波同知，屠隆不仅与书龙德孚，还与书浙江巡抚滕伯轮，明示缓征，赈灾救荒，救民水火。由此可见屠隆同情百姓、勇于承担、仗义执言的性格。

与虞长孺〔一〕

去岁别足下，之宛陵〔二〕，属沈公子有楚游〔三〕，迟之一月不至,乃赴汪司马白岳之招〔四〕。逼除〔五〕,始返里社。归而亲友过从燕笑〔六〕,便不能如客游萧散〔七〕,可理净业〔八〕。

海上去岁不登〔九〕,入春积雨,菜麦萎死,饥馑仳离〔一〇〕。野人无力拯此大眚〔一一〕,徒扼腕雪涕而已〔一二〕。玉函云笈〔一三〕,考仙真成道〔一四〕,多在季世〔一五〕。降魔除妖,荡寇靖难〔一六〕。上安社稷〔一七〕,下救生灵〔一八〕。生必有期,成必有为。许旌阳龙沙八百之谶〔一九〕,业当此时。而去秋飓风大潦〔二〇〕,山徙海溢。蛟螭为虐〔二一〕,在在有之〔二二〕。东南恐有隐忧。愿足下努力大道,身当龙沙〔二三〕。仆请北面膝行〔二四〕,而走下风矣。

方今媸妍不辨〔二五〕,苍素失色〔二六〕。物多匿情〔二七〕,人怀浮巧。口吻熊耳〔二八〕,方寸羊肠〔二九〕。陆沉之患〔三〇〕,又不独专在蛟螭。负蠛蠓之智、宝蜉蝣之期者无论〔三一〕,即有抗志人外〔三二〕,栖神环中〔三三〕,而心非精坚,道非醇白〔三四〕,功分于筑室〔三五〕,志夺于多岐〔三六〕。此生易沦,彼岸尚远〔三七〕。求其严密深沉,雄猛专一,立竿见影,不了不休,方今足下一人而已。仆二六时中〔三八〕,不无出入,不无起伏。而回光返照〔三九〕,未敢暂忘。人缘稍谢,辄做蒲团静功〔四〇〕。顷颇觉神气相见，渐有交媾之意[四一]。虽非了手[四二]，实得初机。始知大道只在混沌希夷[四三]。除此之外，都无是处，何时与足下互相印可[四四]？开之散朗[四五]，道器卓然[四六]。惜高迈之趣多，精严之实少。足下幸时规之。兹遣人往候聂仙翁[四七]，便布此讯，不悉愿言[四八]。

（《栖真馆集》卷十五）

注释

〔一〕虞长孺：虞淳熙，见《与冯开之》注释〔五二〕。

〔二〕宛陵：宣城别称，今属安徽。

〔三〕沈公子：沈有则，见《与沈士范》注释〔一〕。

〔四〕汪司马：汪道昆，见《报龙君善司理》注释〔二九〕。白岳：在今安徽休宁境内。

〔五〕逼除：年终逼近除夕的几天日子。

〔六〕过从：往来，交往。燕笑：欢笑。

〔七〕萧散：萧洒，不拘束，闲散舒适。

〔八〕净业：见《与陈玉叔方伯》注释〔二九〕。

〔九〕登：成熟，丰收。

〔一〇〕饥馑：饥荒，灾荒。仳（pǐ）离：夫妻分离。特指妇女被遗弃而离去。

〔一一〕野人：村野之人，粗野之人。士人自谦之称，亦借指隐逸者。眚（shěng）：灾祸，过错。

〔一二〕扼腕：见《为翟睿夫讼冤书》注释〔七二〕。雪涕：擦拭眼泪。典出《列子·力命》："晏子独笑于旁，公雪涕而顾晏子。"

〔一三〕玉函：见《与汪伯玉司马》注释〔一九〕。云笈：道教藏书的书箱。宋张君房《云笈七签》的省称，亦泛指道教典籍。

〔一四〕仙真：又称仙人、真人、神仙，泛指长生不老、修炼得道的道士。

〔一五〕季世：末世。

〔一六〕靖（jìng）难：平定变乱。

〔一七〕社稷（jì）：土神和谷神，代指国家。

〔一八〕生灵：百姓。

〔一九〕许旌阳：许逊（239—374），字敬之，南昌（今属江西）人。太康元年（280），举孝廉，任旌阳县令。不慕名利，弃官东归，修道炼丹于西山，著书立说，创太上灵宝净明法，道教净明派祖师。有《灵剑子》、《玉匣记》等。龙沙八百之谶：又称"八百之谶"、"龙沙之谶"，是许逊留下的一则预言，最早见于南宋道士白玉蟾《旌阳许真君传》，许逊斩蛟后，留下预谶，"吾仙去后一千二百四十年间，豫章之境，五陵之内，当出地仙八百人，其师出于豫章，大扬吾教。郡江心忽生沙洲，掩过井口者，是其时也。此时小蛇若为害，彼八百人自当诛之。苟无害于物，亦不可诛也。"见《玉隆集》，《修真十书》卷三十三。

〔二〇〕飓风：大风，台风。潦：见《与冯开之》注释〔二〕。

〔二一〕蛟螭（chī）：蛟龙。

〔二二〕在在：处处，各方面。

〔二三〕龙沙：龙沙之谶、龙沙之期，即地仙出现之时。

〔二四〕北面：见《让柴仲初书》注释〔三四〕。

〔二五〕媸（chī）妍：丑美。

〔二六〕苍素：黑白。

〔二七〕匿情：隐情。

〔二八〕口吻：某些动物头部向前突出的部分。

〔二九〕方寸：心。羊肠：比喻狭窄曲折的小路，此指人心复杂。

〔三〇〕陆沉：比喻国土沦陷或国家沦亡。

〔三一〕蠛蠓（miè méng）：虫名，比喻小人物。蜉蝣（fú yóu）：虫名，生存期极短。比喻微小的生命。

〔三二〕抗志：高尚的志向。

〔三三〕栖神：凝神专一，道家保其根本、养其元神之术。环中：同"寰中"，尘寰、尘世之中。

〔三四〕醇白：纯洁。

〔三五〕筑室：筑室道谋，建筑房屋，与路人商量。比喻无主见，东问西问，人多言杂，必难成事。

〔三六〕多岐：多有分歧。

〔三七〕彼岸：佛教指超脱生死的境界。

〔三八〕二六时中：见《答沈肩吾少宰》注释〔一〇〕。

〔三九〕回光返照：比喻事物灭亡前夕的表面兴旺。

〔四〇〕蒲团：见《与冯开之》注释〔四一〕。静功：道家静坐修养之功法。

〔四一〕交媾（gòu）：阴阳二气交合。

〔四二〕了手：高手。

〔四三〕混沌：见《与丁右武》注释〔八〕。希夷：虚寂玄妙。

〔四四〕印可：佛家谓经印证而认可，亦泛指认可，许可。

〔四五〕开之：冯梦祯，见《与孙太史、冯吉士、沈比部书》注释〔一〕。

〔四六〕道器：见《与丁右武》注释〔三五〕。卓然：卓越，突出。

〔四七〕聂仙翁：聂道亨，道士。

〔四八〕愿言：思念殷切貌。

点评

此书作于万历十六年（1588）。钱塘（今浙江杭州）人虞淳熙是屠隆道友。万历十年（1582）十一月，屠隆晋京上计，虞淳熙作有《赠青浦令屠长卿上绩序》（《虞德园集》卷一）。万历十三年（1585），屠隆罢官回家，舟过清源（今属山东），与虞淳熙相会于舟中（《鸿苞》卷三十九《虞长孺》："岁乙酉，与余晤于清源舟中。"）。在《答徐孟孺》中，屠隆提到这次清源相会，谈的就是道："虞长孺灵心妙识，加以实际，此是大根器人，是我辈修行榜样。向尝与此君在清源舟中谭半日，大要说仆病根，平等宽舒之意多，简径精严之功少。"（《白榆集》文集卷十三）屠隆卒，虞淳熙作文祭悼（《虞德园集》卷十六《祭屠纬真先生文》)。书牍首先叙说自己去年到宣城吊沈懋学,又赴汪道昆之约,除夕前才回家。亲友往来欢笑,不能静心修佛。其次,叙说从去年到今春,灾荒连年,庄稼无收,百姓饥饿分离,自己无力拯救,只有扼腕流泪而已。担心东南有隐忧。最后,说当今世道,是非不辨,美丑不分,不论芸芸众生,即使立志修道之人,也离彼岸很远,只有虞淳熙心坚道醇,"严密深沉,雄猛专一,立竿见影,不了不休"。自己修佛道之功,也颇有心得,如有机会,可与虞淳熙讨论印证。冯梦祯"道器卓然",但"高迈之趣多,精严之实少",请虞淳熙时时规劝之。结尾说明遣人往候聂道亨,因与此书虞淳熙。

与滕开府〔一〕

伏维明公秉钺开府以来〔二〕,奖廉惩贪,黄墨改斁〔三〕。为威布德,苍赤向风〔四〕。境内无哗,海外有截〔五〕。声猷赤然煜霅矣〔六〕。

奈何下民应灾,上天降眚〔七〕。去年春潦〔八〕,继以秋多飓风〔九〕。蛟龙不仁,屏翳肆虐〔一〇〕,岁以不登〔一一〕。盖去年潦饥,殆遍东南郡邑。海壖泽国〔一二〕,宁得不灾?它郡邑并得申奏,蠲免改折〔一三〕。皇恩旷荡〔一四〕,民赖以苏〔一五〕。独此邦氓庶庞愚〔一六〕,不能蚤赴有司之庭〔一七〕,

疾首拊心[一八]，力陈荒状。又适郡有司以迁代[一九]，时乏正官，不及申请。而今年自正月至今，天道阴晦[二〇]，白日匿光[二一]，霪雨为灾[二二]，连绵四月。菜麦尽皆萎死，海错亦复不登[二三]。石谷价至六钱有奇[二四]，斗米价至一钱有奇。其他蔬菜鱼虾之属，亦皆踊贵[二五]，数倍往年。并海远近，杼柚其空[二六]。万姓嗷嗷[二七]，莫保其命。乡野村落之间，草无留根，木无完皮。一望萧条，伤心酸鼻。城邑子妇连袂乞食[二八]，良家因饥丧耻，习谣曲以媚人[二九]。寒素不惯行求，或羞涩而噤口[三〇]。人离家散，蚁活不能[三一]。计竭途穷，雉经自尽[三二]。饿殍满路[三三]，浮尸填渠。嗟嗟伤哉，有不忍言者。而且又乱萌渐起，大有隐忧。郡县有司，力求荒政，非不焦劳[三四]。将议蠲恤[三五]，则国有定课[三六]；议赈济，则藏无余赀[三七]。亦尝减价以平籴[三八]，则富户闭困而愈荒[三九]；煮粥以活民，则老少涉远而滋毙[四〇]。古云："救荒无上策，官民并困，诚莫如之何矣。"切念百姓饥荒，既已嗷嗷[四一]，流离死亡若此，而各项钱粮，尚尔纷然征比[四二]。夫百姓此时，朝不谋夕，救死不赡[四三]，何暇完粮？不惟民力必不能支，抑恐意外，大有可虑。顷者郡县有司，慈悲哀愍[四四]，业暂已缓。若不仰控明台〔四五〕，奉有停缓之令，则有司莫敢专主。而百姓日就仳离〔四六〕，后将不知竟作何状矣。某等为此俯竭愚悃〔四七〕，仰干台听〔四八〕。伏乞悬大明以照蔀屋〔四九〕，散阳春以布穷檐〔五〇〕。明示有司，停征缓比。即中间钱粮，有势不容已者，亦乞酌量缓急，委曲调停。而又求大发赈济〔五一〕，全活此邦，则明台之仁闻烨然〔五二〕，功德无量矣。

某等退遁林泉，跧伏草莽〔五三〕，藿不谋肉〔四〕，尸不代庖〔五五〕。顾惟尝从大夫之后，义不忘乎倾葵〔五六〕；丁此灾眚之时〔五七〕，忧方切乎桑梓〔五八〕。为此连名累牍，干冒台严〔五九〕。伏惟仁明鉴宥采纳焉〔六〇〕，某等不胜悚激〔六一〕。

（《栖真馆集》卷十五）

注释

〔一〕滕开府：滕伯轮（1526—1589），字载道，建安（今属福建）人。嘉靖四十一年（1562）进士，授番禺令，仕至浙江巡抚。传见胡应麟《少室山房类稿》卷八十七《中丞滕先生传》、卷九十二《滕公墓志铭》。

〔二〕伏维：伏在地上想，下对上陈述时的表敬之辞。明公：对有名位者的尊称。秉钺（yuè）：持斧，借指掌握兵权。

开府：一定职位的文臣武将成立府署，自选僚属。

〔三〕黄墨改斁（tú）：黄墨，用雌黄研细加胶合制成的墨，多用于修改文稿或点校图书。改斁，删改，涂改。斁，同"涂"。

〔四〕苍赤：百姓。向风：归依，仰慕。

〔五〕有截：齐一貌，整齐貌。

〔六〕声猷（yóu）：声誉和业绩。赤然：此处指明亮、鲜明、闪光貌。煜霅（yù zhà）：光耀貌。

〔七〕眚（shěng）：灾害。

〔八〕潦：见《与冯开之》注释〔二〕。

〔九〕飓风：大风，台风。

〔一〇〕屏翳：雨神。肆虐：肆行暴虐。

〔一一〕登：成熟，丰收。

〔一二〕海壖（ruán）：海边地，亦泛指沿海地区。泽国：多水的地区。

〔一三〕蠲（juān）免：免除租税。改折：以其物品或银两替代原定应交物品的缴纳办法。

〔一四〕旷荡：浩荡，广大。庞愚：庞杂，愚蠢。

〔一五〕苏：获救，缓解。

〔一六〕氓庶：百姓。

〔一七〕蚤：同"早"。有司：见《与李之文书》注释〔二六〕。

〔一八〕疾首：头痛，忧苦至极。拊（fǔ）心：拍胸，表示哀痛或悲愤。

〔一九〕迁代：职官之迁升与替代。

〔二〇〕阴晦：天气阴沉，晦暗。

〔二一〕匿：藏。

〔二二〕霪（yín）雨：连绵的雨。

〔二三〕海错：海产品。

〔二四〕石（dàn）谷：一石谷物。有奇（jī）：有余。

〔二五〕踊贵：物价上涨。

〔二六〕杼柚：亦作"杼轴"，织布机上的两个部件，代指织机。

〔二七〕嗷嗷（áo）：哀鸣声，哀号声。

〔二八〕连袂：联袂，衣袖相连，比喻携手偕行。

〔二九〕媚人：取媚于人。

〔三〇〕噤（jìn）口：闭口不言。

〔三一〕蚁活：如同虫蚁一般苟活。

〔三二〕雉经：自缢。

〔三三〕饿殣（jìn）：饿死。

〔三四〕焦劳：焦虑烦劳。

〔三五〕蠲（juān）恤：免除赋役，赈济饥贫。

〔三六〕定课：催征赋税有一定的标准。

〔三七〕赀：同"资"。

〔三八〕平籴（dí）：官府在丰年按平价购粮储存，以备荒年出售。

〔三九〕囷：粮仓。

〔四〇〕滋毙：增加死亡之人。

〔四一〕嗷嗷：哀鸣声，哀号声。

〔四二〕征比：征收钱粮而比较其多寡之数。

〔四三〕赡：足够。

〔四四〕哀愍（mǐn）：怜惜，同情。

〔四五〕控：告诉，告知。明台：对高级官吏的尊称。

〔四六〕仳离：离别，亦指妇女被遗弃，背离。

〔四七〕悰（cóng）：谋划。

〔四八〕干：请求。台：敬辞，用于称呼对方或对方有关的事物。

〔四九〕蔀（bù）屋：草席盖顶之屋，泛指贫家幽暗简陋之屋。

〔五〇〕阳春：春天，温暖的春天。

〔五一〕赈（zhèn）济：用钱粮或衣物救济。

〔五二〕仁闻：仁爱的名声。烨（yè）然：光彩鲜明貌。

〔五三〕踡（quán）伏：蜷伏。

〔五四〕藿不谋肉：穷人不考虑有官位者应该考虑的事情。藿，藿食，以豆叶为食物。代指粗劣的食物，平民。肉，肉食，代指贵族、有地位的人。

〔五五〕尸不代庖：主持祭祀的人不代替厨师职责。见《与沈君典》注释〔一五〕。

〔五六〕倾葵：葵花倾向太阳，比喻忠诚。

〔五七〕丁：值，逢。灾眚（shěng）：灾祸。

〔五八〕桑梓：故乡。

〔五九〕干冒：冒犯。台严：称呼对方的敬辞。

〔六〇〕仁明：仁爱明察。鉴宥：原谅。

〔六一〕悚（sǒng）激：恐惧，感激。

点评

　　此书作于万历十六年（1588）。建安（今属福建）人滕伯轮万历十五年（1587）二月至十七年（1589）三月以右副都御史巡抚浙江（胡应麟《少室山房类稿》卷八十七《中丞滕先生传》、卷九十二《滕公墓志铭》）。书牍首先恭维滕伯轮自任浙江巡抚以来，奖廉惩贪，恩威并施，世风淳朴，百姓归依，美誉不绝。其次，叙说去年灾荒，其他郡县奏请蠲免改折（以其他物品或银两替代原定应交物品的缴纳办法），朝廷允准，百姓得以减轻负担。本郡百姓愚笨迟缓，没有及时反映灾情，郡官迁代，缺乏正官，没有申请蠲免改折。今年灾荒更重，庄稼无收，物价昂贵，百姓吃树皮草根，沿途行乞，饿殍满地，浮尸填野。郡县有司虽以缓征钱粮，但没接到上司的指令，也不敢完全做主。请滕伯轮明示有司，停征缓缴，大力赈灾，救济百姓。最后，表明自己的忧民爱乡之心，希望滕伯轮采纳。书中对灾情肆虐、百姓生死无依的描述，读来触目惊心，愈觉屠隆以罢官之身，为民请命的可贵。与此书相前后，屠隆还作有诗《赠滕开府四首》，其二："泽国饥来半野蒿，黔黎何幸借干旄。年丰已见流移复，荒政曾烦抚字劳。日暖江田闻牧吹，风腥海浦乱渔舠。赋诗酾酒波臣喜，南纪今看铜柱高。"（《栖真馆集》卷七）可与此书对看。万历十七年（1589）三月二十八日，滕伯轮因病去世（胡应麟《少室山房集》卷九十二《滕公墓志铭》），屠隆代宁波知府张文奇作祭文（《栖真馆集》卷三十一《祭大中丞滕公文，代郡大夫作》）。此"郡大夫"是长洲（今江苏苏州）人张文奇。据《雍正宁波府志》卷十六《秩官上》，张文奇万历十五年（1587）任宁波知府，其继任者歙县（今属安徽）人程文万历十九年（1591）任。

答喻邦相使君﹝一﹞

不佞某往者之为由拳长也﹝二﹞，拥肿支离﹝三﹞，吏道迂拙﹝四﹞，独一片肝肠，觳觫婴孺﹝五﹞，颛侗未雕﹝六﹞。能响穷榈﹝七﹞，不能谐薄俗；能收寒畯﹝八﹞，不能事贵人。卒之知昧几先﹝九﹞，祸发眉睫，则拙之效也。明公何自得道民为由拳状﹝一〇﹞，谬辱弘奖而借饰之﹝一一﹞？

前岁，某蒙仇家大诟﹝一二﹞，而还抵虎林﹝一三﹞，属明公政弭节于此﹝一四﹞。某重不幸，复遭乡人之修怨于某者﹝一五﹞，向明公蹇菲﹝一六﹞，若为彼夫左袒然者﹝一七﹞。嗟嗟，命也。乡人之谤，适与彼夫会﹝一八﹞，不佞之不德，近真矣。明公即悬水镜胸怀，得无投杼邪﹝一九﹞？某是以息影裹足﹝二〇﹞，不复敢前。吴季札圣智﹝二一﹞，犹失之道上披裘翁。某诚悹之也〔二二〕。乃今而知明公越拘挛〔二三〕,破皮相〔二四〕,以与乎寥廓之观矣。

吾乡有老文人〔二五〕,仆向北面下之〔二六〕。诸凡为光扬粉泽,惟力是视。当令吴中时〔二七〕,以一官奉此人,虽刘京尹之于玄度〔二八〕,临邛令之于相如〔二九〕,不啻过之〔三〇〕。吴、越间山人游客〔三一〕,交口而妒,以为屠生宿世岂有逋于此人邪〔三二〕,何为德之过也? 顷不佞归而萧然,渠计无复赖于贫子〔三三〕,便欲从酒席上陵侮不佞〔三四〕,藉以恐吓乡后进小生,而因以为利。自此睚眦相失〔三五〕,积怨日深。大肆谤讟于吴门、白下〔三六〕,曾不复念畴昔周旋也〔三七〕。耳、余匈终〔三八〕,萧、朱隙末〔三九〕。不佞之不幸,往往如此。今且刳心而游乎沉冥之乡〔四〇〕,人间世风波起伏,掩耳塞兑〔四一〕,勿问矣。虽然,士踔厉束修〔四二〕,而仇日必欲瑕颣之〔四三〕。猥云文人无行〔四四〕,长卿慢世〔四五〕,千秋万岁后负此大柱,必不能甘心。故万事尽遣,此念不空也。诚得司当世文雅人物权衡如明公者,詧而洗之〔四六〕,即立槁亡恨〔四七〕。

吴中饥伤状至惨,明公徒跣焦劳〔四八〕,郊行野宿,民别有天。我越饥更甚,闻之南北并尔。方今明良遇合〔四九〕,诸司廉贞〔五〇〕,世事无大可扼掔攒眉者〔五一〕,

奈何有此？道民免矣。天下大计，赖公等在，幸善图之。分俸及仆，仰荷记存[五二]。近作翩翩，遍读愉快。

(《栖真馆集》卷十六)

注释

〔一〕喻邦相：喻均（1540—1610），字邦相，号枫谷，新建（今属江西）人。隆庆二年（1568）进士，历官兰溪知县、杭州同知、松江知府、山东按察副使。有《山居文稿》等。见《弇州续稿》卷四十七《喻邦相杭州诸稿小序》、《天启云间志略》卷四《郡侯枫谷喻君传》。

〔二〕由拳长：青浦知县。由拳，青浦的古称。

〔三〕拥肿：臃肿，过度肥胖。支离：残缺。

〔四〕迂拙：蠢笨，拘泥守旧。

〔五〕鷇（kòu）雏：雏鸟。婴孺：幼儿。

〔六〕颛侗（zhuān dòng）：颛，愚昧，善良。侗，无知，幼稚。雕：雕琢。

〔七〕昫（xǔ）穷檐（yán）：关怀穷苦之人。昫，呼气，引申为帮助，关怀。穷檐，穷人住的地方。檐，同"檐"，屋檐，借指房屋。

〔八〕寒畯（jùn）：出身寒微而才能杰出的人。

〔九〕昧：不明白。几：细微的变化。

〔一〇〕明公：对有名位者的尊称。道民：见《与陈立甫司理》注释〔四五〕。为：治理。

〔一一〕弘奖：大力劝勉、奖励。借饰：粉饰，美化。

〔一二〕蒙：受到。仇家大诟：指遭俞显卿诬奏罢官事。

〔一三〕虎林：今浙江杭州的别称。

〔一四〕弭（mǐ）节：驻节，停车。

〔一五〕复遭乡人之修怨于某者：指与沈明臣反目事。

〔一六〕萋菲：同"萋斐"，谗言。

〔一七〕左袒：偏袒一方。

〔一八〕适：恰好，正好。

〔一九〕投杼（zhù）：比喻谣言众多，动摇了对最亲近者的信心。

〔二〇〕息影：退隐闲居。

〔二一〕"吴季札圣智"二句：见《与凤洲先生》注释〔一三〕。

〔二二〕愳：同"惧"。

〔二三〕拘挛（luán）：拘束，拘泥。

〔二四〕皮相：只看表面，不深入。

〔二五〕吾乡有老文人：指沈明臣，见《与王元美先生书》注释〔一三四〕。

〔二六〕北面：见《让柴仲初书》注释〔三四〕。

〔二七〕令吴中：指屠隆任青浦知县。

〔二八〕刘京尹之于玄度：据《世说新语》，许询，字玄度，小字阿讷，山阴（今浙江绍兴）人。善清谈，召为司徒掾，不就。刘惔，字真长，相县（今属安徽）人。任丹阳尹时，备书斋供玄度居住，无日不往，与玄度清谈，叹曰："卿复少时不去，我成轻薄京尹。"

〔二九〕临邛令之于相如：据《史记·司马相如传》，司马相如，字长卿，成都（今属四川）人。曾受梁孝王礼遇，梁孝王去世，回成都。家贫，临邛令王吉邀相如赴临邛（今属四川），舍亭中。王吉日往拜访，后来，相如谎称有病，让随从拒绝王吉来访，王吉更加谨慎恭敬。

〔三〇〕不啻（chì）：不只，不止，不亚于，无异于。

〔三一〕山人：遁迹山林的隐逸之士。

〔三二〕宿世：前世，前生。逋（bū）：欠。

〔三三〕渠：他。赖：利用。

〔三四〕陵侮：凌辱，欺压。

〔三五〕睚眦（yá zì）：发怒时瞪眼，借指极小的仇恨。

〔三六〕谤讟（dú）：诽谤。吴门：今江苏苏州。白下：今江苏南京。

〔三七〕周旋：交游。畴昔：从前。

〔三八〕耳、余匈终：张耳、陈余，战国时魏国人，陈余仰慕张耳，结为刎颈交，后二人结怨，至不两立。匈，同"凶"。

〔三九〕萧、朱隙末：萧育、朱博，西汉时人。两人始为好友，后有隙，终成仇人。

〔四〇〕刳（kū）心：道教语，摒弃杂念。挖出心脏，表示忠心。沉冥：幽居匿迹。

〔四一〕塞兑：见《与王太初、田叔二道友》注释〔一四〕。

〔四二〕踔（chuō）厉：雄健，奋发。束修：约束修养。

〔四三〕瑕颣（lèi）：事物的缺点、毛病。瑕，玉上的斑点。颣，丝上的疙瘩。

〔四四〕猥：草率，随便。

〔四五〕慢世：傲世，玩世不恭。

〔四六〕詧：同"察"。

〔四七〕槁：死亡。

〔四八〕徒跣（xiǎn）：赤足步行。焦劳：焦虑，烦劳。

〔四九〕明良：贤明君主和忠良臣子。遇合：相遇而彼此投合。

〔五〇〕廉贞：方正忠贞，廉洁坚贞。

〔五一〕扼掔（wàn）：见《为瞿睿夫讼冤书》注释〔七二〕。掔，同"腕"。攒眉：皱眉。

〔五二〕仰荷：敬领，承受。记存：挂念。

点评

此书作于万历十五（1587）或十六年（1588）。新建（今属江西）人喻均万历十年（1582）至十四年（1586）任杭州同知（《乾隆杭州府志》卷六十二《职官》），万历十五年（1587）至十六年（1588）任松江知府（《崇祯松江府志》卷二十六）。书牍首先回忆自己任青浦知县时，一片赤诚，衷心待民，不谄媚权贵，以致招祸。惊异喻均从何处得知自己任青浦知县治绩，大力夸奖鼓励。其次，叙说前年罢官回家，经过杭州，喻均任杭州同知。沈明臣向喻均进谗言，说屠隆的坏话，为俞显卿帮腔。唯恐喻均听信谣言，不敢主动联系喻均。再次，说明与沈明臣交恶的原因与经过。屠隆对沈明臣，以师礼待之，经济上予以资助，并极力向名流推荐游扬。待到屠隆罢官，沈明臣以为无利可图，宴席上使酒骂座，凌辱屠隆。在苏州、南京等地，大加诽谤，完全不顾及以前的情谊。屠隆可以幽居匿迹，不问世事，但事关名声，不能让文人无行、玩世不恭的恶名，如影随形，流传后世，需要像喻均这样客观公正的名人，明察秋毫，为屠隆洗刷恶名。最后，说吴越之地，灾荒严重，有喻均这样清廉正直官员主事，不会出大问题。感谢喻均分俸资助，读其近作，十分愉快。此书是对喻均来书的回复，屠隆回书前后，有诗寄赠喻均："君来吾久去由拳，不及湖头共酒船……闻道岁侵劳抚字，凉风输我北窗眠。"（《栖真馆集》卷八《寄喻邦相太守》二首其二）屠隆此书寄出后，很长时间没有收到喻均的回复，屠隆只好与书周弘禴询问原因，周弘禴答以喻均有足疾，屠隆颇感不解："喻邦相得不谷书，无一字为答，足下乃为之辞，以足疾为解。夫足疾何妨作书？"（《栖真馆集》卷十三《与周元孚》）由于喻均《仙都稿》（三卷）、《山居文稿》（十卷）没收与屠隆书，究竟是没写，还是散佚失收，不得而知。是否真如周弘禴所言是喻均有足疾未回，还是有其他原因，就是一个谜了。要揭开谜底，只有等发现新材料，来还原真相了。

与汤义仍奉常〔一〕

文章之道，为物巨而厥理细。得之有分，合之有神。

收之欲博，裁之欲精。模古欲法，自铸欲心。程体欲整〔二〕，尽变欲化。金石宫羽〔三〕，不必合而期于谐〔四〕；櫨梨橘柚〔五〕，不必同而期于美。决鸿蒙之前〔六〕，步泰媪之外〔七〕，闯虚无之窟〔八〕，集毫芒之端。神凝精注〔九〕，久而混冥〔一〇〕；岁炼月磨，忽而莹彻〔一一〕。其难若此。讵佻薄之夫可以率易猎取为也〔一二〕？不佞得此道甚易，涉此道甚浅，陂塘之潦尔〔一三〕。足下其溟浮乎〔一四〕？沉雄旁唐〔一五〕，潘涊深靓〔一六〕。苞含意象〔一七〕，吐呷精华〔一八〕。当其礳裂而播之〔一九〕，其气扬出块圠〔二〇〕；当其潜精而研之，其神透入灵壳。贯虱承蜩〔二一〕，亡不超矣；半豹全牛〔二二〕，亡不诣矣。梁萧统上下千余年间〔二三〕，采撷英爽〔二四〕，悉罣胃其胸臆〔二五〕，奔走其笔端，颃洞高深哉〔二六〕！而足下亦自以为空天绝地，只古单今〔二七〕，意气诩诩盛也〔二八〕。乃求之当世，实有如足下者几人？足下意不可一代，似不为过，仆则愿足下之益自冲挹也〔二九〕。足下方以盛名处都会，猎缨髟组〔三〇〕，挥麈抽毫〔三一〕。人望光尘〔三二〕，家传欬唾〔三三〕。登高而呼顺风〔三四〕，南国之彦如云〔三五〕。咸来登龙门、盟牛耳〔三六〕，文人得时而驾，蔑以加兹〔三七〕。

仆自中含沙以来〔三八〕，性灵无恙〔三九〕，皮毛损伤。仕学两违，身名俱废。虽复鸡肋此艺〔四〇〕，勉事操觚〔四一〕，而下流难居，末路多窘。识不为时采，语不为世珍。当时且然，后代何望？终恐狐狸、猵狖嗷尽〔四二〕，方之足下为龙为蛇，夫复何言？虽然，士托天壤，亦多涂矣〔四三〕。桓荣、井丹〔四四〕，显晦异轨〔四五〕；子鱼、幼安〔四六〕，静躁殊操〔四七〕。不闻云鸿下慕泽雉〔四八〕，不闻野鹿乃羡槛猿〔四九〕。安身立命，仆盖别有所得，固将毁弃荣华，灭裂文藻，跳尘中而立霞外。今便难与足下竟谭，数十年后，足下终当入我窠臼来〔五〇〕。海内好刻画不佞〔五一〕，多失其实。仆少无佻达之性〔五二〕，长有拥肿之形〔五三〕。此中颇真，风调绝少〔五四〕。酒德既浅〔五五〕，胜具更微〔五六〕。远游以伧父不收〔五七〕，伯伦以俗物见斥〔五八〕。惟是坚心苦行，可随雪山老头陀执爨扫除〔五九〕，则仆所自亮〔六〇〕。世人皮相长卿〔六一〕，足下当别开慧眼。何如，何如？

赵先生直如汲长孺〔六二〕，清如胡威父子〔六三〕。淹雅多闻〔六四〕，一代名德也〔六五〕。慕足下才品，不翅调饥〔六六〕。相见便当作椒兰契〔六七〕。王元美司马入山不深〔六八〕，为时弋出〔六九〕，可得免小草之消不〔七〇〕？余友沈君典物故〔七一〕，海内山人游客无主〔七二〕。今遂当奔走司马门乎？恐司马业在山中久，倦于延接矣。两贤同栖，政不妨朝夕把臂。四海名不易得，若元美者，词林宿将〔七三〕，皮骨即差老弱，犹堪开五石弓〔七四〕，先登陷阵，愿足下无易廉将军〔七五〕。

海壖侵札〔七六〕，万室仳离〔七七〕。虽不佞八口〔七八〕，未免嗷嗷枵腹〔七九〕，日采橡子，杂野荚以充粮〔八○〕。今且幸及食新，而仆犹无新可食。为吏若此，而世人往往以不肖见目〔八一〕。世有朝绾铜墨、暮作陶朱者〔八二〕，皆大贤耶？

吾乡一老山人〔八三〕，仆北面而奉之〔八四〕。往宰由拳〔八五〕，过为折节〔八六〕，如临邛令之遇相如〔八七〕，刘京尹之下玄度〔八八〕，又为悉力游扬诸公间。声誉赖仆而起，买山隐具赖仆而给〔八九〕。至以此招物忌、来妒口〔九○〕。此吴、越人士所尽闻也。此人使气好骂〔九一〕，有灌夫之病〔九二〕。向以仆头上有进贤冠〔九三〕，缓急可倚〔九四〕，稍戢锋锷〔九五〕。一旦摧废归来，渠谓无所复望于陈人〔九六〕，便相陵轹〔九七〕，假陈人以恐动里中诸少年。仆念夫夫薄行者〔九八〕，浮云苍狗〔九九〕，何常之有？逊谢而谨避之，以托于古人"交绝不出恶声"之义。夫夫不自反顾，大以为望，实肆萋菲于白下、吴门〔一〇〇〕。赖足下力持公论，谗口噤不得张〔一〇一〕。嗟嗟，张耳抽戈〔一〇二〕，到溉抵几〔一〇三〕，三峡九曲〔一〇四〕，人情有之，非所望于夫夫也，人将不食其余〔一〇五〕。昔以昭明之贤〔一〇六〕，不免地狱；庾信之才〔一〇七〕，沦于恶趣。乃公多欲而险中〔一〇八〕，窃恐十地阎君不爱辞赋也〔一〇九〕。仆业学於陵仲子〔一一〇〕，闭户灌园，实无可构有听之耳〔一一一〕。闻白下诸公，颇有入此人之谗者。以仆生平与此人若何，而今日忍下石如此，其口宁既足信乎？足下居六朝佳丽地，山川诸胜，尽入品题。新篇寄示，勿以陈人也而土苴之〔一一二〕。

（《栖真馆集》卷十六）

注释

〔一〕汤义仍：汤显祖（1550—1616），字义仍，号海若，又号若士，别署清远道人，临川（今江西抚州）人。万历十一年（1583）进士，除南京太常博士，历詹事府主簿、礼部祠祭司主事。以上《论辅臣科臣疏》，谪徐闻（今属广东）典史。次年，量移遂昌（今属浙江）知县。万历二十六年（1598），弃官归里。有传奇《紫钗记》、《牡丹亭记》、《南柯记》、《邯郸记》，合称《临川四梦》。诗文有《玉茗堂集》等。参见徐朔方先生《汤显祖年谱》(《晚明曲家年谱》第三卷，浙江古籍出版社，1993年）。奉常：太常寺，秦时称奉常，唐以后均称太常。后世常以奉常代之。万历十二年（1584）至十五年（1587），汤显祖任南京太常寺博士。故以奉常称之。十六年（1588），改官南京詹事府主簿。

〔二〕程：规章，法式。

〔三〕金石：钟磬一类乐器。宫羽：五音中的宫音与羽音，亦用指声调。

〔四〕期：希望，等待。

〔五〕樝（zhā）梨橘柚：四种水果，指各有其美。《世说新语·品藻》载，桓玄问刘太常："我何如谢太傅？"刘答："公高，太傅深。"又曰："何如贤舅子敬？"答曰："樝梨橘柚，各有其美。"樝，同"楂"。

〔六〕鸿蒙：传说中把盘古开天辟地之前团混沌世界，称作鸿蒙，也泛指远古时代。

〔七〕泰媪：天神和地神，泛指天地。

〔八〕虚无：有而若无，实而若虚，道家用来指"道"（真理）的本体无所不在，但无形象可见。

〔九〕神凝精注：专心致志，注意力高度集中。

〔一〇〕混冥：无分无迹，无始无终。谓原始蒙昧的状态，广大幽深之境。

〔一一〕莹彻：晶莹通透。

〔一二〕讵（jù）：岂，难道。佻（tiāo）薄：行为轻佻，轻薄，不自重。

〔一三〕陂（bēi）塘：池塘。潦（lǎo）：积水。

〔一四〕溟浡（bó）：溟海（神话传说中的海名）和渤海，多泛指大海。

〔一五〕沉雄：气势、风格浮沉宏伟。旁唐：磅礴，广大。

〔一六〕潏淈（yù gǔ）：水涌出的样子。靓（jìng）：美好。

〔一七〕苞含：包含。苞，通"包"。意象：意境。

〔一八〕呷（xiā）：吸饮。

〔一九〕磔（zhé）裂：分割，割裂。

〔二〇〕坱圠（yǎng yà）：广大无边。

〔二一〕贯虱：贯穿虱心，极言善射。《列子·汤问》篇载，纪昌善射，曾将虱子挂在窗户上，射之，能够贯穿虱子。承蜩（tiáo），粘蝉，把蝉黏住。承，通"拯"，引取。典出《庄子·达生》："仲尼适楚，出于林中，见佝偻者承蜩，犹掇之也。"

〔二二〕半豹：《晋书·殷仲文传》载，谢灵运认为如果殷仲文读书能有袁豹一半多，则他的文才不会比班固差。后以"半豹"谓读书不多。全牛：完整的牛。语出《庄子·养生主》："臣之所好者道也，进乎技矣；始臣之解牛之时，所见无非牛者，三年之后，未尝见全牛也。"后用以喻技艺熟炼，到了得心应手的境界。

〔二三〕萧统：萧统（501—531），字德施，小字维摩，南兰陵（今江苏常州武进）人。南朝梁武帝萧衍长子，梁天监元年（502）被册立为太子。因"蜡鹅厌祷"一事，父子产生嫌隙。中大通三年（531），因病早逝，时年三十一岁。谥号昭明，史称昭明太子。编《昭明文选》。

〔二四〕采撷（xié）：摘取，采集。英爽：英武而豪爽。

〔二五〕罣罥（guà juàn）：缠挂，挂着，挂住。胸臆：胸部，内心。

〔二六〕澒（hòng）洞：漫延，弥漫，虚空混沌。

〔二七〕只古单今：在古二而成双，在今则形单影只。比喻文采可以和古人相媲美，而今人则无人能比得上。

〔二八〕诩诩（xǔ）：自得貌。

〔二九〕冲挹：谦虚，谦退。

〔三〇〕猎缨：收揽冠带，表示恭敬严肃。㲻（piāo）组：佩印的绶带飘动，指在朝为官。

〔三一〕挥麈（zhǔ）：挥动麈尾。晋人清谈时，常挥动麈尾以为谈助，后因称谈论为挥麈。麈，鹿一类的动物，尾巴可以制拂尘，故称拂尘为麈尾，简称麈。抽毫：抽笔出套，借指写作。

〔三二〕光尘：敬词，称对方的风采。

〔三三〕欬（kài）唾：咳嗽，唾沫。比喻声音，谈吐。

〔三四〕登高而呼顺风：语出《荀子·劝学》。此处赞美汤显祖声名远播，如同登上高山而顺风呼喊。

〔三五〕彦：有才学的人。

〔三六〕登龙门：比喻得到有名望者的接待和援引而提高身价。典出《后汉书·党锢列传·李膺传》。盟牛耳：执牛耳者，盟主。

〔三七〕加：凌驾，超过。

〔三八〕含沙：见《与沈君典》注释〔一〇〕。

〔三九〕性灵：性情，精神。

〔四〇〕鸡肋：比喻意义不大却又不舍得抛弃的事物。出自《三国志·魏书·武帝纪》裴松之注所引《九州春秋》。

〔四一〕操觚（gū）：原指执简写字，后世代指写文章。觚，古代作书写用的木简。

〔四二〕终恐狐狸、猯貉噉尽：晋人庾道季品藻人物，认为"曹蜍、李志虽见在，厌厌如九泉下人。人皆如此，便可结绳而治，但恐狐狸、猯貉噉尽"。南朝梁刘孝标以为，"言人皆如曹、李质鲁淳悫，则天下无奸民，可结绳致治。然才智无闻，功迹俱灭，身尽于狐狸，无擅世之名也"。见《世说新语·品藻》。此处比喻自己去世后，声名、文章均会被埋没。猯貉（tuān hé），猯，同"貒"，猪獾。貉，同"貈"，狸。噉（dàn），吃。

〔四三〕涂：同"途"。

〔四四〕桓荣、井丹：桓、井二人并为东汉初年大学者。桓荣屡获殊荣，井丹则不慕名利。

〔四五〕显晦：明与暗。异轨：不同的途径。

〔四六〕子鱼、幼安：子鱼，华歆字。幼安，管宁字。二人同为汉末三国人，并有美誉。华歆积极入世，管宁则归隐山林。

〔四七〕静躁：静和动。殊操：操行不同。

〔四八〕泽雉（zhì）：生长于沼泽地的野鸡。

〔四九〕槛（jiàn）猿：关在木笼中的猿。

〔五〇〕窠臼：门下承受转轴的臼形小坑，比喻现成或固定的格式、套路。

〔五一〕刻画：描摹，塑造。

〔五二〕佻达：轻薄放荡，轻浮。

〔五三〕拥肿：臃肿，过度肥胖。

〔五四〕风调：风采，风韵。

〔五五〕酒德：饮酒的规范和酒后应有的风度。

〔五六〕胜具：济胜之具，指能登山渡水的好身体。

〔五七〕伧（cāng）父：粗俗之人，鄙贱的人。

〔五八〕伯伦：晋刘伶字。刘伶与阮籍、嵇康等六人友好，称竹林七贤。尝作《酒德颂》，自称"惟酒是务，焉知其余"。后世以刘伶为蔑视礼法、纵酒避世的典型。

〔五九〕头陀：见《与张大司马肖甫》注释〔五〇〕。执爨（cuàn）：司炊事。

〔六〇〕亮：相信，清楚，明白。

〔六一〕皮相：见《与瞿睿夫》注释〔三〇〕。

〔六二〕赵先生：赵参鲁，字宗传，号心堂，鄞县（今属浙江宁波）人。隆庆五年（1571）进士，选庶吉士，授户科给事中，谪高安典史，累擢右副都御史，迁吏部侍郎，官终南京刑部尚书。卒谥端简。传见《康熙鄞县志》卷十七、《明史》卷二百二十一。汲长孺：汲黯（？—前112），字长孺，濮阳

（今属河南）人。景帝时，以父任为太子洗马。武帝初，为谒者。往视河内火灾，矫制发仓粟赈民。出为东海太守，轻刑简政，有治绩。召为主爵都尉，列于九卿。为人性倨少礼，好直谏廷诤，谓武帝内多欲而外施仁义，武帝称为社稷之臣。又主张与匈奴和亲，反对兴兵，指责公孙弘、张汤等刀笔吏舞文弄法，阿谀君主，以事免官。居田园数年，召拜淮阳太守，卒官。传见《史记》卷一百二十《汲（黯）郑（当时）列传》。

〔六三〕胡威父子：魏晋时胡质、胡威。胡质（？—250），字文德，三国时魏寿春（今属安徽）人。少知名于江淮间，仕州郡。曹操召为顿丘令，入为丞相属。魏文帝黄初中，徙吏部郎，为常山太守，迁任东莞。在郡九年，有惠政。迁荆州刺史，加振威将军，封关内侯。迁征东将军，假节都督青、徐诸军事。广农积谷，通渠道，利舟楫。海边无事。卒后家无余财。追封阳陵亭侯，谥贞。传见《三国志·魏书》卷二十七。胡威（？—280），字伯武，胡质子。少以清慎称。拜侍御史，迁徐州刺史。勤于政事，风化大行。晋武帝问胡威："与其父质孰清？"胡威答曰："臣不如父。臣父清恐为人知，臣清恐人不知。"官至青州刺史。封平春侯，卒谥烈。传见《三国志·魏书》卷二十七。

〔六四〕淹雅：宽宏儒雅。高雅，渊博。

〔六五〕名德：名望与德行。有名望德行的人。

〔六六〕不翅：不啻，不仅，不止，无异于。调饥：朝饥，早上没吃东西时的饥饿状态，形容渴慕的心情。

〔六七〕椒兰：椒与兰，香草，比喻美好贤德者。契：情意相投的人。

〔六八〕王元美司马：王世贞，见《与王元美先生书》注释〔一〕。

〔六九〕弋（yì）：射猎。

〔七〇〕小草之诮（qiào）：典出刘义庆《世说新语·排调》："谢公始有东山之志，后严命屡臻，势不获已，始就桓公司马。于时人有饷桓公药草，中有远志。公取以问谢：'此药又名小草，何一物而有二称？'谢未即答。时郝隆在坐，应声答曰：'此甚易解。处则为远志，出则为小草。'谢甚有愧色。桓公目谢而笑曰：'郝参军此过乃不恶，亦极有会。'"远志，又名小草。多年生草木植物，根入药。有安神、化毯的功效。张华《博物志》卷七："远志苗曰小草，根曰远志。"李时珍《本草纲目·草一·远志》："此草服之能益智强志，故有远志之称。"后以小草喻平庸，亦含虽怀远志，而遭际不遇之慨。诮，责备，讥讽。

〔七一〕沈君典：沈懋学，见《与沈君典书》注释〔一〕。

〔七二〕山人：遁迹山林的隐逸之士。

〔七三〕词林：词坛，文坛。宿将：久经战阵的将领。

〔七四〕五石（dàn）弓：六百斤强弓。石，计算弓弩强度的单位，一百二十斤为一石。

〔七五〕廉将军：廉颇，战国末期赵国名将。赵国因多次被秦军围困，派宦官唐玖到大梁，慰问廉颇，欲起用廉颇。廉颇仇人郭开贿赂唐玖，让他说廉颇坏话。廉颇在唐玖面前，吃了一斗米，十斤肉，还披甲上马，表示自己还能杀敌。唐玖向赵王报告："廉将军虽然老了，饭量还很好，和我坐在一起，不多时就拉了三次屎。"赵王认为廉颇老了，就没任用他。

〔七六〕海壖（ruán）：海边。侵札：侵轧，侵凌排挤，倾轧。

〔七七〕仳（pǐ）离：夫妻离散，尤指妻子被遗弃而离去。

〔七八〕八口：一家人。

〔七九〕嗷嗷（áo）：哀鸣声，哀号声。枵（xiāo）腹：见《奉徐少师》注释〔二二〕。

〔八〇〕荚（mǎi）：苣荬菜，一种野菜。

〔八一〕不肖：品行不正。

〔八二〕绾（wǎn）：系。铜墨：《汉书·百官公卿表》载："秩比六百石以上，皆铜印黑绶。"因以"铜墨"指铜印黑绶，借指县令。陶朱：范蠡。范蠡辅佐越王勾践灭吴之后，功成身退，定居陶邑，成为大商人，后世人称"陶朱公"。此处指巨富之人。

〔八三〕吾乡一老山人：指沈明臣，见《与王元美先生书》注释〔一三四〕。

〔八四〕北面：见《让柴仲初书》注释〔三四〕。

〔八五〕由拳：青浦的古称。

〔八六〕折节：降低自己身份，或改变平时的志趣行为。

〔八七〕临邛令之遇相如：见《答喻邦相使君》注释〔二九〕。

〔八八〕刘京尹之下玄度：见《答喻邦相使君》注释〔二八〕。

〔八九〕买山隐：归隐。给（jǐ）：足。

〔九〇〕物忌：众人忌惮或忌妒。

〔九一〕使气：恣逞意气。

〔九二〕灌夫之病：灌夫，西汉人。其性狂放，常使气骂座。事见《史记·魏其武安侯列传》。

〔九三〕进贤冠：朝见皇帝的一种礼帽，儒士所戴，后官员皆戴。借指官帽。

〔九四〕缓急：危急之事或发生变故之时。

〔九五〕戢（jí）：收敛，收藏，停止。锋锷（è）：剑锋和刀刃，借指物体的尖突部分。

〔九六〕渠：他。陈人：旧人，故人。

〔九七〕陵轹（lì）：欺负，欺压。

〔九八〕夫夫：这个男子。薄行：品行不端，轻薄无行。

〔九九〕浮云苍狗：见《与李之文书》注释〔五〕。

〔一〇〇〕妻菲：谗言。白下：今江苏南京。吴门：今江苏苏州。

〔一〇一〕噤（jìn）：闭口不作声。

〔一〇二〕张耳抽戈：见《答喻邦相使君》注释〔三八〕。

〔一〇三〕到溉抵几：到溉（477—548），字茂灌，彭城（今属江苏）人。历官梁郢州长史、江夏太守、侍中诸职，为政清廉。晚年隐居，与朱异、刘之遴、张绾相友善。笃信佛法，终身素食。《南史·到溉传》："乐安任昉大相赏好，恒提携溉、洽二人，广为声价……梁天监初，昉出守义兴，要溉、洽之郡，为山泽之游。"刘孝标见任昉死后，诸子年幼，生活困难，生平旧交，无人救助，著《广绝交论》以讥旧交。《南史·任昉传》："道逢平原刘孝标……乃著《广绝交论》以讥其旧交曰……到溉见其论，抵几于地，终身恨之。"《文选》卷五十五《广绝交论》"自昔把臂之英，金兰之友，曾无羊舌下泣之仁，宁慕邱成分宅之德"句下李善注："此谓到洽兄弟也。"注引刘孝标《与诸弟书》："任既假以吹嘘，名登清贯。任亡未几，子侄漂流沟渠，洽等视之攸然，不相存赡。平原刘峻疾其苟且，乃广朱公叔《绝交论》焉。"

〔一〇四〕三峡：三峡西起今重庆奉节白帝城，东至今湖北宜昌南津关，自西向东依次为瞿塘峡、巫峡、西陵峡。九曲：迂回曲折。

〔一〇五〕人将不食其余：别人不会吃他剩下的东西，形容此人不再受人尊敬了。

〔一〇六〕昭明：萧统，见《与汤义仍奉常》注释〔二三〕。

〔一〇七〕庾信：庾信（513—581），字子山，新野（今属河南）人。累官右卫将军，封武康县侯。侯景之乱，逃往江陵。后奉命出使西魏，梁为西魏所灭，留居北方，官至车骑大将军、开府仪同三司。北周代魏后，迁骠骑大将军、开府仪同三司，封临清县子，世称庾开府。有《庾子山集》。

〔一〇八〕乃公：此处指那人。险中：险毒，阴狠。

〔一〇九〕十地阎君：十殿阎君，民间流传掌管地狱的十位阎王。

〔一一〇〕於（wū）陵仲子：战国时齐国陈仲子，本名陈定，字子终，排行第二，故称仲子，因避居於陵，又名於陵仲子。於陵，在今山东邹平县南。

〔一一一〕构：构成，招致，引起。

〔一一二〕土苴（jū）：渣滓，糟粕，比喻微贱的东西，也表示轻贱、轻视。

点评

屠隆与汤显祖是兴趣相投，但性格有异的知交。万历十一年（1583），屠隆任礼部主事，主动给新科进士、在礼部观政的汤显祖赠诗，表达对汤显祖的赞赏和结交新人的愿望："……同为兰省客，当前讵无因。胸怀久不吐，宛转如车轮。丈夫一言合，何为复逡巡。愿奉盘匜往，投醪饮浓醇。青云倘提挈，勉旃千载人。"（《白榆集》诗集卷一《赠汤义仍进士》）万历十二年（1584），屠隆被诬罢官，岁末启程返乡，明年六月抵杭州。汤显祖在南京，不知屠隆确切消息，误以为屠隆已到家，作诗怀念居家的前南京国子祭酒戴洵（浙江奉化人），并安慰屠隆："赤水之珠屠长卿，风波宕跌还乡里……古来才子多娇纵，直取歌篇足弹诵……此君沦放益翩翩，好共登山临水边。"（《玉茗堂诗》卷二《怀戴四明先生并问屠长卿》），十三年（1585）五月，臧懋循（字晋叔）自南京国子监博士谪官，唐伯元（字仁卿）因上疏反对将王守仁从祀孔庙，被降海州（今属江苏连云港）判官，二人同日离开南京，汤显祖赠诗送别,并寄屠隆,诗中提到屠隆遭遇,对三人表示同情(《玉茗堂诗》卷二《送臧晋叔谪归湖上,时唐仁卿以谈道贬,同日出关,并寄屠长卿江外》)。万历二十三年(1595)秋,屠隆赴遂昌(今属浙江),晤汤显祖,汤显祖有《松阳周明府乍闻平昌得纬真子,形神飞动,急走书迎之,喜作》《留屠长卿不得》《长卿初拟恣游浙东胜处,忽念太夫人返棹,怅然有作》《平昌送屠长卿》(《玉茗堂诗》卷二)、《平昌得右武家绝决词,示长卿,各哽泣不能读,起罢去,便寄张时相,感怀成韵》(《玉茗堂诗》卷八)等诗,屠隆有《瑞山》《飞鹤山》《妙高山》《白马山》《青城山》《梅山》《灵泉洞》(《康熙遂昌县志》卷一)、《清华古阁》(《康熙遂昌县志》卷三)等诗,为汤显祖《玉茗堂文集》作序(《玉茗堂文集》卷首《玉茗堂文集序》)。万历三十三年(1605),屠隆病重,疼痛难忍,令全家念观世音,汤显祖以诗寄慰(《玉茗堂诗》卷十五《长卿苦情寄之疡,筋骨段毁,号痛不可忍,教令阖舍念观世音,稍定,戏寄十绝》)。屠隆去世后多年,汤显祖感念浙中友人冯梦祯(具区)、屠隆(赤水)、徐桂(茂吴)、余寅(汉城)均已弃世,悲从中来,作诗悼念诸友人(《玉茗堂诗》卷十四《浙中具区、赤水、茂吴、汉城一时泪落,悲之》)。

此书作于万历十六年(1588)。万历十二年(1584)至十五年(1587),汤显祖任南京太常寺博士。故以奉常称之。十六年(1588),改官南京詹事府主簿。书牍首先叙说作文之难,"为物巨而厌理细",屠隆谦虚地说自己得此道易而浅,有如池塘之水。恭维汤显祖气势雄伟磅礴,滔滔不绝,有如大海之波。汤显祖也自认"空天绝地,只古单今",屠隆认同汤显祖的自诩,"求之当世,实有如足下者几人?足下意不可一代,似不为过",但也劝汤显祖要谦虚一点。汤显祖在南京为官,挥毫作文,人人争睹其风采,家家珍藏其诗文。登高一呼,顺风响应,南方俊才争相来附。地位如此之高,无人能比。其次,说自己被诬罢官以来,"仕学两违,身名俱废"。虽然没放弃作诗文,但困难重重,"识不为时采,语不为世珍",更不用说流传后世了,无法与汤显祖龙腾虎跃、气盖一世相提并论。自己将不追求荣华文名,抛弃尘世俗务,安身立命。希望汤显祖别开慧眼,不受世人皮相自己的影响。再次,赞扬赵参鲁"直如汲长孺,清如胡威父子。淹雅多闻,一代名德",介绍赵参鲁与汤显祖认识(书中"赵先生"乃赵参鲁,非赵用贤。详细考证见汪超宏《〈与汤义仍奉常〉中一段文字的疏证》,《明清浙籍曲家考》,浙江大学出版社,2009年,第77—88页),劝汤显祖与王世贞交往,"两贤相栖,政不妨朝夕把臂"。又次,告知近年灾荒严重,百姓逃荒,妻离子散。屠隆一家采橡子野菜充饥,感叹自己虽曾作官,但不能赡养家人。最后,说明与沈明臣交恶的原因与经过。屠隆对沈明臣,以师礼待之,经济上予以资助,并极力向名流推荐游扬,"声誉赖仆而起,买山隐具赖仆而给"。待到屠隆罢官,沈明臣以为无利可图,宴席上使酒骂座,凌辱屠隆。在苏州、南京等地,大加诽谤,完全不顾及以前的情谊。幸亏汤显祖"力持公论,逸口嚄不得张",但还是有人听信谣言。屠隆实在不能理解沈明臣为何如此落井下石。结尾,说汤显祖居南京佳丽之地,游山玩水,一定有很多新作问世,请寄示欣赏。汤显祖回书，安慰屠隆，世上忘恩负义之人多，还是要宽以待人："读足下手笔，所未能忘怀，是山人口语一事。天下固有此人，初莫胗其鸥也，取之雏鷇之中，生其羽毛，立其魂魄，乍能飞跳，便作愁胡。但我辈终当醉以桑椹，噤其饥啸耳。宁人负我，无我负人。江海萧条，大是群鸥之致。"(《玉茗堂尺牍》卷一《答屠纬真》)又与书刘澜（字君东）说此事："屠长卿曾以数千言投弟，弟以八行报之，渠颇为怪。弟云，古人书上云长相思，下云加餐饭，足矣。此世人所不解也。"(《玉茗堂尺牍》卷五《与刘君东》)从"渠颇为怪"和"此世人所不解也"来看，屠隆对汤显祖的回书不是很满意，汤显祖对屠隆喋喋不休谈与沈明臣交恶的事，也不是很赞同。屠隆不仅对汤显祖详细言及此事，还与书喻均、赵用贤、王稚登、沈一贯等人，告知此事（详情见汪超宏《屠隆与沈明臣》，《明清浙籍曲家考》，浙江大学出版社，2009年，第17—28页）。因为错不在屠隆，他感到冤屈和窝囊，所以才会像后世鲁迅笔下的祥林嫂，逢人便反复说那么几句同样的话。

此书是屠隆生活的真实写照和心迹的自然流露，书中所谈诗文创作的方法和状态，也是屠隆的经验之谈，具有一定的理论价值，值得高度重视。

与颜应雷侍御[一]

天生人中秀民[二]，为人之型范[三]，必有所异于人与利于人。腹胃今古〔四〕,身佩道德。言为世模,行为物表。立朝则茂明鸿伐〔五〕,拯物匡时〔六〕;居乡则踔厉高操〔七〕,建标善俗。无论得时而驾,与蓬累而行〔八〕。乃其行业崇竑〔九〕,风采澄朗〔一〇〕。揭层汉而映孤霞〔一一〕,要当无时无之。而随吾机缘力量,恒以补助玄造、惠济黔黎为心〔一二〕。如麐出凤仪〔一三〕,必为祥瑞;龙行云从〔一四〕,必有霖雨〔一五〕。如是而后,不枉负阴抱阳、出世一番耳〔一六〕。

自世道交丧,士之品卑卑矣〔一七〕。当逢掖布衣〔一八〕,课不过章句〔一九〕,望不过名功,绝不以仁义道德为期,以天下生灵为计〔二〇〕。彼其朝夕耽耽〔二一〕,名籍金闺〔二二〕,身都津要〔二三〕,入拥粉黛〔二四〕,出乘朱轮〔二五〕,如是足矣。一旦得意,早夜求满其平昔之所为耽耽者惟恐不足,尚安知此外更有瑰伟巨人之操行乎?间有稍知砥砺〔二六〕,或有赝而不真〔二七〕,阳持名节〔二八〕,阴怀奊庸〔二九〕。始厉清标〔三〇〕,终染秽行〔三一〕。又有终身假窃智术机权,足以笼罩一代,蒙翳后世〔三二〕。既盗大利,并盗贤声。此则奸人之雄,顾反不如庸众之流,格卑机浅,罪恶犹轻。

乃若当今世道津梁,人物模楷,有颜先生尔。先生立朝侃侃[三三]，亦既皦日冰霜[三四]。及居里闬[三五]，则又敦仁义以表俗[三六]，躬长厚以维风[三七]。鄙心望庐而消，过行瞻容而改。月旦视以持衡[三八]，亲族待以举火。而又削去城府[三九]，天真烂如[四〇]，是先民之遗，而人伦之儁也[四一]。

仆束发即知景慕先生[四二]，不为谩语[四三]。顾念仆向为世人皮相[四四]，谓嵇、阮轻物[四五]，未免任放[四六]；江、鲍工文[四七]，沦于浮华。举以况仆，则乌敢当？仆疏近嵇、阮，不取任放；文愧江、鲍，深戒浮华。盖刻厉细谨[四八]，畏神理修[四九]，冥冥慎独[五〇]，苦行人也[五一]。所以蒙世人见誉[五二]，久被通伟旷逸之名[五三]。以文人通脱[五四]，直如形影，不知文人何必李白、元稹、杜牧哉[五五]，井丹、萧统、徐孝克、高允亦文人也[五六]。敬修尺尺之书[五七]，仰尘下执事[五八]。执事无以仆李白、元稹、杜牧也而麾去之[五九]，幸甚。

（《栖真馆集》卷十六）

注释

〔一〕颜应雷侍御：颜鲸（1514—1591），字应雷，号冲宇，慈溪（今属浙江）人。嘉靖三十五年（1556）进士，擢御史，出按河南，改畿辅学政，以劾都督朱希孝忤旨，谪安仁典史。隆庆中，累迁山东参议，改行太仆卿，忤高拱落职。万历中，以湖广副使致仕。有《易学义林》。传见邹元标《邹子愿学集》卷六《冲宇颜先生墓志铭》、郭正域《合并黄离草》卷二十四《湖广提学颜先生传》、《雍正宁波府志》卷十九《名臣》、《明史》卷二百八。

〔二〕秀民：德才优异的平民。

〔三〕型范：楷模，模范。

〔四〕罥（juàn）：悬挂。

〔五〕茂明：美好，明白。鸿伐：大功。

〔六〕拯物：济世。匡时：匡正时世，挽救时局。

〔七〕踔（chuō）厉：雄健，奋发。

〔八〕蓬累：飞蓬飘转飞行，转停皆不能由已。比喻身不由己。

〔九〕崇竑（hóng）：崇弘，推崇光大。

〔一〇〕澄朗：清朗。

〔一一〕层汉：高空。

〔一二〕补助：补充帮助。玄造：造化，天地，大自然。惠济：施恩于人。黔黎：百姓。黔，黔首。黎，黎民。

〔一三〕麐（lín）出：麒麟出现。麐，同"麟"。凤仪：凤凰来舞，仪表非凡。

〔一四〕龙行云从：云从龙，风从虎，云伴随着龙，风伴随着虎。

〔一五〕霖雨：甘雨，时雨。

〔一六〕负阴抱阳：内中含有阴阳两种相反相成之气。

〔一七〕卑卑：平庸，微不足道。

〔一八〕逢掖：宽大的衣袖，指儒生。

〔一九〕章句：章节和句子。作为训诂学术语，是指解释古书（主要为儒家经典）意义的一种著作体。

〔二〇〕生灵：百姓。

〔二一〕耽耽（dān）：贪婪地注视。

〔二二〕金闺：金马门，代指朝廷。

〔二三〕津要：比喻显要的地位。

〔二四〕粉黛：女子脸上涂抹的白粉和黑粉，代指年轻貌美的女子。

〔二五〕朱轮：王侯显贵所乘的车子，因用朱红漆轮，故称。

〔二六〕砥砺：磨刀石，磨炼，勉励。

〔二七〕赝：假。

〔二八〕阳：假装。

〔二九〕阴：暗中，暗地里。耎（nuò）庸：软弱庸陋。耎，同"懦"，懦弱。

〔三〇〕厉：勉励，激励。清标：俊逸，清美出众。

〔三一〕秽行：丑恶的行为，污秽淫乱的行止。

〔三二〕蒙翳（yì）：掩盖，覆盖，遮蔽。

〔三三〕侃侃：说话理直气壮，从容不迫的样子。

〔三四〕皦日：明亮的太阳。

〔三五〕里闬（hàn）：里门，代指乡里。

〔三六〕敦：劝导并勉励。表俗：为世人表率。

〔三七〕躬：躬行，身体力行，亲身实行。长厚：恭谨宽厚。维风：维护风化。

〔三八〕月旦：月旦评，品评人物。持衡：持秤称物，比喻公允地评论人才。

〔三九〕城府：比喻人心机多而难测。

〔四〇〕天真：心地单纯，性情直率，没有做作和虚伪。烂如：坦率，明亮。

〔四一〕儁（jùn）：同"俊"，才智超群的人。

〔四二〕景慕：景仰，仰慕。束发：见《与王元美先生书》注释〔三五〕。

〔四三〕谩语：谎话，说谎话。

〔四四〕皮相：只看表面，不深入。

〔四五〕嵇、阮：嵇康与阮籍。魏晋时期名士，以傲物狂放闻名。轻物：看不起人。

〔四六〕任放：放纵任性。

〔四七〕江、鲍：江淹（444—505），字文通，考城（今属河南）人。历仕宋、齐、梁三朝。有《江文通集》。鲍照（416？—466），字明远，东海（今山东郯城）人。曾任刘子顼前军参军，世称鲍参军。有《鲍参军集》。工文：善于写文章。

〔四八〕刻厉：苛刻严厉，刻苦自励。细谨：细微末节，小节。

〔四九〕理修：佛教语，依真理而修，如将所作善事，以三轮体空作观，不着人、我、法相。

〔五〇〕冥冥：暗地里，专心致志。慎独：在独处中谨慎不苟。语出《礼记·大学》："此谓诚于中，形于外，故君子必慎其独也。"

〔五一〕苦行：用常人难以忍受的痛苦来磨炼自己。

〔五二〕詧：同"察"。

〔五三〕被：通"披"。旷逸：心胸开阔，性情超脱。

〔五四〕通脱：通达脱俗，不拘小节。

〔五五〕李白、元稹、杜牧：李白，见《报龙君善司理》注释〔二三〕。元稹（779—831），字微之，洛阳（今属河南）人。历官左拾遗、监察御史、工部侍郎、宰相、同州刺史、武昌军节度使等。有《元氏长庆集》。杜牧（803—852），字牧之，京兆万年（今陕西西安）人。历官监察御史、宣州团练判官、殿中侍御史、司勋员外郎及黄、池、睦、湖等州刺史等。晚年长居樊川别业，世称杜樊川。有《樊川文集》。

〔五六〕井丹、萧统、徐孝克、高允：井丹，字大春，东汉郿（今陕西眉县）人。少受业太学，通《五经》，善谈论，隐居而终。萧统，见《与汤义仍奉常》注释〔二三〕。徐孝克（527—599），东海郯人（今山东郯城），徐陵弟。初为梁太学博士，侯景之乱，京师饥荒，嫁妻以养母。入陈，历国子博士、祭酒等。高允（390—487），字伯恭，蓨县（今河北景县）人。历官北魏中书博士、侍郎、中书令、散骑常侍、征西将军、怀州刺史等。

历仕五朝，卒赠侍中、司空公、冀州刺史、将军等。

〔五七〕只尺：同"咫尺"。

〔五八〕仰尘：抬头向上面对尊者。下执事：对对方的尊称。

〔五九〕麾：同"挥"。

点评

此书作于万历十六年（1588）至十八年之间（1590）。慈溪（今属浙江）人颜鲸，嘉靖三十五年（1556）进士，是屠隆的前辈贤士。这是屠隆首次与书颜鲸，请求结交。书牍首先叙说优秀人物是所有人的模范，一定有与众不同的才能和为天下人谋利的能力。博古通今，胸怀天下，以德服人，"言为世模，行为物表"。无论在朝居乡、顺境逆境，都能心地坦荡，积极向上，匡时济世，建功立业，为民谋福。如此才能不负天地人生。其次，说当今世道沦丧，士人没有崇高理想，只以读书考科举为目标，"绝不以仁义道德为期，以天下生灵为计"。这些人孜孜以求的是名显朝廷，身任高官，入拥美女，出坐华车。一旦达到目的，就安于现状，没有更高的追求了。或有人稍知自我激励，但赝而不真，假装坚持名节，实际懦弱庸陋。开始时以清高气节自命，后来还是会做出一些乱七八糟的事来。还有人利用权术机诈，笼罩当代，蒙骗后世，这种人"既盗大利，并盗贤声"，是"奸人之雄"，祸害更大。再次，赞扬颜鲸在朝为官，敢言直谏，侃侃而谈，有如红日照映，冰霜皎洁。乡居，行仁义之道，恭谨宽厚，维护风化，身体力行。品评人物，公正客观. 接济亲族，乐此不疲。不虚张声势，待人真诚，"是人伦之儁也"。最后，表明自己仰慕颜鲸已久，世人说自己看不起人，放纵任性，工诗文，华而不实。这些都是皮相之论。相反，自己刻苦自励，敬神修佛，专心致志，谨慎不苟，"苦行人也"。世人以文人目之，放诞任性，不拘小节之评价，如影随形。李白、元稹、杜牧是文人，井丹、萧统、徐孝克、高允也是文人。虽同是文人，但追求、名声是不一样的。希望颜鲸不要以李白、元稹、杜牧这样的文人看待自己，拒绝结交之请。

屠隆仰慕颜鲸已久，不仅在此书中说"仆束发即知景慕先生"，在另一通《与颜应雷侍御》中也说"仆束发向慕明公"（《栖真馆集》卷十八），在给慈溪人张谦（字子受，号邓西，嘉靖十一年进士，历官刑部主事、员外郎、郎中、大名知府、福建副使、广东参政、贵州廉宪等）的书中，也表达了希望与颜鲸见面的迫切愿望："贵邑颜先生，裸身抗厉，拯物弘慈，与先生同德，并不佞师表也。深欲抠衣一登两君子之堂，私其绪纶，虚往实归。"（《栖真馆集》卷十六《与张邓西宪使》）这个愿望终于在万历十九年（1591）秋实现。当年秋，屠隆和龙德孚一起拜访颜鲸，同游慈溪山水，屠隆有诗《秋日，同伯贞使君酌颜应雷侍御宅》（《栖真馆集》卷八），颜鲸有《和渠阳龙公，同屠赤水、顾草堂游》。诗云："湖光晴带晓烟平，四面佳山翠绕城。丛菊霜除呈晚节，宾鸿云表送秋声。弦歌比屋仙人馆，兰芷同芳大雅情。尽日胜游无限意，当筵迭奏紫鸾笙。"（《雍正慈溪县志》卷十六）与颜鲸终于一会，屠隆有得偿夙愿的喜悦。事后，他与书颜鲸："顷始得登堂一奉教言，立谭相许，辄如旧知。"（《栖真馆集》卷十八《与颜应雷侍御》）

又与书龙德孚："颜先生直谅长者，讲孔孟之学，号醇儒，而顷复留心清虚玄寂出世妙理。此其卓识，远出宋儒诸公上。一见不肖，辄大加奖赏，亦几于相视而笑，莫逆于心矣。"(《栖真馆集》卷十八《与龙伯贞》)与屠隆相会后不久，颜鲸就去世了。郭正域《湖广提学颜先生传》："先生生正德九年正月己亥，卒于万历辛卯二月丙申，得年七十有五。"(《合并黄离草》卷二十四)郭正域说颜鲸"卒于万历辛卯二月丙申"，"万历辛卯"即万历十九年(1591)，屠隆《卿云记》(《天启慈溪县志》卷十四)及《栖真馆集》卷十八《与龙伯贞》，屠隆和龙德孚同访颜鲸是在万历十九年(1591)秋，郭正域《湖广提学颜先生传》记载颜鲸所卒月份有误，"得年七十有五"亦有误，应是卒年七十八。

与冯方伯〔一〕

往者某待罪云间下邑〔二〕，得在明公鞭箠之下〔三〕，前驱负弩〔四〕。时望见清尘〔五〕，乃某吏道疏拙〔六〕，不能婥妸骫骳〔七〕，以事巨室。辱明公卵翼之爱〔八〕，窃为二天〔九〕，恃以无恐，乃明公每为某忧之。其后祸发，竟在彼中，一如长者所虑。以是叹服明公，真神人也。

华亭巨室〔一〇〕，饰外深中〔一一〕，权足倾时，富可敌国〔一二〕。某初到官，便令心腹人来说某，云："彼虽已避贤者路〔一三〕，门生故旧，布满要地，遥执国柄〔一四〕。彼其祸福人〔一五〕，易于翻掌。地方之吏，未有不深自结纳而得令终者〔一六〕。明府其熟计之〔一七〕。"某谢之曰："黄发大老〔一八〕，某敢不事之惟谨？第为明天子守三尺法〔一九〕，以牧此中黔首〔二〇〕，宁能废公义而媚私门？结纳之言，不敢闻命。"此后凡有关说至〔二一〕，某毅然以公法裁之。是时，郡县吏率作大家入幕之宾〔二二〕，事无巨细，悉登门领教而后行。独某强项〔二三〕，即关说至，犹然不奉指导，衔之切齿矣。诸为龂龂当路者〔二四〕，惟力是视，而某复以公事得罪。某公后为怨家磔杀〔二五〕，某为其被害民人澌雪大柱〔二六〕，其家亦见恨深。逸夫者，以刻鸷横里中〔二七〕，而阳托诗文自衔鬻〔二八〕。某故好士，独摈绝彼夫〔二九〕，彼夫乃誓不与戴天履地〔三〇〕。其后彼居京师大家，行千金贿之下石。日夜使人侦某行事，无所得。逾一岁，始有列侯之燕〔三一〕，遂攦摭恶语譖上〔三二〕，而又布散流言，谓某好从曳台省官〔三三〕，疏论执政〔三四〕。于是某与逸夫并逐矣。

某既归，遂混迹黄冠〔三五〕，逃名方外〔三六〕。杜门塞窦〔三七〕，了缘息机〔三八〕。海内交游，一切谢绝。以故还山颇久，通不及修一札候明公。每暇日念到明公知己旧恩,胡得恝尔[三九]?屡欲裁八行为讯[四〇],辄以懒罢。恒与张茂才成叔言之[四一],疏懒若此,何堪作吏?明公鸿才大用,天放投闲,适性颐神[四二],元和益茂[四三],终当出为世界擘画非常[四四],必不令永眷东山丝竹[四五]。某以不才,为时捐弃已矣[四六]。进不得扬名策勋[四七],追迹夔、契[四八];退尚可寻真访道[四九],接踵佺期[五〇]。即四壁萧然,何憾?偶因结想,特走一介,起居明公[五一]。未尽愿言[五二],统蕲亮在[五三]。

(《栖真馆集》卷十六)

注释

〔一〕冯方伯:冯叔吉,字汝迪,慈溪(今属浙江)人。嘉靖三十二年(1553)进士,初授泰和令,屡迁至如庆兵备副使。调苏松兵备,历湖广左右布政使。卒年七十二。小传见《雍正慈溪县志》卷八《经济》、《光绪慈溪县志》卷二十八《列传》。先秦时,一方诸侯之首称方伯,亦作州伯。后因称州、省长官为方伯。明制,各省设左、右布政使各一人,"掌一省之政"(《明史》卷七十五《职官四》)。冯叔吉曾官湖广左右布政使,因称其为冯方伯。

〔二〕往者:过去,从前。待罪:官吏供职的谦辞。云间:见《上张、申二阁师》注释〔一三〕。下邑:下县。古代县分三等,粮十万石以下为上县,六万石以下为中县,三万石以下为下县。

〔三〕明公：对有名位者的尊称。鞭筻之下：麾下。鞭筻，马鞭。

〔四〕前驱负弩：背着弓箭走在前面，表示极为尊敬。

〔五〕清尘：对人的敬称。

〔六〕疏拙：粗疏笨拙，懒散笨拙。

〔七〕嫶妸傀儡（ān ē wěi bèi）：没有主见，曲意奉承。

〔八〕卵翼：以翼护卵，引申为保护。

〔九〕二天：恩人，正直贤明的官守。

〔一〇〕华亭富室：指徐阶家族。

〔一一〕饰外：修饰外表，装饰仪表。深中：深藏心中。

〔一二〕富可敌国：私人拥有的财富可与国家的资财相匹敌。形容极为富有。敌，匹敌，相当。

〔一三〕避贤者路：辞官回乡。

〔一四〕国柄：国家大权。

〔一五〕祸福人：以祸福加于人。

〔一六〕结纳：结交，深相结交。令终：善终。

〔一七〕明府：对县令的尊称。

〔一八〕黄发：年老者，长者。大老：资深望重的大官。

〔一九〕三尺法：见《与沈君典》注释〔二七〕。

〔二〇〕牧：统治，主管。黔首：平民，老百姓。

〔二一〕关说：代人陈说，从中给人说好话。

〔二二〕率：大多，大抵。

〔二三〕强项：见《与汪伯玉司马》注释〔三八〕。

〔二四〕龁龂（yǐ hé）：侧齿咬噬，引申为毁伤、龃龉、倾轧。

〔二五〕磔（zhé）杀：诛戮，屠杀。

〔二六〕民人：人民，百姓。湔（jiān）雪：雪洗耻辱，沉冤昭雪。

〔二七〕刻鸷（zhì）：阴险狠毒。

〔二八〕阳托：借口。衒鬻（xuàn yù）：炫鬻，叫卖，引申为炫耀卖弄。

〔二九〕摈绝：排斥弃绝。

〔三〇〕戴天履地：头顶着天，脚踩着地。形容人活在天地之间。戴，顶着天。履，踏，踩着。

〔三一〕列侯之燕：指参与西宁侯宋世恩宴会。燕，同"宴"。

〔三二〕攟摭（jùn zhí）：摘取，搜集。恶语：恶毒的话，诽谤的话。譖（zèn）：诬陷，中伤。

〔三三〕从臾（yú）：从谀，怂恿，奉承。台省官：御史台与尚书、中书、门下三省官员。

〔三四〕执政：掌握国家大权的人，明代内阁大臣之别称。

〔三五〕黄冠：见《与汪伯玉司马》注释〔四一〕。

〔三六〕方外：超然于世俗之外，后因以称僧道。

〔三七〕杜门：闭门。塞窦：堵塞孔穴。

〔三八〕了缘：息机：息灭机心。

〔三九〕恝（jiá）：无动于衷。

〔四〇〕八行：书信。

〔四一〕张茂才成叔：张应文，字成叔，慈溪（今属浙江）人。贡生。屠隆次子玉衡岳父。茂才，秀才。

〔四二〕适性：称心，合意。颐神：养神。

〔四三〕元和：太和，人的精神、元气。

〔四四〕擘（bò）画：经营，谋划。

〔四五〕东山丝竹：刘义庆《世说新语·言语》："谢太傅语王右军曰：'中年伤于哀乐，与亲友别，辄作数日恶。'王曰：'年在桑榆，自然至此，正赖丝竹陶写。恒恐儿辈觉，损欣乐之趣。'"后以"东山丝竹"为中年后以音乐陶情消遣的典故，亦指优美的音乐。谢安曾隐居东山，故以东山代指。

〔四六〕捐弃：舍弃，抛弃。

〔四七〕策勋：记功勋于策书之上。

〔四八〕夔（kuí）、契：夔与契为尧、舜时期的贤臣。

〔四九〕寻真：寻求仙道。

〔五〇〕佺期：道教传说中的仙人。接踵：相继，相从，紧接着。

〔五一〕起居：问安，问好。

〔五二〕愿言：思念殷切貌。

〔五三〕蕲：同"祈"，祈求。亮：原谅，谅解。

点评

此书作于万历十六年（1588）至十八年之间（1590）。屠隆与慈溪（今属浙江）人冯叔吉（字汝迪）相识于青浦知县任内，冯叔吉时任苏松兵备。书牍首先回忆在青浦知县任内，受到冯叔吉的赏识和关爱，忧其任事认真，不善逢源，恐有后患。其后祸发，为彼言中，叹其"真神人也"。其次，叙说在青浦时，徐阶派人来拉拢屠隆，要屠隆结纳徐阶，为其所用，屠隆拒绝。后又派人来打招呼，开后门，屠隆秉公执法，遭到徐阶及其家族的忌恨。某人为怨家所杀，屠隆为被害百姓伸冤昭雪，徐阶家族更加怀恨在心。俞显卿横行乡里，以诗文伴托结交，屠隆不给他面子，不与他往来。俞显卿伺机报复，随时打探屠隆言行，得知在西宁侯宴席上的只言片语，添油加醋，无中生有，捏造谣言，肆意诽谤，上疏诬奏。最终两人并逐于朝。最后，叙说罢官回家后，杜门谢客。冯叔吉栋梁之才，总有出山之时。因思念冯叔吉，特修书问候。

万历十九年（1591）九月，屠隆游慈溪，与冯叔吉、龙德孚等人泛舟江上，登管山，宴清道观："万历辛卯九月二十六日，议方成，是日，伯贞携不佞及邑缙绅陈大参观甫、冯方伯汝迪、张太守尚通泛舟江上，登管山，觞余清道观。清道观者，祠东岳神。"（《天启慈溪县志》卷十四屠隆《卿云记》）龙德孚有诗《同冯修吾方伯、长卿仪部至观中剪除障翳赋此》（《天启慈溪县志》卷十六），屠隆作诗《清道观》（《天启慈溪县志》卷十六）。离开慈溪，冯叔吉、龙德孚送行，屠隆作诗《龙使君、冯方伯携酒送余清道观》（《栖真馆集》卷八）。对冯叔吉远送郭门，屠隆十分感谢，他在《与龙伯贞》中说："冯方伯公为不肖远送郭门，感其意矣，并乞为道谢。"（《栖真馆集》卷十八）这次慈溪之行，短暂而愉快，对主人的殷勤招待，屠隆自然铭记在心。

与邹彦吉[一]

　　道民夜来幞被宿真如老僧山房[二]，翛寥幽寂[三]，如此身在峨眉古雪中[四]。盖道民二十年前薄游就李[五]，托宿老僧房，六夕而去。后十五年而同开之重游此寺[六]，藉草刻竹[七]，旧题宛然。虽无纱笼及红襃[八]，老僧相见，情意弥真[九]，故当胜之。今者三至寺中，此僧头颅如雪，一见作虎溪大笑[一〇]，即依依故人，即生氂吠雪[一一]，黄犬亦掉尾向客[一二]，若识旧日攒眉生[一三]。畴昔沙弥三五并已老大[一四]，回想人生，电光石火[一五]，迅疾若此，良增太息[一六]。

　　晨起，坐僧寮[一七]，啜雪峰泉[一八]。茗罢[一九]，则使者俨然持八行至[二〇]，故人念客深矣。佳稿业已校毕。五言古尽削去六代纤艳姿媚，独存风骨。篇篇据谢康乐上座[二一]，一千余年来无此什矣。七言古出入高、岑间[二二]，闯老杜堂室[二三]。五七言近体列之唐人，初、盛相半[二四]，最下者不失刘长卿步武[二五]。足下诸作，无论力洗却吴闾铅粉气[二六]，总之非今之人所能道也。独绝句颇少佳境，若必备众体，似亦不可不注念及此耳。

《过真如近作》二首，秀润老苍，无一字不稳密。篇章如此，咄咄畏人[二七]。道民至此，稍有吟讽。

昨闻云间故人唐光启有妹就义事甚烈烈[二八]，遂捉笔为之[二九]。哀诔容当缮写[三〇]，通请印可也[三一]。承谕选胜烟雨楼[三二]，向者仅与龙伯贞昏黑一登[三三]，殊未悉四望烟景。愿与明公一登眺挚结[三四]，亦明公宿约也[三五]。何如？冯开之别道民、走武塘三日矣[三六]，都无消息，恐已遂如虎林[三七]。明公使人物色之，同此胜会。幸甚。

（《栖真馆集》卷十七）

注释

〔一〕邹彦吉：邹迪光（1549—1625），字彦吉，号愚谷，无锡（今属江苏）人。万历二年（1574）进士，授工部主事，累官湖广提学副使。罢官后，卜筑锡山下，极园亭歌舞之胜。有《郁仪楼集》《调象庵稿》《石语斋集》《始青阁稿》《文府滑稽》等。传见《邹氏家乘·提学副使愚谷公小传》《列朝诗集小传》丁集下《光绪无锡金匮县志》卷二十二《文苑》。

〔二〕道民：见《与陈立甫司理》注释〔四五〕。幞（fú）被：被子。幞，包东西的布。真如：真如寺，在今浙江嘉兴南。

〔三〕翛（xiāo）寥：无拘无束，寂静空虚的样子。幽寂：幽雅寂静，孤独寂寞。

〔四〕峨眉：峨眉山，在今四川西南部，四大佛教名山之一。

〔五〕薄游：谦辞，为薄禄而宦游于外。漫游，随意游览。就李：见《与沈士范》注释〔五〕。

〔六〕开之：冯梦祯，见《与孙太史、冯吉士、沈比部书》注释〔一〕。

〔七〕藉草：睡在草上。

〔八〕纱笼及红褏（xiù）：纱笼，王定保《唐摭言》卷七《起自寒苦》："王播少孤贫，尝客扬州惠昭寺木兰院，随僧斋餐。诸僧厌怠，播至，已饭矣。后二纪，播自重位出镇是邦，因访旧游，向之题已皆碧纱幕其上。播继以二绝句曰：……二十年来尘扑面，如今始得碧纱笼。"红褏，女子襦裙长袖，后为女子代称。褏，同"袖"。

〔九〕弥：更加。

〔一〇〕虎溪大笑：东晋高僧慧远居庐山西北东林寺中，立下誓约："影不出户，迹不入俗，送客不过虎溪桥。"陶渊明和道士陆修静过访，谈得极为投机，不觉天色已晚，三人听到虎啸后，才意识到早已过虎溪界限。相视大笑，执礼作别。

〔一一〕生氂（máo）：足下生氂，盗贼稀少，犬无追吠，故脚下生毛。氂，长毛。吠雪：岭南少雪，狗见之而吠。喻少见多怪。

〔一二〕掉尾：摇着尾巴。

〔一三〕攒（cuán）眉：皱眉，表示不愉快。

〔一四〕畴昔：往昔，以前。沙弥：小和尚。

〔一五〕电光石火：闪电的光，燧石的火。佛教语，比喻事物瞬息即逝。

〔一六〕太息：叹息，叹气。

〔一七〕僧寮（liáo）：僧舍。

〔一八〕啜（chuò）：饮，喝。

〔一九〕茗罢：饮茶结束。

〔二〇〕八行：书信。

〔二一〕谢康乐：谢灵运，世袭康乐公。南朝宋时期的文学家。

〔二二〕高、岑：唐代诗人高适和岑参。

〔二三〕老杜：唐代诗人杜甫。

〔二四〕初、盛：初唐与盛唐。指诗歌的风格、气象类似于初唐、盛唐。

〔二五〕刘长卿：唐代诗人，号称"五言长城"。步武：脚步，步子，模仿，效法。

〔二六〕吴阊（chāng）：苏州阊门，借指吴地。铅粉气：脂粉气，香艳婉丽。

〔二七〕咄咄（duō）畏人：咄咄逼人，形容气势汹汹，盛气凌人，使人难堪。咄咄，使人惊奇的声音。

〔二八〕云间：见《上张、申二阁师》注释〔一三〕。唐光启：不详。烈烈：刚正，坚贞。

〔二九〕捉笔：握笔。

〔三〇〕哀诔（lěi）：哀悼死者的文章。缮（shàn）写：抄写，誊写。

〔三一〕印可：见《与虞长孺》注释〔四四〕。

〔三二〕烟雨楼：在今浙江嘉兴南湖湖心岛上。

〔三三〕龙伯贞：龙德孚，见《与君善》注释〔一五〕。

〔三四〕明公：对有名位者的尊称。擥（lǎn）结：采摘系结，收取。擥，同"揽"。

〔三五〕宿约：旧时的约定。

〔三六〕武塘：在今浙江嘉善境内，又名魏塘。

〔三七〕虎林：今浙江杭州的别称。

点评

屠隆与无锡（今属江苏）人邹迪光交往始于万历十四年（1586）。本年，邹迪光任湖广提学副使（王世贞《弇州续稿》卷五十二《邹彦吉〈玄岳游稿〉序》），屠隆有诗送别（《栖真馆集》卷三《杜衡篇，赠邹彦吉督学入楚》）。万历十八年（1590）二月一日，邹迪光为《栖真馆集》作序（《皇明五先生文隽》卷一百六十三《屠纬真先生集》卷首邹迪光《〈栖真馆集〉叙》："万历庚寅春二月朔，梁溪友人邹迪光彦吉父撰。"）。万历二十六年（1598），屠隆撰成《昙花记》之后的两三年内，曾有一次无锡之行，邹迪光邀屠隆等人饮秦氏园亭，屠隆命侍儿演《昙花记》（《郁仪楼集》卷二十三《五月二日，载酒要屠长卿暨俞羡长、钱叔达、盛季常诸君入慧山寺，饮秦氏园亭。时长卿命侍儿演其所制〈昙花〉戏，予亦令双童挟瑟唱歌，为欢竟日，赋诗四首》）。随后，邹迪光与书屠隆，谈观《昙花记》的感受："昨于秦园，玩尊使搬演〈昙花〉，寓鹿苑于梨园，以俳优为佛事。睹彼傀儡，念我肉团，听曲一声，胜似千偈……登舟而归，觉兴未尽。此亦生平未了意愿，究竟圆满，定在何日？"（《郁仪楼集》卷五十四《与屠长卿》）邹迪光观《昙花记》而有悟，遣散自家戏班，立志潜心修佛悟道（《调象庵稿》卷二十一《余阅搬演〈昙花〉传奇而有悟，立散两部梨园，将于空门置力焉，示曲师朱轮六首》）。万历三十三年（1605）八月二十五日，屠隆去世，邹迪光作诗哭悼（《调象庵稿》卷十六《哭屠长卿八首》）。

此书作于万历十七年（1589）。本年冬，屠隆游嘉兴，与邹迪光等集真如寺，有诗多首（《栖真馆集》卷四《冬夜，同郁孟野、李玄白、项民逸宿真如寺二首》《马心易同年携酒真如寺》、卷八《邹彦吉使君邀同冯开之、马心易燕集真如寺》《留别邹彦吉使君》《赠邹彦吉使君》）。本年，屠隆还为邹迪光《羼提斋稿》作序（《羼提斋稿》卷首序署："万历己丑，友人东海屠隆纬真甫纂。"《栖真馆集》卷十《〈羼提斋稿〉叙》未署时间）。书作于本年冬屠隆游嘉兴宿真如寺时。书牍首先叙说此次宿真如寺中，回忆前两次游真如寺的情景，引发时间飞逝、人生如梦的感叹。其次，说早晨起来，收到邹迪光来书。为邹迪光校订诗文稿，评价其诗的优点与不足。五古、七古、五七言近体等"力洗却吴闾铅粉气"，"非今之人所能道"，绝句"颇少佳境"，"不可不注念及此"。《过真如近作》二首"秀润老苍，无一字不稳秘"。最后，叙说为唐光启妹作哀诔文、选烟雨楼诗，相约与邹迪光、冯梦祯等登览烟雨楼等事。

与吕充符〔一〕

充符足下：

　　充符年少，何从得长卿其人也者，而昵就之〔二〕。昔人有钱癖、马癖、左氏癖〔三〕，充符其有长卿癖也邪？长卿方不利，当世不贱若泥沙，则畏若鬼蜮〔四〕，阅尽人情，惟当闭户。充符乃独提一片肝肠明白相向，定须别有一副眼目，从寥霩外觑破人群〔五〕，不随众妍媸短长〔六〕，此讵可望于今之悠悠之徒乎〔七〕？何止悠悠之徒，即当今号称豪杰、与长卿素讲青松白水之盟者〔八〕，究竟之〔九〕，亦终堕俗人坑堑〔一〇〕。当其有名位时，争自附于知己。一朝沦落，掉臂不顾如行路人〔一一〕。夫今日之长卿与畴昔〔一二〕，其修短黑白、好丑媸恶〔一三〕，非前后顿殊也〔一四〕；其胸罗今古、口吐霏屑、笔掞星汉〔一五〕，颇亦犹故也，而疏戚吴、越〔一六〕，风期万里〔一七〕。此何故？炎凉移其外，利害荡其中，不自知侵寻作世俗伎俩〔一八〕。充符独收之沦落之后，其意良谓呫呫吕生〔一九〕，不可当吾世而失一长卿。长卿独贫耳，世人有黄白银、犀珠玳瑁、云罍龙雏、骆驼骏马、雕梁绣柱、名园华池[二〇]，长卿都无之。面带饥寒，身露酸俭，以此为不如人，其他则无不足。置之朝庙，则可以斧藻太平、润色鸿业[二一]；置之山泽，则可以平分风月，领略烟霞。置之艺坛，则可以郁礐龙鸾[二二]，驱骋贾、马[二三]；置之宾席，则可以鼓吹群耳[二四]，开畅心灵。与之共事，则曠日通衢无所欺[二五]；负挈之游乐[二六]，则韶颜淑质足给欢娱[二七]，面貌不至可憎，心肠尽知可信。世人一见沦落，便如遗迹弃之。此不过以谗口中人，恩其余波溅及耳[二八]。充符不然，肝胆惟恐弗亲，踪迹惟恐弗密。破去拘挛[二九]，通彻域外[三〇]。充符殆非今之人哉？

仆顷又于就李遇一李玄白[三一]。其以寥霩得长卿，犹夫充符也。此两生者，非持追美前良，无坠古道，又足愧夫当今之号为豪杰而世俗其心者也。充符勉矣自爱！世之人并为狐狢噉尽[三二]，前有万古，后有千秋。充符勉矣自爱！

（《栖真馆集》卷十七）

注释

〔一〕吕充符：吕胤基，字充符，山阴（今浙江绍兴）人。大学士吕本孙。万历十九年（1591）闰三月，以荫官中书舍人。

〔二〕昵就：亲近。

〔三〕钱癖、马癖、左氏癖：西晋王济有马癖，和峤有钱癖，杜预则有《左传》癖。典出《晋书·杜预传》。

〔四〕虵：同"蛇"。

〔五〕寥廓：高远空旷。廓：同"廓"。觑（qù）破：看破。

〔六〕妍媸（yán chī）短长：指评论他人。妍媸，美丑。

〔七〕讵（jù）：难道，岂。悠悠之徒：大多数人。

〔八〕素：平素，向来。青松白水之盟：《左传·僖公二十四年》："所不与舅氏同心者，有如白水。"杨伯峻注："'有如白水'即'有如河'，意谓河神鉴之，《晋世家》译作'河伯视之'是也。"后遂用作誓词，表示信守不移。南朝梁刘孝标《广绝交论》："援青松以示心，指白水而旌信。"

〔九〕究竟：推求，追究。

〔一〇〕坑堑：沟壑，山谷，喻险恶环境。

〔一一〕掉臂：甩动胳膊走开，表示不顾而去。

〔一二〕畴昔：往昔，以前。

〔一三〕修短：长短。媺（měi）：同"美"，好，善。

〔一四〕顿殊：突然的变化。

〔一五〕罣（guà）：牵绊，系念。霏屑：滔滔不绝的谈吐。语本《晋书·胡毋辅之传》。掞（shàn）：舒展，铺张，发舒。星汉：天河，银河，形容璀灿，有文采。

〔一六〕疏戚：亲疏。吴、越：春秋时，吴、越两国时相攻伐，积怨殊深，因以比喻仇敌。

〔一七〕风期：风度品格，友谊，情谊。

〔一八〕侵寻：渐进。

〔一九〕咄咄（duō）：使人惊奇的声音。

〔二〇〕犀珠：犀角与珍珠。玳瑁（dài mào）：用玳瑁（一种海龟）的甲壳制成的装饰品。云罍（léi）：饰有云状花纹的酒壶。罍：当为"罍"字。龙蜼（wèi）：刻有龙蜼的彝器。蜼，长尾猿。

〔二一〕斧藻：修饰。润色：润饰，修饰。鸿业：大业，王业。

〔二二〕郁辔："御辔"之误。郁、御，音近而误。辔、辔，字形相近而误。御辔，驾驭。龙鸾：龙与凤，喻贤士，亦喻华美的文章。

〔二三〕贾、马：汉贾谊、司马相如并称，二人均以辞赋著名。

〔二四〕鼓吹：赞扬，宣传。

〔二五〕曒日：明亮的太阳。

〔二六〕负挈（qiè）：背负手提。

〔二七〕韶颜：美好的容貌。淑质：体貌美，美好的资质，美善的品质。

〔二八〕愳：同"惧"。

〔二九〕拘挛（luán）：拘束，拘泥。

〔三〇〕通彻：通晓，贯通，完全理解。

〔三一〕就李：见《与沈士范》注释〔五〕。李玄白：李衷

（一作仲）纯（1564—1639），字玄白，秀水（今浙江嘉兴）人。万历四十年壬子（1612）中顺天乡榜，令如皋，迁南工部主事，旋转兵部员外郎，出知邵武，擢两淮运使。有《激楚斋诗集》。传见李仲纯《激楚斋诗集》卷首钱谦益《李玄白墓志铭》、《康熙秀水县志》卷五《先达》。

〔三二〕狐狢、噉：见《与汤义仍奉常》注释〔四二〕。

点评

此书约作于万历十四年（1586）至十六年（1588）之间。屠隆与山阴（今浙江绍兴）人吕胤基（字充符）交往在屠隆罢官之后，准确时间难以确考。屠隆为吕胤基《剧六书古韵谱》作序（《栖真馆集》卷十《剧六书古韵谱叙》，国家图书馆藏《古篆韵谱正传》上卷署："明会稽郡吕胤基长孺父辑篆。"扉页题："万历戊子岁春王正月江篱馆镌。"），《栖真馆集》有《震旦篇，寄吕充符》（卷一）、《云来山人歌，赠吕充符公孙》（卷二）、《春日，怀吕充符》（卷四）、《冬夜，别吕充符》（卷七）等诗。书牍首先叙说吕胤基不受别人的影响，对屠隆肝胆相照。世人交往，"当其有名位时，争自附于知己。一朝沦落，掉臂不顾如行路人"。屠隆认为，自己像貌、性格、文才等在罢官前后并没有不同，但有人却亲疏有别，评价大异，原因就在于"炎凉移其外，利害荡其中"。世人担忧与自己交往，会受到连累，但吕胤基不惧谗口，在屠隆罢官之后，与屠隆亲密往来，几乎有"长卿癖"，毫不避讳，要让世人尽知两人关系密切。其次，说嘉兴李衷纯（玄白），与吕胤基一样，也是自己知音。二人古道正直，追美前贤，足使当今号称豪杰，却趋炎附势之辈，羞愧无地。

答方建元〔一〕

往不慧微服岩镇〔二〕，为赴汪君约〔三〕。行时私计，若不遇汪君，即当寄宿酒家，不复访汪先生。何故足下以墨宝数十劢饷不慧〔四〕？不慧持归，未及一月，散及海上亲故，遂尽。盖自是海上无一家不有方氏墨者。七尺而外〔五〕，悉为长物〔六〕。即一日而手散千金不为过，奈何以此意视墨也。足下墨远绝韦仲将、李廷珪〔七〕，令千秋而下，得见方于鲁墨一枚，如古人不死。乃不慧何幸得之，多至盈箧〔八〕。而随手散掷，且所赠多非其人。以此为负足下，诚无面孔可见故人。而足下犹然遣令子延致再三〔九〕，不往，乃复携槠相劳也如是〔一〇〕。而至今贻书〔一一〕，尚拳拳谢过不置〔一二〕。是足下为长者，而仆真小人。小人是夕道遇狂生怒骂，几饱其老拳，以逊辞得免。抵酒家，宿一破楼。突烟如织〔一三〕，两睫雨泪，通夕不成眠。寒鸱来鸣树颠〔一四〕，野风飒飒撼窗户〔一五〕。虽沉寥〔一六〕，亦自有致。汪君者，以千金买姬而不能以脱粟饭客〔一七〕。若而夫者〔一八〕，何足当客一盼。客实不知人，罚以狂生老拳与酒家突烟，故应尔。

承惠《墨谱》，搜罗古今名相。精丽神秀，当是天壤间一种奇刻。至之日，即为好事者垂涎[一九]，恐终当落他人手。仆诚俗物，不解赏鉴，然此中空洞，成仙作祖，此顾近之。又承为老母作寿章，敢不九顿以谢[二〇]。嗟嗟，王右军文艺识学[二一]，淹雅绝人[二二]，乃以书法尽掩。足下诗品，的然晋、唐[二三]。亦恐为墨掩，可惜也。仆是以向者作传，三致意焉。惟足下努力。令郎温温玉立[二四]，不辱建元子。可能以自作云笺远寄不慧否？来书有东游访道民之约[二五]，震旦国中止三大佛道场[二六]，明州补陀居其一[二七]，此胜黄、白两山远甚[二八]。足下不可不一来，日夕望之，临书驰结[二九]。

（《栖真馆集》卷十七）

注释

[一]方建元：方于鲁，初名大潡，后以字行，改字建元，歙县（今属安徽）人。从汪道昆学诗，以制墨名。有《方氏墨谱》《方建元集》等。传见《方建元集》卷首屠隆《方于鲁传》、李维桢《大泌山房集》卷八十七《方外史墓志铭》。

[二]不慧：不智，不聪明。谦词，自称。微服：为隐藏身份，避人注目而改换常服。

[三]汪君：汪道昆，见《报龙君善司理》注释[二九]。

[四]勩：同"斤"。饷：提供，赠送。

〔五〕七尺：身躯。

〔六〕长物：原指多余的东西，后亦指象样的东西。

〔七〕韦仲将：韦诞，字仲将，三国魏人，善书，官至光禄大夫。李廷珪：亦作奚廷珪，易县（今属河北）人，迁居歙县（今属安徽）。奚鼎孙。南唐时，姓李。善制墨，时称廷珪墨。

〔八〕盈箧（qiè）：满箱，满筐。箧，箱子一类的东西。

〔九〕令子：对别人儿子的美称。延致：招来，邀请。

〔一〇〕榼（kē）：盛酒或贮水的器具。劳：慰劳。

〔一一〕贻（yí）：送。

〔一二〕拳拳：诚挚恳切的样子。

〔一三〕突烟：烟囱里的炊烟。

〔一四〕寒鸱（chī）：寒天的鸱鸟。

〔一五〕飒飒（sà）：风吹动树木枝叶等的声音。

〔一六〕沉寥：萧条。

〔一七〕脱粟：粗粮，只脱去谷皮的粗米。

〔一八〕而夫：此人，其人。

〔一九〕垂涎（xián）：因想吃到而流下口水，比喻贪婪或十分羡慕。

〔二〇〕九顿：九顿首，形容礼节隆重。以头叩地曰顿首。

〔二一〕王右军：王羲之（303—361），字逸少，临沂（今属山东）人。历官秘书郎、江州刺史、会稽太守、右军将军等，人称王右军。有书圣之称。

〔二二〕淹雅：宽宏儒雅。高雅，渊博。绝人：过人。

〔二三〕的（dì）然：明显貌。

〔二四〕温温：柔和、谦和的样子。玉立：姿态美好，节操坚定。

〔二五〕道民：见《与陈立甫司理》注释〔四五〕。

〔二六〕震旦国：古代印度人对中国的称呼。道场：佛教语，佛祖或菩萨显灵说法的场所。

〔二七〕明州：今浙江宁波的古称。补陀：普陀山，在今浙江舟山普陀区，相传是观世音菩萨教化众生的道场。

〔二八〕黄、白：黄山、白岳，黄山在今安徽南部，白岳在今安徽休宁境内。

〔二九〕驰结：表示对对方思念情切。

点评

歙县（今属安徽）人方于鲁以制墨名，有《方氏墨谱》。屠隆与其结交在万历十三年（1585）。当年末，屠隆受汪道昆、龙膺之邀，赴歙县，参加汪道昆主持的白榆社，与方于鲁相识："不佞闻建元名垂十年，顷应汪司马、龙使君白榆社招，一抵新都，即与建元把臂入林，洋洋洒洒，益逾昔闻。"（方于鲁《方氏墨谱》卷首屠隆《方建元传》，又见《方建元集》卷首）后为其作传（《方建元传》），作诗序（《方建元集》卷首屠隆《方建元佳日楼诗序》）。屠隆返里，方于鲁赠以制墨，有诗送别（《方建元集》卷一七律《屠公长卿还越游天台，赋此送之》）。后来，方于鲁屡有怀念屠隆之作（《方建元集》卷四七律《东海叶虞部来游白岳，访余山中，赠言为别，兼寄怀屠纬真》、《方建元集》续集师心草《漫兴》）。

此书作于万历十六年（1588）。方于鲁《墨谱》历时五年，完成于本年夏（《方氏墨谱》卷末方宇《书墨谱后》："建元谱其墨，凡六卷，历五载乃成。余得而飨观之，卒业三叹……万历戊子夏日，宗人方宇撰。"）书中有"承惠《墨谱》"之句，因此，书当作于本年夏之后的几月内，是对方于鲁来书的回复。书牍首先回忆万历十三年（1585）赴歙县，得方于鲁馈赠制墨，回家后，将其散及亲故。在与王世贞的书中，屠隆说因为家贫，把方于鲁赠墨卖与贵公子，没有成功（《白榆集》文卷十四《报元美先生》："困时以方生墨三勉，货之旧识贵介子，易子母钱，遍历数家，不售，竟返。"）。在歙县时，遇狂生怒骂，宿破楼，灶烟熏人，寒风呼啸，鸱鸟聒耳，夜不能眠。虽然萧条冷落，"亦自有致"。屠隆对东道主汪道昆颇有不满，"汪君者，以千金买姬而不能以脱粟饭客。若而夫者，何足当客一盼"。这次歙县之行，远没有屠隆在与汪道昆及其兄弟汪道贯、汪道淹和其他友人书中说得那么美好，屠隆只好自我解嘲，说因为自己"实不知人"，被罚挨骂和烟熏，命该如此。这种不愉快没有影响屠隆和汪道昆的关系，此后二人依然来往密切，应酬不断。其次，说收到方于鲁《墨谱》和贺母寿之作。评价《墨谱》"精丽神秀"，是"天壤间一种奇刻"。评价方于鲁诗"的然晋唐"，"恐为墨掩"。请方于鲁寄赠自制云笺，答应方于鲁来访之请，日夕望之。方于鲁得书后，有诗寄答："难后无家念倒悬，一缄惊得故交传。云中薜荔歌山鬼，海上云霞列羽仙。赤水遗珠投草莽，沧州奇服佩兰荃。丹崖翠壁千重色，曾记题诗对岳莲。"（《方建元集》卷三七律《得屠长卿书却寄》）

答李玄白[一]

虎林一别[二]，五更食新矣[三]。虽累奉花时之约，乃人事蹉跎[四]，尚阻良晤。青枝红藿[五]，对酒当歌[六]。情抱所钟，便及不慧[七]。平头双鲤[八]，已俨焉在门矣[九]。何玄白之昵好不慧[一〇]，津津若此[一一]？

来书云"屈、宋无驭鹤之方[一二]，钟、吕乏雕龙之技[一三]"，谓道民兼之[一四]。不慧一闻此言，流汗被面[一五]。不慧之于艺文，如村姑野媪[一六]，粗施膏泽[一七]，微有姿媚。偶见之山坳溪硐间[一八]，顾影自照，亦复嫣然[一九]。令突遭邺都灵芸、芙宫西子[二〇]，可胜羞涩低回[二一]。又如枭将壮士、长矛巨梃[二二]，野战原阪[二三]，所向无前，不遇节制之师[二四]，可以得志。若使孙、吴运筹[二五]，韩、白对垒[二六]，必无幸矣。仆天性快迅，束发读书[二七]，过目而已。下笔为文，一挥满纸，不能深思苦索。即令深思苦索，亦只与一挥等尔。以故自知不慧之文，流霞落英，过眼光景，欣赏一时，必非名山不朽之业也。至云玄元大道[二八]，仆自揣凡胎俗骨，何敢妄冀灵真？徒以涉世既久，览观世间一切荣枯得丧、起伏变灭之事，总属无常[二九]。而人生为尘缘系缚[三〇]，欲火煎熬。灵明受伤[三一]，形神速坏。居恒仄仄叹恨[三二]。此事所以坚志，欲稍除杂念，栖志清虚[三三]，以遣累寡过[三四]，澄神炼气[三五]，庶几它日临去了了[三六]，不堕苦趣[三七]，足矣。冲举泥洹[三八]，非有宿本[三九]，宁可侥天之幸乎？足下知我爱我，故辄不自隐匿[四〇]，尽吐衷言。大要仆之快爽明白[四一]，为文不精工，以此天姿近道，亦以此千秋而下，此仆自立月旦公案也[四二]。

玄白丽藻绝代[四三]，气义高古人。其于文也，承蜩削镰[四四]；其于大道也，望鞭影而驰。无论雌伏雄飞，总之茂明鸿烈者也[四五]。书辞颇怀颥颔之嗟[四六]，以玄白才气，何所不诣，且也驭鹤雕龙[四七]。此两者，并不必假名位云云。无乃犹未达乎[四八]？风风雨雨，花事零落矣！人间世何物不然[四九]。人言文章不朽，文章诚不朽，乃其人朽久矣。空文何与人事？人与文并不朽，则惟琼笈真语诸公[五〇]。仆愿与玄白共勉之。相见未期，临书忉怅[五一]。

（《栖真馆集》卷十七）

注释

〔一〕李玄白：李衷纯，见《与吕充符》注释〔三一〕。

〔二〕虎林：今浙江杭州的别称。

〔三〕五更食新：五次吃到新的麦子，即五年过去了。典出《左传·成公十年》。

〔四〕蹉跎（cuō tuó）：虚度光阴。

〔五〕藿（huò）：豆类植物。

〔六〕对酒当歌：对着美酒，应当高声歌唱。语出曹操《短歌行》。表示人生苦短，需要及时行乐。

〔七〕不慧：见《答方建元》注释〔二〕。

〔八〕平头：平头奴子，不戴冠巾的奴仆。双鲤：书信的代称。

〔九〕俨焉：庄重严肃貌。

〔一〇〕昵（nì）：亲近。

〔一一〕津津：兴趣浓厚的样子。

〔一二〕屈、宋无驭鹤之方：屈、宋，屈原、宋玉，战国时辞赋家。驭鹤之方，登遐成仙的方法。

〔一三〕钟、吕乏雕龙之技：钟、吕，钟离权、吕洞宾，道教传说人物。雕龙之技，指写文章的技巧。

〔一四〕道民：见《与陈立甫司理》注释〔四五〕。

〔一五〕被：同"披"。

〔一六〕媪（ǎo）：年老的妇女。

〔一七〕膏泽：润发所用的油脂，代指化妆品。

〔一八〕硱（jiàn）：山间的水沟。

〔一九〕嫣然：姿态美好，笑容妩媚的样子。

〔二〇〕邺都灵芸：邺都，在今河北临漳县。灵芸，薛灵芸，三国时魏文帝曹丕所爱美人。芙宫：芙蓉宫。芙蓉，荷花别称，也称芙蕖。传说西施是月宫的夜明珠掉落人间，后化为荷花。西子：西施，子姓，施氏，本名施夷光，春秋时越国美女，一般称为西施。

〔二一〕低回：徘徊，留恋。

〔二二〕枭（xiāo）将：猛将。梃（tǐng）：棍棒。

〔二三〕阪（bǎn）：崎岖硗薄的地方。

〔二四〕节制之师：纪律严整的军队。

〔二五〕孙、吴运筹：孙，春秋时孙武。吴，战国时吴起。运筹，制定策略，谋划。

〔二六〕韩、白对垒：韩，汉代韩信。白，战国时白起。对垒，两军相持。

〔二七〕束发：见《与王元美先生书》注释〔三五〕。

〔二八〕玄元：道家所称为天地万物本源的道。

〔二九〕无常：佛教语，生灭变化不定。

〔三〇〕系缚：束缚。

〔三一〕灵明：心灵。

〔三二〕居：平日里。仄仄：狭窄。

〔三三〕栖志：寄托情志。清虚：清净虚无。

〔三四〕遣累：去除拖累。寡过：少犯错误。

〔三五〕澄神：使心智和精神得以安静和澄清，不受外物的干扰。

〔三六〕庶几：或许可以。了了：明白，清楚。

〔三七〕苦趣：使人感到苦恼的意味，心里有苦，却说不出。

〔三八〕冲举：飞升成仙。泥洹（huán）：涅槃，超脱生死的境界。

〔三九〕宿本：本性。

〔四〇〕隐匿（nì）：隐藏，隐瞒。

〔四一〕大要：主要，概要。

〔四二〕月旦：月旦评，品评人物。公案：复杂的案件。

〔四三〕丽藻：华丽的词藻，华丽的诗文。

〔四四〕承蜩（tiáo）削鐻（jù）：专心致志的样子。承蜩，把蝉粘住。语出《庄子·达生》："仲尼适楚，出于林中，见佝偻者承蜩，犹掇之也。"削鐻，削木为鐻（一种像钟的乐器）。鐻，同"锯"。语出《庄子·达生》："梓庆削木为鐻，鐻成，见者惊犹鬼神。"

〔四五〕鸿烈：大功业。

〔四六〕顑颔（kǎn hàn）：因饥饿而面黄肌瘦的样子。

〔四七〕驭鹤：骖鸾驭鹤，驾驭鸾凤仙鹤。比喻成仙。雕龙：见《与沈嘉则书》注释〔三三〕。

〔四八〕无乃：表示委婉反问，不是，岂不是。

〔四九〕人间世：即人世间。

〔五〇〕琼笈：道书。真语：佛教书。

〔五一〕忉（dāo）怅：忧愁，焦虑，失意，不痛快。

点评

屠隆与秀水（今浙江嘉兴）人李衷纯相识于万历十三年（1585）。该年六月，屠隆抵杭州。居三月余，晤李衷纯，一见语合，意气相投："往不谷与就李冯开之游甚洽，继通于贺生伯暗。伯暗至今犹属神交尔。最后识玄白虎林，一见语合，臭味不啻也。"（《白榆集》文集卷十三《答李玄白》）而李衷纯在屠隆去世两年后的万历三十五年（1607），作《祭纬真仪部文》，回忆二人的首次见面是万历十六年（1588）秋："自戊子之秋邂逅西湖，一见莫逆，遂许我同声，渐而同心，二十年一日也。"（《甬上屠氏宗谱》卷三十《挽词》）两者有出入，以屠隆所记为准。一来屠隆是当时所记，李衷纯是事后回忆，难免有误。二来与两人对同一事件的重视程度有关，万历十三年（1585）与李衷纯相识，对屠隆来说很重要，也许李衷纯认为很寻常，没有什么印象，只有万历十六年（1588）秋的邂逅西湖，才给他留下深刻印象。且《祭纬真仪部文》所说"渐而同心，二十年一日"，从万历十六年（1588）至三十三年（1605）屠隆去世，前后十八年，没有二十年。虽说古人喜以概数代确数，但还是不够准确。万历十四年（1586），李衷纯还请屠隆为岳父吕炯作传，屠隆作《吕心文传》（《栖真馆集》卷二十一）。以屠隆所记为准，更符合事实。万历十六年（1588）的相会，两人互有诗作赠答，屠隆有《结交行，答赠李玄白》（《栖真馆集》卷三）、《寄答李玄白》（《栖真馆集》卷八），李衷纯有《长歌赠别屠长卿》（李衷纯《激楚斋诗集》卷一）。万历二十九年（1601），屠隆为李衷纯《焦桐集》作序（《皇明五先生文隽》卷一百六十六《屠纬真集》四《焦桐集序》）。屠隆去世，为位而哭（《甬上屠氏宗谱》卷三十《挽词》李衷纯《祭纬真仪部文》）。两年后，作《祭纬真仪部文》祭悼。

万历十七年（1589）冬，屠隆游嘉兴，与李衷纯等游天宁山房、真如寺，有诗《冬夜，同郁孟野、李玄白、项民逸宿真如寺二首》（《栖真馆集》卷四）、《李玄白携酒邀同冯开之、贺伯暗、张文若、项民逸酌天宁山房》（《栖真馆集》卷八）。此书开头有"虎林一别，五更食新"，从万历十三年（1585）至十七年（1589）前后五年，因此，书作于本年冬屠隆游嘉兴，与李衷纯相会前。此书是对李衷纯来书的回复。书牍首先叙说一别五年，虽累奉邀约，但未能见面。接到李衷纯来书，感谢朋友挂念。其次，针对来书中说屠隆兼有作文与修仙之技，屠隆谦虚地说自己作文，如同村姑乡女没有遇见美女，自以为美，猛将壮士没有与训练有素的军队对垒，自以为勇。一旦遇到真正美女、勇敢军队，就会自惭形秽，败下阵来。屠隆深知自己作文，"一挥满纸，不能深思苦索"，如同"流霞落英，过眼光景"，只能欣赏一时，不能成就藏之名山、留之后世的不朽之业。至于修道，是因为世间荣枯得失、起伏兴盛，变化不定，受世俗尘缘束缚，心灵不纯，所以，要去除杂念，清静虚无，净神炼气，去累少过。得道成仙，凤凰涅槃，本性不够，难以达到。最后，赞扬李衷纯"丽藻绝代，气义高古人"，对文与道，都专心致志。以李衷纯才气，总有成功的一天。与李衷纯共勉，修道作文，追求人与文并不朽。

与孙以德〔一〕

李生还,得足下手书,兼以文绮为家慈寿〔二〕,感故人情深。顷闻足下深居简出,环堵萧然〔三〕。门无杂宾,家尟长物〔四〕。居然布衣寒士风。方之伯鸾之栖梁溪〔五〕,显晦殊涂〔六〕,孤高同操。中林之趣弥洽〔七〕,东山之望日隆矣〔八〕。

生之不辰〔九〕,际此百六〔一〇〕。水旱疫疠〔一一〕,南北并灾。奈何贫家复遭俭岁〔一二〕,八口之计〔一三〕,日支一日,家仅有江上斥卤之田五十亩〔一四〕。顷获槁禾杂稗子,不满十钟〔一五〕。史云之甑〔一六〕,那得不尘尔?母年九十,身与荆妇同学辟谷术〔一七〕。两男一女,尚在稚龄。朝夕所需,亦无几何。独苦诸兄、诸嫂、诸犹子以及姊子、中表咸食贫〔一八〕,嗷嗷相向〔一九〕,殊难为情,口不言而心怨尤〔二〇〕。为贤者眷属,应得饱暖,娄困若此〔二一〕,以为吏廉。故廉吏早休,无为贵廉矣。天之毒人,令若敖氏之鬼搅作一团火坑地狱〔二二〕。夫葛藟犹能芘其本根〔二三〕,不肖读书,方忝贤科〔二四〕,时戚属闻之〔二五〕,

以手加额[二六],何限庆快。而今日犹然使之朝不谋夕,啼饥苦寒,奈何不怨?夫读书登第,元不为温饱,此曹不知也[二七],又仆一最大罪。万物一体,爱无差等。昔日以官俸铺四方之客[二八],而今者不能以升斗活一家之人。至于今晚节末路,尚不知痛自省改。釜中有饭,至戚来亦唅[二九],外人来亦唅。对家人而寂莫,贪外客之笑谭,感疏远之可怜,忘戚属之尤苦。心近平等,辨失亲疏。虽称小仁,实陷大恶。仆亦终无以自解免矣。自此以外,罪状颇少。皇天降罚,不知其端。然仆实有以自宽,不作牢搔坎壈态[三〇]。仆今日而牢搔坎壈,早索我枯鱼之肆[三一]。客顷往往语道民近日神气大胜[三二],转有少容[三三]。不落陶铸[三四],不属阴阳。其庶以此耶[三五]?

方外友王初阳入句吴[三六],便附此讯。王君有道异人,足下物色之不[三七]?恶语聒清士之听[三八],请以李建勋玉磬浣之[三九]。何如?

(《栖真馆集》卷十七)

注释

〔一〕孙以德:孙继皋,见《与孙太史、冯吉士、沈比部书》注释〔一〕。

〔二〕文绮：华丽的丝织物。家慈：家母。

〔三〕环堵萧然：室内空空，一无所有，比喻极为贫困。语出晋陶渊明《五柳先生传》。

〔四〕尠：同"鲜"，少。长物：原指多余的东西，后亦指象样的东西。

〔五〕伯鸾：东汉梁鸿，曾携其妻孟光一同隐居梁溪。

〔六〕显晦：明与暗。涂：同"途"。

〔七〕中林：林中，林野。洽：和谐。

〔八〕东山之望：据《晋书·谢安传》载，谢安早年曾辞官隐居会稽之东山，经朝廷屡次征聘，方从东山复出，官至司徒要职，成为东晋重臣。

〔九〕生之不辰：生不逢时。

〔一〇〕际：适逢其时，正当。百六：厄运。

〔一一〕疫疠（lì）：瘟疫。

〔一二〕俭岁：荒岁，收成不好的年份。

〔一三〕八口：一家人。

〔一四〕斥卤：盐碱地。

〔一五〕钟：容器单位，十斛为一钟。

〔一六〕史云之甑（zèng）：表示生活贫困。甑是蒸饭的一种瓦器。后汉范冉字史云。生活贫困，仍然安之若素，邻居歌道"甑中生尘范史云，釜中生鱼范莱芜"。见《后汉书》本传。

〔一七〕荆妇：对人称己妻的谦词。辟谷：见《与冯开之》

注释〔一四〕。

〔一八〕犹子：侄子。

〔一九〕嗷嗷（áo）：哀鸣声，哀号声。

〔二〇〕怨尤：怨恨责怪。

〔二一〕娄：通"屡"。

〔二二〕若敖氏之鬼：无人祭祀的魂魄。典出《左传·宣公四年》："鬼犹求食，若敖氏之鬼，不其馁尔？"

〔二三〕"葛藟（lěi）"句：葛藟，一种可食的植物。葛藟微弱，尚能保护它的根。芘（bǐ），通"庇"，遮蔽，掩护。典出《左传·文公七年》。

〔二四〕忝：辱，有愧于，常用作谦辞。贤科：科举时代对选拔官吏所分科目的美称。

〔二五〕戚属：亲戚家属。

〔二六〕以手加额：把手放在额头上，表示喜悦之情。

〔二七〕此曹：此辈，这些人。

〔二八〕餔（bū）：吃，给人吃。

〔二九〕啖（dàn）：吃或给人吃。

〔三〇〕牢搔：同"牢骚"，烦闷不满的情绪。坎壈（lǎn）：困顿，不顺利。

〔三一〕早索我枯鱼之肆：比喻陷入困境，难处。语出《庄子·外物》。

〔三二〕道民：见《与陈立甫司理》注释〔四五〕。

〔三三〕少容：童颜。

〔三四〕陶铸：模仿，模拟。

〔三五〕庶：但愿，或许。

〔三六〕方外：超然于世俗之外，后因以称僧、道。王初阳：王初阳，余姚（今属浙江）人，道士。句（gōu）吴：吴国，代指吴地。

〔三七〕物色：访求，寻找。

〔三八〕聒（guō）：声音嘈杂，使人厌烦。

〔三九〕李建勋玉磬（qìng）：宋周密《澄怀录》载，"江南李建勋尝蓄一玉磬，大尺余，以沉香节按柄叩之，声极清越，客有谈及秽俗之语者，则急起击玉磬数声，曰：'聊代清耳。'名曰泗滨友"。玉磬，玉石制的敲击乐器。

点评

屠隆与无锡（今属江苏）人孙继皋相识于万历五年（1577）："溟涬子初释褐，居京师……友人沈箕仲、周元孚、于子冲、徐茂吴、沈君典、李惟寅、王恒叔、孙以德、丁右武、甘应浦、沈少卿、陆敬承、陈伯符，亦时时来。"（《鸿苞》卷四十七《拙宦》）离京，赴任颍上知县，孙继皋、沈懋学、冯梦祯等送行："思畴昔作吏，行李戒途，子与箕仲、元孚、以德、开之二三兄弟，劳我良苦，款留拳拳。"（《由拳集》卷十三《与沈君典三首》其二）万历十年（1582）十一月十二日，屠隆进京上计，从青浦出发，过锡山（今江苏无锡），访孙以德、秦焜（《白榆集》文集卷五《发青溪记》："抵锡山，访故人孙太史、秦公子，相见欢甚。"）。屠隆被诬罢官，与书孙以德，辩称没因酒误事，孙以德可以作证："海内人往往传仆饮酒能至数斗不醉，足下与仆共杯酌数矣，仆能胜砗磲小杯几杯乎？传讹吠声，举此一端，它可知已。"（《栖真馆集》卷十四《与孙以德》）又有《余性不能饮，自嘲四首》（《栖真馆集》卷九），说明自己不善饮酒，因酒误事是莫须有之罪。

此书作于万历十六年（1588），是对孙继皋来书的回复。书牍首先叙说收到孙继皋来书和祝母寿礼物，感谢故人情深。得知孙继皋深居简出，家徒四壁，终会像谢安一样，东山再起。其次，叙说由于灾荒严重，庄稼欠收，家人与亲戚饥饿难耐，口不言而内心怨尤。当初读书考中进士，家人与亲戚非常高兴，现在却朝不保夕，忍饥挨冻，如何不怨。昔日以俸禄招待四方之客，今日却不能养家糊口。锅里有饭，至戚、外人来吃，家人却遭冷落，不辨亲疏。因为没把贫穷困苦放在心上，自己的神情面容反而越显年轻。最后，说明送书之人是道士王初阳，介绍其与孙继皋认识，希望没有污孙继皋之耳，影响其心情。

与赵汝师司成〔一〕

不谷某已作黄冠物外人矣〔二〕。黄金既尽，渌酒亦虚〔三〕。扉履不来〔四〕，泥垣墐户〔五〕。郑庄罢驿〔六〕，公叔绝交〔七〕；海内旧游，竿牍尽废〔八〕。一花一竹，一垆一几。诗篇经卷，以送残日。交游止于田父〔九〕，谭话止于烟霞〔一〇〕，生涯止于莳艺〔一一〕。朝市起伏、升沉变幻之事〔一二〕，绝不到门。即到门，辄有松风吹之而去，不得入幽人之耳〔一三〕。孙生有言"佛容为弟子，天许作闲人"，咄咄含沙〔一四〕，仇反为德。不谷今于人间世隔几代矣〔一五〕，都无关通〔一六〕，都无记忆。独有一二烟霞道友尚不忘情，则汝师其一也。仆最不才，抽身最蚤〔一七〕，良是天假以云水之缘。乃足下与敬美犹缚世罔、作热官〔一八〕，此市上儿所津津〔一九〕，金华紫烟客所掉头不顾〔二〇〕。

仆年来万念俱空，一丝不罣〔二一〕。闲中无以自娱，稍取三教理，参订和合，著为一书，号《广桑子》。中窍破的〔二二〕，未必敢望三教圣贤点头〔二三〕。然直写胸中所得，提肝挈胆矣〔二四〕。但恐终非祖师西来之意〔二五〕，太泄太尽，殆未免理障〔二六〕，以故秘不敢出。此外更无它事，所苦宪、伋之贫〔二七〕，捉衿肘见〔二八〕。三旬九食〔二九〕，以定力持之〔三〇〕，不令小生烟发火。去冬，先君始得入土〔三一〕。不封不树〔三二〕，荒垄块然〔三三〕。母年九十，神明无恙。妇持门户，百苦一身，亦能自宽，不作牢搔态〔三四〕。黔娄之妻乎〔三五〕？

夏秋之间，欲稍乞食向秣陵〔三六〕。足下与敬美能为东道主人不？汝师为南司成，海上六馆诸生闻报动色〔三七〕，瞿然顾化〔三八〕。桃李不言〔三九〕，下自成蹊，愿益开颜端范〔四〇〕，以铸南金〔四一〕。既通候汝师，便须修八行抵敬美〔四二〕。此书成而懒病陡作〔四三〕，不欲勉强劳神，遂已之〔四四〕。顾念此书业尽仆近况，虽复寓书捐斋〔四五〕，道人所言，不过如此。乞仁兄出此书示敬美，道道民无恙〔四六〕。

(《栖真馆集》卷十七)

注释

〔一〕赵汝师司成：赵用贤，见《与管登之》注释〔四一〕。司成：学官，国子监祭酒。

〔二〕不谷：不善，王侯自称的谦词，后亦用作自称。黄冠：见《与汪伯玉司马》注释〔四一〕。物外人：尘世以外的人。

〔三〕渌（lù）酒：美酒。

〔四〕扉（fèi）履：草鞋。

〔五〕泥垣：泥巴筑墙。墐（jìn）户：用泥涂塞门窗孔隙。

〔六〕郑庄罢驿：杜门谢客，不再交游往来。典出《史记·汲郑列传》。汉郑当时，字庄，为太子舍人时，每逢洗沐日，常置驿马长安诸郊，接待宾客。后因以"郑庄驿"为好客主人迎宾待客之所。

〔七〕公叔绝交：东汉南阳人朱穆，字公叔，幼年有孝名，壮年好学，尊德重道，为时人所称颂。作《绝交论》，矫正时人以势力相交的弊端。

〔八〕笺牍：书信，书札。

〔九〕田父：种田老农。

〔一〇〕谭话：谈话。谭，同"谈"。

〔一一〕莳（shì）艺：栽种，种植。

〔一二〕朝市：朝廷、都市，名利场所。

〔一三〕幽人：隐士，幽隐之人，幽居之士。

〔一四〕咄咄（duō）：表示惊讶、惊惧之声。含沙：见《与沈君典》注释〔一〇〕。

〔一五〕人间世：人世间。

〔一六〕关通：关系，关联。

〔一七〕蚤：同"早"。

〔一八〕敬美：王世懋，见《与王元美先生书》注释〔八一〕。世罔：世网，人世。把人世看作束缚人的罗网。罔，"网"的异体字。热官：权势显赫的官吏。

〔一九〕津津：兴味浓厚的样子。

〔二〇〕金华：传说中的仙人石室。紫烟客：服食修炼者。掉头不顾：摆动着手臂，头也不回。掉，摆动。顾，回头看，瞻望。形容毫无眷顾，态度坚决。

〔二一〕罣（guà）：牵绊，系念。

〔二二〕中窾：中肯。破的（dì）：射中靶子，比喻说话中肯。的，箭靶的中心。

〔二三〕点头：得到承认。

〔二四〕提肝挈（qiè）胆：比喻真心相见，倾吐心里话，也形容非常忠诚。

〔二五〕祖师西来意：禅宗初祖菩提达摩自西天来到中土的目的。

〔二六〕理障：佛教语，谓由邪见等理惑障碍真知、真见。

〔二七〕宪、伋（jí）之贫：宪，原宪，孔子弟子。原宪家贫，但不愿迎合世俗去当官干坏事。后用"原宪贫"咏贤士能安贫乐道。伋，孔伋，字子思，孔子之孙。刘向《说苑·立节》载田子方赠以狐白裘，子思不受，子方曰："我有子无，何故不受？"子思曰："伋闻之，妄与，不如遗弃物于沟壑。伋虽贫也，不忍以身为沟壑，是以不敢当也。"

〔二八〕捉衿肘见：拉一下衣襟，就露出胳膊肘儿，形容衣服破烂。

〔二九〕三旬九食：见《再与子愿》注释〔三三〕。

〔三〇〕定力：佛家语，伏除烦恼妄想的禅定之力。

〔三一〕先君：已经亡故的父亲。

〔三二〕不封不树：既没有封土堆，也不种植树木以为标志。简陋的下葬。

〔三三〕块然：孤独的样子。

〔三四〕牢搔：同"牢骚"，烦闷不满的情绪。

〔三五〕黔娄之妻：见《与徐司理》注释〔八〕。

〔三六〕秣陵：今江苏南京。

〔三七〕六馆：国子监之别称。唐制，国子监领国子学、太学、四门、律学、书学、算学，统称六馆。宋、元以后，渐加合并，仅存国子一学，后世仍以六馆指国子监。

〔三八〕瞿然：惊喜貌，惊悟貌。顾化：留意其言而从之。

〔三九〕"桃李不言"二句：桃树、李树不会说话，因其花朵美艳，果实可口，众人纷纷摘取，在树下踩出一条路来。比喻为人真诚笃实，能感召人心。出自《史记·李将军列传》。蹊（xī）：小路。

〔四〇〕开颜：容颜开朗，形容心情愉快。端范：正派，模范。

〔四一〕南金：见《与黄白仲》注释〔一八〕。

〔四二〕八行：书信。

〔四三〕陡作：突然发作。

〔四四〕已：停止。

〔四五〕捐斋：捐斋饭，此处指提供资助。

〔四六〕道民：见《与陈立甫司理》注释〔四五〕。

点评

此书作于万历十六年（1588）。万历十五年（1587），赵用贤以詹事府少詹事管南京国子监祭酒。今年，升南京礼部右侍郎（钱谦益《牧斋初学集》卷六十二《赵公神道碑铭》）。书牍首先叙说自己自修道以来，闭门谢客，不关心朝政得失、升沉变幻，往来之人只有一二烟霞道友。赵用贤是其中之一。其次，叙说取三教合一之理，著成《广桑子》一书。家中贫苦，一日三餐，都难满足。最后，告知夏秋之间，欲往南京，请赵用贤、王世懋做东道主，并将此书示王世懋，使其知己近况。

与王百谷〔一〕

百谷王先生有道：

不佞生平鲜所嗜好〔二〕，独好人。示其人无同贤愚贵贱、雅俗美丑至前，都不见有可憎恶处，欢然接之。以故生平门多绚履〔三〕，日苦将迎〔四〕。人或举以相规，谓屠先生龙门不峻〔五〕，门多杂宾〔六〕，仆颔之而心不深服〔七〕。夫所谓龙门不峻，门多杂宾，将以畴为正宾邪〔八〕，畴为杂宾耶？今之人多以冠盖为正宾〔九〕，以毛褐贱士为杂宾〔一〇〕。门前第通一冠盖，便借以为光荣。第通一毛褐贱士，便相戒以为杂宾宜远。

今之人爱屠长卿者，大都指轻通毛褐为龙门不峻，并未闻以某冠盖为不合与通而举以相诮让也〔一一〕。若然，徒有分别势利炎凉太分明尔，安所论龙门之峻不峻哉？嗟乎！毛褐贱士恒苦饥寒，或多急难无可告语，望门投刺〔一二〕，士大夫家往往指以为杂宾而斥远之。至一冠盖临况〔一三〕，驺从如云〔一四〕，塞途充巷，主人颠裳倒屣〔一五〕，举家踉蹡奔走〔一六〕，惟恐有失。毛褐登门，门者呵止不得入〔一七〕，视主人如天帝。偶而一见，礼多疏节。面有傲色，草草酬对〔一八〕，亟遣之出门〔一九〕。皆世所指为杂宾故也。而令余亦指为杂宾而斥远之，即此曹将安所一投足乎〔二〇〕？夫孤高峻洁，口无轻言，身无轻行。择人而交，择地而蹈。此士君子之法律。相容泛爱，去城府〔二一〕，绝町畦〔二二〕，无物不与而又不与物比狎为非〔二三〕。大人长者之度，岂不亦伟矣？故元礼、仲举风格峻绝〔二四〕，士论高之。苏端明上陪玉皇上帝〔二五〕，下陪卑田院乞儿，至今太和元气蔼然〔二六〕。必也铢铢两两计炎凉〔二七〕，较利害。富贵光荣者进，贫贱酸涩者退。如是而号以为杜杂宾、峻龙门，误矣。乃若云远狎邪〔二八〕，亲有道，去烦就简，渐归清净。以此见教，仆请虚怀以听。今之士大夫不通贫贱而好接贵人，不尚清言而好涉尘务〔二九〕，不寻花问柳而好求田问舍〔三〇〕，外简将迎而内多嗜欲。臣门如市，臣心如水。故当胜之。

仆顷以贫故，户外履綦渐少〔三一〕。舍西旁阔一隙地大如掌，四周缭以泥垣〔三二〕。杂树野花草木，渐以蒙茸〔三三〕。古屋三楹〔三四〕，稍加修葺〔三五〕。日坐卧其中，手一编[三六],市朝升沉、起伏变幻事[三七],一切不入于野人耳[三八]。以此毕吾余生足矣。

先生吴郡人伦准的[三九],艺坛枭将[四〇]。不佞生平石友如先生者[四一],不三数人。毛羽摧颓以来[四二],眼前白衣大半化为苍狗[四三]。岁寒青松,吴中独元美与先生在尔[四四]。先生日望仆过金昌[四五],下榻抵掌[四六],望而不至,则有说。母年九十,不可远离。又以年来贫益甚,不能办游资,世务既能疏懒,日长视出门真如登天。想君家新园嘉胜,当不减王右丞辋川庄[四七]。春风乍和,花事行盛。何缘与高人同试轻衫游屐也[四八]?吴中多名花,幸觅一二相寄。斋扁、楹联乞书数幅,八分、真楷惟命[四九]。梁溪故人秦君阳与仆有深恩[五〇],闻其至自京师,以八行讯之[五一],便布心曲。不尽愿语[五二]。

(《栖真馆集》卷十八)

注释

〔一〕王百谷:王稚登,见《寄张幼于兄弟》注释〔七〕。

〔二〕鲜:少,寡。

〔三〕绚(qú)履:有装饰的鞋,后泛指鞋。绚,鞋的装饰。

〔四〕将(jiàng)迎:送往迎来,逢迎,迎合。

〔五〕龙门不峻：交友不慎重，所交非龙门。龙门，比喻声望高的人的府第。

〔六〕杂宾：行为不端的宾客。

〔七〕颔（hàn）之：点头。

〔八〕畴：种类，类别。这里用来表示"谁"的意思。

〔九〕冠盖：在朝做官之人。

〔一〇〕毛褐：兽毛或粗麻制成的短衣。贱士：微贱的人。

〔一一〕诮（qiào）让：责问，讥诮。

〔一二〕投刺：投递名帖。

〔一三〕临况：来临，莅临。

〔一四〕驺（zōu）从：官族、官员出行时的车骑随从。驺，养马之人。

〔一五〕颠裳倒屣：客人来到，忙于出迎，而手忙脚乱。颠裳，颠衣倒裳。语出扬雄《太玄·上》。倒屣，倒穿着鞋。语出《三国志·魏书·王粲传》。

〔一六〕踉跄：跌跌撞撞，行步歪斜。

〔一七〕呵（hē）止：呵喝阻止。

〔一八〕酬对：应对。

〔一九〕亟：急。

〔二〇〕此曹：此辈，这些人。

〔二一〕城府：比喻人心机多而难测。

〔二二〕町畦（tǐng qí）：田界，比喻规矩、约束。

〔二三〕比狎：过分亲近。

〔二四〕元礼、仲举：元礼，东汉李膺。仲举，东汉陈蕃。二人都是当时名满天下的贤人名士。

〔二五〕"苏端明"二句：苏端明，苏轼曾任端明殿学士，因称其为苏端明。苏辙《栾城后集》卷二十二《亡兄子瞻端明墓志铭》。"上陪玉皇上帝，下陪卑田院乞儿"二句，出自宋高文虎《蓼花洲闲录》："苏子瞻泛爱天下士，无贤不肖，欢如也。尝言：'上可陪玉皇大帝，下可陪卑田院乞儿。'子由晦默少许可，尝戒子瞻择友，子瞻曰：'眼前见天下无一个不好人，此乃一病。'"卑田院，即悲田院，原为佛寺救济贫民之所，后泛称收容乞丐的地方。

〔二六〕太和：天地间冲和之气，人的精神、元气。元气：天地未分前的混沌之气。精神，精气。蔼然：云集的样子，和悦的样子。

〔二七〕铢铢两两：比喻斤斤计较。

〔二八〕狎邪：行为放荡。

〔二九〕尘务：世俗的事物。

〔三〇〕求田问舍：多方购求房屋田地，谋求个人私利，没有远大的抱负。典出《三国志·魏书·陈登传》："君有国士之名，今天下大乱，帝主失所，望君忧国忘家，有救世之意，而君求田问舍，言无可采，是元龙所讳也，何缘当与君语。"

〔三一〕履綦（qí）：足迹，踪影。

〔三二〕缭：环绕。泥垣：泥墙。

〔三三〕蒙茸：蓬松、杂乱的样子。

〔三四〕楹（yíng）：房屋一间为一楹。

〔三五〕修葺：修缮，修理。

〔三六〕手：手持。

〔三七〕市朝:朝野。偏指"市"，市集，市场。偏指"朝"，朝廷，官府。

〔三八〕野人：村野之人，粗野之人。士人自谦之称。

〔三九〕准的：标准，准则。准、的都是箭靶。

〔四〇〕枭（xiāo）将：勇猛的将领。

〔四一〕石友：情谊坚如金石的朋友。

〔四二〕摧颓：摧折，衰败，困顿，失意。

〔四三〕白衣大半化为苍狗:见《与李之文书》注释〔五〕。

〔四四〕吴中：指今江苏苏州。元美：王世贞，见《与王元美先生书》注释〔一〕。

〔四五〕日：前日，往日。金昌：金阊，见《与梅禹金》注释〔八〕。

〔四六〕抵掌：击掌，表示高兴。

〔四七〕王右丞辋川庄：王右丞，王维，见《与欧桢伯》注释〔四〕。辋川庄，王维在终南山隐居别业。辋川在长安城东南蓝田。

〔四八〕游屐（jī）：出游时穿的木屐。

〔四九〕八分：一种字体，又称楷隶，左右分背，体势多波磔。

〔五〇〕梁溪:今江苏无锡。秦君阳:秦焜,见《再与子愿》

注释〔二六〕。

〔五一〕八行：书信。

〔五二〕愿语：祝愿，祝福。

点评

长洲（今属江苏）人王稚登是嘉靖、隆庆、万历年间三大布衣诗人之一。（钱谦益《列朝诗集小传》丁集中："万历间，山人、布衣豪于诗者，吴门王伯谷、松陵王承父及嘉则，三人为最。"）屠隆与王稚登首次见面，是万历四年（1576）冬，赴京应试，过苏州，王稚登主动来访定交："丙子岁北征，倚棹阊闾城下。王百谷先生俨然造不佞。时不佞谢病，百谷强起之。揽衣初，殊头岑岑。既听王先生玄言清远，如披松下风。肌骨为爽，病良已。自是定交。"（《由拳集》卷十六《寄张幼于兄弟》）万历五年（1577）十二月，屠隆赴任颍上知县，过苏州，王稚登来访："比余出山为濠梁之行，夜维舟阊闾城下。舟人报王先生来，余方病，偃卧舻中，闻王先生来，矍然病良已。则起，抵掌与语风雅之道，间及王霸大略、经营当世之具。"（《由拳集》卷十九《王处士小传》）屠隆作诗《赠王百谷》（《由拳集》卷七）。万历七年（1579），王稚登与书屠隆，请为其父作传（王稚登《谋野集》卷二《答屠青浦长卿》），屠隆作《王处士小传》（《由拳集》卷十九）。万历八年（1580）五月，王稚登与沈明臣、冯梦祯、屠本畯等集青浦署中，饮酒赋诗（《白榆集》卷三《庚辰五月，沈嘉则、王百谷、冯开之、田叔见枉青浦署作》，沈明臣《丰对楼诗选》卷六《庚辰五月十六日，集屠青浦署中，同田叔、开之、百谷》）。九月十六日，屠隆为王稚登《竹箭编》

作序，互有礼物相赠（《白榆集》文集卷六《与百谷》。王稚登《竹箭编》卷首屠隆《竹箭编序》："万历庚辰九月既望，东海屠隆撰。"《白榆集》文集卷一《竹箭编序》，未署作年）。万历十年（1582）十一月十二日，屠隆进京上计，从青浦出发，过锡山（今江苏无锡），王稚登追至，有诗相赠（《白榆集》文集卷五《发青溪记》："抵锡山……王百谷拿舟至，以七言绝句十章见赠，惊心动魄，秀色可餐。"《白榆集》诗集卷六《百谷先生拿舟载酒，追送征夫毗陵道上，临别感动，为赋此篇》、卷八《百谷以七言绝句十首送行，惊心动魄，秀色可餐，余复答以四绝，可谓淫于诗矣》）。万历十三年（1585），王稚登来书，请为其五十画像题词（王稚登《谋野集》卷四《答屠礼部》），屠隆作《王百谷五十小影》（《栖真馆集》卷二十七）。万历十七年（1589）冬，屠隆游苏州，与众人在王稚登半偈庵聚会，有诗（《栖真馆集》卷八《己丑冬日，同新都罗伯符、宛陵梅孺子、七闽朱子命、盐官刘令彝集王百谷半偈庵》、《王百谷斋头赠刘令彝。令彝，余故同年刘敬修弟》）。万历三十年（1602），王稚登寄诗祝屠隆六十寿辰。（王稚登《南有堂诗》卷一《寄屠长卿》："谪在人间六十春，泥涂甲子又经新。"）

万历十六年（1588）十二月，屠隆为母祝九十大寿（《栖真馆集》卷十一《上寿母太夫人九十叙》），王稚登作《蟠桃篇，寿长卿母屠太夫人》（王稚登《南有堂诗》卷三），屠隆作答诗二首（《栖真馆集》卷八《王百谷赋蟠桃篇，寄寿老母，答谢二首》）。此书作于万历十六年（1588）春。书牍首先叙说自己喜欢结交朋友，不论其贤愚贵贱、雅俗美丑，只要没有大恶，都欣然交往。有人相劝，说交往太泛，会"门多杂宾"。今人交往，以有官职在身为正宾，以贫贱之士为杂宾。官员来访，以为很有面子。与贫贱之士往来，便相戒不要与杂宾交往。其次，叙说那些劝自己交往太泛的人，主要指自己与贫贱之士来往较多，对于与官员来往，并没有指责。趋炎附势，世态炎凉，这样太明显了。贫贱之士饥寒交迫，上门求见，士大夫家往往闭门不纳。即使勉强相见，也是敷衍了事，草草应对。官员上门，前呼后拥，主人笑脸相迎。如果自己也对贫贱之士闭门不纳，就堵塞了这些人的交往之路。今之士大夫嫌贫爱富，贪求功名利禄，不交贫贱而好贵人，是普遍现象。再次，说自己与外界接触不多，日坐小楼，读书其中，不关心朝廷政事、人事升沉，以此毕余生，足矣。最后，赞扬王稚登是"吴郡人伦准的，艺坛枭将"，是自己一生中少数"石友"之一。王稚登屡邀屠隆到苏州，未能成行，一是因为母亲年已九十，不能远行，二是因为家贫，没有远游之资。请王稚登寄赠吴中名花和数幅手书，并告知与书秦焜，交流心曲。

与龙伯贞〔一〕

隆不肖，世人皮相、弁髦之久矣〔二〕。狱底之剑〔三〕，爨下之桐〔四〕，去泥沙死灰无几。先生独破拘挛〔五〕，教不肖从世人所鱼肉，拂拭其浼垢〔六〕，祓除其不祥〔七〕。提之下流，引为相知。既进以艺坛之盟，复教以丹台之业〔八〕。指擎天日〔九〕，要结烟霞〔一〇〕。然犹必从食息起居、嚬笑出入〔一一〕，密督其几踵〔一二〕，熟观其波流，而后抒心投分〔一三〕，知不肖清真人中果无他，可与于玄素大道〔一四〕，一讲石契〔一五〕，便足断金〔一六〕。世俗所不能望，妒口所不能间〔一七〕，埙篪臭味〔一八〕，迄今三载。讵维三载〔一九〕，行且托以千秋〔二〇〕。方之古人蔡中郎、张司空玄赏通识〔二一〕，此义寥寥乎！此与起死人、肉白骨恩〔二二〕，相倍万矣。隆于兹盖有大惄〔二三〕，惄终不自慎，一旦堕落，以为知己羞。从此未死之日，皆隆可惄之年也。

慈湖信宿〔二四〕，对几连床，仰见先生情弥真，爱弥笃。依依恋恋，何能舍去？所不敢久留者，一恐妨簿书公事〔二五〕，一恐来观望妒谗风波之民，举动甚难。道院分袂〔二六〕，马头霜叶，鹢首秋云〔二七〕，何物不关别恨乎？先生游刃莅官〔二八〕，虚舟涉世，道业既盛，宦绩复崇〔二九〕。人恒言"俗吏不闻道，文人无实用"，嗟此两言，今日赖先生一洗。炼己渐熟〔三〇〕，及物渐宏，三千功、八百行了当非遥〔三一〕。愿益时加保护真气,内视灵光。古人云："摄心一处，即是诸佛道场；散乱片时，便落众生境界。"〔三二〕又云"千日养不足，一朝损有余"，幸深味此痛切语。不肖实时提醒此等话头,愿与同心人共之。

颜先生直谅长者[三三],讲孔孟之学,号醇儒[三四],而顷复留心清虚玄寂出世妙理[三五]。此其卓识[三六],远出宋儒诸公上。一见不肖,辄大加奖赏,亦几于相视而笑[三七],莫逆于心矣[三八]。恂雅书生、修真仙子、绰约静女[三九],何以得此三言于乃公[四〇]?荣哉,如被以九锡也者[四一]。一书为报,稍吐衷言,亦急知己也。敬先奉先生一寓目[四二],乃为缄致之。冯方伯公为不肖远送郭门[四三],感其意矣,并乞为道谢。同年亡友姚元祯母出见不肖[四四],单绞布裙[四五],破碎褴缕[四六]。为进士母寒苦至此,伤哉,使人酸鼻。人信不可以无年[四七]。望仁侯稍济以粟帛[四八],高义清德,枯骨知恩矣。隆又见永明寺罗汉殿圮坏[四九],五百应真尽化土坯[五〇],欲以一疏作功德。难哉!伏惟宰官留心三宝[五一],幸甚。

(《栖真馆集》卷十八)

注释

〔一〕龙伯贞:龙德孚,见《与君善》注释〔一五〕。

〔二〕皮相:只看到表面现象,比喻了解得不深入。弁(biàn)髦:鄙视。

〔三〕狱底之剑：晋司空张华在丰城狱中发现的两把宝剑。比喻被埋没的东西。

〔四〕爨下之桐：蔡邕在用桐木烧火的时候发现的良木，制成琴，名曰焦尾。比喻被埋没的人或事。

〔五〕拘挛（luán）：拘束，拘泥。

〔六〕涴（wò）垢：污垢。

〔七〕祓（fú）除：清除，消除。

〔八〕丹台：神仙的居处。

〔九〕擥（lǎn）：同"揽"。

〔一〇〕要（yào）结：结合，邀引交结。

〔一一〕嚬（pín）笑：皱眉和欢笑。

〔一二〕詧：同"察"。

〔一三〕投分：情投意合，兴趣相投。

〔一四〕玄素大道：见《报贺伯暗》注释〔三三〕。

〔一五〕石契：比喻坚贞不渝的友情。

〔一六〕断金：同心。

〔一七〕间：离间。

〔一八〕埙篪（xūn chí）：二种乐器，合奏时声音相应和。比喻兄弟亲密和睦。臭（xiù）味：气味，因同类的东西气味相同，用以比喻同类的人或事物。臭，同"嗅"。

〔一九〕讵：岂。

〔二〇〕行：将要。

〔二一〕蔡中郎、张司空：蔡中郎，汉代蔡邕。张司空，西晋张华。玄赏：对奥妙旨趣的欣赏。奖赏，赏识。通识：学识渊博。

〔二二〕起死人、肉白骨：使死人复活，使白骨长肉。比喻再造之恩。

〔二三〕愳：同"惧"。

〔二四〕慈湖：在今浙江宁波境内。信宿：连住两夜。

〔二五〕簿书：文书簿册。

〔二六〕分袂：别离。

〔二七〕鹢首：头上画着鹢（似鹭的水鸟）的船，后泛指船。

〔二八〕游刃：运刀自如，比喻做事从容，轻松利落。典出《庄子·养生主》。

〔二九〕宦绩：政绩。

〔三〇〕炼己：见《与龙伯贞》注释〔五〕。

〔三一〕三千功、八百行：见《与赵汝师太史》注释〔二二〕。

〔三二〕"摄心"四句：语出《佛说梵网经直解》卷六。

〔三三〕颜先生：颜鲸，见《与颜应雷侍御》注释〔一〕。直谅：正直诚信。

〔三四〕醇儒：学识精粹纯正的儒者。

〔三五〕清虚：清净虚无。玄寂：玄虚寂静，形容守道无为。出世：超脱于世俗之外，隐居。

〔三六〕卓识：高见。

〔三七〕几于：近于，几乎。

〔三八〕莫逆于心：心中没有抵触，情感一致，心意相投。

〔三九〕恂雅：诚实，雅致。修真：学道修行。绰约：柔弱貌。静女：娴静的女子。

〔四〇〕乃公：对人的尊称。

〔四一〕被：同"披"。九锡：锡，即"赐"。古代皇帝颁发给臣子诸侯的最高奖励。

〔四二〕寓目：过目。

〔四三〕冯方伯：冯叔吉，见《与冯方伯》注释〔一〕。

〔四四〕姚元祯：字念耿，慈溪（今属浙江）人。万历五年（1577）进士，曾任推官。

〔四五〕单绞：暗黄色的薄衣。

〔四六〕褴缕：同"褴褛"，衣服破烂。

〔四七〕无年：年寿不长。

〔四八〕粟帛：衣食。

〔四九〕永明寺：在今浙江慈溪境内。圮（pǐ）坏：毁坏，废弛，坍塌。

〔五〇〕应真：罗汉。

〔五一〕伏惟：伏在地上想，下对上陈述时的表敬之辞。宰官：泛指官吏。三宝：佛教以佛、法、僧为三宝。

点评

万历十九年（1591）九月，屠隆游慈溪，与龙德孚、冯叔吉等人泛舟江上，登管山，宴清道观（见前《与冯方伯》点评），龙德孚有诗《同冯修吾方伯、长卿仪部至观中剪除障翳赋此》（《天启慈溪县志》卷十六），屠隆作诗《九日，同龙伯贞郡丞登清道观二首》、《九日，龙伯贞招燕慈湖》、《秋日，同伯贞使君酌颜应雷侍御宅》、《永明寺与伯贞先生坐语》、《永明寺赠莲舟上人》、《龙使君、冯方伯携酒送余清道观》、《秋夜，舟中怀龙伯贞》（《栖真馆集》卷八）《清道观》（《天启慈溪县志》卷十六）。离开慈溪，冯叔吉、龙德孚送行，屠隆作诗《龙使君、冯方伯携酒送余清道观》（《栖真馆集》卷八）。此书作于本年屠隆离开慈溪后。书牍首先叙说龙德孚不顾世俗偏见，与自己交往，"引为相知"，已经三年。不仅交流诗文，而且同修佛道，"此与起死人、肉白骨恩，相倍万矣"。其次，回忆此次慈溪之游，同宿同游，见龙德孚"情弥真，爱弥笃"，依依不舍，不忍离去，但不得不分别，一来怕妨碍公事，二来怕逸人妒忌，口舌生波。愿龙德孚保护真气，内视灵光，修心炼性。最后，赞扬颜鲸"直谅长者"，其卓识，"远出宋儒诸公上"。颜鲸大加赞赏，二人"相视而笑，莫逆于心"。与颜鲸书，请龙德孚转致。感谢冯叔吉远送郭门，请龙德孚照顾周济亡友、同年进士姚元祯（字念耿）之母，也请龙德孚留意修缮永明寺罗汉殿。

与颜应雷侍御[一]

隆束发向慕明公[二]，顷始得登堂一奉教言，立谭相许[三]，辄如旧知[四]。隆是以感而思奋，益图濯磨[五]，以期不负大君子知遇。

隆生贫家，十岁始就童子师[六]，二十尚未知人道[七]。自幼坐必正襟[八]，行必肃步[九]。洁己修容[一〇]，兀如处子[一一]。长而读古人书，制义之外[一二]，旁及诗赋。从骚墨之徒游[一三]，遂好工绮丽清旷语。又见古轻财重义、然诺节信豪杰，心颇慕悦之。后又信奉仙释，持戒守律，妄意泥洹冲举[一四]。读二氏书[一五]，志在清虚恬憺[一六]，解缚荡累，不欲拘拘蔫蔫为天之戮民[一七]，而天性亦颇近之。两为邑令，出视簿领[一八]，入禀玄律[一九]。爱民洁身，奉公执法。取予极严，嚬笑不苟[二〇]。未尝私民间一钱一帛[二一]，而所得常俸，复悉以公之九族六亲及四方泛交贫士[二二]。居恒省愆思过[二三]，二六时中[二四]，长恐获戾天地神明[二五]，取讥月旦清议[二六]。惟是好文爱客，迹近风流。周贫散金，事同任侠[二七]。世人不见隆面孔，徒读隆文字、习隆声名，必以为文人华士浮艳绮靡、跌宕疏莽[二八]，不知隆实非其人也。

往隆在京师，以虚名为累，士归如云。世之好侠者以侠至，好诗文者以诗文至，好仙释者以仙释至。世并以耳食真[二九]，欲凿坏闭户而不能[三〇]。隆以虚己无心、浮云过眼应之，然而口不衔酒炙[三一]，耳不听丝竹〔三二〕，即宾朋满座，所谭性命烟霞者什九〔三三〕，古今辞赋者什一。远听不督〔三四〕，见其踪迹如此，以为香山、端明风流之宗〔三五〕，不知隆实清真苦行检柙士也〔三六〕。仇口点画〔三七〕，人终不信；称冤讼枉，倾都盈路。彼夫遂坐诬罔〔三八〕。

隆罢官，囊无一钱。居家且无百亩，即今所存，仅六尺之躯而已〔三九〕。而今者犹然安贫守道，壹意操修〔四〇〕，绝不以贫窭困顿动念〔四一〕。嗟乎，此岂为恶者耶？隆既隐矣，复何用向人呶呶自鸣〔四二〕。海内交游寒暄尽绝，破甑不顾〔四三〕，覆鹿已忘〔四四〕。所为不敢不一白之门下者〔四五〕，以门下当世大贤、人伦准的〔四六〕，既已知我，安可嘿嘿不稍自陈衷曲乎〔四七〕？古人云："宁为刑罚所加，毋为陈君所短。"〔四八〕又云："天下有一人知己，可以不恨。"此隆之所以一见光霁〔四九〕，退而沉吟，中夜不能已也〔五〇〕。

龙伯贞先生清真劲朗〔五一〕，有道君子也。持身甚峻〔五二〕，取人甚严。与不肖还往二年〔五三〕，嚬笑起居，动息游处〔五四〕，无所不督。而后信不肖竟无他，乃以荐之门下。门下一见，遂见知赏。嗟乎，隆之心行信于神明，而不能尽亮于世人。今得当世两君子见督，隆从此可托于天壤矣，没齿可不恨矣〔五五〕。裁书叙心〔五六〕，不觉缕缕〔五七〕。隆不益自淬厉以报相知〔五八〕，他日何以复见先生颜色乎？所望痛加鞭策，以儆戒庸愚〔五九〕。隆不胜驰仰〔六〇〕。

(《栖真馆集》卷十八)

注释

〔一〕颜应雷：颜鲸，见前《与颜应雷侍御》注释〔一〕。

〔二〕束发：见《与王元美先生书》注释〔三五〕。明公：对有名位者的尊称。

〔三〕谭：同"谈"。

〔四〕旧知：旧相识，老朋友。

〔五〕濯磨：亦作"濯摩"，洗涤磨炼，比喻加强修养，以期有为。

〔六〕童子：未成年的人。

〔七〕人道：人事、为人之道或社会规范。

〔八〕正襟：理好衣襟，形容严肃的样子。

〔九〕肃步：端正行步的姿势。恭敬貌。

〔一〇〕洁己：使自己行为端谨，符合规范。修容：修饰仪表。

〔一一〕兀如：茫然无知。处子：未成年的人。

〔一二〕制义：八股文。

〔一三〕骚墨之徒：文学之士。

〔一四〕冲举：飞升成仙。泥洹（huán）：涅槃，超脱生死的境界。

〔一五〕二氏：佛、道两家。

〔一六〕清虚：清净虚无。恬憺（dàn）：同"恬澹"，心境安然淡泊，不慕名利。

〔一七〕拘拘蒻蒻：狭隘拘束。天之戮民：受上天惩罚之人，罪人。

〔一八〕簿领：官府记事的簿册或文书。

〔一九〕玄律：仙界的科律。

〔二〇〕嚬（pín）笑：皱眉和欢笑。

〔二一〕私：私取。

〔二二〕公：供公共之用。

〔二三〕居：平时。省愆（qiān）：反省过失。

〔二四〕二六时中：见《答沈肩吾少宰》注释〔一〇〕。

〔二五〕获戾：获罪，得咎。语出《尚书·汤诰》。

〔二六〕月旦：月旦评，品评人物。清议：公正的议论。

〔二七〕任侠：以抑强扶弱为己任。

〔二八〕跌宕：富于变化，有顿挫波折。疏莽：疏愚莽撞。

〔二九〕耳食：传闻。

〔三〇〕坯（pēi）：同"坏"，土丘。

〔三一〕酒炙：酒和肉，亦泛指菜肴。

〔三二〕丝竹：弦乐器和管乐器，泛指音乐。

〔三三〕性命：见《答王元驭先生》注释〔四〕。

〔三四〕詧：同"察"。

〔三五〕香山、端明：唐代白居易和宋代苏轼。

〔三六〕检柙：规矩，法度。

〔三七〕点画：指点，比画。

〔三八〕坐：定罪。诬罔：欺骗，诬陷诽谤。

〔三九〕六尺：成年男子之身躯。

〔四〇〕壹意：专心致志。操修：操持修为。

〔四一〕贫窭（jù）：贫乏，贫穷。

〔四二〕呶呶（náo）：多言，喋喋不休。

〔四三〕破甑不顾：比喻既成事实，不再追悔。语出《后汉书》。

〔四四〕覆鹿已忘：荣辱得失尽皆忘记。覆鹿，比喻荣辱得失。典出《列子·周穆王》。

〔四五〕白：告诉，陈述。

〔四六〕准的：标准，准则。

〔四七〕嘿嘿：默默。衷曲：衷肠，心事。

〔四八〕"宁为"二句：陈君，陈寔，东汉贤人。陈寔笃志好学，修德清静，公正贤明，当时流传"宁为刑罚所加，毋为陈君所短"的话。

〔四九〕光霁（jì）：敬辞，风采。

〔五〇〕中夜：半夜。

〔五一〕龙伯贞：龙德孚，见《与君善》注释〔一五〕。清真：纯真朴素，幽静高洁。劲朗：坚固，明亮。

〔五二〕持身：对自身言行的把握，要求自己。

〔五三〕还往：交往，来往。

〔五四〕动息：活动与休息，动静，动止起居。游处：出游和家居，相处，彼此生活在一起。

〔五五〕没（mò）齿：一辈子，终身。

〔五六〕裁书：裁笺作书，写信。

〔五七〕缕缕：连续不断的。这里用来表示写文章无法停止。

〔五八〕淬（cuì）厉：同"淬砺"，淬火和磨砺，比喻磨练。

〔五九〕儆（jǐng）戒：告诫人使注意改正缺点错误。庸愚：庸下愚昧，庸下愚昧之人。

〔六〇〕驰仰：敬语，表示对对方的向往仰慕。

点评

此书作于万历十九年（1591）九月，屠隆离开慈溪后（见前《与冯方伯》《与龙伯贞》点评）。书牍首先叙说自己很早就仰慕颜鲸，这次慈溪之行，终于与颜鲸见面，就像老友相逢，感念知遇之恩。其次，回忆自己少时"坐必正襟，行必肃步，洁己修容"，除读八股外，旁及诗赋。心慕轻财重义、守信重然诺的豪杰，信奉仙释，持戒守律。两任知县，奉公执法，爱民洁身。世人未见屠隆，只读屠隆诗文，耳闻屠隆声名，以为屠隆是浮艳绮靡、跌宕疏莽之人，"不知隆实非其人也"。再次，回忆自己在京任礼部主事时，声名大震，归客如云，宾朋满座。世人不知，以为屠隆是白居易、苏轼一类风流文人，"不知隆实清真苦行检柙士也"。仇人诬奏，人都不信，为屠隆大抱不平。

仇人因诬陷诽谤而罢官。又次，说自己罢官后，家境贫困，安贫乐道，专心修炼，不向外人诉苦。但一见颜鲸，则无法忍住倾诉之心。最后，称赞龙德孚"清真劲朗，有道君子"，屠隆与之交往两年（《与龙伯贞》说是三年），龙德孚向颜鲸推荐屠隆。颜鲸一见屠隆，十分赏识。能得龙德孚、颜鲸二人见赏，"隆从此可托于天壤矣，没齿可不恨矣"。屠隆表示要更加严格修炼自己，以报相知。

再答冯开之〔一〕

道民家有江上斥卤田五十亩〔二〕，秋收得稿稼杂稗子不满十钟〔三〕。屑以为糜〔四〕，人啜一盂〔五〕，而骨肉之戚，嗷嗷相向者〔六〕，尚不下数十口。又门下翳桑之夫、四方幞被之客〔七〕，时时在座。脱粟将入口〔八〕，分以啗人〔九〕，人各一匙。亡不饱满欣忻而去〔一〇〕，不饱其饭，饱其意。又远近索尺蹄者、索文字者〔一一〕，踵日在户〔一二〕，户限几穿〔一三〕。凡日夜溷嬲不佞者〔一四〕，并是分我匕箸、耗我精光〔一五〕，都无毛发响沫道民者〔一六〕。道民活一日，则为世上人作一日缘，毙而后已。虽然，令道民得据要津、呼顺风便可。使此世界苦恼众生皆有控告，上帝不许也。

不佞两三年来，堕坑堑更深〔一七〕。环以棘刺，守以蛇虺〔一八〕。骂詈在前〔一九〕，圊秽在后〔二〇〕，而道民处之恬然。以闲眠对烦冗〔二一〕，以欢喜对苦楚。与境久而安之忘之。每从大不堪时，回光内视，神气转畅。面有少容〔二二〕，见者惊异。以此修持〔二三〕，差有欛柄〔二四〕。生受地狱，死后地狱。故应免矣。三年杜门〔二五〕，不越跬步〔二六〕。袁夏甫土室〔二七〕，王君公墙东〔二八〕，仆颇近之。犹尚开户见客，操比两君〔二九〕，微不同尔〔三〇〕。

足下方却客〔三一〕，谢方外人更严〔三二〕。仆乃更荐王初阳来〔三三〕。此人多异术而朴诚〔三四〕，非江湖孟浪人也〔三五〕。渠亦止欲一识海内冯开之面孔而足，无所希望也。梁溪邹彦吉〔三六〕，高洁绝俗，文章雄峻，书来勤渠〔三七〕，欲以烟雨楼迟道民〔三八〕，业载慧山泉数十斛作供〔三九〕，其意足取。而道民复有故人在楚黄〔四〇〕，欲过存之〔四一〕。盖不佞之古押牙也〔四二〕。

又欲一往视江上聂先生〔四三〕，且以八月尽出门，先就西湖，与足下同看芙蓉。幸为道民设一榻子舍〔四四〕。海内齐着眼看吾两人举止，吾两人终不可落落为俗物所窥弄其唇吻〔四五〕。人有九十母实难，足下何得无一言为小人之母寿〔四六〕？元美、百谷并以长歌驰青鸟之使〔四七〕,足下交情,宁在此二君后?聂先生之于延年驻景,实有之不诳〔四八〕。去岁,奴子走乌衣〔四九〕,见其儿子皤然老翁〔五〇〕,乃公朱颜若桃,玄发可鉴〔五一〕。此足征矣〔五二〕。人谕呰之〔五三〕,徒以其卖药计阿堵物上〔五四〕。药费本不訾〔五五〕,彼未得超脱。尚自藉以延年,那得不贵重?

人不好道,求多于方外〔五六〕。大苟方外人无辟谷术〔五七〕,未免以口腹累人。最黠亡赖者〔五八〕,不过计取升斗耳,便哗然指以为大盗。盗亦或有之,其机关手段,亦何能有加于我?士大夫真心学道者,断不可常作如是观。常作如是观,虽钟、吕到门〔五九〕,亦见麾斥〔六〇〕。鹤背上人千万不肯下来〔六一〕。今人学道,只是太聪明,善趋避,好分别,有堤防〔六二〕。与方内、方外人稍周旋〔六三〕,而身常立于善巧方便地,略沾染便退步,蚤掉头不犯手〔六四〕。不受人骗瞒〔六五〕,不落人机局〔六六〕。政与人盟誓〔六七〕,暗防其奸;政与人图成,已伺其败〔六八〕。左盼而右顾,口语而心维〔六九〕。一生巧用心计,讨觅便宜。惟至眼光落地时,手脚匆忙,神识昏乱。任凭推荡〔七〇〕,一片糊涂。要平时聪慧伶俐,了不可得。平时小事,何限精明?及到生死大事,转成昏愦[七一]。良可哀矣。

古人云："学道，须学呆，学痴。"呆痴以葆其光，久之暗极而明，图通照彻；伶俐以耀其智，久之明极而暗，昏愦沉沦。斯理之必然者也。商丘开信伪物[七二]，而遂能齐生死。言专一也。古之至人，勤求广访，历拜导师。所师既多，岂能一一而尽圣贤哉？譬市骏骨[七三]，拜赝致真[七四]。终身为伪物绐弄[七五]，曾不得秋毫欛柄。朴诚之极，圣贤怜之。一朝而遇真师，便可了手[七六]。是不慧上愿也[七七]。用智设巧，拣择分别，世人并然。仆宁以拙受讪笑哉[七八]？足下累诋斥方外人不少假[七九]，故自校勘精核[八〇]。然愿将此意日从减少，拣择分别，存于胸中，则纯白不备，道何繇了乎[八一]？

张府君书已为致之，取报书复足下。侯开府属不佞校定《补陀志》成[八二]，附上览政[八三]。大道场书，不宜草草，恨不得善知识为之秉笔[八四]。急欲借名贤为重，率尔代撰一诗。自知浅薄，点浼方家[八五]。倘有鸿章，可速寄来，以入剞劂[八六]。足下年来日苦贫，至不能为长郎受室乎[八七]？东山栖久[八八]，蒲轮不来[八九]，使有道贤人闲在旷野。元美云："朝廷迩来怜才之意[九〇]，萧素殆尽。"痛哉！其言太切。足下虽不少芥蒂[九一]，当事者不得辞其责。公亮又复弃置〔九二〕，不如是，何以渐成否运乎？道民飘飘入山〔九三〕，惟恐不深耳。

(《栖真馆集》卷十九)

注释

〔一〕冯开之：冯梦祯，见《与孙太史、冯吉士、沈比部书》注释〔一〕。

〔二〕道民：见《与陈立甫司理》注释〔四五〕。斥卤：盐碱地。

〔三〕钟：容器单位，十斛为一钟。

〔四〕糜（mí）：粥。

〔五〕啜（chuò）：吃。

〔六〕嗷嗷（áo）：哀鸣声，哀号声。

〔七〕翳桑之夫：困饿之人。语出《左传·宣公五年》："初，宣子田于首山，舍于翳桑，见灵辄饿，问其病。曰：'不食三日矣。'"幞被：用袱子包扎衣被，整理行装。

〔八〕脱粟：粗粮，只脱去谷皮的粗米。

〔九〕唅：同"啖"，吃。

〔一○〕欢忻（xīn）：欢欣。

〔一一〕尺蹏（tí）：片纸，代指书札。蹏，小而薄的纸。

〔一二〕踵（zhǒng）：脚后跟。户：门。

〔一三〕户限：门槛。

〔一四〕溷（hùn）：扰乱，打扰。嬲（niǎo）：戏弄，戏耍。

〔一五〕匕箸（zhù）：食具，羹匙和筷子，借指饮食。

〔一六〕呴（hǒu）沫：抚慰或救助。语出《庄子·大宗师》。

〔一七〕坑堑（qiàn）：沟壑山谷，比喻险恶环境。

〔一八〕虺（huǐ）：毒蛇。

〔一九〕骂詈（lì）：辱骂。

〔二〇〕圊（qīng）秽：污秽。圊，厕所。

〔二一〕烦冗：事务繁杂。

〔二二〕少容：见《与孙以德》注释〔三三〕。

〔二三〕修持：持戒修行，修身守道。

〔二四〕欛（bà）柄：把柄。

〔二五〕杜门：闭门。

〔二六〕跬（kuǐ）步：亦作"蹞步"，半步，一足所跨之距离。

〔二七〕袁夏甫土室：应劭《风俗通义》载汝南袁夏甫，少举孝廉，为司徒掾，"人间之事，无所关也。其后闭户塞牖，不见宾客。清旦东向再拜朝其母"。

〔二八〕王君公墙东：比喻隐居避世。《后汉书·逸民传》载王君公"遭乱独不去，侩牛自隐。时人谓之论曰'避世墙东王君公'"。

〔二九〕操：操守，行为。

〔三〇〕微：稍微，些许。

〔三一〕却客：谢绝客人，不欲来往。

〔三二〕方外人：不涉尘世或不拘世俗礼法的人，多指僧、道、隐者。

〔三三〕王初阳：王初阳，余姚（今属浙江）人，道士。

〔三四〕朴诚：朴实至诚。

〔三五〕孟浪：鲁莽，轻率。

〔三六〕梁溪：今江苏无锡。邹彦吉：邹迪光，见《与邹彦吉》注释〔一〕。

〔三七〕勤渠：殷勤。

〔三八〕烟雨楼：在今浙江嘉兴南湖湖心岛上。

〔三九〕慧山：惠山，在今江苏无锡境内。斛（hú）：量器名，亦是容量单位。一斛本为十斗，后来改为五斗。

〔四〇〕楚黄：今湖北黄州。

〔四一〕过存：登门拜访。

〔四二〕古押牙：也作"古押衙"，唐薛调《无双传》中的人物，舍生救人，成人之美。后用作"侠义之士"的代称。押衙，唐代官名，掌领仪仗侍卫。

〔四三〕聂先生：聂道亨，道士。

〔四四〕子舍：小房，偏室。

〔四五〕落落：跟别人合不来，孤独。唇吻：口，嘴，比喻议论。

〔四六〕寿：祝寿。

〔四七〕元美：王世贞，见《与王元美先生书》注释〔一〕。百谷：王稚登，见《寄张幼于兄弟》注释〔七〕。青鸟之使：使者的美称。典出《山海经·海内北经》："西王母梯几而戴胜杖，其南有三青鸟，为西王母取食。"

〔四八〕诳（kuáng）：骗，欺骗。

〔四九〕奴子：僮仆、奴仆。乌衣：乌衣巷，在今江苏南京秦淮河文德桥旁南岸。

〔五〇〕皤（pó）然：白貌，多指须发。

〔五一〕玄发：黑发。可鉴：可以照出人形。

〔五二〕征：证验，证实。

〔五三〕谇訾（zǐ）：诋毁，诽议。

〔五四〕阿堵物：见《答冯咸甫》注释〔三〇〕。

〔五五〕赀（zī）：同"赀"，钱财。

〔五六〕方外：超然于世俗之外，后因以称僧、道。

〔五七〕辟谷：见《与冯开之》注释〔一四〕。

〔五八〕黠（xiá）：狡猾。亡赖：不务正业。

〔五九〕钟、吕：钟离权、吕洞宾，道教传说中的仙人。

〔六〇〕麾（huī）斥：斥骂。

〔六一〕鹤背上人：仙人。

〔六二〕堤防：同"提防"。

〔六三〕方内：尘世。

〔六四〕蚤：同"早"。

〔六五〕骗瞒：欺骗。

〔六六〕机局：程式格局。

〔六七〕政：通"正"，正当，正在。

〔六八〕伺：观察，侦候。

〔六九〕维：想，思考。

〔七〇〕推荡：推移。

〔七一〕昏愦（kuì）：头脑不清，愚昧糊涂。

〔七二〕商丘开信伪物：商丘开，人名。《列子·黄帝》篇载，晋国人子华三次欺骗商丘开，商丘开终无愠色，反而以善道教诲子华。宰我听闻后，告诉孔子。孔子说道："商丘开信伪物犹不逆，况彼我皆诚哉？小子识之。"

〔七三〕市骏骨：市，买。骏骨，良马之骨。见《战国策·燕策》。

〔七四〕赝：假的，伪造的。

〔七五〕绐（dài）：同"诒"，欺骗，欺诈。

〔七六〕了手：完毕，完了，结局。

〔七七〕不慧：见《答方建元》注释〔二〕。

〔七八〕讪（shàn）笑：讥笑。

〔七九〕诋（dǐ）斥：谴责，呵斥。

〔八〇〕校勘：核实，比较核对。精核：详细考核。

〔八一〕繇：同"由"，自，从。

〔八二〕侯开府：侯继高，号龙泉，金山卫（今属上海）人，万历十四年（1586）至二十年（1592）任宁波总兵。

〔八三〕览政：阅览，改正。政，通"正"。

〔八四〕善知识：佛教语，佛教称能引发他人向上、增善去恶乃至证悟成佛的人。善友，好伴侣。

〔八五〕点涴（wò）：点污。方家：大方之家，道术修养深厚精湛的人，后多指饱学之士或精通某种学问、技艺的人。

〔八六〕剞劂（jī jué）：雕版，刻书。

〔八七〕受室：娶妻。

〔八八〕东山：东晋名臣谢安曾一度退隐东山。此指隐居。

〔八九〕蒲轮：用蒲草裹轮的车子，车行进时震动较小。常用于迎接贤士，以示礼敬。

〔九〇〕迩来：近来。

〔九一〕芥蒂：梗塞的东西，比喻心中的嫌隙或不愉快。

〔九二〕公亮：杨德政，字公亮，鄞县（今浙江宁波）人。万历五年（1577）进士，改庶吉士，除编修。历官福建参议、山东参政、福建按察使等。有《梦露轩稿》。

〔九三〕瓢飖（yáo）：形容举止轻盈、洒脱。

点评

万历十六年（1588），受宁波推官龙德孚、总兵侯继高之请，屠隆编成《普陀山志》。万历十七年（1589）春，作《补陀山志序》（《普陀山志》卷四屠隆《补陀山志序》："万历己丑春，发光居士屠隆和南撰。"又见《栖真馆集》卷十一，题作《补陀洛伽山志序》，文末未署时间）。据书中"且以八月尽出门"和"人有九十母"等，此书作于万历十六年（1588）八月前。书牍首先叙说由于灾荒，庄稼无收，家人只能吃粥，还有穷人求助，自己将仅有的粗粮分与众人。来求文求字的人，多是来求分食、打扰耗损自己财物和精神的。其次，叙说近两三年，环境更加险恶，但自己泰然处之，以欢喜之心对苦楚之境。再次，向冯梦祯推荐道士王初阳，告知邹迪光邀自己赴烟雨楼，并欲赴黄州（今属湖北）访故人。又次，叙说欲往视道士聂道亨，八月末出门，先去西湖，与冯梦祯同看荷花。请冯梦祯为母作九十寿文。说明聂道亨能延年益寿，不为虚诞。又次，叙说今人学道不诚，害怕受骗上当，用心机，讨便宜，小事精明，生死大事，却愚昧糊涂。又次，叙说学道要学呆痴，呆痴久暗极而明，伶俐久明极而暗。自己愿勤求广访，以遇真师。最后，叙说编成《普陀山志》，请冯梦祯指正，用冯梦祯名，代撰一诗。若冯梦祯有大作，可快寄来，刻入书中。同情冯梦祯遭遇，连带说杨德政命运不顺，表明自己入山要深，不受尘俗影响。

答邹孚如〔一〕

道民东还鉴湖〔二〕，足下亦遂归樵孟诸之野〔三〕。己丑夏〔四〕，始得足下戊子秋云梦书至自广陵〔五〕。开械急读〔六〕，书中寄将玉罗古研并化为乌有〔七〕。始谓足下尚卧荆南云水乡，后已知旅食京华〔八〕。入而含香直禁〔九〕，出而染翰抽毫〔一〇〕。研精艺文，栖神玄寂〔一一〕。若古东方大隐〔一二〕，良亦不恶。

道民归而至无以谋朝夕，加以连岁吴越大饥，家人嗷嗷〔一三〕，仰给凫茈橡实〔一四〕。旧有江上斥卤之田五十亩〔一五〕，秋来令奴往下镰锲〔一六〕，堇得槁禾杂稗子几十钟[一七],屑以为糜[一八]。人日一瓯[一九],而诸兄、诸子不下三十余口,贫俱到骨。秋风破屋,灵潮吼门[二〇]。蠊蠛为粮[二一],纬萧不给[二二]。昏嫁并废[二三],老稚凄凉。葛藟犹能荫其本根[二四],丈夫生负六尺[二五],不庇八口[二六]。坎壈至矣[二七]!而仆处之颇恬然,出营升斗,入据蒲团[二八];外理形骸[二九],内修性命[三〇]。取逆境以炼元神[三一],习苦行以坚道力[三二]。每当可忧可瞋、大不堪事至前[三三],一觉照即破[三四],一调和即平[三五]。久之觉照亦忘,调和亦遣,颐真葆光[三六],渐成一片。或遇天日熙明,嘉宾来集,则有欢畅之趣;凄风苦雨,独坐环堵[三七],则有冷寂之趣。骨肉围绕,煎熬迫迮[三八],则作清虚碧落乘鸾控鹤想[三九];炎尘死灰,圊溷垢杂[四〇],则作清溪白石散发披襟想[四一]。

生平不妄吐一语,不妄损一物,不妄取一钱。有德于人,殆不止千万,都无所望报。而于千万中独突出一仇者,以为戎首[四二],鬼神助之,遂成奇祸窜去。去而家复遭大窘[四三],而犹然安分守道,罔逾尺寸[四四]。遣忧忘虑,以养我灵明焉[四五]。若而夫者[四六],而神人幽明尚求多之不已,此倘非现在之因,或当是释氏所谓宿生之业乎[四七]?

嗟嗟，道民不负皇天，皇天负道民。天实为之，敢不听命。昔者灵均遭子兰之谗〔四八〕，过为憔悴，毕命湘川；李白被力士之谤〔四九〕，遂恣猖狂，托迹采石。夫憔悴之与猖狂，仆以为并非也。形困而神情无伤，何至憔悴？身窜而真性足乐，安事猖狂？古至人无论荣瘁显晦〔五〇〕，一以安和恬愉、清真冲寂处之〔五一〕，不闻所谓憔悴，亦不闻所谓猖狂也。仆虽不肖，心窃慕之。足下许我玄超〔五二〕，不许我放浪〔五三〕。故人知我，胜我自知。鲍叔再生〔五四〕，钟期不死〔五五〕。足下又谓"古之才人，多投之魑魅魍魉之地〔五六〕，而长卿独放之青山白云之乡"，快哉，此言！斯古人所未经道。仆学道者，犹将以魑魅魍魉为青山白云，况履境弥佳，抱情弥畅，寄愁天上〔五七〕，埋忧地下，仲生达矣而未至〔五八〕。仆则何愁可寄，何忧可埋？亦不从外来，亦不从中起，即欲寻其忧乐之端，了不可得，混混沌沌而已〔五九〕。至又引昔人所云"非穷愁不能著书"〔六〇〕，为计良左〔六一〕，何止虞卿〔六二〕，司马子长而下〔六三〕，豪杰所见不过如此。夫世人忧愁或以酒色销之，或以宾朋博弈销之，或以山水花木销之〔六四〕，能文字者以著书销之，更规不朽垂身后名。彼皆抑郁无聊，各有所托，直与酒色、宾朋、博弈、山水、花木略相等耳。仆则不然，日以学道为事，对境忘情，以炼性地〔六五〕；遣物荡累〔六六〕，以养神明。久而销镕中自空洞〔六七〕，空洞之中一物不着。虽有忧愁，于何栖泊〔六八〕？偶有所得，托之著述，抒我素抱〔六九〕，写我灵襟〔七〇〕，此不可谓之著书，而又乌知所谓穷愁乎？

道民年来以蒲团多暇，浏览八荒〔七一〕，参合三教〔七二〕，著为一书。析天人之微以彻障蔽〔七三〕，章善恶之报以警顽愚〔七四〕。以摆落为义〔七五〕，趣归逍遥；以澄汰为宗〔七六〕，理存清净。搜考奇闻，纪述灵迹。旁及世务，间谭艺文〔七七〕。阐发前修〔七八〕，颇多自得。分二十余卷，名为《鸿苞》〔七九〕。成而尚秘，未敢播之通都，意且藏之石匣〔八〇〕。足下异日者倘来而出刊订，今断不能寄览也。其他应酬之什，譬之梦中呓语〔八一〕，醒即忘之。何足复闻于大方者哉？承委作尊公传〔八二〕，向以懒未勾当〔八三〕，书到即检之，故庋中原发志铭稿居然无恙〔八四〕，遂为握笔草成寄览，幸赐窜削〔八五〕。

道民往居长安，亢厉守高〔八六〕，绝迹当路〔八七〕。未尝一及太宰公门〔八八〕，识其面孔。及含沙事起〔八九〕，太宰公召道民劳苦若平生欢〔九〇〕，怜才恤枉，语刺刺不能休〔九一〕，及道民之耳恒满。六年于兹，未尝轻通尺一〔九二〕，而所知日加诮让〔九三〕。偶作一笺为报,即又思涉谄子〔九四〕,乃尽舍置往事而作云霞物外语。兴趣所到,遂成枝蔓语几万言,托明州别驾函致太宰〔九五〕。便中试索观之,亦足以见近日胸中不着一点烟火气。

君同舍朱文臣、赵梦白并道民莫逆交〔九六〕,有八行抵文臣〔九七〕,独不及梦白者有故。文臣于道民归后,两辱寄讯,梦白无之。仆顷者偶修一二报书则有之,断不敢泛问长安旧游。若泛问旧游,大非林下野人体〔九八〕,又不胜问,以故一切报罢。见梦白可出此书一示之。梦白高才,燕赵奇士。眼中小须弥震旦〔九九〕,好诋诃先辈文字〔一〇〇〕,李、何、王、李至无容足处〔一〇一〕。其余么麿数子〔一〇二〕,无足烦齿牙〔一〇三〕。今当弗复尔否?汉阳萧以占太史念道民甚至〔一〇四〕,不及作书,并乞致声。吾家田叔耽文好道〔一〇五〕,清氛映人。足下知之乎?仆屏居寡侣〔一〇六〕,尽日掩关海上〔一〇七〕,拈弄笔墨者尚不乏,至讲性命之学者绝无影响。独与武陵龙伯贞郡丞抗迹寰中〔一〇八〕,托交霞外〔一〇九〕。我两人臭味哉〔一一〇〕。龙君吏道醇白〔一一一〕,玄性冲夷〔一一二〕。挺冰铁之姿,征水月之鉴。古劲朗有道君子也〔一一三〕。楚自昔多贤〔一一四〕,于今为烈。道民必且拥衲托钵来，一纵观江汉之盛。第不知竟卜何岁耳？四诗奉怀〔一一五〕，隆再顿首。

(《栖真馆集》卷十九)

注释

〔一〕邹孚如：邹观光，见《与姜仲文》注释〔四九〕。

〔二〕道民：见《与陈立甫司理》注释〔四五〕。鉴湖：在今浙江绍兴城西南。

〔三〕孟诸：古泽薮名，在今河南商丘东北。

〔四〕己丑：万历十七年(1589)。

〔五〕戊子：万历十六年(1588)。云梦：今属湖北。广陵：今江苏扬州。

〔六〕椷(jiān)：同"缄"，书信。

〔七〕寄将：寄来。玉罗：洁白的织物。古研：古砚。

〔八〕旅食：客居，寄食。京华：见《上张、申二阁师》注释〔四〕。

〔九〕含香：古代尚书郎奏事答对时，口含鸡舌香以去秽。后用以指侍奉君王。直禁：直禁中，宫中值班。

〔一〇〕染翰：以笔蘸墨。指作诗文、绘画等。翰，笔。抽毫：抽笔出套，指写作。

〔一一〕栖神：凝神专一，道家保其根本，养其元神之术。玄寂：玄虚寂静，形容守道无为。

〔一二〕古东方大隐：身在朝廷而志在隐逸。《史记·滑稽列传》载，东方朔任官待诏金马门，有人说他狂。东方朔据地歌曰："陆沉于俗，避世金马门。宫殿中可以避世全身，何必深山之中，蒿庐之下。"后因用为放纵不羁于朝市之中之典。

〔一三〕嗷嗷（áo）：哀鸣声，哀号声。

〔一四〕仰给（jǐ）：依赖，依靠他人供给。凫茈（fú cí）：荸荠。橡实：橡子，栎树的果实。

〔一五〕斥卤：盐碱地。

〔一六〕镰锲（qiè）：镰刀。

〔一七〕堇（jǐn）：通"仅"。钟：容器单位，十斛为一钟。

〔一八〕糜（mí）：粥。

〔一九〕瓯（ōu）：小盆。

〔二〇〕灵潮：潮水的美称。

〔二一〕蠊蟛（lián yuè）：一种可食用的海生物。

〔二二〕纬萧：编织蒿草。

〔二三〕昏：同"婚"。

〔二四〕"葛藟"句：见《与孙以德》注释〔二三〕。

〔二五〕六尺：成年男子之身躯。

〔二六〕八口：一家人。

〔二七〕坎壈（lǎn）：苦难的处境。

〔二八〕蒲团：见《与冯开之》注释〔四一〕。

〔二九〕形骸（hái）：人的躯体。

〔三〇〕性命：见《答王元驭先生》注释〔四〕。

〔三一〕元神：道家称人的灵魂为元神。

〔三二〕道力：因修道而得之功力。

〔三三〕可嗔（chēn）：令人气愤。

〔三四〕觉照：用觉悟的心来观照一切。

〔三五〕调和：折中，妥协。

〔三六〕颐真：修养真性。葆光：隐蔽其光辉，才能不外露。

〔三七〕环堵：见《与丁右武》注释〔二〇〕。

〔三八〕迫迮（zé）：困厄，迫厄。

〔三九〕清虚：清静虚无。碧落：上天，青天。乘鸾控鹤：驾驭鸾凤和仙鹤，谓超脱尘世上天。

〔四〇〕圊溷（qīng hùn）：厕所，代指污秽之物。

〔四一〕散发披襟：蓬松着头发，敞开衣襟，形容不修边幅的悠闲神态。

〔四二〕戎首：祸首。

〔四三〕窘：穷困，为难。

〔四四〕罔（wǎng）：无，没有。

〔四五〕灵明：心灵。

〔四六〕而夫：此人，其人。

〔四七〕宿生：佛教语，前生，前世。

〔四八〕"昔者灵均"三句：屈原，字灵均。屈原因遭令尹子兰等人的诽谤，被楚王流放，"颜色憔悴，形容枯槁"（《楚辞·渔父》），投汨罗江自尽。

〔四九〕"李白被力士之谤"三句：李白曾让宦官高力士为自己脱靴，高力士因此嫉恨陷害他。后来李白在政治上不得意，在采石矶醉酒，跌入江中溺死。采石矶，在今安徽马鞍山西南。

〔五〇〕荣瘁：盛衰。显晦：明与暗。

〔五一〕冲寂：冲虚冷寂，淡泊冷静。

〔五二〕玄超：奥妙，超脱。

〔五三〕放浪：放纵不受拘束。

〔五四〕鲍叔：春秋时鲍叔牙，齐国大臣，推荐管仲为相，使齐由弱变强。

〔五五〕钟期：见《与李之文书》注释〔四四〕。子期死，伯牙谓世无知音，破琴绝弦，不复鼓琴。

〔五六〕魑魅魍魉（chī mèi wǎng liǎng）：魑魅、魍魉，传说中的鬼怪妖精，比喻各种各样的坏人。

〔五七〕"寄愁天上"二句：形容消解忧愁烦虑。语出仲长统《述志诗》其二："百虑何为，至要在我。寄愁天上，埋忧地下。"

〔五八〕仲生：仲长统（179—220），字公理，高平（今属山东）人。才华过人，性卓异，敢直言，不矜小节，默语无常，时人称为狂生。汉献帝时，任尚书郎。有《昌言》《述志诗》等。

〔五九〕混混沌沌：迷糊不清的样子，模糊一片，不分明。

〔六〇〕"非穷愁"句：若不是困窘忧愁，则不能发愤著书，流传后世。语出《史记·平原君虞卿列传》："虞卿非穷愁，亦不能著书，以自见于后世。"

〔六一〕左：错，相反。

〔六二〕虞卿：名信，邯郸（今属河北）人。战国时名士。长平之战前，主张联合楚、魏，迫秦求和。邯郸解围后，主张以赵为主，联合齐、魏抵抗秦国。因救魏相魏齐，离开赵国，困于魏都大梁，发愤著书。著有《虞氏征传》《虞氏春秋》十五篇。

〔六三〕司马子长：司马迁，字子长，见《为瞿睿夫讼冤书》〔七六〕。

〔六四〕博弈：下围棋，也指赌博。

〔六五〕性地：性情。

〔六六〕遣物：排遣物欲。荡累：消除烦恼。荡，荡涤，清除。累，疲劳，烦恼。

〔六七〕销镕（róng）：亦作"销熔"，熔解，熔化，融合。

〔六八〕栖泊（bó）：居留，停泊，寄居。

〔六九〕素抱：平素的志趣，抱负。

〔七〇〕灵襟：胸怀。

〔七一〕浏览：大略地看。八荒：又称八方，最远之处。天下。

〔七二〕参合：验证相合，综合参考。三教：儒、释、道。

〔七三〕障蔽：遮蔽，遮盖。

〔七四〕章：表彰，显扬。顽愚：顽劣愚钝，顽劣而愚钝的人。

〔七五〕摆落：撇开，摆脱。

〔七六〕澄汰：淘汰，澄去泥滓，汰除沙砾。

〔七七〕谭：同"谈"。

〔七八〕前修：前代修德的贤士。

〔七九〕《鸿苞》：今传本《鸿苞》由归安（今浙江湖州）茅元仪于万历三十八年（1610）选订刊行，四十八卷。《四库全书总目提要》称："其言放诞而驳杂，又并所为杂文案牍同编入之，体例尤为佹饤。大旨耽于二氏之学，引而加于儒者之上。谓周公、孔子大而化之之谓圣，老子、释迦圣不可知之谓神。儒者言道之当然，佛氏言道之所以然。盖李贽之流亚也。"

〔八〇〕石匣：石制藏物用具。

〔八一〕呓语：梦话。

〔八二〕尊公传：屠隆为邹观光父所作传见《栖真馆集》卷二十一《邹先生传》。据传，邹观光父名梦龙，字叔见，云梦（今属湖北）人。

〔八三〕勾当：料理，办理，处理。

〔八四〕庋（guǐ）：储物木架。

〔八五〕窜削：篡改删削。

〔八六〕亢（kàng）厉：伉厉，刚直，严厉。守高：保持高尚节操。

〔八七〕当路：执政，掌权。掌权的人。

〔八八〕太宰公：杨巍（1517—1608），字伯谦，号二山、梦山，海丰（今属山东）人。嘉靖二十六年（1547）进士，历官武进知县，晋、陕巡抚，兵部侍郎，工部、户部、吏部尚书，加太子少保、太保、上柱国等。

〔八九〕含沙事起：指受俞显卿诬告罢官。

〔九〇〕劳苦：慰劳。

〔九一〕刺刺：见《让柴仲初书》注释〔五〇〕。

〔九二〕尺一：尺牍，书信。

〔九三〕诮（qiào）让：责问。

〔九四〕谄（chǎn）子：逢迎拍马的人。

〔九五〕明州别驾：杨汝溁，长沙（今属湖南）人。杨守谦子。嘉靖四十年（1561）举人，官高邮知州。以父荫为光禄丞，出为明州（今浙江宁波）别驾（通判）。

〔九六〕朱文臣：朱来远，字文臣、文甫，号修吾，庐江（今属安徽）人。万历五年（1577）进士，历官秀水知县、吏部郎、太常少卿等。小传见《万历秀水县志》卷五、《雍正庐江县志》卷八。赵梦白：赵南星，见《答邹孚如吏部》〔三五〕。莫逆交：情投意合、交谊深厚的朋友。莫，没有。逆，抵触。

〔九七〕八行：书信。

〔九八〕野人：村野之人，粗野之人。士人自谦之称。

〔九九〕须弥：印度神话中的名山。佛教认为是诸山之王，世界的中心。震旦：古代印度人对中国的称呼。

〔一〇〇〕诋诃（dǐ hē）：斥责，批评。

〔一〇一〕李、何、王、李：分别指李梦阳、何景明、王世贞和李攀龙。前两人是"前七子"领袖，后两人是"后七子"领袖。

〔一〇二〕么麽（mǒ）：微小。麽，也作"麼"，微小。

〔一〇三〕齿牙：评说。

〔一〇四〕汉阳萧以占太史：萧良有，字以占，号汉冲，汉阳（今属湖北）人。万历八年（1580）进士，官至国子监祭酒。有《玉堂遗稿》。

〔一〇五〕田叔：屠本畯，见《与余君房书》注释〔二七〕。

〔一〇六〕屏居：退隐，屏客独居。

〔一〇七〕掩关：见《寄王元美、元驭两先生》注释〔九〕。

〔一〇八〕武陵龙伯贞郡丞：龙德孚，见《与君善》注释〔一五〕。抗迹：高尚其志行、心迹。寰中：宇内，天下。

〔一〇九〕霞外：云外，高远之处。与世隔绝，远离尘俗。

〔一一〇〕臭（xiù）味：气味。比喻同类的人或事物。

〔一一一〕吏道：为政之道。醇白：纯洁。

〔一一二〕冲夷：冲淡平易。

〔一一三〕劲朗：坚固，明亮。

〔一一四〕楚自昔多贤：语出《左传·襄公二十六年》："晋卿不如楚，其大夫则贤，皆卿材也。如杞梓、皮革，自楚往也。虽楚有材，晋实用之。"

〔一一五〕四诗奉怀：即《寄答邹孚如吏部，兼柬长安诸旧游》，见《栖真馆集》卷八。

点评

此书作于万历十八年（1590）。书牍首先叙说去年夏才收到邹观光前年秋的来书，附寄玉罗古砚化为乌有。得知邹观光近况，既能研精艺文，又能守道无为，两全其美。其次，叙说由于连年灾荒，庄稼欠收，家人挨饿，穷困不堪。自己处之泰然，出谋粮米，入座蒲团。以逆境炼灵魂，以苦行坚道力。遇到不平之事，都能以道行化之。再次，叙说生平不妄语，不妄损物，不妄取钱，有德于人，遭仇人诬奏，罢官而归，家中穷困，安分守法，遣忧忘虑，虔修大道。又次，针对邹观光来书中的一些说法，予以回应。不认同屈原的憔悴、李白的猖狂，不论荣衰显晦，都应该安和恬愉，清真淡泊。穷愁著书，与沉湎酒色、博弈、山水、花木以消愁同。自己无忧无愁，以学道为事，偶有著述，是抒发抱负，吐露胸怀，这不是穷愁著书。又次，叙说自己参合三教，著成《鸿苞》一书，"阐发前修，颇多自得"。告知邹观光父传已作成，寄览订正。又次，叙说此前与吏部尚书杨巍无交往，及被诬罢官，杨巍怜才恤枉，为屠隆抱不平。告知与书杨巍，请邹观光方便时一观，知屠隆心迹。最后，言及朱来远、赵南星与自己的交往和书牍通问情况，请邹观光将此书与赵南星、萧良有一观。介绍屠本畯与邹观光相识，告知自己与龙德孚的交往情况。随寄四诗，怀念邹观光。诗题作《寄答邹孚如吏部，兼柬长安诸旧游》，见《栖真馆集》卷八。